大卒程度

講座編

公務員試験

ゼロから合格 基本過去問題集

憲法

TAC出版
TAC PUBLISHING Group

はしがき

- 問題集を買ったのに、解けない問題ばかりで実力がついている気がしない…
- 難しい問題が多くて、途中で挫折してしまう…
- 公務員試験は科目が多いから、せめて１科目１冊の本で済ませたい…

『ゼロから合格 公務員基本過去問題集』（以下、『ゼロ過去』）は、このような読者の声に応えるために開発された公務員過去問題集です。問題集といっても、ただ過去問とその解説が並んでいるだけの本ではなく、「過去問」の前に、「その過去問に正解するために必要な知識やテクニック」が必ず載っています。この科目の学習を全くしたことない方も、本書で知識やテクニックを身につけながら、同時にそれらを使って問題を解く練習を積むことができる構成になっています。

『ゼロ過去』には、「しっかり読んでじっくり考えれば解ける問題」しか載っていません。それでいて、実際の試験で合格ラインを超えるのに十分な問題演習を積むこともできます。つまり、「**ゼロから始めて１冊で合格レベルにたどり着く**」ための問題集なのです。

せっかくやるのだから、最後までやり遂げてほしい。最後まで「つづく」ためには、問題が「解ける」という達成感もきっと必要。『ゼロ過去』は、きちんとがんばった読者にきちんと結果がついてくるように、どの問題も必ず解けるように工夫して配置しています。また、その名のとおり「知識ゼロ」の状態からいきなり取り組んでも支障がないよう、基本的な知識やテクニックのまとめが過去問より先に掲載されているので、「全く何も知らない」状態で、前から順番に取り組むだけで学習が進みます。

本書を十分に活用して、公務員試験の合格をぜひ勝ち取ってください。

TAC公務員講座

本書の利用方法

本書は、大卒程度・行政職の各種公務員試験の対策を、「知識ゼロから始められる問題集」です。何であれ、問題を解くには知識やテクニックが必要です。

- 知識・テクニックのインプット（新しい情報を入れる）
- 問題演習を通じたアウトプット（入れた情報を使って問題が解けるかどうか試してみる）

試験対策はこの反復で進めていくのが王道です。『ゼロ過去』は、この科目について全く学習したことのない方でも、知識とテクニックを身につけながら問題が解けるように作られています。

ここで説明する効果的な利用方法を参考にしながら学習を進めていきましょう。

1 まずは試験をよく知ることから！　出題傾向を知る

●国家一般

		2011	2012	2013	2014	2015	2016	2017	2018	2019	2020
人権総論	基本的人権の主体	●	●	●	●						
	特別権力関係・私人間適用				●	●			●		
	幸福追求権（新しい人権）					●					●
	法の下の平等						●		●		
精神的自由	思想・良心の自由				●					●	
	信教の自由							●			
	学問の自由・教育を受ける権利				●		●				
	表現の自由	●	●	●			●			●	
経済的	職業選択の自由・				●			●			●

巻頭には、出題分野ごと・受験先ごとに過去10年間の出題傾向がまとめられています。

多くの方は複数の試験を併願すると思われるため、網羅的に学習するのが望ましいですが、受験先ごとの出題の濃淡はあらかじめ頭に入れたうえで学習に着手するようにしましょう。

2 問題を解くのに必要なことはすべてここにある！ imput編

一般的な公務員試験の問題集では、初めて取り組んだ時点では「解けない問題」がたくさんあるはずです。最初は解けないから解説を読んでしまい、そのことで理解し、何度も何度も同じ問題を周回することによってだんだん正答率が高まっていくような仕組みになっていることが多いです。

『ゼロ過去』では、このimput編をしっかり使いこなせば、最初から全問正解することもできるはず。そのくらい大事な部分ですから、しっかり学習しましょう。

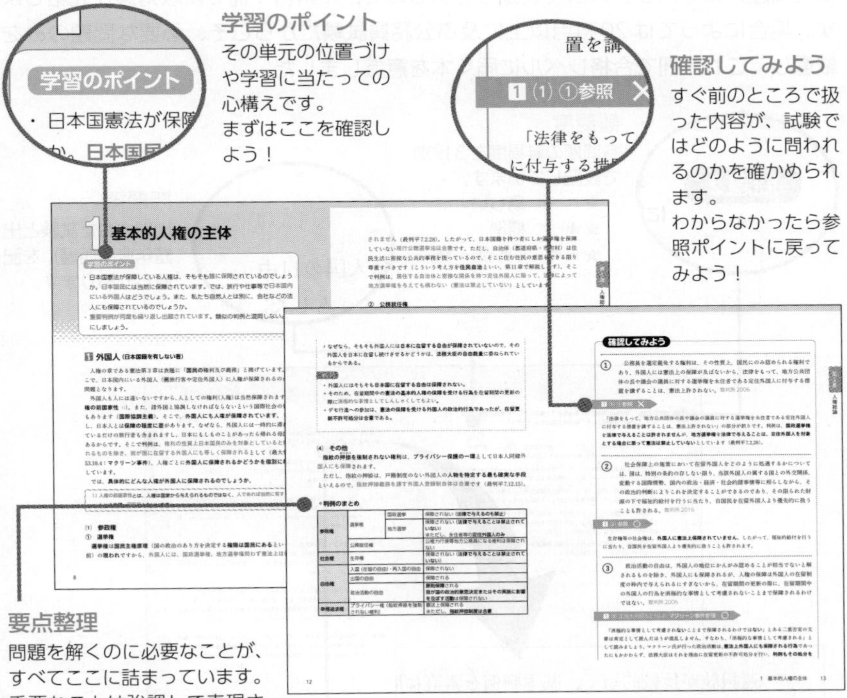

学習のポイント
その単元の位置づけや学習に当たっての心構えです。
まずはここを確認しよう！

確認してみよう
すぐ前のところで扱った内容が、試験ではどのように問われるのかを確かめられます。
わからなかったら参照ポイントに戻ってみよう！

要点整理
問題を解くのに必要なことが、すべてここに詰まっています。重要なことは強調して表現されているので、メリハリをつけて頭に入れていきましょう。

★その他のお役立ちアイテム

補足：少し発展的な知識を解説しています。

ヒント：問題を解くための助けになる情報や、情報を覚えやすくするためのポイントをまとめています。

3 知識を活用して問題演習！　過去問にチャレンジ

知識のインプットが終わったら、取り入れた知識を使って過去問が解けるかどうか、実際に試してみましょう。問題の直後に解説を掲載しているので、答え合わせもしやすいレイアウトです。

まずはやさしくひねりのない問題で学習事項をチェックします。ただ、実際の試験ではそれなりに手ごわい問題が出されることがあるのもまた事実。『ゼロ過去』は、やさしい問題（必ず正解したい問題）から、やや歯ごたえのある問題（試験で差がつく問題）までバランスよく収録しているので、１科目１冊で試験対策が完結します。場合によっては20科目以上に及ぶ公務員試験だからこそ、必要な問題のみを厳選し、これ１冊で合格レベルに届く本を意識しました。

難易度

各問題の難易度を３段階で表記しています。

★　易しい
★★　標準
★★★　やや難～難

問題編

出題された試験と出題年度（西暦）を記載してあります。

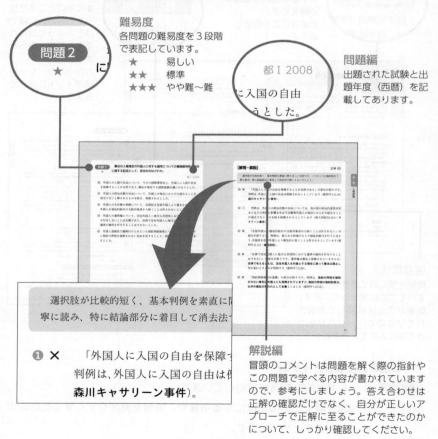

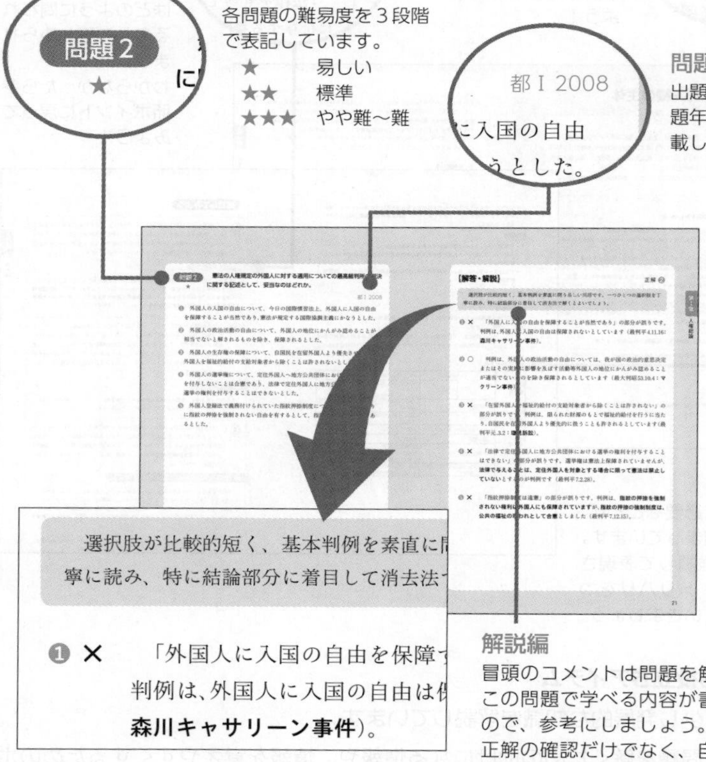

問題２
★
都Ⅰ2008
に入国の自由
うとした。
選択肢が比較的短く、基本判例を素直に
寧に読み、特に結論部分に着目して消去法
❶ ×　「外国人に入国の自由を保障
判例は、外国人に入国の自由は
森川キャサリーン事件）。

解説編

冒頭のコメントは問題を解く際の指針やこの問題で学べる内容が書かれていますので、参考にしましょう。答え合わせは正解の確認だけでなく、自分が正しいアプローチで正解に至ることができたのかについて、しっかり確認してください。

●掲載した過去問題の表記について

表記	該当試験
国般	国家一般職 大卒程度 行政（旧・国家Ⅱ種を含む）
国専	国家専門職共通問題
国税	国税専門官
労基	労働基準監督官Ａ
財務	財務専門官
裁判所	裁判所職員一般職 大卒程度（旧・裁判所事務官Ⅱ種を含む）
都Ⅰ	東京都Ⅰ類
区Ⅰ	特別区Ⅰ類
地上	道府県庁・政令市上級
地中	道府県庁・政令市中級
警Ⅰ	警視庁警察官Ⅰ類
消Ⅰ	東京消防庁消防官Ⅰ類

過去10年の出題傾向

●国家一般

		2011	2012	2013	2014	2015	2016	2017	2018	2019	2020
人権総論	基本的人権の主体	●	●	●	●						
	特別権力関係・私人間適用				●	●			●		
	幸福追求権（新しい人権）					●					●
	法の下の平等						●		●		
精神的自由	思想・良心の自由				●					●	
	信教の自由							●			
	学問の自由・教育を受ける権利				●		●				
	表現の自由	●	●	●			●			●	
経済的自由	職業選択の自由・居住移転の自由				●			●			●
	財産権	●				●		●			●
人身の自由			●								
社会権	生存権		●								
	労働基本権			●						●	
受益権・参政権	受益権（国務請求権）			●					●		
	参政権	●									●
国会	国会の地位・構成・活動・権能		●		●		●	●		●	●
	国会議員の特権					●			●		
	議院の権能				●				●		●
内閣	内閣の地位・組織・権能・活動			●		●	●		●		
	内閣総理大臣の地位・権能			●		●	●				
	衆議院の解散					●		●			
裁判所	司法権の意義・限界	●						●			●
	司法権の独立・裁判所の組織			●		●		●			
	裁判の公開			●		●					
	違憲審査制度									●	
財政			●		●			●			
地方自治		●							●		
憲法改正											

● 国家専門職

		2011	2012	2013	2014	2015	2016	2017	2018	2019	2020
人権総論	基本的人権の主体	●			●	●					●
	特別権力関係・私人間適用	●			●	●				●	
	幸福追求権（新しい人権）		●					●			
	法の下の平等		●	●			●				●
精神的自由	思想・良心の自由				●						●
	信教の自由		●			●	●		●	●	
	学問の自由・教育を受ける権利					●		●			
	表現の自由	●		●		●		●	●	●	
経済的自由	職業選択の自由・居住移転の自由	●	●				●		●		
	財産権	●	●				●				
人身の自由		●		●							
社会権	生存権						●	●			
	労働基本権				●			●			
受益権・参政権	受益権（国務請求権）										
	参政権	●									
国会	国会の地位・構成・活動・権能	●	●	●	●	●	●		●	●	
	国会議員の特権	●			●	●			●	●	
	議院の権能					●	●		●	●	
内閣	内閣の地位・組織・権能・活動		●	●		●		●	●		●
	内閣総理大臣の地位・権能			●	●	●		●	●		●
	衆議院の解散	●									●
裁判所	司法権の意義・限界	●	●		●			●		●	
	司法権の独立・裁判所の組織				●			●		●	
	裁判の公開				●			●		●	
	違憲審査制度		●								
財政				●	●	●					●
地方自治				●			●				●
憲法改正							●		●		

●裁判所

		2011	2012	2013	2014	2015	2016	2017	2018	2019	2020
人権総論	基本的人権の主体				●	●	●		●		●
	特別権力関係・私人間適用			●	●			●			
	幸福追求権（新しい人権）	●				●					
	法の下の平等			●				●	●	●	●
精神的自由	思想・良心の自由								●	●	
	信教の自由					●		●			
	学問の自由・教育を受ける権利						●				●
	表現の自由	●	●		●	●	●	●	●	●	●
経済的自由	職業選択の自由・居住移転の自由		●			●			●	●	
	財産権		●		●				●		
人身の自由				●							
社会権	生存権		●				●				
	労働基本権										
受益権・参政権	受益権（国務請求権）			●							
	参政権	●		●							
国会	国会の地位・構成・活動・権能			●	●		●	●			●
	国会議員の特権		●								
	議院の権能		●					●			
内閣	内閣の地位・組織・権能・活動	●		●	●					●	
	内閣総理大臣の地位・権能	●								●	
	衆議院の解散	●									
裁判所	司法権の意義・限界			●				●			
	司法権の独立・裁判所の組織									●	●
	裁判の公開				●				●		●
	違憲審査制度	●		●				●	●		
財政				●	●		●				
地方自治			●				●				
憲法改正		●									

● **特別区Ⅰ類**

		2011	2012	2013	2014	2015	2016	2017	2018	2019	2020
人権総論	基本的人権の主体	●						●			
	特別権力関係・私人間適用				●						
	幸福追求権（新しい人権）										
	法の下の平等										
精神的自由	思想・良心の自由	●								●	
	信教の自由		●					●			
	学問の自由・教育を受ける権利		●								
	表現の自由		●				●				●
経済的自由	職業選択の自由・居住移転の自由	●					●				
	財産権			●					●		
人身の自由				●		●				●	
社会権	生存権					●					
	労働基本権				●						●
受益権・参政権	受益権（国務請求権）	●									
	参政権			●							
国会	国会の地位・構成・活動・権能	●			●	●	●		●		●
	国会議員の特権									●	
	議院の権能		●								
内閣	内閣の地位・組織・権能・活動	●			●		●		●		
	内閣総理大臣の地位・権能	●			●		●		●		
	衆議院の解散										
裁判所	司法権の意義・限界		●		●				●	●	
	司法権の独立・裁判所の組織			●				●			
	裁判の公開										
	違憲審査制度				●	●				●	
財政				●		●				●	
地方自治						●		●			●
憲法改正		●					●				●

目次

序章

憲法とは

憲法とは

1 憲法とは

学習のポイント

・憲法という法のアウトラインをつかみましょう。
・憲法という公務員試験科目を学習するに当たっての心構えを持っておきましょう。

刑法204条
人の身体を傷害した者は、15年以下の懲役又は50万円以下の罰金に処する。

憲法19条
思想及び良心の自由は、これを侵してはならない。

憲法41条
国会は、国権の最高機関であつて、国の唯一の立法機関である。

憲法96条
① この憲法の改正は、各議院の総議員の3分の2以上の賛成で、国会が、これを発議し、国民に提案してその承認を経なければならない。この承認には、特別の国民投票又は国会の定める選挙の際行はれる投票において、その過半数の賛成を必要とする。

憲法98条
① この憲法は、国の最高法規であつて、その条規に反する法律、命令、詔勅及び国務に関するその他の行為の全部又は一部は、その効力を有しない。

憲法99条
天皇又は摂政及び国務大臣、国会議員、裁判官その他の公務員は、この憲法を尊重し擁護する義務を負ふ。

1 法とは

そもそも**法とは、人間社会のルール**です。世の中にはいろいろな価値観を持った人が生活しています。ときには価値観の違いからトラブルが起きるかもしれません。そこで、トラブルを避けるためには、ルールが必要です。そのルールの一つが法なのです。

社会のルールとしては、その他にもマナーなどもあります。では、マナーと法はどこが違うのでしょうか。

マナーに違反しても罰せられませんが、法律に違反すると罰せられます。電車の中で携帯電話を使って通話をするのは単なるマナー違反ですが、電車の中で人を殴って怪我をさせたら傷害罪（刑法204条違反）となり、罰せられます。つまり、人間社会のルールの中で、唯一、刑罰を科すなどの方法で**国家によって強制されるルールが法**なのです。

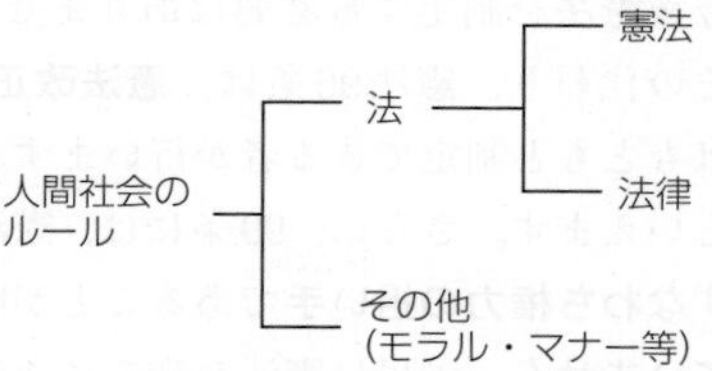

法は、さまざまなトラブルを想定して作られます。ですが、ときには想定外の事件や法が想定した事件とは微妙に異なる事件が起きることもあります。その場合、**既存の条文を解釈することでルールを導き出す**必要があります。これが**法解釈**です。法解釈とは、一定の価値観に基づいて**法律の文言の意味を特定する作業**です。

では、誰の法解釈を学ぶのかというと、まずは判例です。**判例とは、実際に起きた事件に対する裁判所の判断**です。次に通説です。**通説とは、多くの学者が支持する立場**です。**公務員試験には、この判例と通説が出題されます。**

2 憲法とは

では、法の中でも憲法と法律（○○法と名がつくルールのうち、**憲法以外はすべて法律と考えてください**）はどこが違うのでしょうか。

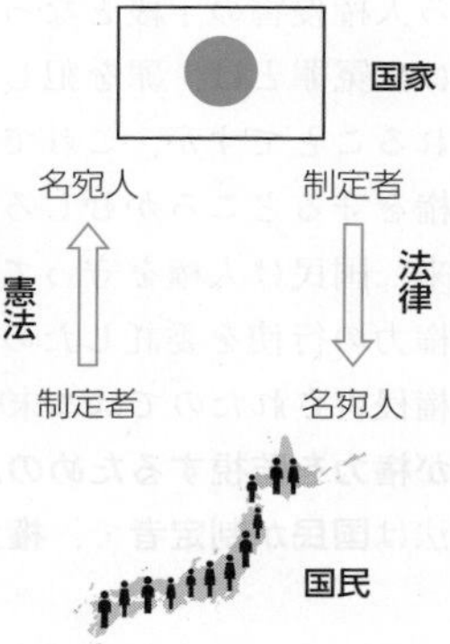

法には必ず**制定者**（法を守らせる人）と**名宛人**（法を守るべき人）がいます。この**制定者と名宛人が法律と憲法では逆**なのです。**法律は国家が制定者**で主に**国民が名宛人**です。これに対し、**憲法は国民が制定者で国家が名宛人**です。

刑法204条は傷害罪を定めており、人を殴って怪我をさせると、最長で15年の懲役刑が科される旨が定められています。刑罰は国民に苦痛を与えるものです。誰だって罰せられたくありません。ですからこの条文は、処罰されたくなければ人を怪我させるなと**国家が国民に命じている**といえます。その証拠に、憲法41条は「立法」という法律を作る権限を、国会という国家機関が独占（「唯一」）していることを明記しています。ですから、**法律は国家が制定者で国民が名宛人**といえるのです。

一方で、憲法19条は、国民の思想・良心の自由（人生観や価値観）を国家は侵すな（例国民を洗脳するのはやめろ）というように、**国民が国家に命じている**のです。憲法は**国の最高法規**であり（98条1項）、憲法は一国に一つあれば十分ですので、今後憲法を制定する必要はありません。そのため憲法制定権の条文はありません。その代わり、憲法96条は、**憲法改正権が国民にある**ことを明記しています。改正はもともと制定できる者が行います。したがって、現憲法の制定権は国民にあったといえます。さらに、99条には、憲法を守るべき義務を負っているのは「**公務員**」、**すなわち権力の担い手**であることが明記され、**権力の担い手ではない国民は含まれていません**。国民は憲法を守るべき義務を負っていないのです。なぜなら、国民は憲法を守らせるほうだからです。したがって、**憲法は国民が制定者で国家（具体的には権力の担い手である公務員）が名宛人**といえるのです。

3 憲法が必要な理由

社会の平和と秩序を保ち、国民の生命や自由などの人権を守るためには、**権力は不可欠**です。例えば、犯罪者を逮捕して罰しないと治安は保てません。だからこそ、国民は権力の行使を国家に委託したのです。

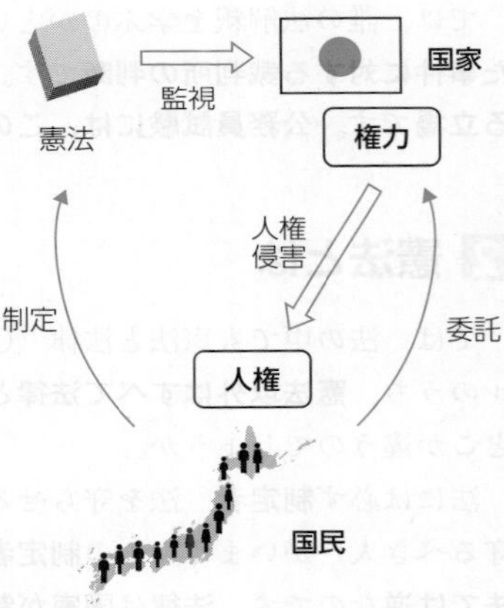

ですが、権力は使い方を間違えると、むしろ人権侵害の手段となってしまいます。例えば、冤罪とは、罪を犯していないのに罰せられることですが、これでは、国家が国民の人権を守るどころかむしろ侵害しています。本来、国民は人権を守ってもらうために国家に権力の行使を委託したのに、それを使って人権侵害されたのでは本末転倒です。そのためには、**権力が乱用されないように国民が権力を監視するためのルールが必要**です。**それが憲法**なのです。だからこそ、憲法は**国民が制定者**で、**権力の担い手である公務員が名宛人**なのです。

4 違憲審査制度

憲法は**国家が名宛人**ですので、**国家権力（立法権・行政権・司法権）は憲法に逆らうことはできません**。この性質を**憲法の最高法規性**（98条1項）といいます。

この憲法の最高法規性を裏づけるのが、**違憲審査制度**（81条）です。国家の活動（例 立法）が憲法に違反していないかどうか（国民の人権を不当に侵害していないかどうか）を裁判所が審査し、仮に**憲法に違反する（違憲）と判断するとその国家の活動は無効**となります（「その効力を有しない」、98条1項）。

いくら公務員に憲法を守るよう命じても、憲法に違反する活動を行ってしまうかもしれません。その場合でも、国民が訴えて裁判所が違憲と判断すると、その活動は無効となり、いったん侵害された人権が救済されます。この制度により、**憲法の最高法規性が担保**されますし、まさにこの制度が、**国民が憲法を制定し権力を監視する具体的な方法**なのです。

5 憲法の基本原理

> 憲法13条
> すべて国民は、個人として尊重される。生命、自由及び幸福追求に対する国民の権利については、公共の福祉に反しない限り、立法その他の国政の上で、最大の尊重を必要とする。

憲法の三大基本原理は、**基本的人権尊重主義、国民主権主義、平和主義**です。ですが、ここではもう少し細かく見ていきましょう。

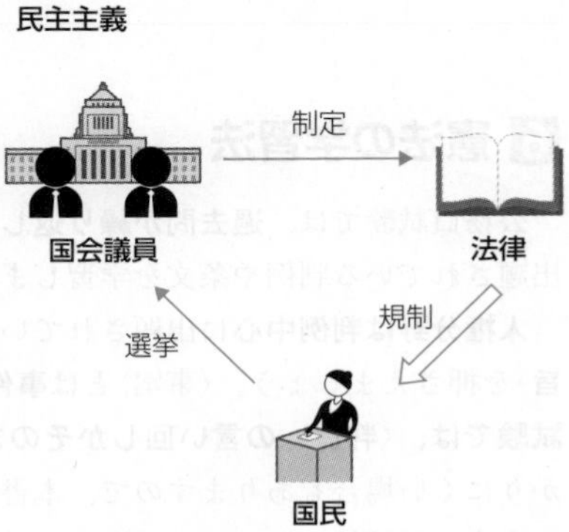

世の中には実にさまざまな人々が生活しています。生まれも育ちも性格も価値観も好みもみんな違います。そういう種々雑多な人たちが社会という同じ空間で共同生活を送る以上、一人ひとりの違いを個性として尊重し合わなければなりません。そういう考えを**個人の尊厳**（13条）といいます。

その個人の尊厳を確保するためには、まず、国家権力は国民の自由を奪ってはなりません（**自由主義**）。国家から強制的に何かをやらされたら、国民の個性を尊重したとはいえないからです。さらに、権力の行使（例立法）に国民が参加すべきです（**民主主義**）。具体的には、国民が選挙で国会議員を選び、国会議員が多数決で法律を作り、その法律に国民が従います。そうすれば、国民は選挙を通じて自ら守るルールを自ら作ることができ、その人権が最大限尊重されます。また、国家は国民を差別してはいけません（**平等主義**）。個人の尊厳を確保するには、生まれも育ちも価値観も違う国民を平等に扱わなければなりません。さらに競争社会は敗者（弱者）を生み出してしまいますが、弱者になってもその尊厳が保たれるように、国家が積極的に弱者救済に乗り出すべきです（**福祉主義**）。そして何よりも、国家は戦争を始めてはなりません（**平和主義**）。戦争は人の命を奪う行為であり、一番の人権侵害だからです。

さらに人権保障を徹底するには、憲法で人権が侵害されないような**権力の構造**（**統治機構**）まで定めておく必要があります。なぜなら、権力は人権を侵害する恐れがあるからです。そこで、憲法は**統治に関する規定**をも置いています。

憲法の規定はこれら五つの基本原理の現れです。

基本原理	人権面での現れ	統治面での現れ
自由主義	自由権	三権分立、二院制、団体自治など
民主主義	選挙権、被選挙権、公務就任権	国民主権、代表民主制、憲法改正国民投票など
平等主義	平等権	貴族制度の廃止、平等選挙制度など
福祉主義	社会権	福祉国家の実現、議院内閣制など
平和主義		戦争放棄、大臣文民制、国際協調主義など

6 憲法の学習法

公務員試験では、**過去問が繰り返し出題**されます。そこで、本書では、過去問で出題されている判例や条文を学習します。

人権分野は判例中心に出題されています。判例を学習するときは、〈**事案**〉と〈**判旨**〉を押さえましょう。〈事案〉とは**事件の概要**です。〈判旨〉とは**判決文の要旨**です。**試験では、〈判旨〉の言い回しがそのまま出題されます**。ですが、表現が難しくわかりにくい場合もありますので、本書ではその前に〈**解説**〉**をつけて理解を促しています**。〈解説〉をじっくり読んで理解してから〈判旨〉を読みましょう。そして、**〈判旨〉の赤ゴシック部分をひととおり覚えてから、過去問を解きましょう**。

統治分野は条文中心に出題されています。ですから、本書でも条文や制度の解説部分がとても多い構成になっています。**統治は条文の引っ掛け問題が頻出**です。特に**赤ゴシック部分はしっかり覚えてください**。そして何よりも、条文や制度を覚えるときは、やみくもな暗記は絶対にやめましょう。**条文や制度にはその存在意義**（**趣旨**）**があります**。それをしっかり**理解してから覚える**ようにしましょう。

第1章

人権総論

基本的人権の主体

特別権力関係・私人間適用

幸福追求権（新しい人権）

法の下の平等

1 基本的人権の主体

学習のポイント

- 日本国憲法が保障している人権は、そもそも**誰に保障**されているのでしょうか。**日本国民**には当然に保障されています。では、旅行や仕事等で**日本国内にいる外国人**はどうでしょう。また、私たち自然人とは別に、会社などの法人にも保障されているのでしょうか。
- **重要判例が何度も繰り返し出題されています**。類似の判例と混同しないようにしましょう。

1 外国人（日本国籍を有しない者）

人権の章である憲法第３章は表題に「**国民の**権利及び義務」と掲げています。そこで、日本国内にいる外国人（例旅行客や定住外国人）に人権が保障されるのかが問題となります。

外国人も人には違いないですから、人としての権利（人権）は当然保障されます（**人権の前国家性** 1)）。また、諸外国と協調しなければならないという国際社会の要請もあります（**国際協調主義**）。そこで、**外国人にも人権が保障されています**。しかし、日本人とは**保障の程度に差**があります。なぜなら、外国人には一時的に滞在しているだけの旅行者も含まれますし、日本にもしものことがあったら帰れる母国があるからです。そこで判例は、**権利の性質上日本国民のみを対象としていると解されるものを除き、我が国に在留する外国人にも等しく保障されるとして**（最大判昭53.10.4：**マクリーン事件**）、人権ごとに**外国人に保障されるかどうかを個別に検討**しています。

では、**具体的にどんな人権が外国人に保障されるのでしょうか**。

1) **人権の前国家性**とは、人権は国家から与えられるものではなく、**人であれば当然に有する**という性質。**固有性**ともいいます。

(1) 参政権

① 選挙権

選挙権は**国民主権原理**（国の政治のあり方を決定する**権限は国民にある**という建前）の**現われ**ですから、**外国人には、国政選挙権、地方選挙権問わず憲法上は保障**

されません（最判平7.2.28）。したがって、日本国籍を持つ者にしか選挙権を保障していない**現行公職選挙法は合憲**です。ただし、自治体（都道府県・市町村）は住民生活に密接な公共的事務を扱っているので、そこに住む住民の意思をできる限り尊重すべきです（こういう考え方を**住民自治**といい、第11章で解説します）。そこで判例は、**居住する自治体と密接な関係を持つ定住外国人に限って、法律によって地方選挙権を与えても構わない（憲法は禁止していない）**としています。

② 公務就任権

公務員になる権利（**公務就任権**）も参政権の一つです。では、外国人に公務就任権は認められているのでしょうか。保健所で働く保健師など職種によっては外国人にも認められていますが、**管理職**（課長や部長など）になれるかどうかとなると話が違ってきます。

判例　最大判平17.1.26

事案

- 在日韓国人が東京都に保健婦として採用されたが、都人事委員会の実施する**管理職選考試験**を受験しようとしたところ、**日本国籍を持たないことを理由に受験できなかった。**管理職選考試験の受験資格に日本国籍を有することを要求する**東京都の任用制度の合憲性が問題**となった。

解説

- 国や自治体の意思決定に関与できる**管理職のような公権力を行使する地方公務員**の仕事は、住民の権利義務に直接影響する。
- そこで、**国民主権原理**に基づき、**外国人が就任することは、認められていない。**

判旨

- **公権力行使等地方公務員**[2)]の職務の遂行は、住民の権利義務や法的地位の内容を定め、事実上大きな影響を及ぼすなど**住民生活に直接間接に重大なかかわり**を有する。
- それゆえ、**国民主権の原理**に基づき、日本国籍を有する者が就任することが想定されており、**外国人が就任することは、我が国の法体系の想定するところではない。**
- 管理職選考試験の受験資格に日本国籍を有することを要求する**東京都の任用制度は合憲**である。

2）裁判官や検察官・警察官あるいは管理職等、**権力を行使したり、国や自治体の意思決定に関わる公務員**のことです。

(2) 生存権

例えば、生活に困窮している人は、国家から生活に必要な金銭等の給付を受けることができます（生活保護）。では、生活保護に代表されるような福祉的給付の根拠となる生存権（25条）は、外国人に憲法上保障されているのでしょうか。

判 例　最判平元.3.2：**塩見訴訟**

事案

- 幼いころの病気で失明した在日韓国人が、**帰化後、障害福祉年金を請求**したところ、**失明時に日本国民ではなかったことを理由に、受給資格が認められなかった。**このような制度の合憲性が問題となった。

解説

- 生活保護等の**福祉的給付**は、各国の限られた財源下で行われるので、法律でどのように具体化するかは、国民の代表機関である**国会の自由な判断（裁量）**に委ねられるべきである。
- そこで、**日本国民を在留外国人より優先することも許される。**

判旨

- 社会保障上の施策において在留外国人をどのように処遇するかについては、国は、特別の条約[3]の存しない限り、**当該外国人の属する国との外交関係、変動する国際情勢、国内の政治・経済・社会的諸事情等に照らしながら、その政治的判断により決定できる。**
- **限られた財源の下**で福祉的給付を行うに当たり、**自国民を在留外国人より優先的に扱うことも許される。**
- 帰化によって日本国籍を取得した者に対し障害福祉年金を支給しないことは、**憲法25条に違反しない（合憲）。**

3) 外国や国際機関との**文書による合意**のこと。

(3) 自由権

① 入国・再入国・出国の自由

国際慣習法上、自国の安全を保つため誰を入国させるかは各国の裁量に委ねられていますので、外国人に**入国の自由は、保障されません**。また、**在留は入国の延長**といえますので、**在留する権利も保障されません**。他方、**出国の自由**は、日本国の安全を害さないので**外国人にも保障**されますが、**在留資格がある外国人がいったん出国した後再入国する自由**（海外旅行の自由）は、保障されるでしょうか。

判例 最判平4.11.16：**森川キャサリーン事件**

事案

- 日本人と結婚し**永住資格がある者**が、海外旅行を計画し、日本を出国する前に**再入国許可の申請**をしたところ、当時外国人に義務づけられていた外国人登録原票への指紋押捺を拒否していたことを理由として不許可となったため、その取消しを求めて提訴した。

解説

- 再入国は、もともと**在留資格ある者が日本から出国し戻って来ること**なので、新規入国と異なり外国人に保障してもよいように思われる。
- しかし、判例は、**新規入国と同視できるとして、保障されない**とした。

判旨

- 外国人には入国の自由が保障されていないことから、**再入国の自由も保障されない。**

② 政治活動の自由

政治活動の自由（例政治集会やデモ行進への参加）は、表現の自由の現われです。自由権は人として当然に保障される人権（前国家的人権）ですので、外国人にも**政治活動の自由が保障**されます。では、その**保障の程度**は日本人と同じなのでしょうか。政治活動には**参政権に類似した役割**（政治的意思表明の一つの手段）があり、国民主権原理から**日本人よりも制限**されます。例えば、外国人が政党を結成したり政治献金したりすることはできません。このように、**我が国の政治的意思決定またはその実施に影響を及ぼす活動は、外国人に認めるのが相当でないと解されており、それらを除き、保障されるにすぎません**（最大判昭53.10.4：**マクリーン事件**）。

判例 最大判昭53.10.4：**マクリーン事件**

事案

- 日本に在留資格ある米国人が、日本国内で**デモ行進に参加**したところ、それを理由として法務大臣が**在留期間の更新不許可処分**を行ったので、その取消しを求めて出訴した。

解説

- 外国人がデモ行進に参加することは、**我が国の政治的意思決定またはその実施に影響を及ぼす活動**ではない。
- にもかかわらず、**在留期間の更新不許可処分を判例は合憲**とした。

- なぜなら、そもそも外国人には**日本に在留する自由が保障されていない**ので、その外国人を日本に在留し続けさせるかどうかは、**法務大臣の自由裁量**に委ねられているからである。

判旨

- 外国人にはそもそも**日本国に在留する自由は保障されない**。
- そのため、在留期間中の**憲法の基本的人権の保障を受ける行為**を在留期間の更新の際に**消極的な事情としてしんしゃくしてもよい**。
- デモ行進への参加は、**憲法の保障を受ける外国人の政治的行為であったが、在留更新不許可処分は合憲**である。

(4) その他

指紋の押捺を強制されない権利は、**プライバシー保護の一環**として日本人同様**外国人にも保障**されます。

ただし、指紋の押捺は、戸籍制度のない外国人の**人物を特定する最も確実な手段**といえるので、**指紋押捺義務を課す外国人登録制自体は合憲**です（最判平7.12.15）。

◆判例のまとめ

参政権	選挙権	国政選挙	保障されない（**法律で与えるのも禁止**）
		地方選挙	保障されない（**法律で与えることは禁止されていない**） ※ただし、永住者等の**定住外国人のみ**
	公務就任権		公権力行使等地方公務員になる権利は保障されない
社会権	生存権		保障されない（**法律で与えることは禁止されていない**）
自由権	入国（在留の自由）・再入国の自由		保障されない
	出国の自由		保障される
	政治活動の自由		**原則保障**される **我が国の政治的意思決定またはその実施に影響を及ぼす活動**は保障されない
幸福追求権	プライバシー権（指紋押捺を強制されない権利）		憲法上保障される ※ただし、**指紋押捺制度は合憲**

確認してみよう

①　公務員を選定罷免する権利は、その性質上、国民にのみ認められる権利であり、外国人には憲法上の保障が及ばないから、法律をもって、地方公共団体の長や議会の議員に対する選挙権を永住者である定住外国人に付与する措置を講ずることは、憲法上許されない。裁判所2006

1 (1) ①参照　×

「法律をもって、地方公共団体の長や議会の議員に対する選挙権を永住者である定住外国人に付与する措置を講ずることは、憲法上許されない」の部分が誤りです。判例は、**国政選挙権を法律で与えることは許されません**が、**地方選挙権を法律で与えることは、定住外国人を対象とする場合に限って憲法は禁止していない**としています（最判平7.2.28）。

②　社会保障上の施策において在留外国人をどのように処遇するかについては、国は、特別の条約の存しない限り、当該外国人の属する国との外交関係、変動する国際情勢、国内の政治・経済・社会的諸事情等に照らしながら、その政治的判断によりこれを決定することができるのであり、その限られた財源の下で福祉的給付を行うに当たり、自国民を在留外国人より優先的に扱うことも許される。裁判所2016

1 (2) 参照　○

生存権等の社会権は、**外国人に憲法上保障されていません**。したがって、福祉的給付を行うに当たり、自国民を在留外国人より優先的に扱うことも許されます。

③　政治活動の自由は、外国人の地位にかんがみ認めることが相当でないと解されるものを除き、外国人にも保障されるが、人権の保障は外国人の在留制度の枠内で与えられるにすぎないから、在留期間の更新の際に、在留期間中の外国人の行為を消極的な事情として考慮されないことまで保障されるわけではない。裁判所2006

1 (3) ②最大判昭53.10.4：マクリーン事件参照　○

「消極的な事情として考慮され**ない**ことまで保障されるわけでは**ない**」とある二重否定の文章は肯定として読んだほうが混乱しません。すなわち、「消極的な事情として考慮される」として読みましょう。マクリーン氏が行った政治活動は、**憲法上外国人にも保障される行為**であったにもかかわらず、法務大臣はそれを理由に在留更新の不許可処分を行い、**判例もその処分を**

合憲としました。なぜなら、外国人には**そもそも日本国に在留する権利が保障されない**ので、在留更新を許可するかどうかは**法務大臣の広い裁量**に属するからです。

2 法　人

法人とは、株式会社など、**自然人**4) **以外で法により権利義務の主体たる地位が認められた存在**をいいます。憲法の人権規定は**自然人を念頭に置いている**ので（例 人身の自由）、法人に人権が保障されるのかが問題となります。

判例は、法人が重要な社会的活動を行っていることから、その人権享有主体性を認めつつ、自然人とは異なりすべての人権が保障されるわけではなく、**権利の性質上可能な限り保障されるにすぎない**としています（最大判昭45.6.24：**八幡製鉄事件**）。また、あえて法で人として扱われる以上、**法人の設立の目的の範囲内でしか、人権が保障されない**ことに注意してください。

そこで次に、**どんな行為が目的の範囲内か**が問題となります。以下の三つの判例の違いがポイントです。

4）権利や義務の主体となる個人のこと。

判例　最大判昭45.6.24：**八幡製鉄事件**

事案

- 八幡製鉄株式会社の取締役が会社を代表して自民党に政治献金したところ、反対する株主が、**政治献金は会社の目的に反する**としてその無効を主張した。

解説

- 会社の政治献金は通常多額で、それを自由に認めると、相対的に主権者である国民の政治的影響力が弱まってしまうのではないかとの危惧がある。
- しかし判例は、**民主国家における政党の重要性**に鑑み、またその活動には多額の資金が必要となることから、会社による政治献金を認めた。
- 学説では、株式会社の構成員である株主には脱退の自由があるので（**任意加入団体**）、**株主の意思をそれほど尊重する必要がない**ことから、会社の目的の範囲内として有効とされている。

判旨

- 政党は民意を国政に反映させる媒体であり、その**健全な発展に協力することは、会社に期待される行為**である。
- したがって、**政治献金は株式会社の目的の範囲内といえ有効**である。

判例　最判平8.3.19：**南九州税理士会事件**

事案

- 税理士会が、税理士政治連盟（**政治団体**）へ寄付するための資金を会員たる税理士から徴収する旨の決議をしたところ、所属税理士が**税理士会の目的の範囲外で決議は無効**として提訴した。

解説

- 税理士会は株式会社と異なり、構成員である税理士には**脱退の自由がない**。
- また、税理士会はいわば職業団体であり、政治団体や思想団体ではなく、さまざまな思想を持つ税理士が混在している。
- そこで、目的の範囲内かどうかの認定には、会員の思想・信条の自由への配慮も必要となる。

判旨

- 税理士会は**強制加入団体**であるため、目的の範囲を判断する際、**会員の思想・信条の自由への配慮が必要**である。
- そのため、**会員に要請される協力義務にも限界**がある。
- そして、政治団体への寄付は、**選挙における投票の自由と表裏をなすもの**として、税理士個人が自らの思想に基づいて自主的に判断すべき事柄である。
- したがって、政治団体への寄付は、**税理士会の目的の範囲外として決議は無効**である。

判例　最判平14.4.25：**群馬司法書士会事件**

事案

- **強制加入団体である群馬県司法書士会**が、阪神・淡路大震災で被災した兵庫県司法書士会の**復興支援のための拠出金**を会員から徴収する決議をしたところ、会員がその無効を主張した。

解説

- 税理士会と同じ**強制加入団体**であるにもかかわらず、会員からの徴収決議を有効とした。
- 寄付の目的が**同業者支援**だったことから、司法書士会の目的の範囲内とされた。

判旨

- **他の司法書士会との提携、協力、援助も司法書士会の活動目的に含まれる。**
- この点、本件拠出金は、被災者の相談活動等を行う司法書士会への経済的支援を通じて**司法書士業務の円滑な遂行による公的機能の回復を目的**とする趣旨である。
- したがって、本件決議は**司法書士会の目的の範囲内として有効**とした。

◆**判例のまとめ**

	法人の法的性質	寄付の目的	寄付の有効性
八幡製鉄事件	任意加入	政治献金	○
南九州税理士会事件	強制加入	政治献金	×
群馬司法書士会事件	強制加入	同業者支援	○

確認してみよう

① 憲法第３章に定める国民の権利及び義務の各条項は、性質上可能な限り、内国の法人にも適用されるものと解すべきであり、会社は、自然人たる国民と同様、国や政党の特定の政策を支持、推進し又は反対するなどの政治的行為をなす自由を有するとするのが判例である。財務2015

2 最大判昭45.6.24：八幡製鉄事件参照 ○

法人にいかなる活動が許されるかは、**法人の設立目的次第**です。民主国家において重要な役割を果たす**政党の健全な発展に協力することなど政治的行為は、株式会社の目的の範囲内**とされました。

② 税理士会のような強制加入団体は、その会員に実質的には脱退の自由が保障されていないことや様々な思想・信条及び主義・主張を有する者の存在が予定されていることからすると、税理士会が多数決原理により決定した意思に基づいてする活動にもおのずから限界があり、特に、政党など政治資金規正法上の政治団体に対して金員の寄付をするなどの事柄を多数決原理によって団体の意思として決定し、構成員にその協力を義務付けることはできない。裁判所2018

2 最判平8.3.19：南九州税理士会事件参照 ○

八幡製鉄事件と同じく政治献金の事例ですが、**目的の範囲外**とされました。税理士会は強制加入団体で会員には脱退の自由がないことから、その思想・信条への配慮が必要とされ、税理士会は構成員に寄付への協力を義務づげることはできません。

過去問にチャレンジ

問題1 ★ **次の記述のうち、明らかに誤っているのはどれか（争いのあるときは、判例の見解による。）。**

裁判所2002

❶ 外国人にも入国の自由は保障される。

❷ 外国人にも、わが国の政治的意思決定又はその実施に影響を及ぼす活動等外国人の地位にかんがみこれを認めることが相当でないと解されるものを除き、政治活動の自由は保障される。

❸ 外国人も公務に就任することができる場合がある。

❹ 外国人が特定の職業につくことを制限することは許されないものではない。

❺ すべての外国人に対し、日本国民と同等の生活保護を与えなければならないものではない。

【解答・解説】

正解 ❶

選択肢が短く、判例の結論を知っていれば容易に解ける非常に易しい問題です。

❶ × 判例は、**外国人には入国の自由は保障されない**としています（最判平4.11.16：**森川キャサリーン事件**）。

❷ ○ 判例の論理をしっかり理解しておきましょう。外国人にも政治活動の自由は保障されますが、日本人と比べその**保障の程度に差**があり、**我が国の政治的意思決定またはその実施に影響を及ぼす活動等外国人の地位にかんがみ認めることが適当でないものを除き保障される**にすぎません（最大判昭53.10.4：**マクリーン事件**）。

❸ ○ 公権力を行使する地方公務員以外の公務員については、外国人が就任できる場合もあります（例保健師）。

❹ ○ 「特定の職業」とは、例えば警察官や管理職（公権力行使等地方公務員）と考えてください。

❺ ○ 判例は、福祉的給付において、自国民を在留外国人より優先的に扱うことも許されるとしています（最判平元.3.2：**塩見訴訟**）。

問題2 ★ 憲法の人権規定の外国人に対する適用についての最高裁判所の判決に関する記述として、妥当なのはどれか。

都Ⅰ2008

❶ 外国人の入国の自由について、今日の国際慣習法上、外国人に入国の自由を保障することが当然であり、憲法が規定する国際協調主義にかなうとした。

❷ 外国人の政治活動の自由について、外国人の地位にかんがみ認めることが相当でないと解されるものを除き、保障されるとした。

❸ 外国人の生存権の保障について、自国民を在留外国人より優先させ、在留外国人を福祉的給付の支給対象者から除くことは許されないとした。

❹ 外国人の選挙権について、定住外国人へ地方公共団体における選挙の権利を付与しないことは合憲であり、法律で定住外国人に地方公共団体における選挙の権利を付与することはできないとした。

❺ 外国人登録法で義務付けられていた指紋押捺制度について、何人もみだりに指紋の押捺を強制されない自由を有するとして、指紋押捺制度は違憲であるとした。

【解答・解説】

正解 ❷

選択肢が比較的短く、基本判例を素直に問う易しい問題です。一つひとつの選択肢を丁寧に読み、特に結論部分に着目して消去法で解くとよいでしょう。

❶ ×　「外国人に入国の自由を保障することが当然であり」の部分が誤りです。判例は、外国人に入国の自由は保障されないとしています（最判平4.11.16：**森川キャサリーン事件**）。

❷ ○　判例は、外国人の政治活動の自由については、我が国の政治的意思決定またはその実施に影響を及ぼす活動等外国人の地位にかんがみ認めることが適当でないものを除き保障されるとしています（最大判昭53.10.4：**マクリーン事件**）。

❸ ×　「在留外国人を福祉的給付の支給対象者から除くことは許されない」の部分が誤りです。判例は、限られた財源のもとで福祉的給付を行うに当たり、自国民を在留外国人より優先的に扱うことも許されるとしています（最判平元.3.2：**塩見訴訟**）。

❹ ×　「法律で定住外国人に地方公共団体における選挙の権利を付与することはできない」の部分が誤りです。選挙権は憲法上保障されていませんが、**法律で与えることは、定住外国人を対象とする場合に限って憲法は禁止していない**とするのが判例です（最判平7.2.28）。

❺ ×　「指紋押捺制度は違憲」の部分が誤りです。判例は、**指紋の押捺を強制されない権利は外国人にも保障されています**が、**指紋の押捺の強制制度は、公共の福祉の現われとして合憲**としました（最判平7.12.15）。

問題3 ★★★

法人及び外国人の人権に関するア～オの記述のうち、判例に照らし、妥当なもののみを全て挙げているのはどれか。

国般2013

ア　憲法第３章に定める国民の権利及び義務の各条項は、性質上可能な限り、内国の法人にも適用され、また、同章の諸規定による基本的人権の保障は、権利の性質上日本国民のみをその対象としていると解されるものを除き、我が国に在留する外国人に対しても等しく及ぶ。

イ　法人は、自然人たる国民と同様、国や政党の特定の政策を支持、推進し、又は反対するなどの政治的行為をなす自由を有し、公益法人であり強制加入団体である税理士会が、政党など政治資金規正法上の政治団体に金員を寄付するために会員から特別会費を徴収することを多数決原理によって団体の意思として決定し、構成員にその協力を義務付けた上、当該寄付を行うことも、当該寄付が税理士に係る法令の制定改廃に関する政治的要求を実現するためのものである場合は、税理士会の目的の範囲内の行為として認められる。

ウ　会社が、納税の義務を有し自然人たる国民と等しく国税等の負担に任ずるものである以上、納税者たる立場において、国や地方公共団体の施策に対し、意見の表明その他の行動に出たとしても、これを禁圧すべき理由はないが、会社による政治資金の寄付は、その巨大な経済的・社会的影響に鑑みると、政治の動向に不当に影響を与えるおそれがあることから、自然人たる国民による寄付と別異に扱うべき憲法上の要請があるといえる。

エ　政治活動の自由に関する憲法の保障は、我が国の政治的意思決定又はその実施に影響を及ぼす活動など外国人の地位に鑑みこれを認めることが相当でないと解されるものを除き、我が国に在留する外国人に対しても及ぶことから、法務大臣が、憲法の保障を受ける外国人の政治的行為を、在留期間の更新の際に消極的な事情としてしんしゃくすることは許されない。

オ　地方公務員のうち、住民の権利義務を直接形成し、その範囲を確定するなどの公権力の行使に当たる行為を行い、若しくは普通地方公共団体の重要な施策に関する決定を行い、又はこれらに参画することを職務とするものについては、原則として日本国籍を有する者が就任することが想定されているとみるべきであり、外国人が就任することは、本来我が国の法体系の想定するところではない。

❶ ア、イ
❷ ア、オ
❸ イ、エ
❹ ウ、エ
❺ ウ、オ

【解答・解説】

正解 ❷

イと**エ**が誤りであることは容易にわかりますが、２択までしか絞れず、**ウ**と**オ**の表現がわかりにくいので、やや難しい問題といえます。

ア ○　判例は、憲法第３章の人権規定は、「**性質上可能な限り**」**法人に適用**され、「**権利の性質上日本国民のみをその対象としていると解されるものを除き**」**在留外国人にも等しく及ぶ**としています（最大判昭45.6.24・最大判昭53.10.4）。

イ ×　「税理士会の目的の範囲内の行為として認められる」の部分が誤りです。たとえ寄付の目的が税理士に係る法令の制定改廃に関する政治的要求を実現するためのものであっても、**政治団体への寄付は税理士会の目的の範囲外**とするのが判例です（最判平8.3.19：**南九州税理士会事件**）。

ウ ×　「自然人たる国民による寄付と別異に扱うべき憲法上の要請があるといえる」の部分が誤りです。判例は、**法人も自然人同様、政治献金できる**としています（最大判昭45.6.24：**八幡製鉄事件**）。

エ ×　「在留期間の更新の際に消極的な事情としてしんしゃくすることは許されない」の部分が誤りです。判例は、在留期間中の憲法の基本的人権の保障を受ける行為を在留期間の更新の際に**消極的な事情**（更新しない理由）**としてしんしゃくしてもよい**としています（最大判昭53.10.4：**マクリーン事件**）。

オ ○　「外国人が就任することは、本来我が国の法体系の想定するところではない」とは、外国人を管理職に就かせるのは、**国民主権原理から許されない**という意味であり正しいです（最大判平17.1.26）。

MEMO

問題4 **日本国憲法に規定する法人又は外国人の人権に関する記述として、判例、通説に照らして、妥当なのはどれか。**

★★★

区Ⅰ 2017

❶ 法人は自然人ではないが、その活動は自然人を通じて行われ、その効果が究極的に自然人に帰属し、現代社会において一個の社会的実体として重要な活動を行っていることから、法人にも自然人と同じ程度に全ての人権の保障が及ぶ。

❷ 最高裁判所の判例では、税理士会が強制加入である以上、その会員には様々な思想信条を有する者が存在し、会員に要請される協力義務にも限界があるが、税理士に係る法令の制定改廃に関する政治的要求実現のために税理士会が政治資金規正法上の政治団体に金員の寄付をすることは、税理士会の目的の範囲内の行為であり、寄付のため特別会費を徴収する旨の決議は有効であるとした。

❸ 人権の前国家的性格や憲法の国際協調主義の観点から、外国人は憲法の保障する人権の享有主体となり得るが、憲法の規定上「何人も」と表現される条項のみ外国人に保障される。

❹ 最高裁判所の判例では、地方公共団体が、公権力行使等地方公務員の職とこれに昇任するのに必要な職務経験を積むために経るべき職とを包含する一体的な管理職の任用制度を構築した上で、日本国民である職員に限って管理職に昇任できるとする措置を執ることは、合理的な理由に基づいて日本国民である職員と在留外国人である職員とを区別したとはいえず、憲法に違反するとした。

❺ 最高裁判所の判例では、現行の生活保護法は、第１条及び第２条において、その適用の対象につき「国民」と定めたものであり、外国人はこれに含まれないと解され、外国人は、行政庁の通達等に基づく行政措置により事実上の保護の対象となり得るにとどまり、生活保護法に基づく保護の対象となるものではなく、同法に基づく受給権を有しないとした。

【解答・解説】

正解 ❺

❶・❷・❹は結論部分だけ見て容易に消去できますが、❸は学説について問うており、正解の❺はあまり知られていない判例なので、やや難問といえます。ただ、❺は、塩見訴訟の考え方を応用すれば正答に至ることができます。

❶ ×　「法人にも自然人と同じ程度に全ての人権の保障が及ぶ」の部分が誤りです。判例は**性質説**に立っており、**性質上可能な限り保障**されるにすぎないとしています（最大判昭45.6.24：**八幡製鉄事件**）。

❷ ×　「税理士会の目的の範囲内の行為であり、寄付のため特別会費を徴収する旨の決議は有効であるとした」の部分が誤りです。判例は、たとえ税理士に係る法令の制定改廃に関する政治的要求実現のためでも、特別会費を徴収する旨の決議を無効としました（最判平8.3.19：**南九州税理士会事件**）。

❸ ×　「憲法の規定上「何人も」と表現される条項のみ外国人に保障される」の部分が誤りです。判例は、外国人に保障される人権かどうかにつき、**権利の性質上日本国民のみをその対象としていると解されるものを除き在留外国人にも等しく及ぶ**としています（最大判昭53.10.4：**マクリーン事件**）。

❹ ×　「合理的な理由に基づいて日本国民である職員と在留外国人である職員とを区別したとはいえず、憲法に違反する」の部分が誤りです。判例は、**管理職選考試験の受験資格を日本国民に限る**ことは、**憲法に違反しない**としています（最大判平17.1.26）。

❺ ○　**生活保護の受給資格を「国民」に限定している生活保護法の合憲性**が問題となった比較的最近の判例ですが（最判平26.7.18）、**塩見訴訟**と同様に考えましょう。すなわち、福祉的給付を行うに当たり、**自国民を在留外国人より優先的に扱う**ことも許されます。

2 特別権力関係・私人間適用

学習のポイント

- 一般国民には当然に人権が保障されています。では、公務員や刑務所で服役中の在監者など**権力の中にいる人たちの人権**は保障されるのでしょうか。
- 憲法は**公権力の濫用を防止**するためのルールです。しかし、**私人間でも力関係に大きな差がある場合**（民間企業vs労働者）、人権侵害の恐れがあります（例えば不当解雇）。どうすればそれを阻止できるかを学びます。
- **重要判例が何度も繰り返し出題されています**。類似の判例と混同しないようにしましょう。

1 特別権力関係（国家と権力の中にいる人達との関係）

国家と権力の外にいる一般国民との関係を**一般権力関係**といいます。一般国民には当然に人権が保障されていますが、在監者1）は自由に引っ越しできませんし、公務員はストライキできません。このように、**国家権力の中**（刑務所の高い塀は権力の象徴です）にいる国民と国家との関係を**特別権力関係**といいます。

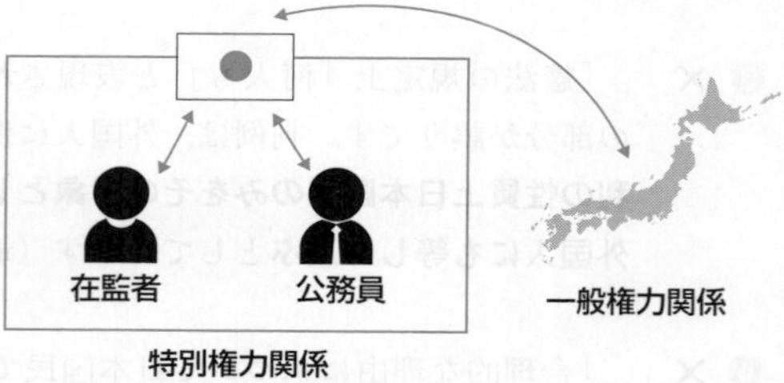

かつては、罪を犯したり自ら進んで公務員になった以上、**人権が制限されるのは当然だ**との考え（**特別権力関係論**）がありました。しかし、それでは、**憲法の基本的人権尊重主義**に反します。そこで通説は、**やむを得ない人権制限のみ許される**としています。すなわち、**事案ごとに**、**いかなる人権がいかなる根拠からどの程度制約されるのかを個別に検討**しています。先の例でいうと、在監者に自由に引っ越しさせたら逃亡してしまいますし、公務員がストライキをしたら国民生活への影響が計り知れないので、やむを得ない人権制限として合憲とされます。

1）刑務所や拘置所などの収容施設に身柄を拘禁されている人。

(1) 在監者の人権

監獄内では、**逃走または罪証隠滅防止**のため、**人権に必要かつ合理的な制限**が加えられるのはやむを得ません。

判例　最大判昭45.9.16：**喫煙禁止事件**

事案

- 監獄内における**喫煙の全面一律禁止の合憲性**が問題となった。

解説

- 人権制限が必要かつ合理的かどうかは、**制限の必要性の程度と制限される基本的人権の内容との比較考量**[2)]により判断すべきとしている。
- 喫煙を制限することによって逃亡・罪証隠滅を防止でき、これは喫煙を自由にすることよりも重要な利益である。

判旨

- 喫煙を許すことにより、火災発生の場合には**逃亡・証拠隠滅の恐れ**が生ずる。
- 喫煙の自由が憲法13条[3)]の保障する基本的人権の一つに含まれるとしても、**あらゆる時、所において保障されなければならないものではない。**
- したがって、**喫煙の全面一律禁止は、必要かつ合理的なもので、憲法13条に違反しない（合憲）。**

2) 国家が**人権を制限することによってもたらされる利益**と、**制限しないことによってもたらされる利益**を比べて、**前者のほうが重要であればその人権制限は許される**との裁判所の審査基準。

3) 憲法に明文の規定がない人権の根拠条文です（次節で解説します）。

判例　最大判昭58.6.22：**よど号ハイジャック新聞記事抹消事件**

事案

- **未決拘禁者**[4)]が購読していた**新聞記事を、拘置所長が抹消（閲読の制限）**したことが許されるか。

解説

- 閲読の自由は表現の自由の一環として保障されており、表現の自由は民主国家を支える非常に重要な人権であるから、その制限は最小限であることが望ましい。
- そこで、**閲読を制限できる場合（記事の抹消が許される場合）はかなり限定的**で、閲読させることにより拘置所内の規律や秩序が害される漠然とした危険性があるだけでは足りず、**拘置所内の秩序が害されるかなり高度の危険性を要件としている。**

判旨

- 閲読の自由は**表現の自由の一環として保障される**が、**拘置所内の秩序維持**のためには、制限されざるを得ない。

- そこで、閲読を許すことにより、拘置所内の規律・秩序が害される**一般的抽象的なおそれがあるだけでは足りず、放置できない程度の障害が生ずる相当の蓋然性がある場合に限り、閲読を制限できる。**
- 当該未決拘禁者が**拘置所内の規律に頻繁に違反した事実や抹消された記事の内容から、障害発生の相当の蓋然性があり、記事の抹消は許される。**

4）判決が確定していない**裁判で係争中の者のこと**。刑務所ではなく**拘置所**に収容されています。拘置所とは、**未決拘禁者と死刑囚**が収容される国の施設。刑務所とは**有罪判決が確定した者**を収容する国の施設。

(2) 公務員の人権

公務員も国民である以上、当然に人権が保障されますが、**職務内容が国民生活に直接影響するもの**（例警察や消防）であるため、一般国民と比べ、人権が制限されざるを得ません。

そこで、まず、**公務員の政治活動を制限する国家公務員法の合憲性**が問題となります。

判例　最大判昭49.11.6：猿払事件

事案

- 国家公務員（当時）である郵便配達員が、休日に、自らが支持する政党の候補者の選挙ポスターを公営掲示板に掲示したところ、**公務員の政治活動を禁ずる国家公務員法違反**として処罰された。

解説

- 判例は**比較考量の基準**で判断しており、公務員の政治活動を禁止することによって**得られる利益**5）と**失われる利益（公務員個人の政治活動）を比べて前者のほうが重要だとして合憲**としている。

判旨

- （公務員の政治活動の制限の目的である）**行政の中立的運営が確保**され、これに対する**国民の信頼**が維持されることは、**民主主義国家において非常に重要な利益**である。
- そこで、**政治的中立性を損なう恐れのある公務員の政治活動を禁止**することは、**合理的で必要やむを得ない限度を超えるものとは認められず、憲法21条に違反しない（合憲）。**

5) 公務員に政治活動を許してしまうと、行政の中立的運営（行政サービスは、担当職員により政治的な偏りがあってはいけない）が損なわれます。

判例　最判平24.12.7：**宇治橋事件・堀越事件**

事案

- 国家公務員２名が、休日に日本共産党の機関紙を配ったこと（政治活動）が、国家公務員法に違反するとして起訴された。

解説

- この判例は、合理的で必要やむを得ない限度を超えない限り合憲という**基準は猿払事件と同じ**だが、**公務員の政治活動の自由を尊重し、行政の中立性を害さないかどうか、より実質的な利益考量をしたのが特徴である。**

判旨

- 公務員の職務遂行の**政治的中立性を損なう恐れが実質的に認められるかどうか**は、公務員の地位（管理職かどうか）やその職務内容（裁量（＝職員が自由に判断でき、その思想の影響を受けやすい）の余地があるかどうか）、行為の具体的態様（勤務時間中や職場内での行為かどうか）等の諸般の事情を総合して判断するのが相当である。
- その結果、管理職で仕事に裁量の余地があった**課長補佐を有罪**とし、管理職ではなく仕事に裁量の余地がなかった**窓口担当者を無罪**とした。

次は、**公務員の労働基本権を制限する国家公務員法の合憲性**が問題となった判例です。

判例　最大判昭48.4.25：**全農林警職法事件**

事案

- 内閣提出の法改正案の**反対運動に参加するよう全農林労組の幹部が組合員をそそのかした**ところ、**争議行為（ストライキ**6)**）のそそのかしを罰する**国家公務員法違反で起訴された。そこで、**罰則規定の合憲性**が問題となった。

解説

- 公務員も「**勤労者**」（**28条**）**として労働基本権が保障されている**にもかかわらず、**争議行為をすること**もさらに**その参加をそそのかすこと**も許されない。公務員がストライキをしてしまうと行政サービスが滞ってしまい、国民生活に支障が出てしまうからである。

- **民間労働者との比較**がポイント。民間労働者は、雇主が労働条件を決めるので、ストライキ等で雇主に圧力をかけることでよりよい労働条件が獲得できる。また、ストライキが長引いて会社がつぶれてしまったら元も子もないので、市場の抑制力が働く。

判旨

- 公務員にも**労働基本権は保障**されるが、その**職務の公共性**から、民間人と異なり制限されざるを得ない。
- 公務員の勤務条件は国会の制定する**法律や予算によって決められる**ので（**勤務条件法定主義**）、政府への争議行為は**的外れ**（争議行為をしても意味がない）である。
- 公務は（ある意味独占市場ゆえ）、私企業と異なり**市場の抑制力が働かない**（ので、ストが長引き国民生活に支障が生じてしまう）。
- 公務員の**争議行為およびそのあおり行為を禁止すること、そのための罰則規定は、合憲**である。

6) 労働条件の改善を目指し、労働組合員が**労働を行わないで抗議すること**。

確認してみよう

① 喫煙の自由は、憲法第13条の保障する基本的人権の一つに含まれるとしても、あらゆる時、所において保障されなければならないものではなく、未決勾留により拘禁された者に対し喫煙を禁止する旧監獄法施行規則の規定は、同条に違反しない。国税・労基2011

1 (1) 最大判昭45.9.16：喫煙禁止事件参照　〇

監獄内は、逃亡や罪証隠滅防止のため、**一般人に対してはなされないような自由の制限**を伴います。喫煙自由とすると、在監者に火の元を持たせることになるため、**逃亡を図るためあえて放火する恐れ**があるので、**全面一律の禁止も合憲**とするのが判例です。

② 行政の中立的運営が確保され、これに対する国民の信頼が維持されることは、憲法の要請にかなうものであり、公務員の政治的中立性が維持されることは、国民全体の重要な利益にほかならないというべきであるから、政治的中立性を損なうおそれのある公務員の政治的行為を禁止することは、合理的で必要やむを得ない限度にとどまるものである限り、憲法の許容するところ

であるとするのが判例である。国般2014

1 (2) 最大判昭49.11.6：猿払事件参照 ○

公務員も、公務員である以前に主権者国民である以上、本来政治活動を行ってもよいはずですが、**「公務」という職務の特殊性から、政治的に偏ってはならない**ので、その政治活動を禁止することも、**合理的で必要やむを得ない限度を超えない限り、合憲**とするのが判例です。

2 私人間の人権保障

憲法14条
① すべて国民は、法の下に平等であつて、人種、信条、性別、社会的身分又は門地により、政治的、経済的又は社会的関係において、差別されない。

民法90条
公の秩序又は善良の風俗に反する法律行為は、無効とする。

そもそも憲法の目的は、**公権力の濫用を防止し、国民の人権を守る**点にあるので、国家対国民の場面にしか適用されず、**私人間**[7] **の人権侵害の場面**（例企業による不当解雇）**では、憲法は一切適用されない**とも思えます。しかし、企業やマスコミなど巨大な私人による人権侵害を放置することはできません。この点、**人権保障を徹底**し、私人間の人権侵害行為にも憲法を直接適用すべきだとの考えもあります（**直接適用説**）。しかし、それでは、**私的自治の原則**[8] に反してしまいます。そこで、判例は、**憲法の人権保障の要請と私的自治の原則との調和**から、私人間のトラブルを解決するための法である**私法**（例**民法**）**の解釈に憲法の考え方を取り込み、私法をとおして間接的に私人間に憲法を適用**するという立場（**間接適用説**）を採っています。具体的には、企業が行った女性であることだけを理由とする労働者の解雇（**日産自動車事件**）が、**民法90条の「公の秩序又は善良の風俗」に反し無効かどうか**の判断をするときに、**憲法14条1項の「性別」による差別禁止の考え方を取り込み、企業の解雇は民法90条違反として無効**としています。ここで、注意してほしいのは、あくまで憲法14条1項は民法90条の解

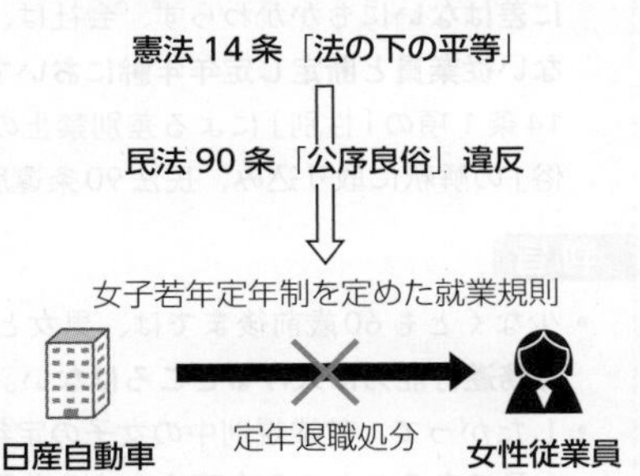

釈にその趣旨を及ぼしただけなので、**憲法14条1項違反ではなく民法90条違反**として**解雇を無効**とした点です。

7）私人とは、国家や公の立場を離れた一個人をいい、「私人間」とは、一般の個人どうしの間の、という意味です。

8）契約の締結など、私人間の権利義務の形成は個人の自由に任せ、国家は干渉してはならないとの原則。

判例

最判昭56.3.24：**日産自動車事件**

事案

- 会社の就業規則（職場のルール）上、**定年年齢につき男女間で5歳の差があった**ことから定年退職を命じられた女性従業員が、就業規則のうち**男女別定年制を定めた部分**は憲法14条に違反するとして提訴した。

解説

- 男女別定年制が**民法90条の「公の秩序又は善良の風俗」**（社会秩序や一般的な道徳観念）**に反するか**どうかが争点となった。
- 定年退職処分を受けた**女性の担当職務は事務職**だったので、**男性と職務遂行能力に差はない**にもかかわらず、会社は、**女性というだけで会社に対し貢献度の上がらない従業員と断定し定年年齢において男女で差を設けていた**。そこで判例は、憲法14条1項の「性別」による差別禁止の考え方を民法90条の「公の秩序又は善良の風俗」の解釈に取り込み、民法90条違反と断定した。

判旨

- 少なくとも60歳前後までは、男女とも通常の職務であれば企業経営上要求される**職務遂行能力に欠けるところはない**。
- したがって、就業規則中の女子の定年年齢を男子より低く定めた部分は、**もっぱら女子であることのみを理由とする差別**であり、性別のみによる不合理な差別を定めたものとして**民法90条により無効**である。

次も企業が労働者を差別的に扱った事例ですが、こちらは企業側が勝訴しました。

判 例　最大判昭48.12.12：**三菱樹脂事件**

事案

- 企業が学生に学生運動歴の申告を求め、それを隠して採用された学生を、その後、**学生運動歴の発覚を理由に本採用を拒否**した。

解説

- 学生運動歴の有無で差別をするのは「**信条による差別**」（**憲法14条1項**）といえるが、私人間であるためそれが、「**公序良俗違反**」（**民法90条**）**といえるか**が問題となった。
- 日産自動車事件が**単なる性別による不合理な差別**であるのに対し、こちらは、**会社の雇用の自由を重視**し、企業内の秩序を乱すおそれのある労働者は雇わないという**企業の行った差別には合理性がある**とした。

判旨

- 企業には、営業活動の一環として、いかなる労働者を雇うかの自由（**雇用の自由**）がある。
- したがって、**企業が特定の思想・信条を有する者をそのゆえをもって雇い入れることを拒んでも違法ではない。**

◆判例の比較

	結論	根拠
日産自動車事件	退職処分は違法	単に女子であることのみを理由とする**不合理な差別**だから
三菱樹脂事件	本採用拒否は適法	企業側には**雇用の自由**があり、企業内秩序維持のため、思想による差別には**合理性あり**

判 例　最判昭49.7.19：**昭和女子大事件**

事案

- **私立大学**に無許可で政治活動をして**学則（生活要録）違反**として登校禁止処分を受けた学生が、その事実をマスコミに公表したことにより、さらに**退学処分**を受けた。退学処分並びに生活要録は、思想・良心の自由を保障する憲法19条に違反するとして提訴。

解説

- 政治活動を許可制にしている私立大学の学則が、「**公序良俗違反**」（**民法90条**）**といえるか**が問題となった。

- 大学には学風（建学の精神）があり、学生もそれを承知したうえで入学しているはずである。保守的・非政治的学風で知られる大学に自ら進んで入学した以上、ルールに従わざるを得ないのはやむを得ないとされた。

判旨

- **国公立・私立問わず**、大学にはその設置目的を達成するために必要な事項を学則により制定し、在学する学生を規律する**包括的権能があり、学生はその規律に服することを義務づけられる**。
- 学生運動を規制する**生活要録は不合理ではなく**、その違反を理由とする**退学処分も社会通念上不合理な制限であるということはできない**。

上記三つの判例は**私人間のトラブルに公法たる憲法が適用されるか**の問題だったのに対し、次の判例は、**国家対私人のトラブルに、私法である民法が適用されるか**という問題であることに注意してください。

判例　最判平元.6.20：**百里基地訴訟**

事案

- 自衛隊の基地用地として**私人と国家との間で締結された土地売買契約**が、国の戦力の不保持、戦争の放棄を定めた憲法９条違反で無効かどうかが問題となった。

解説

- 原告は憲法９条違反を主張していたが、憲法９条は、人権規定と同じく**私法上の行為に対しては直接適用されない**とした。
- そのうえで、国が行政の主体ではなく、私人と対等な立場に立って行う契約はまさに**私法上の行為といえる**ので、憲法９条は**直接適用されず、私法の適用を受ける**とした。

判旨

- 国が行政の主体としてではなく、**私人と対等な立場に立って行う契約は、公権力の発動たる行為**（例国が国民の土地を強制的に収用）**といえるような特段の事情のない限り、憲法９条は直接適用されず、私法の適用を受ける**。
- 基地用地取得のための土地の売買契約は、**民法90条「公序良俗」に反するとまではいえず有効**である。

なお、判例の立場（**間接適用説**）でも、**労働基本権（28条）や児童の酷使の禁止（27条３項）**等一部の条文は、私企業で働く労働者や児童をより厚く保護するため**私人間にも直接適用されます**。例えば、私企業が児童を酷使した場合、間接適用だと民法90条により解決するため、それが「公序良俗違反」（民法90条違反）とまでいえない限り許されてしまいますが、直接適用すれば、**直ちに憲法違反として許されません**。そうすることで、心身ともに未熟な児童をより厚く保護するのです。

確認してみよう

1　男子の定年年齢を60歳、女子の定年年齢を55歳と定める会社の就業規則の規定は、当該会社の企業経営上の観点から定年年齢において女子を差別しなければならない合理的理由が認められない限り、専ら女子であることのみを理由として差別したことに帰着するものであり、性別のみによる不合理な差別を定めたものとして民法90条の規定により無効である。国般2018

2 最判昭56.3.24：**日産自動車事件参照**　○

定年退職処分を受けた**女性の担当職務は事務職**だったので、**男性と職務遂行能力に差はなく、定年年齢において男女で差を設ける理由はない**ので、判例は、民法90条違反を認定しました。

2　企業者は、自己の営業のために労働者を雇い入れるか、いかなる条件でこれを雇うかについて、原則としてこれを自由に決定することができるが、特定の思想、信条を有する者をそのことを理由に雇い入れることを拒んだ場合には、思想、信条による差別に当たり、直ちに違法となる。裁判所2017

2 最大判昭48.12.12：**三菱樹脂事件参照**　×

「直ちに違法となる」という部分が誤りです。企業が労働者を差別的に扱ったという点では日産自動車事件と事実関係は類似していますが、企業側の採用の自由と労働者の思想・信条の自由との調整から**民法90条に違反しない（適法）**としました。

過去問にチャレンジ

問題1 ★ **基本的人権の限界に関する次の記述のうち、判例に照らし、妥当なのはどれか。**

国税・財務2015

❶ 公務員も憲法第28条にいう勤労者に当たり、原則として労働基本権の保障を受け、ただその担当する職務の内容に応じて、私企業における労働者とは異なる制限を受けるにすぎないから、その制限は合理性の認められる必要最小限度のものにとどめられなければならず、その制限違反に対して刑事罰を科すことは許されない。

❷ 公務員の政治活動の自由の制限は、公務員の職務上の地位やその職務内容、行為の具体的態様を個別的に検討し、その行為によってもたらされる弊害を除去するための必要最小限度の制限が許されるにすぎず、その制限違反に対して刑事罰を科すことは許されない。

❸ 未決勾留により拘禁されている者にも意見、知識、情報の伝達の媒体である新聞、図書等の閲読の自由が憲法上認められるが、閲読を許すことにより刑事施設内の規律及び秩序が害される一般的、抽象的なおそれがある場合には、当該閲読の自由を制限することができる。

❹ 企業者が特定の思想、信条を有する者をそのことを理由として雇い入れることを拒んでも、それを当然に違法としたり、直ちに民法上の不法行為とすることはできない。

❺ 国公立大学においては、その設置目的を達成するために学則等を一方的に制定し、学生を規律する包括的権能が認められるが、私立大学においては、そのような包括的権能は認められず、同様の行為を行うことは、社会通念に照らして合理的と認められる範囲を超え許されない。

【解答・解説】

正解 ❹

すべて基本判例の知識で解答できるので、比較的易しい問題です。単純正誤問題なので、一つひとつの選択肢を丁寧に読み、判例のキーワードと照らし合わせて、正誤を判断してください。

❶ ×　「その制限違反に対して刑事罰を科すことは許されない」の部分が誤りです。判例は、国家公務員の争議行為をそそのかす行為に**刑事罰を科すことも許される**としています（最大判昭48.4.25：**全農林警職法事件**）。

❷ ×　「その制限違反に対して刑事罰を科すことは許されない」の部分が誤りです。判例は、公務員の行為により行政の政治的中立性が損なわれるかどうかにつき、当該公務員の地位などに鑑み**実質的な利益考量**をした結果、**課長補佐を有罪**としています（最判平24.12.7：**宇治橋事件**）。

❸ ×　「一般的、抽象的なおそれがある場合には、当該閲読の自由を制限することができる」の部分が誤りです。閲読の自由の制限には、刑事施設内の規律や秩序が害される一般的、抽象的なおそれがあるだけでは足りず、**放置できない程度の相当の蓋然性があることが必要**です（最大判昭58.6.22：**よど号ハイジャック新聞記事抹消事件**）。

❹ ○　判例は、企業が特定の思想、信条を有する者の本採用を拒否したことを**適法**としました（最大判昭48.12.12：**三菱樹脂事件**）。

❺ ×　「私立大学においては、そのような包括的権能は認められず、同様の行為を行うことは、社会通念に照らして合理的と認められる範囲を超え許されない」の部分が誤りです。判例は、**国公立・私立を問わず**、大学には学生を規律する包括的権能が認められるとしました（最判昭49.7.19：**昭和女子大事件**）。

問題2 ★★★ **基本的人権の限界に関するア～オの記述のうち、妥当なもののみを全て挙げているのはどれか。**

国税・労基・財務2019

ア 未決勾留により刑事収容施設に拘禁されている者の新聞紙、図書等の閲読の自由についても、一定の制限を加えられることはやむを得ないが、このような制限が認められるためには、刑事収容施設内の規律及び秩序が害される一般的、抽象的なおそれが存在することをもって足りるとするのが判例である。

イ 国家公務員法において禁止されている公務員の政治的行為は、公務員の職務遂行の政治的中立性を損なうおそれが、観念的なものにとどまらず、現実的に起こり得るものとして実質的に認められるものを指しており、こうしたおそれが実質的に認められるか否かは、当該公務員の地位、職務の内容や権限等、当該公務員がした行為の性質、態様、目的、内容等の諸般の事情を総合して判断するのが相当であるとするのが判例である。

ウ 憲法の人権規定が私法関係においても直接適用され、私人間にも直接効力を有すると解する直接適用説に立つと、私人間の行為が憲法によって規律されることとなるため、私的自治の原則の保護に資すると一般に解されている。

エ 男女で異なる定年年齢を定める就業規則が、専ら性別のみを理由とした不合理な差別であると認められる場合には、民法等の私法における諸規定を適用して解決するまでもなく、当該就業規則は憲法第14条第1項に違反するため、当然に違憲であるとするのが判例である。

オ 憲法に規定されている「公共の福祉」の意味について、「公共の福祉」は、人権の外にあり、人権を制約することのできる一般的な原理であると解する説に立つと、「公共の福祉」による制約が許されるのは、条文中に「公共の福祉」による制約を受けることが明記されている経済的自由権と社会権に限られることになる。

❶ イ
❷ ア、オ
❸ イ、ウ
❹ ウ、エ
❺ ア、エ、オ

【解答・解説】

正解 ❶

ウと**オ**は学説を問うていて、**ウ**がわからないと答えが出せないため難易度の高い問題です。選択肢は組合せで、**ア**と**エ**が誤りなのは容易にわかるので、消去法で選択肢を絞り込んで何とか正答を導きたいところです。

ア ×　「一般的、抽象的なおそれが存在することをもって足りるとするのが判例である」の部分が誤りです。閲読の制限が合憲となる基準は、**刑事施設内の規律や秩序が害される危険性の程度＝放置できない程度の相当の蓋然性**です（最大判昭58.6.22：**よど号ハイジャック新聞記事抹消事件**）。

イ ○　判例は、国家公務員法が禁止している公務員の政治的行為を、当該行為により行政の政治的中立性が損なわれる**観念的なおそれがあるだけでは足りず、実質的なおそれがあるものに限っていて**、実質的なおそれがあるかどうかは**当該公務員の地位、職務内容や権限等諸般の事情を総合して判断するのが相当である**としています（最判平24.12.7：**堀越事件**）。

ウ ×　「直接適用説に立つと…私的自治の原則の保護に資すると一般に解されている」の部分が誤りです。**直接適用説**は、私人間の法律関係を**私的自治の原則**に任せてしまうと、企業対労働者のように**実質上の力関係に差がある者どうしでは、不当な人権侵害が容認されてしまう**ので、憲法を直接適用し、**国民の人権保障を徹底する立場**です。

エ ×　「当該就業規則は憲法第14条第１項に違反するため、当然に違憲であるとするのが判例である」の部分が誤りです。判例（最判昭56.3.24：**日産自動車事件等**）は**間接適用説**の立場に立ち、**直接適用されるのは民法90条**になるので、結論として**民法90条違反（違法）**となります。

オ ×　「条文中に「公共の福祉」による制約を受けることが明記されている経済的自由権と社会権に限られることになる」の部分が誤りです。「公共の福祉」（13条）を、**人権の外**にあり、人権を制約することのできる**一般的な原理**であるとする説に立つと、人権の**個別の条文に「公共の福祉」による制約を受けることが明記されていなくても人権制約が可能**となります。

問題3 ★★★

憲法に定める人権規定の私人間効力に関する記述として、妥当なのはどれか。

都Ⅰ2007

❶ 直接適用説は、私人が国家の行為に準ずるような高度に公的な機能を行使している場合に限り、当該私的行為を国家の行為と同視し憲法の規定を直接適用するべきであるという説である。

❷ 間接適用説は、憲法の人権規定は民法の公序良俗規定のような私法の一般条項を介して私人間に間接的に適用されるものであり、私人間に直接適用される憲法の人権規定は存しないとする説である。

❸ 最高裁判所は、学生運動歴の秘匿等を理由に本採用を拒否された事件において、憲法第14条及び第19条の規定は、国又は公共団体と個人との関係を専ら規律し、私人相互の関係を直接規律することを予定するものではないと判示した。

❹ 最高裁判所は、私立大学の生活要録違反により退学処分を受けた学生が身分の確認を求めた事件において、私立大学は公共的施設であるため、憲法の自由権的基本権の規定は、当該私人相互の関係について当然適用されると判示した。

❺ 最高裁判所は、航空自衛隊の基地の建設に関する用地の売買契約をめぐる国と私人との争いにおいて、当該契約は、公権力の発動たる行為となんら変わりがないため、私法ではなく憲法第9条及び第98条の適用を受けると判示した。

【解答・解説】

正解 ❸

❶・❷は学説について出題しており、❸と❹の表現がわかりにくいため、やや難易度の高い問題です。❷と❺は容易に誤りとわかるので、❶・❸・❹をじっくり読み比べて正答を導きたいところです。

❶ ×　「私人が国家の行為に準ずるような高度に公的な機能を行使している場合に限り」の部分が誤りです。**直接適用説**は、「私人が国家の行為に準ずるような高度に公的な機能を行使している場合」に限らず、**私人間の人権侵害行為に広く憲法の直接適用を認める**見解です。

❷ ×　「私人間に直接適用される憲法の人権規定は存しない」の部分が誤りです。**間接適用説**の立場でも**私人間に直接適用される人権規定が存在します**（労働基本権（28条）や児童の酷使の禁止（27条３項）です）。

❸ ○　企業が学生の学生運動歴を理由に本採用を拒否したので、憲法14条（信条による差別禁止）・19条（思想・良心の自由）違反かどうかが問題となりました。判例は**間接適用説**の立場から、これらの規定は、**私人間には直接適用されない**としました（最大判昭48.12.12：**三菱樹脂事件**）。ですので、「私人相互の関係を直接規律（直接適用）することを予定するものではない」ということになります。

❹ ×　「憲法の自由権的基本権の規定は、当該私人相互の関係について当然適用される」の部分が誤りです。「当然適用」とは**直接適用の言い換え**です。判例は**間接適用説**の立場に立ちます（最判昭49.7.19：**昭和女子大事件**）。

❺ ×　「私法ではなく、憲法第９条及び第98条の適用を受ける」の部分が誤りです。判例は、私人と国との間で締結された土地売買契約につき、**憲法９条および98条は適用されず私法の適用を受ける**としています（最判平元.6.20：**百里基地訴訟**）。

問題4 ★ **基本的人権の保障に関するア～オの記述のうち、判例に照らし、妥当なもののみをすべて挙げているのはどれか。**

国税・労基2008

ア 公務員の政治的中立性を損なうおそれのある公務員の政治的行為を禁止することは、それが合理的で必要やむを得ない限度にとどまるものである限り、憲法の許容するところである。

イ 何人もみだりに指紋の押捺を強制されない自由を有するものというべきであり、国家機関が正当な理由もなく指紋の押捺を強制することは、憲法第13条の趣旨に反して許されるものではないことから、我が国に在留する外国人を対象とする指紋押捺制度は違憲である。

ウ 未決拘禁者も新聞、図書等の閲読の自由を保障されるべき者であるが、閲読を許されることにより監獄内の規律及び秩序が害される一般的、抽象的なおそれがある場合は、未決拘禁者の新聞、図書等の閲読の自由を制限することができる。

エ 私人間であっても一方が他方に優越する地位にある場合には、思想・信条の自由を保障する憲法第19条が類推適用されるから、労働者の採用に当たり、企業者が労働者に対して思想、信条に関係する事項の申告を求めるのは、公序良俗に反し、違憲である。

オ 前科及び犯罪経歴は、人の名誉、信用に直接かかわる事項であり、前科及び犯罪経歴のある者もこれらをみだりに公開されないという法律上の保護に値する利益を有することから、市区町村長が、漫然と弁護士会の照会に応じ、犯罪の種類、軽重を問わず、前科及び犯罪経歴のすべてを報告することは、公権力の違法な行使に当たる。

❶ ア、ウ
❷ ア、オ
❸ イ、ウ
❹ イ、エ
❺ エ、オ

【解答・解説】

正解 ❷

すべて基本判例の知識で解答でき、かつ選択肢は組合せなので、易しい問題です。問題文に「妥当なもののみをすべて挙げているのはどれか」とあります。したがって、**ア**（猿払事件）が正しいとわかると、候補は❶と❷に絞られます。そして、**ウ**は頻出のよど号事件の危険性の程度で誤りと容易にわかりますので、❶を消去し正答は❷となります。**オ**は次節で扱う判例ですが、現時点では知らなくても正答に至ることはできます。

ア ○　判例は、行政の政治的中立性の確保もそのために制限される公務員の政治活動もどちらも重要な利益なので、公務員の政治的行為を禁止することは、**合理的で必要やむを得ない限度にとどまる場合に限り合憲**としています（最大判昭49.11.6：**猿払事件**）。

イ ×　「我が国に在留する外国人を対象とする指紋押捺制度は違憲である」の部分が誤りです。判例は、**外国人の指紋押捺制度を合憲**としています（最判平7.12.15）。

ウ ×　「一般的、抽象的なおそれがある場合は、未決拘禁者の新聞、図書等の閲読の自由を制限することができる」の部分が誤りです（最大判昭58.6.22：**よど号ハイジャック新聞記事抹消事件**）。

エ ×　「私人間であっても一方が他方に優越する地位にある場合には、思想・信条の自由を保障する憲法第19条が類推適用されるから」の部分が誤りです。**類推適用とは直接適用の一つ**で、判例は、**間接適用説**の立場に立ち、たとえ一方が他方に優越する地位にある場合でも（企業者vs労働者）、憲法19条を直接適用しません。

オ ○　前科は人の名誉、信用に直接関わるので、市区町村長が弁護士会の照会に応じ住民の前科を報告することは許されないとするのが判例です（次節で扱う**前科照会事件**（最判昭56.4.14）です）。

3 幸福追求権（新しい人権）

学習のポイント

- 時代の変化や国民の価値観の変化に伴い、明文こそないものの人権として保障しなければならない利益が誕生します。そういった利益をどうやって人権として保障していくのかを学んでください。
- **重要判例が何度も繰り返し出題されています。**類似の判例と混同しないようにしましょう。

憲法13条
すべて国民は、個人として尊重される。生命、自由及び幸福追求に対する国民の権利については、公共の福祉に反しない限り、立法その他の国政の上で、最大の尊重を必要とする。

現在の憲法は、いまから半世紀以上前の敗戦間もない時期に制定されました。ですから、名誉権やプライバシー権などといったいわば豊かな社会の象徴ともいえるような人権は当時の状況では考えが及ばなかったことから、実は憲法には規定がありません。ではそういう**新しい人権（憲法制定後、新たに認識されてきた生活利益で、個別の根拠条文を持たないもの）**はどうすれば保障されるのでしょうか。

通説は、憲法13条の**幸福追求権**の一つとして保障されるとしています。なぜなら、14条以下の個別の人権規定は、歴史的に重要な人権を**例示したにすぎず、限定する趣旨ではない**からです。つまり、13条は**14条以下の個別的な人権規定**（例表現の自由（21条））**の保障が及ばない場合の補充規定**といえます。

では、どのような利益が新しい人権として保障されるのでしょうか。

1 プライバシー権

プライバシーとは、例えば私生活上の秘密など**他人に知られたくない個人的な事柄**を広く指します。判例は、プライバシーを人権として**明確に定義づけてはいません**が、**プライバシーの一部を人権として認めています。**例えば、前科（犯罪歴）のある人は、そのことを他人に知られたくないでしょう。なぜなら就職差別や家を借りられないなどさまざまな社会的制裁を受けるからです。

判例　最判昭56.4.14：**前科照会事件**

事案

- 自動車学校を解雇された元教員のXは、学校を被告として解雇の無効を争い提訴した。学校側の弁護士がXの前科をXの居住する区役所に問い合わせたところ、区長がXの前科のすべてを回答した。

解説

- 弁護士の問い合わせに対し、区長がXの前科をすべて回答したことが、**国家賠償法**1) **上違法**かどうかが問題となった。
- 前科は、人の名誉や信用に直接関わる事柄であるので、たとえ弁護士が問い合わせてきたからといって、区長が漫然と回答してしまうのは**違法な公権力の行使**といえ、国家賠償請求が認められた。

判旨

- 前科および犯罪経歴は**人の名誉、信用に直接関わる事柄**である。
- とすれば、前科等のある者もこれを**みだりに公開されないという法律上の保護に値する利益を有する**。
- したがって、市区町村長が**漫然と弁護士会の照会に応じ**、犯罪の種類、軽重を問わず、前科等のすべてを報告することは、公権力の違法な行使に当たる。

1) 公務員に権利侵害された被害者が、公務員の使用者である国もしくは自治体に、損害賠償請求できる制度。賠償請求の要件として公務員の行為が「違法な公権力の行使」であることが必要（詳しくは行政法で学びます）。

判例　最判平6.2.8：**ノンフィクション「逆転」事件**

事案

- かつて傷害致死事件を起こして有罪となり服役したXが、ノンフィクション作品の中で、**自己の実名が使われていた**ため精神的苦痛を被ったとして、作家Yに対し慰謝料の支払いを求めた。

解説

- 私人Yが私人Xのプライバシーを侵害しているので、**私人間の問題（違法かどうか）**となる。
- 前科を公表されない利益がプライバシーの一環として保護されるべき場合がある一方で、その公表が許されるべき場合もある（例政治家など公人の前科）ので、Yの著作が違法かどうかは、**実名使用の必要性とXが被る不利益の比較考量**で決すべきだとした。すなわち、実名使用の必要性よりもXが被る不利益のほうが大きければ、実名使用は違法となる。

- 本件では実名使用の必要性はなく、むしろXが被る不利益が大きいとして、Xの慰謝料請求を認めた。

判旨

- **実名使用が違法かどうか**は、事件それ自体の歴史的または社会的な意義、当事者の重要性、その社会的活動および影響力等実名使用の必要性に鑑み、**前科を公表されない法的利益が優越する場合には**、公表によって被った精神的苦痛の賠償（慰謝料請求）を求めることができる。
- **すでに実刑判決が確定し服役を終えた事件**で、かつ**Xは公人ではないので、実名使用の必要性よりも前科を公表されない法的利益が優先**するので、慰謝料請求できる。

住民基本台帳ネットワークはご存知でしょうか。各自治体でバラバラだった住民基本台帳を電子化しネットワークでつなぐことで、全国共通の本人確認ができるようになり、各種申請等に住民票の添付が不要になったり居住地以外でも住民票の発行が受けられたりするシステムです。ただ、ネットワークには情報漏洩の危険性があるので、プライバシーが侵害されるおそれがあります。

判例　最判平20.3.6：**住基ネット訴訟**

事案

- 住民基本台帳ネットワークによる個人情報の管理・利用は**プライバシーの侵害**だとして国民が訴えた。

解説

- 住基ネットが管理する「**氏名、生年月日、性別、住所の4情報**」は、個人の内面に関わるような**秘匿性**（他人に知られたくないと感じる程度）**の高い情報ではなく**、人が社会生活を送るうえで他人への開示が予定されている（例駅で定期券を買う際、氏名や生年月日を鉄道会社に提供する）情報である。
- 外部からの不正アクセスにより**情報が容易に漏れる具体的危険性はない**と認定し、**プライバシーの侵害はなく合憲**とした。

判旨

- 住基ネット上の情報は、「**氏名、生年月日、性別および住所からなる4情報**」にすぎず、人が社会生活を送るうえで一定の範囲の**他者に当然開示が予定されている情報**にとどまり、いずれも**個人の内面に関わるような秘匿性の高い情報**とはいえない。
- また、住基ネットにシステム技術上の不備があり、そのために本人確認情報が法令等の根拠に基づかずにまたは正当な行政目的の範囲を逸脱して第三者に開示または公表される**具体的な危険が生じているということもできない。**

- 住基ネットは、憲法13条の保障する個人に関する情報をみだりに第三者に開示または公表されない権利を害さない（合憲）。

次の判例も情報として秘匿すべき要請は低いとの認定は住基ネット訴訟と同じですが、こちらはプライバシーの侵害を認めました。

判例　最判平15.9.12：**早稲田大学名簿無断提出事件**

事案

- 中国の国家主席の講演会を主催した大学が、参加者名簿を**参加者の承諾なく、警察に提出**したことから、参加者が、**プライバシーの侵害**だとして訴えた。

解説

- 名簿に記載されたのは、氏名、住所等にすぎず、大学が参加者を把握することに使う限り、**秘匿性の高くない情報**である。
- しかし、それが**警察に提供される**となると、**それを望まない学生**も存在する。
- そこで、大学が学生に**無断で警察に提出したことが、プライバシー侵害**と認定された。

判旨

- 名簿に書かれた情報は、学籍番号や住所氏名等にすぎず、**秘匿すべき要請が高くない個人情報**である。
- しかし、**自己が欲しない他者（警察）へみだりに開示されたくないとの（学生の）期待は保護すべき**であり、プライバシーに係る情報として**法的保護の対象**となる。
- また、大学側が名簿を警察へ提出する旨を事前に参加希望者に伝え、**その承諾を求めることは容易**だった。
- そこで、**参加者のプライバシーを侵害したものとして不法行為を構成する。**

◆プライバシー侵害の有無

住基ネット訴訟	プライバシー侵害なし	情報としての秘匿性が低い
早稲田大学名簿無断提出事件	プライバシー侵害あり	警察へ開示されたくないとの学生の期待を侵害

確認してみよう

① 最高裁判所は、前科照会事件において、前科及び犯罪経歴は人の名誉、信用に直接かかわる事項とはいえず、前科及び犯罪経歴のある者は、これをみだりに公開されないという法律上の保護に値する利益を有さないと判示した。都Ⅰ2006

1 最判昭56.4.14：前科照会事件参照 ×

「前科及び犯罪経歴のある者は、これをみだりに公開されないという法律上の保護に値する利益を有さない」の部分が誤りです。判例は、前科のある者は、それを**みだりに公開されないという法律上保護に値する利益を有する**としています。

② 外国国賓による講演会を主宰する大学が参加者を募る際に収集した、参加申込者である学生の学籍番号、氏名、住所及び電話番号に係る情報については、当該学生が自己が欲しない他者にはみだりにこれを開示されたくないと考えることは自然なことであり、そのことへの期待は保護されるべきであるから、当該学生のプライバシーに係る情報として法的保護の対象となる。国税・労基2009

1 最判平15.9.12：早稲田大学名簿無断提出事件参照 ○

学生が名簿に記載した学籍番号や氏名、住所等は、**秘匿性の高くない情報**であったにもかかわらず、**判例はプライバシー侵害を認定した**ことに注意が必要です。

2 肖像権

肖像権とは、**承諾なしにみだりにその容貌、姿態を撮影されない自由**のことです。私生活が権力（例警察官）によって無断で撮影されたら嫌ですよね。そこで判例は、**憲法13条で保障される**としています。

判例　最大判昭44.12.24：京都府学連デモ事件

事案

- **公安条例違反のデモ行進**を行っていた被告人を**警察官が無断で写真撮影**したところ、被告人が警察官に傷害を負わせ、公務執行妨害罪で逮捕・起訴された。

解説

- 国民にはプライバシー保護の一環として**承諾なく写真撮影されない権利が保障**されている。
- しかし、人権は絶対無制約ではなく、「公共の福祉」（13条）により制約される。公安条例違反の事実の証拠を保全するための写真撮影は、「公共の福祉」の現われといえる。
- そこで、**ある一定の要件のもと、承諾なく行われる写真撮影も合憲**とされる。

判旨

- **肖像権と称するかどうかは別**として、何人も、その**承諾なしにみだりにその容貌、姿態を撮影されない自由**を有する。
- したがって、警察官が**正当な理由もなく個人の容貌等を撮影することは、許されない。**
- しかし、かかる自由も絶対無制約ではなく、**現に犯罪が行われもしくは行われた後間がないと認められる場合（犯罪の現行性）**で、**証拠保全の必要性・緊急性**があり、かつ**相当な方法で撮影**されたときには、**裁判官の令状がなくても許される（合憲）。**

次も、犯罪捜査の一環としての写真撮影の合憲性が問題となりました。

判例　最判昭61.2.14

事案

- 高速道路で**スピード違反**を犯して**自動速度監視装置**（通称オービス）で**写真撮影**された運転手が、**承諾なく撮影すること**は憲法13条の保障する肖像権を侵害するとして訴えた。

解説

- 京都府学連デモ事件を引用し、**同じ基準**を用い、**結果的に無断写真撮影を合憲**とした。

判旨

- 速度違反車両の自動撮影を行う自動速度監視装置による運転者の容ぼうの写真撮影は、**現に犯罪が行われている場合**になされ、犯罪の性質、態様からいって**緊急に証**

拠保全をする必要があり、その方法も一般的に許容される限度を超えない相当なものであるから、**憲法13条に違反しない。**

確認してみよう

① 警察官による個人の容貌等の写真撮影は、現に犯罪が行われもしくは行われた後に間がないと認められる場合であって、証拠保全の必要性及び緊急性があり、その撮影が一般的に許容される限度を超えない相当な方法をもって行われるときは、撮影される本人の同意がなく、また裁判官の令状がなくても、憲法13条に違反しない。国税・労基2009

2 最大判昭44.12.24：京都府学連デモ事件参照　〇

原則として、対象者の承諾がなければ写真撮影は許されませんが、判例は、**①犯罪の現行性、②証拠保全の必要性と緊急性、③撮影方法の相当性の３要件を満たす場合は、例外的に、対象者の承諾がなく、かつ裁判官の令状がなくても許される**としています。

3 その他

判例　最判平12.2.29：**エホバの証人輸血拒否事件**

事案

- 患者が**宗教的信条に基づいて手術中輸血しないことを求めた**が、医師は**輸血する方針であったにもかかわらずその旨を伝えないまま**、手術中出血多量となり、輸血した。患者が、**輸血を拒否する権利が侵害された**として慰謝料請求した。

解説

- 患者が宗教上の理由から輸血を拒否するとの**明確な意思を表明**している場合、そのような**意思決定をする権利**は**人格権**2) **の一つとして尊重**されなければならない。
- 医師はいわゆる**インフォームドコンセント**（医師が患者に十分な情報を提供したうえでの合意）を形成して医療行為を行うべきである。
- 医師が輸血する方針を説明すれば、患者は手術を受けないとの意思決定ができたにもかかわらず、その説明を怠った場合、**患者の意思決定権を奪った**として、**人格権侵害**が認められた。

判旨

- 患者が、輸血を受けることは自己の宗教上の信念に反するとして**輸血を伴う医療行**

為を拒否するとの**明確な意思を表明**している場合、その意思決定する権利は、人格権の一内容として尊重される。

- 医師は、輸血する方針を採っている旨**説明**し、手術を受けるか否かを**患者自身の意思決定に委ねるべき**であった。
- 医師が**輸血する方針を説明しなかった**ことにより、**患者の意思決定する権利を奪ったもの**といわざるを得ず、その人格権を侵害したものとして、慰謝料請求可。

2）財産権と対比され、生命や身体、自由や名誉など個人が生活するうえで他者から保護されなければならない権利。

確認してみよう

① 患者が、輸血を受けることは自己の宗教上の信念に反するとして、輸血を伴う医療行為を拒否するとの明確な意思を有している場合、このような意思決定をする権利は、人格権の一内容として尊重されなければならないとするのが判例である。財務2017

3 最判平12.2.29：エホバの証人輸血拒否事件参照 ○

本件医師は、**輸血の方針を採っていたにもかかわらず、その旨の説明を怠り、患者の手術を受けるかどうかの意思決定権を奪っている**ことから、不法行為責任を負うとされました。

過去問にチャレンジ

問題1 ★ **憲法第13条に関する次のA～Cの記述について、判例の見解に基づいた場合の正誤の組合せとして最も適当なのはどれか。**

裁判所2008

A 前科及び犯罪経歴は、人の名誉、信用に直接にかかわる事項であり、前科等のある者もこれをみだりに公開されないという法律上の保護に値する利益を有するが、弁護士会は、弁護士法に基づき、公務所又は公私の団体に照会して必要な事項の報告を求めることができることとされているから、市区町村長が、弁護士会から特定の人の前科及び犯罪経歴の照会を受け、これらの事項を報告することは、照会の必要性の有無にかかわらず、許容されるものと解すべきである。

B 個人の私生活上の自由として、何人も、その承諾なしに、みだりにその容ぼう・姿態を撮影されない自由を有するというべきであるが、警察官が個人の容ぼう・姿態を撮影することは、現に犯罪が行われ又は行われたのち間がないと認められる場合であって、しかも証拠保全の必要性及び緊急性があり、かつその撮影が一般的に許容される限度を超えない相当な方法をもって行われるときは、撮影される本人の同意や裁判官の令状の有無にかかわらず、許容されるものと解すべきである。

C 大学主催の講演会に参加を申し込んだ学生の氏名・住所等の情報は、プライバシーに係る情報ではあるが、基本的には個人の識別などのための単純な情報にとどまるものであって、思想信条や結社の自由等とは無関係であり、他人に知られたくないと感ずる程度の低いものであるから、当該大学が、講演者の警護に万全を期するため、事前に当該学生の承諾を得ることなく、これらの情報を警察に開示することは、その承諾を求めることが困難であったか否かにかかわらず、許容されるものと解すべきである。

	A	B	C
❶	正	正	誤
❷	誤	誤	誤
❸	正	誤	正
❹	誤	正	誤
❺	誤	誤	正

【解答・解説】

正解 ❹

記述一つひとつはかなりボリュームがあり、前半はもっともらしいことを述べていて一見引っ掛かりやすいですが、すべて基本判例からの出題で、選択肢は組合せなので比較的易しい問題です。各記述の結論部分をしっかり読めば、容易に正答に至ることができます。

A ×　「市区町村長が、弁護士会から特定の人の前科及び犯罪経歴の照会を受け、これらの事項を報告することは、照会の必要性の有無にかかわらず、許容されるもの」の部分が誤りです。たとえ前科ある者も、**みだりに前科を公開されないという法律上の保護に値する利益を有している**ので、市区町村長が、弁護士会の前科照会に応じ**前科のすべてを報告することは、許容されません**（最判昭56.4.14：**前科照会事件**）。

B ○　妥当な記述です（最大判昭44.12.24：**京都府学連デモ事件**）。

C ×　「事前に当該学生の承諾を得ることなく、これらの情報を警察に開示することは、その承諾を求めることが困難であったか否かにかかわらず、許容されるもの」の部分が誤りです。判例は、大学が名簿を警察へ提出する旨を事前に学生に伝え**その承諾を求めることは容易であったにもかかわらず、無断**で警察に提出したがゆえにプライバシーの侵害を認定しています（最判平15.9.12：**早稲田大学名簿無断提出事件**）。

問題2 ★★ **憲法第13条に関するア〜オの記述のうち、妥当なもののみを全て挙げているのはどれか。ただし、争いのあるものは判例の見解による。**

国般2015

ア 幸福追求権は、人格的生存に必要不可欠な権利・自由を包摂する包括的な権利であり、個別的人権規定との関係では、個別的人権の保障が及ばない場合における補充的な保障機能を果たすものとされている。

イ 速度違反車両の自動撮影を行う自動速度監視装置による運転者の容ぼうの写真撮影は、現に犯罪が行われている場合になされ、犯罪の性質、態様からいって緊急に証拠保全をする必要性があったとしても、その方法が一般的に許容される限度を超えるものであり、憲法第13条に違反する。

ウ 個人の尊重の原理に基づく幸福追求権は、憲法に列挙されていない新しい人権の根拠となる一般的かつ包括的な権利であり、この幸福追求権によって根拠付けられる個々の権利は、裁判上の救済を受けることができる具体的権利である。

エ 前科及び犯罪経歴は人の名誉、信用に直接に関わる事項であり、前科及び犯罪経歴のある者もこれをみだりに公開されないという法律上の保護に値する利益を有する。

オ 刑事施設内において未決勾留により拘禁された者の喫煙を禁止することは、逃走又は罪証隠滅の防止という未決勾留の目的に照らし、必要かつ合理的な制限とはいえず、憲法第13条に違反する。

❶ ア、オ
❷ イ、オ
❸ ア、ウ、エ
❹ ア、ウ、オ
❺ イ、ウ、エ

【解答・解説】

正解 ❸

アとウがわかりにくいですが、イとオが誤っているのは容易にわかりますので、標準的な問題といえます。わからない記述は飛ばし、消去法を使って解きましょう。

ア ○ 通説は、13条の幸福追求権は、**包括的な権利**として14条以下の**個別的人権規定がない場合の新しい人権の根拠規定**として、**補充的な役割**を担っているとしています。

イ × 「その方法が一般的に許容される限度を超えるものであり、憲法第13条に違反する」の部分が誤りです。判例は、自動速度監視装置の合憲性につき、京都府学連デモ事件の基準を引用し、合憲としています（最判昭61.2.14）。

ウ ○ **具体的権利**とは、法律等で具体化しなくても、**憲法の条文を直接の根拠に裁判上の救済を受けることができる性質を備えた人権**です。判例は、**憲法13条を直接の根拠に裁判**しており（最大判昭44.12.24：**京都府学連デモ事件**等）、**13条を具体的権利**と捉えているといえます。

エ ○ 妥当な記述です（最判昭56.4.14：**前科照会事件**）。

オ × 「未決勾留により拘禁された者の喫煙を禁止することは…憲法第13条に違反する」の部分が誤りです。判例は、「**喫煙の自由は、憲法13条の保障する基本的人権の一つに含まれる**としても、**あらゆる時、所において保障されなければならないものではない**」とし、**刑事施設内における喫煙の全面一律禁止は憲法13条に違反しない**としています（最大判昭45.9.16：**喫煙禁止事件**）。

問題3 幸福追求権に関するア～オの記述のうち、判例に照らし、妥当なもののみをすべて挙げているのはどれか。
★

国般2009

ア 個人の私生活の自由の一つとして、何人も、承諾なしに、みだりに容ぼう・姿態を撮影されない自由を有し、警察官が、正当な理由なく個人の容ぼう等を撮影することは、憲法第13条の趣旨に反し許されず、速度違反車両の自動撮影を行う自動速度監視装置による運転者の容ぼうの写真撮影は、現に犯罪が行われている場合になされ、犯罪の性質、態様からいって緊急に証拠保全をする必要があるものの、同乗者の容ぼうを撮影することとなり、その方法が一般的に許容される限度を超えるものであるから、憲法第13条に違反する。

イ ある者の前科等にかかわる事実が著作物で実名を使用して公表された場合に、その者のその後の生活状況、当該刑事事件それ自体の歴史的又は社会的な意義、その者の当事者としての重要性、その者の社会的活動及びその影響力について、その著作物の目的、性格等に照らした実名使用の意義及び必要性を併せて判断し、当該前科等にかかわる事実を公表されない法的利益がこれを公表する理由に優越するときは、その者はその公表によって被った精神的苦痛の賠償を求めることができる。

ウ 前科及び犯罪経歴は、人の名誉、信用に直接かかわる事項であり、前科等のある者もこれをみだりに公開されないという法律上の保護に値する利益を有するのであって、市区町村長が、本来選挙資格の調査のために作成、保管する犯罪人名簿に記載されている前科等をみだりに漏えいしてはならない。

エ 憲法第13条は、国民の私生活上の自由が公権力の行使に対しても保護されるべきことを規定しており、個人の私生活上の自由の一つとして、何人も、個人に関する情報をみだりに第三者に開示又は公表されない自由を有することから、行政機関が住民基本台帳ネットワークシステムにより住民の本人確認情報を収集、管理又は利用する行為は、当該住民がこれに同意していない場合には、憲法第13条に違反する。

オ 外国国賓による講演会の主催者として、大学が学生から参加者を募る際に収集した、参加申込者の学籍番号、氏名、住所及び電話番号に係る情報は、他者に対して完全に秘匿されるべき性質のものではなく、単純な個人識別情報であって、その性質上他者に知られたくないと感じる程度が低く、その一方、当該講演会の警備の必要性は高いことから、大学が当該情報を本人に無断で警察に開示した行為は、社会通念上許容される限度を逸脱した違法な行為とまではいえず、不法行為を構成しない。

❶ ア、エ
❷ イ、ウ
❸ イ、オ
❹ ウ、エ
❺ ウ、オ

【解答・解説】

正解 ❷

記述の一つひとつはかなりのボリュームがあるものの、選択肢は組合せで、**ア・エ・オ**は結論部分で容易に誤りとわかり選択肢を絞れるので、比較的易しい問題といえます。消去法を使えば、早くかつ確実に正答に至ることができます。

ア ×　「その方法が一般的に許容される限度を超えるものであるから、憲法第13条に違反する」の部分が誤りです。判例は、**自動速度監視装置を合憲**としています（最判昭61.2.14）。

イ ○　判例は、著作物で実名使用され前科が公表された者が慰謝料請求できるかどうかは、対象者のその後の生活状況や当該刑事事件自体の歴史的・社会的な意義、著作物の性格等に照らした実名使用の必要性等**さまざまな事情を考慮し、前科に関わる事実を公表されない法的利益が公表する理由に優越するとき**に、慰謝料請求できるとしています（最判平6.2.8：**ノンフィクション「逆転」事件**）。

ウ ○　妥当な記述です（最判昭56.4.14：**前科照会事件**）。

エ ×　「当該住民がこれに同意していない場合には、憲法第13条に違反する」の部分が誤りです。判例は、**住基ネットを合憲**としています（最判平20.3.6：**住基ネット訴訟**）。

オ ×　「大学が当該情報を本人に無断で警察に開示した行為は、社会通念上許容される限度を逸脱した違法な行為とまではいえず、不法行為を構成しない」の部分が誤りです。判例は、**参加者のプライバシーを侵害したものとして不法行為を構成する**としています（最判平15.9.12：**早稲田大学名簿無断提出事件**）。

MEMO

問題4 ★★ **プライバシーの権利に関する次のア～オの記述のうち適当なもののみを全て挙げているものはどれか（争いのあるときは、判例の見解による。）。**

裁判所2015

ア 個人の私生活上の自由の一つとして、何人も、その承諾なしにみだりにその容ぼうを撮影されない自由を有するものであるから、警察官が犯罪捜査の必要上写真を撮影するなど正当な理由がある場合であっても、その対象の中に犯人のみならず第三者である個人の容ぼうが含まれることは許されない。

イ 学生の学籍番号、氏名、住所、電話番号のような個人情報についても、プライバシーに係る情報として法的保護の対象となるというべきであるから、学生に無断で外国要人の講演会への参加申込名簿を警察に提出した大学の行為はプライバシーを侵害するものとして不法行為を構成する。

ウ 小説の出版等によるプライバシー侵害行為が明らかに予想され、その侵害行為によって被害者が重大な損失を受けるおそれがあり、かつ、その回復を事後に図るのが不可能ないし著しく困難になると認められるときであっても、小説の出版等の差止めを認めることは憲法21条1項に反し許されない。

エ 前科は、人の名誉、信用に関わる事項であり、前科のある者もこれをみだりに公開されないという法律上の保護に値する利益を有するのであって、市区町村長が、本来選挙資格の調査のために作成保管する犯罪人名簿に記載されている前科をみだりに漏えいしてはならない。

オ 個人の私生活上の自由の一つとして、何人もみだりに指紋の押なつを強制されない自由を有するものというべきであり、国家機関が正当な理由もなく指紋の押なつを強制することは憲法13条の趣旨に反して許されず、これを強制する外国人登録法の規定は違憲である。

❶ ア、イ
❷ イ、エ
❸ イ、エ、オ
❹ ア、ウ、オ
❺ ウ、エ、オ

【解答・解説】

正解 ❷

基本的な判例の知識で解答できる標準的な問題です。**ア**は京都府学連デモ事件ですが、本文では触れていない論点です。ここで学習してください。**ウ**は後に第２章第４節で学習する判例です。選択肢は組合せで、**イ**と**エ**は正しく**オ**が誤りであることは容易にわかりますので、**ア**と**ウ**を知らなくても正答に至ることができます。

ア ×　「その対象の中に犯人のみならず第三者である個人の容ぼうが含まれることは許されない」の部分が誤りです。判例は、「犯人の容ぼう等のほか、**犯人の身辺または被写体とされた物件の近くにいたためこれを除外できない状況にある第三者（例通行人）である個人の容ぼう等を含むことになっても、憲法13条、35条に違反しない**」としています（**京都府学連デモ事件**）。

イ ○　妥当な記述です（最判平15.9.12：**早稲田大学名簿無断提出事件**）。

ウ ×　「小説の出版等の差止めを認めることは憲法21条１項に反し許されない」の部分が誤りです。後に第２章第４節で学習する**「石に泳ぐ魚」事件**（最判平14.9.24）です。

エ ○　妥当な記述です（最判昭56.4.14：**前科照会事件**）。

オ ×　「これを強制する外国人登録法の規定は違憲である」の部分が誤りです。判例は、**指紋の押捺を強制されない権利を憲法13条を根拠に外国人にも認めます**が、外国人管理の必要性から、**指紋の押捺を強制する外国人登録法を合憲**としました（最判平7.12.15）。

4 法の下の平等

学習のポイント

・人は皆同じ価値を持っています（個人の尊厳原理）。したがって、国家は国民を差別的に扱ってはいけません。**他人と違う扱いを受けたこと自体が、一つの人権侵害**となるのです。

・**重要判例が何度も繰り返し出題されています。**類似の判例と混同しないようにしましょう。

憲法14条
① すべて国民は、法の下に平等であつて、人種、信条、性別、社会的身分又は門地により、政治的、経済的又は社会的関係において、差別されない。

1 14条の意味

(1) 「法の下」の意味

まず、法律はすべての人に平等に適用されることを意味します（**法適用の平等**）。そうでなければ不公平（例えば、国会議員には所得税法が適用されず、所得は非課税）だからです。

では、法律の内容は問われないのでしょうか。内容が不平等（例えば、女性に選挙権を認めない）であれば、いくら平等に適用してもかえって不平等になるだけです。そこで、さらに、**法内容の平等**をも意味するとするのが通説です。

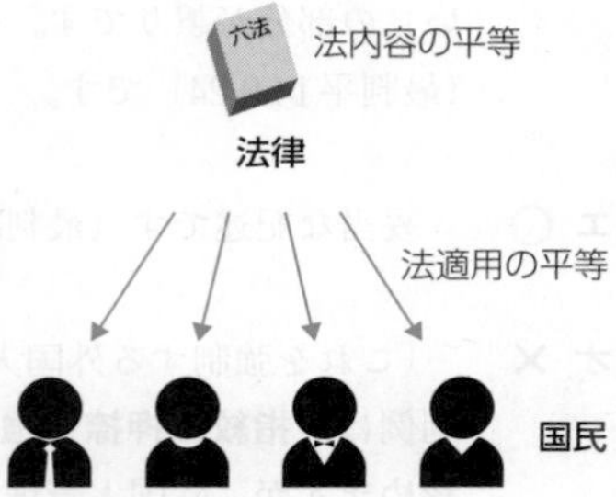

(2) 「平等」の意味

平等権の保障を徹底すれば、**差別を一切認めるべきではない**（これを**絶対的平等**といいます）とも思えます。しかし、これでは個人の差を無視し、かえって不平等となるおそれがあります（例えば、男性労働者には産前産後の休暇はないので、女性労働者にも認めないという扱いをするのが絶対的平等）。そこで、**差別すべき合理的な理由がないのに差別的取扱いする場合だけを禁止する趣旨**（これを**相対的平等**といいます）と考えるべきです。したがって、**差別的取扱いに合理性があれば、合憲**となります。

例えば、無事に出産してもらうため、出産を控えた女性労働者に産前産後の休暇を与えることには合理性があり合憲です。

(3) 14条1項後段列挙事由（人種、信条、性別、社会的身分、門地[1]）の意味

通説は、歴史的に国家による差別が行われてきた事柄を**例として挙げたにすぎない**と解しています（**例示列挙**）。ですので、**14条1項後段に列挙されていない事柄**（例年齢や学歴）についても、**原則として国家は国民を差別してはいけません。**

1）家柄とか生まれのこと。

確認してみよう

① 憲法14条1項は国民に対し絶対的な平等を保障したものではなく、差別すべき合理的な理由なくして差別することを禁止している趣旨と解すべきであるから、事柄の性質に即応して合理的と認められる差別的取扱いをすることは、何ら同項の否定するところではない。国般2018

1 (2) 参照 ○

憲法14条1項の「平等」の意味につき、通説は、**相対的平等**と解しています。したがって、**合理的と認められる差別的取扱いは合憲です。**

2 重要判例

14条1項の「平等」を**相対的平等**と捉えると、**合理的差別といえれば、合憲**となります。そこで判例は、**合理的差別**かどうかは、まず、**①差別する目的自体に合理性があること**と、さらに**②差別の内容に目的を達成する手段としての合理性があること**の二つの基準で判断しています（最大判昭48.4.4等）。

例えば、未成年者禁酒法は、心身ともに未熟な未成年者の保護を目的としています。これには、合理性があります。でもこれだけでは合理的差別とはいえません。さらに、20歳になるまでお酒が飲めないという差別の内容にも合理性がなければなりません。人はたいてい20歳前後で心身ともに成熟します。そこで、心身ともに未熟な未成年者を保護するという未成年者禁酒法の目的を達成する手段としての差別の内容にも合理性があり、合憲となります。

では、合理的差別に当たるかどうか問題となった判例を紹介しましょう。

判 例　最大判昭48.4.4：**尊属殺重罰規定違憲判決**

事案

- 父の性的虐待に耐えかねた娘が、父を殺害して自首した。事件当時、尊属[2]殺人罪は普通殺人罪に比べて刑罰が非常に重かった（普通殺人罪の法定刑は死刑または無期もしくは3年以上の懲役刑であるのに対し、**尊属殺人罪の法定刑は死刑か無期懲役刑しかなかった**）。そこで、この**重罰規定の合憲性**が問題となった。

解説

- この判例は、**違憲とされた根拠**が試験に頻出であるため、**目的と手段に分けて、合理性の有無**を検討しておきたい。
- 判例は、重罰規定の**目的自体には合理性がある**としたので、尊属殺人を普通殺人と比べ**重く処罰すること自体は憲法に違反しない**としている。
- しかし、両者にはあまりにも**刑罰に差がありすぎる**ので、**目的達成手段としての合理性がない**とした。

判旨

- 立法目的は、**尊属を敬いその恩に報いるため（尊属に対する尊重）、その殺害を特に強く禁止すべく重く罰する点**にあり、これは、社会生活上の基本的道義といえ合理性が認められる。
- したがって、**被害者が尊属であることを刑の加重要件としても、直ちに合理的根拠を欠くものではない。**
- しかし、**法定刑を死刑または無期懲役刑に限っている**点において、立法目的達成のため必要な限度をはるかに超えている（加重の程度が極端なので、目的達成手段としての合理性がない）。
- したがって、**重罰規定は憲法14条1項に違反して無効**である。

2）尊属とは、両親や祖父母のように世代が上の血族のこと。

判 例　最大決平25.9.4：**非嫡出子相続分違憲判決**

事案

- 父が死亡し、相続人たる**非嫡出子**[3]が家庭裁判所に遺産分割の申立てをしたところ、民法900条4号ただし書により、**非嫡出子は嫡出子の2分の1の法定相続分しか認められていなかった**ので、嫡出子と平等な割合の分割を求めた。

解説

- 非嫡出子とは、例えば不倫して生まれた子などであるが、両親が**事実婚**[4]の場合に生まれた子も非嫡出子となる。

- 最近は、婚姻や家族の形態は著しく多様化していて、**夫婦別姓が容認されていない現行法**のもとで、**事実婚**を選択する夫婦が増えている。
- 嫡出子か非嫡出子かは、**少なくとも子にとってはどうしようもないこと**なのに、それで差別を受けるのは法の下の平等に違反する。

判旨

- 父母が婚姻関係になかったという、**子にとっては自ら選択、修正する余地のないことを理由として子に不利益を及ぼすことは許されない。**
- したがって、嫡出子と非嫡出子の**法定相続分を区別する合理的根拠は失われており、憲法14条1項に違反**する。

3) **非嫡出子**とは、婚姻関係にない男女間の子。**嫡出子**とは、婚姻関係にある男女間の子。
4) **法律上の婚姻をしていない**が、社会的に夫婦同様の生活を送っている**事実上の夫婦**。入籍しないので、一方が改姓する必要がありません。

判例　最大判平27.12.16：**再婚禁止期間違憲判決**

事案

- 前夫と離婚した女性が、**女性のみ6か月間の再婚禁止期間を設けた民法733条の規定**により直ちに現在の夫と再婚できなかったため精神的苦痛を受けたとして出訴した。

解説

- **離婚後300日以内**に生まれた子は、前夫の子である可能性が高いため**前夫の子と推定**される。
- **婚姻後200日以後**に生まれた子は、後夫の子である可能性が高いため、**後夫の子と推定**される。
- 仮に同じ日に離婚し再婚すると、その日から200日～300日間に生まれた子には**前夫と後夫の両方の推定**が及んでしまい、父親が確定できない。

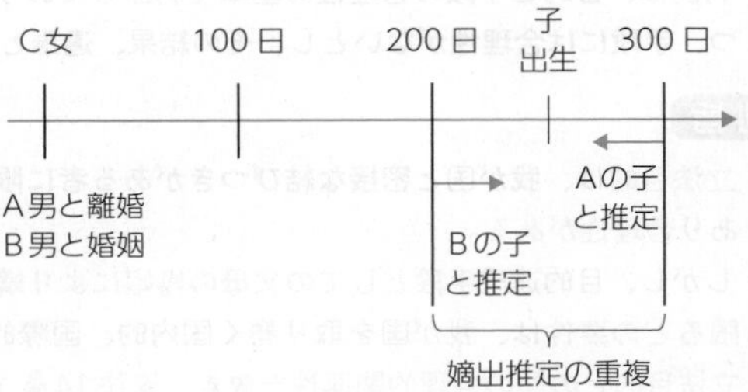

- そこで、生まれた子の父を早期に確定させ親子関係を安定化させるため、**女性は前婚の解消から6か月経過**しないと再婚できないとされていた（旧民法733条）。
- しかし、6か月も待たせなくても、**100日待たせれば十分**である（仮に前婚の解消から100日目に再婚しても、後夫の子との推定は、その日から200日以降になるため、前婚の解消からはちょうど300日以降となり推定の重複は生じない）。

- そこで、6か月の再婚禁止期間のうち、**100日を超える部分だけ違憲**とした。

判旨

- 女性の再婚禁止期間は、**父子関係をめぐる紛争（嫡出推定の重複）を防止**するために存在意義があり、立法目的には合理性がある。
- しかし、再婚後に生まれる子については、**100日の再婚禁止期間を設けることによって、推定の重複は避けられる。**
- したがって、民法733条の再婚禁止期間のうち、100日を超える部分については違憲である。

判例　最大判平20.6.4：国籍法違憲判決

事案

- 日本人男性とフィリピン人女性との間に生まれた**非嫡出子**が、父に**認知**[5]されたので日本国籍の取得届を提出したところ、国籍法上、非嫡出子は**父母が婚姻し嫡出子たる身分を取得したときに限り日本国籍を取得する**としていたことから、日本国籍を取得できなかった。

解説

- 国籍法上、出生時に**父または母が日本人**なら子も日本人になるとされている。
- 父母が婚姻していなくても、**父が認知すれば父子関係は生ずる**が、国籍法は**さらに加えて両親の婚姻（要するに子が嫡出子となること）**を要件としていた。
- 判例は、**目的と手段の合理性の基準**で判断しており、**目的には合理性**があるとしつつ、**手段には合理性がない**とし、その結果、違憲と判断された。

判旨

- 立法目的は、**我が国と密接な結びつきがある者に限り日本国籍を取得させる**ためであり合理性がある。
- しかし、目的達成手段としての父母の婚姻により嫡出子たる身分を取得したときに限るとの要件は、我が国を取り巻く国内的、国際的な社会環境の変化に照らせば、立法目的との間の合理的関連性を欠き、憲法14条1項に違反する。

5) **婚姻関係にない男女間に生まれた子について、その父が自分の子であることを認め、法律上の親子関係を発生させること。**

判例　最大判昭60.3.27：**サラリーマン税金訴訟①**

事案

- 所得税法が、**事業所得者**（例自営業者）**の所得の計算には必要経費の実額控除**6) **を認めている**のに対し、**給与所得者**（例サラリーマン）**の所得の計算には必要経費の実額控除を認めていない**（**概算控除**6)）のは不合理な差別だとして大学教授（サラリーマン）が提訴した。

解説

- 収入から経費等を引いた額が所得であり、所得税はその所得にかかる税金である。このため、経費で引ける金額が多くなれば、その分、課税対象額は少なくなる。
- 給与所得者と事業所得者とでは所得税の支払い方が異なるので、必要経費の控除の方法も異なる。
- 税制度については、裁判所はいわば素人であり、ましてや税金は国民に負担を強いるものである。したがって、**できるだけ国会の判断を尊重すべき**である（租税法律主義、第10章で後述）。

判旨

- 租税法の定立については、**立法府の政策的・技術的判断を尊重**せざるを得ない。
- とすれば、その**立法目的が正当**であり、かつ、**手段が目的との関連で著しく不合理であることが明らかでない限り合憲**である。
- **必要経費の扱い**につき、給与所得者と事業所得者との租税負担の均衡に配慮した**目的は正当**であり、**手段としても相当性を欠くことが明らかとはいえず、合憲**である。

6) **実額控除**とは、**実際にかかった経費を全額控除できる**こと。**概算控除**とは、収入に応じて**控除額が一律に決められる**こと。

判例　最大判昭60.3.27：**サラリーマン税金訴訟②**

事案

- 給与所得者（**源泉徴収方式**）は、事業所得者（**申告納税方式**）に比べ、**所得の捕捉率**7) **が極めて高い**のは不合理な差別だとして大学教授（サラリーマン）が提訴した。

解説

- 給与所得者と事業所得者の捕捉率の較差の問題は、税務署が事業所得者等の所得をしっかり調査すればよいだけのことであり、税制それ自体を違憲無効とするものではない。
- ただ、その**較差があまりにも著しく、かつ長期間変わらない状態で続いている場合は、違憲となる余地**を認めた。

判旨

- 所得の捕捉の不均衡の問題は、**税務行政の適正な執行により是正されるべき問題**である。
- とすれば、**捕捉率の較差が正義公平の観念に反するほどに著しく、かつ、それが長年にわたり恒常的に存在して租税法自体に基因していると認められるような場合でない限り、違憲とはならない**。
- 現在の捕捉率の較差の存在をもって、**憲法14条1項に違反するとはいえない。**

7）**所得の捕捉率**とは、**課税対象所得を税務署が把握している割合**のこと。サラリーマン９割・自営業者６割・農家４割（俗にク・ロ・ヨン）といわれ、捕捉率が高いと、その分課税額が大きくなり不利とされます。

判例　最大判昭33.10.15：**東京都売春等取締条例事件**

事案

- 都内で売春行為をして都の条例[8)]で罰金刑を科せられた者が、**地域によって異なる取扱いをするのは平等原則に違反する**と主張した。

判旨

- 憲法が**各地方公共団体に条例制定権を認めている**以上（94条）、地域によって差が生ずることは当然に予期される。
- 地方公共団体が売春の取締りについて各別に条例を制定した結果、**その取扱いに差が生じることがあっても憲法に違反しない**。

8）**条例**とは、地方自治体が独自に制定するルールのこと。

議員定数不均衡問題とは、**当選者１人当たりの人口が、選挙区によって差があること**で、当選結果に対する影響力（これを**投票価値**といいます）に差が出てしまうことです。例えば、有権者数１万人の農村部の選挙区と、有権者数10万人の都市部の選挙区とでは、投票価値の差が10対１となります。同じ国民なのに、**政治的に不平等な扱いを受けている**として、都市部の有権者が訴えました。

では、そもそも**投票価値の平等**は憲法上の要請なのでしょうか。この点、一人一票の原則（これを**数の平等**といいます）を無意味なものにしないためには、価値の平等をも図らなければなりません。なぜなら、たとえ同じ１票でもその影響力に差があると、先ほどの例でいえば、農村部の有権者は10票持っているのと同じことになり、数の平等を保障した意味がないからです。

判例　最大判昭51.4.14：**衆議院議員定数不均衡訴訟**

事案

- 議員１人当たりの有権者数の比が**4.99対１の公職選挙法の定数配分規定**が、**８年間是正されなかった。**

解説

- 投票価値の平等を図る方法は、定数（当選者数）の増減と選挙区割りの変更であるが、選挙区の人口は常に変動し、選挙区割りを頻繁に変更するわけにもいかないため、**一定の格差が生じていても、直ちに違憲とはならない。選挙区割りや定数の是正に必要な合理的期間を経過していなければ、合憲**である。
- ただ、判例は、合理的期間を経過していなくても単純に合憲とせず、あえて**違憲状態**という表現を用い、国会に是正を促している。

判旨

- 投票価値の不平等が、国会において通常考慮しうる諸般の要素を斟酌してもなお、一般的に合理性を有するものとは到底考えられない程度に達している場合には、憲法違反となり得る。しかし、人口の変動等を考慮して、格差の是正に必要な合理的期間内に是正されなかったことが必要である。
- 本件では、**格差が4.99対１に達しており、８年間も是正されなかった**ので、**違憲**である。
- ただし、選挙を無効とした場合に生ずる政治的混乱（国会議員が不在となり、公職選挙法が改正できなくなる）を避けるため、選挙自体は無効としない。

確認してみよう

①　尊属殺重罰規定は、尊属を卑俗又はその配偶者が殺害することを一般に高度の社会的道義的非難に値するものとし、かかる所為を通常の殺人の場合より厳重に処罰し、もって特にこれを禁圧しようとするものであるが、普通殺人と区別して尊属殺人に関する規定を設け、尊属殺人であることを理由に差別的取扱いを認めること自体が憲法第14条第１項に反し違憲である。財務2016

２ 最大判昭48.4.4：尊属殺重罰規定違憲判決参照　×

「尊属殺人であることを理由に差別的取扱いを認めること自体が憲法第14条第１項に反し違憲」の部分が誤りです。判例は、尊属殺重罰規定の**立法目的には合理性がある**としているので、

第１章　人権総論

被害者が尊属であることを刑の加重要件とすること自体は合理的な根拠を欠くものではないとしています。

---

② 国籍法の規定が、日本国民である父と日本国民でない母との間に出生した後に父から認知された子について、家族生活を通じた我が国との密接な結び付きをも考慮し、父母の婚姻により嫡出子たる身分を取得した（準正のあった）場合に限り届出による日本国籍の取得を認めることによって、認知されたにとどまる子と準正のあった子との間に日本国籍の取得に関する区別を生じさせていることは、その立法目的自体に合理的な根拠は認められるものの、立法目的との間における合理的関連性は我が国の内外における社会的環境の変化等によって失われており、今日においては、憲法第14条第１項に違反する。国般2010

2 最大判平20.6.4：国籍法違憲判決参照 ○

判例は、**立法目的の合理性を肯定**しつつ、**手段としての父母の婚姻により嫡出子たる身分を取得した場合に限るとの要件については、合理性を否定**しています。

---

③ 女性のみ６箇月の再婚禁止期間を設けてその婚姻の自由を制約する民法の規定は、父性の推定の重複を回避し、父子関係をめぐる血統の混乱に起因する紛争の発生を未然に防止するという立法目的自体に合理性は認められないから、憲法14条第１項に違反する。国般2010

2 最大判平27.12.16：再婚禁止期間違憲判決参照 ×

「立法目的自体に合理性は認められないから」の部分が誤りです。判例は、女性の再婚禁止期間は、父子関係をめぐる紛争を防止するために存在意義があり、**立法目的には合理性が**あるとしています。だからこそ、**100日を超える部分だけ違憲**としました。

---

④ 判例は、衆議院議員の選挙における投票価値の格差の問題について、定数配分又は選挙区割りが憲法の投票価値の平等の要求に反する状態に至っているか否かを検討した上、そのような状態に至っている場合に、憲法上要求される合理的期間内における是正がされず定数配分規定又は区割り規定が憲法の規定に違反するに至っているか否かを検討して判断を行っている。裁判所2019

2 最大判昭51.4.14：衆議院議員定数不均衡訴訟参照 ○

判例は、違憲かどうかの判断に当たり、**格差が憲法の投票価値の平等の要求に反する状態に至っていること**に加え、**格差の是正に必要な合理的期間が経過しているかどうか**も検討しています。

過去問にチャレンジ

問題1 ★★ **法の下の平等に関する次のア～ウの記述の正誤の組合せとして最も妥当なものはどれか。**

裁判所2018

ア 判例は、被害者が尊属であることを類型化して刑の加重要件とする規定を設ける差別的取扱いは、その加重の程度を問わず合理的な根拠を欠くものであり憲法第14条第1項に反するとした。

イ 判例は、租税法の分野における所得の性質の違い等を理由とする取扱いの区別は、その立法目的が正当なものであり、かつ、具体的に採用された区別の態様が目的との関連で著しく不合理であることが明らかでない限り、その合理性は否定されないとしている。

ウ 判例は、父母の婚姻により嫡出子たる身分を取得するか否かをもって日本国籍取得の要件に区別を生じさせることについて、国内的、国際的な社会的環境等の変化に照らすと合理的な理由のない差別に至っているとして、憲法第14条第1項に反するとした。

	ア	イ	ウ
❶	正	正	正
❷	正	誤	正
❸	正	誤	誤
❹	誤	正	正
❺	誤	正	誤

【解答・解説】

正解 ❹

基本的な判例の知識で解答できますが、**ア**と**ウ**は、違憲判決の理由を正確に把握していないと解けないので、**難易度は標準的**です。**ア**は過去問で何度も問われている尊属殺重罰規定違憲判決の理由であり、これが誤りとわかれば、候補は❹か❺に絞れます。

ア ×　「その加重の程度を問わず合理的な根拠を欠く」の部分が誤りです。判例は、**差別的取扱い自体には合理性がある**としつつ、**刑罰の加重の程度が極端なので違憲**としています（最大判昭48.4.4：**尊属殺重罰規定違憲判決**）。

イ ○　租税法の合憲性につき判例は、**①立法目的が正当で、かつ②手段が目的との関連で著しく不合理であることが明らかでない限り合憲**との基準で判断しています（最大判昭60.3.27：**サラリーマン税金訴訟**）。

ウ ○　国籍法の合憲性につき判例は、①立法目的には合理性を肯定しつつ、②**手段として父母の婚姻により嫡出子たる身分を取得した場合に限るとの要件については、合理性を否定**しています（最大判平20.6.4：**国籍法違憲判決**）。

問題2 ★★

法の下の平等に関するア～オの記述のうち、判例に照らし、妥当なもののみを全て挙げているのはどれか。

労基・財務2013

ア　在留外国人を対象とする指紋押なつ制度は、戸籍制度のない外国人の人物特定を目的として制定されたものであるが、他の手段で代替することが可能であり、その内容・方法にかかわらず、日本人と異なる取扱いをすることにつき合理性が認め難いため、憲法第14条第１項に違反する。

イ　尊属殺重罰規定は、尊属を卑属又はその配偶者が殺害することを一般に高度の社会的道義的非難に値するものとし、かかる所為を通常の殺人の場合より厳重に処罰し、もって特に強くこれを禁圧しようとするものであるが、かかる立法目的は、一種の身分制道徳の見地に立脚するものであって、個人の尊厳と人格価値の平等を基本理念とする憲法に違反する。

ウ　租税法の分野における所得の性質の違い等を理由とする取扱いの区別は、その立法目的が正当であり、かつ、当該立法において具体的に採用された区別の態様がその目的との関連で著しく不合理であることが明らかでない限り、その合理性を否定することができず、これを憲法第14条第１項に違反するものということはできない。

エ　憲法が各地方公共団体の条例制定権を認める以上、地域によって差別が生じることは当然予期されることであるから、かかる差別は憲法自らが容認するところであると解すべきであって、地方公共団体が売春の取締りについて各別に条例を制定する結果、その取扱いに差別が生じることがあっても、地域差を理由に憲法に違反するということはできない。

オ　障害福祉年金と児童扶養手当の併給禁止規定（当時）によって、障害福祉年金受給者とそうでない者との間に生じる児童扶養手当受給における差別の合理性の判断については、併給禁止は生存権の重大な制限をもたらすものであるため、立法目的自体の合理性及び立法目的とその手段との実質的関連性を厳格に検討して判断すべきである。

❶　**ア、エ**

❷　**ア、オ**

❸ **イ、ウ**
❹ **ウ、エ**
❺ **エ、オ**

【解答・解説】

正解 ❹

基本的な判例の知識で解答でき、かつ選択肢は組合せなので、**難易度は標準的**です。**オ**は基本判例（第５章第１節で扱う堀木訴訟）ですが、違憲審査基準を問われていて正誤の判断がしにくいので、他の記述で選択肢を絞り込むべきです。これがわからなくても、**ア～エ**が基本判例なので、消去法を用いれば正答に至ることができます。

ア ×　「憲法第14条第１項に違反する」の部分が誤りです。判例は、**在留外国人を対象とする指紋押捺制度を合憲**としています（最判平7.12.15）。

イ ×　「かかる立法目的は…憲法に違反する」の部分が誤りです。判例は、尊属殺重罰規定の**立法目的自体は合理性があり憲法に違反しない**としています（最大判昭48.4.4：**尊属殺重罰規定違憲判決**）。

ウ ○　**租税法の違憲審査基準**について問うています（最大判昭60.3.27：**サラリーマン税金訴訟**）。

エ ○　判例は、**地方公共団体間で売春の取締りについて地域差が生ずることは合憲**としています（最大判昭33.10.15：**東京都売春等取締条例事件**）。

オ ×　「立法目的自体の合理性及び立法目的とその手段との実質的関連性を厳格に検討して判断すべき」の部分が誤りです。判例は、**障害福祉年金と児童扶養手当の併給禁止規定の合憲性の判断基準**につき、「憲法25条の規定の趣旨に応えて具体的にどのような立法措置を講ずるかの選択は、**立法府の広い裁量に委ねられていて、それが著しく合理性を欠き裁量の逸脱、濫用といえる場合を除いて、裁判所は審査判断しない**」としています（最大判昭57.7.7：**堀木訴訟**）。

問題3 ★★ **法の下の平等に関するア～オの記述のうち、判例に照らし、妥当なもののみを全て挙げているのはどれか。**

国般2018

ア 憲法第14条第１項は、国民に対し絶対的な平等を保障したものではなく、差別すべき合理的な理由なくして差別することを禁止している趣旨と解すべきであるから、事柄の性質に即応して合理的と認められる差別的取扱いをすることは、何ら同項の否定するところではない。

イ 日本国民である父の嫡出でない子について、父母の婚姻及びその認知により嫡出子たる身分を取得したことを届出による日本国籍取得の要件とする国籍法の規定は、父母の婚姻及び嫡出子たる身分の取得を要件としている部分が憲法第14条第１項に違反し、無効である。しかし、そのことから日本国民である父の嫡出でない子が認知と届出のみによって日本国籍を取得し得るものと解することは、裁判所が法律に定めのない新たな国籍取得の要件を創設するという立法作用を行うことになるから、許されない。

ウ 男子の定年年齢を60歳、女子の定年年齢を55歳と定める会社の就業規則の規定は、当該会社の企業経営上の観点から定年年齢において女子を差別しなければならない合理的理由が認められない限り、専ら女子であることのみを理由として差別したことに帰着するものであり、性別のみによる不合理な差別を定めたものとして、民法第90条の規定により無効である。

エ 嫡出でない子の相続分を嫡出子の相続分の２分の１とする民法の規定は、父母が婚姻関係になかったという、子が自ら選択する余地のない事柄を理由として不利益を及ぼすものであって、憲法第14条第１項に違反するものである。したがって、当該規定の合憲性を前提として既に行われた遺産の分割については、法律関係が確定的なものとなったものも含め、当該規定が同項に違反していたと判断される時点に遡って無効と解するべきである。

オ 企業は、自己の営業のために労働者を雇用するに当たり、いかなる者を雇い入れるか、いかなる条件でこれを雇うかについて、原則として自由に決定することができるが、労働者の採否決定に当たり、労働者の思想、信条を調査し、これに関連する事項について申告を求めた上で雇入れを拒否することは、思想、信条による差別待遇を禁止する憲法第14条第１項に違反する。

❶ ア、イ
❷ ア、ウ
❸ イ、ウ
❹ ウ、オ
❺ エ、オ

【解答・解説】

正解 ❷

イと**エ**はわかりにくいですが、選択肢は組合せなので、消去法で正答を出すことができる標準的な問題です。**ア**と**ウ**は易しいので、**イ**と**エ**がわからなくても正答に至ることはできます。

ア ○　判例は、憲法14条１項の「平等」を、各人の**差異に着目して、その差異に応じた合理的差別を許容**する**相対的平等**と解しています（最大判昭48.4.4等）。

イ ×　「日本国民である父の嫡出でない子が認知と届出のみによって日本国籍を取得し得るものと解することは…許されない」の部分が誤りです。判例は、国籍法の父母の婚姻により嫡出子たる身分を取得したことを要件としている部分を違憲無効としていますので、**日本国民である父の認知と届出のみによって日本国籍を取得しうる**と解しています（最大判平20.6.4：**国籍法違憲判決**）。

ウ ○　第２節の「私人間の人権保障」で学んだ**日産自動車事件**です（最判昭56.3.24）。

エ ×　「当該規定の合憲性を前提として既に行われた遺産の分割については、法律関係が確定的なものとなったものも含め、当該規定が同項に違反していたと判断される時点に遡って無効と解するべきである」の部分が誤りです。判例は、「既に関係者間において裁判、合意等により**確定的なものとなったといえる法律関係までをも現時点で覆すことは相当ではない**」としています（最大決平25.9.4）。

オ ×　「思想、信条による差別的待遇を禁止する憲法第14条第１項に違反する」の部分が誤りです。判例は、憲法を**私人間に直接適用**せず、私法を通して間接適用しています。さらに、企業が特定の思想・信条を有する者をそのことを理由に雇入れることを拒んでも**違法ではない**としています（最大判昭48.12.12：**三菱樹脂事件**）。

MEMO

問題4 ★ **日本国憲法に規定する法の下の平等に関する記述として、最高裁判所の判例に照らして、妥当なのはどれか。**

区Ⅰ2018

❶ 旧所得税法が必要経費の控除について事業所得者等と給与所得者との間に設けた区別は、所得の性質の違い等を理由としており、その立法目的は正当なものであるが、当該立法において採用された給与所得に係る必要経費につき実額控除を排し、代わりに概算控除の制度を設けた区別の態様は著しく不合理であることが明らかなため、憲法に違反して無効であるとした。

❷ 尊属の殺害は、通常の殺人に比して一般に高度の社会的道義的非難を受けて然るべきであるため、法律上、刑の加重要件とする規定を設けることは、ただちに合理的な根拠を欠くものとすることはできないが、尊属殺の法定刑について死刑又は無期懲役刑のみに限っている点は、その立法目的達成のため必要な限度を遥かに超え、普通殺に関する法定刑に比し著しく不合理な差別的取扱いをするものと認められ、憲法に違反して無効であるとした。

❸ 法律婚という制度自体は我が国に定着しているとしても、父母が婚姻関係になかったという、子にとっては自ら選択ないし修正する余地のない事柄を理由としてその子に不利益を及ぼすことは許されないが、嫡出子と嫡出でない子の法定相続分を区別することは、立法府の裁量権を考慮すれば、相続が開始した平成13年7月当時において、憲法に違反しないとした。

❹ 憲法が各地方公共団体の条例制定権を認める以上、地域によって差別を生ずることは当然に予期され、憲法自ら容認するところであると解すべきであるが、その結果生じた各条例相互間の差異が合理的なものと是認せられて始めて合憲と判断すべきであり、売春取締に関する法制は、法律によって全国一律に統一的に規律しなければ、憲法に違反して無効であるとした。

❺ 選挙人の投票価値の不平等が、国会において通常考慮しうる諸般の要素をしんしゃくしてもなお、一般的に合理性を有するものとはとうてい考えられない程度に達しているときは、国会の合理的裁量の限界を超えているものと推定されるが、最大較差1対4.99にも達した衆議院議員選挙当時の衆議院議員定数配分規定は、憲法上要求される合理的期間内における是正がされなかったとはいえず、憲法に違反しないとした。

【解答・解説】

正解 ❷

記述一つひとつはかなりボリュームがありますが、❶・❸・❹・❺は結論部分だけで消去できますので、比較的易しい問題です。肢の前半部分は流し読み程度で、後半の特に結論部分をしっかり読みましょう。

❶ ×　「概算控除の制度を設けた区別の態様は著しく不合理であることが明らかなため、憲法に違反して無効である」の部分が誤りです。判例は、給与所得者の必要経費につき設けた概算控除の制度を合憲としています（最大判昭60.3.27：**サラリーマン税金訴訟**）。

❷ ○　判例は、**刑の加重要件とする規定を設けること自体には合理性がある**としつつ、**加重の程度が死刑又は無期懲役刑のみに限っている点で違憲**としています（最大判昭48.4.4：**尊属殺重罰規定違憲判決**）。

❸ ×　「嫡出子と嫡出でない子の法定相続分を区別することは、立法府の裁量権を考慮すれば、相続が開始した平成13年7月当時において、憲法に違反しない」の部分が誤りです。判例は、**平成13年7月当時において、嫡出子と非嫡出子の法定相続分を区別する合理的根拠は失われており、憲法14条1項に違反する**としました（最大決平25.9.4：**非嫡出子相続分違憲判決**）。

❹ ×　「売春取締に関する法制は、法律によって全国一律に統一的に規律しなければ、憲法に違反して無効である」の部分が誤りです。判例は、地方公共団体間で売春の取締りについて地域差が生ずることは合憲としています（最大判昭33.10.15：**東京都売春等取締条例事件**）。

❺ ×　「憲法上要求される合理的期間内における是正がされなかったとはいえず、憲法に違反しない」の部分が誤りです。判例は、投票価値の差が**4.99対1の公職選挙法の定数配分規定**が、**8年間是正されなかった事例**を違憲としています（最大判昭51.4.14：**衆議院議員定数不均衡訴訟**）。

第2章

精神的自由

思想・良心の自由

信教の自由

学問の自由・教育を受ける権利

表現の自由

1 思想・良心の自由

学習のポイント

- **他の精神的自由の基礎**（**前提**）となる人権です。
- 他の人権と異なり、**公共の福祉による制約すらないのが特徴です**（**絶対的保障**）。

憲法19条
　思想及び良心の自由は、これを侵してはならない。
憲法13条
　すべて国民は、個人として尊重される。生命、自由及び幸福追求に対する国民の権利については、公共の福祉に反しない限り、立法その他の国政の上で、最大の尊重を必要とする。

1 思想・良心の自由の意味

(1) 思想・良心の自由保障の意義

戦争中政府は、国家に批判的というだけで逮捕するなど、国民の内面まで支配しようとしました（思想統制）。その悪しき過去への教訓から誕生したのが本条です。ですので、**内心にとどまる限り**、**国家との関係では絶対的に保障され、公共の福祉**（**13条**）**による制約**1) **すらありません**。

また、**内面的精神活動の自由を保障するもの**であり、**他の精神的自由**（例表現の自由などの**外面的な精神活動の自由**）**の基礎**（自分の考えたことを表現する場合、**考えること自体を保護する**のが思想・良心の自由です）となる人権です。

1) すべての人は**対等な価値**を持っています（**個人の尊厳**）。したがって、**他人に迷惑をかける行為**は、**国家によって規制**されます。「**公共の福祉**」（**13条**）とは、**人権相互の衝突を調整する公平の原理**です。人権は絶対無制約ではなく、「公共の福祉」によって制約されます。しかし、どんなに危険な思想も思想だけでは他人に迷惑をかけませんので、思想・良心の自由は**例外的に一切制約されない人権**なのです（**絶対的保障**）。

(2) 思想・良心の自由の内容

まず、国家は特定の思想を禁止したり押し付けたりしてはいけません（**思想統制の禁止**）。また、特定の思想を持つ**国民を不利益**（例特定の思想を持つがゆえに逮捕する）**に扱ってはいけません**。さらに、国民に強制的に自己の思想を表明させたり、国家が国民の思想内容を強制的に調査してはいけません（**沈黙の自由の保障**）。なぜなら、自己の思想を表明したがゆえに国家に不利な扱いを受ける可能性があるからです。

そして通説は、「思想及び良心」とは、**信仰に準ずるような世界観や人生観など、個人の人格形成の核心部分に限る**としていて、**ある事実を知っているか否かなどの内心全般を広く含むものではない**としています。なぜなら、例えば事件の目撃者が裁判で証人として召喚された際、目撃したことを証言させなければ真実が発見できないからです。したがって、**証人に証言義務を課すことは合憲**です。

確認してみよう

①　憲法の下においては、思想そのものは絶対的に保障されるべきであって、たとえ憲法の根本原理である民主主義を否定する思想であっても、思想にとどまる限り制限を加えることができないが、思想の表明としての外部的行為が現実的・具体的な害悪を生ぜしめた場合には、当該行為を一定の思想の表明であることを理由に制限することができ、当該行為の基礎となった思想、信条自体を規制の対象とすることも許されると一般に解されている。国般2014

1 (1) 参照 ×

「当該行為の基礎となった思想、信条自体を規制の対象とすることも許される」の部分が誤りです。思想の自由は**絶対的な保障が及ぶ**ので、たとえ思想に基づく行為が現実的・具体的な害悪を生ぜしめた場合でも、その行為の基礎となった**思想それ自体を規制の対象とすることは許されません**。

第2章 精神的自由

2 重要判例

判例 最大判昭31.7.4：**謝罪広告事件**

事案

- 衆議院議員の選挙期間中、Aは、**新聞やラジオ**で対立候補者Bが副知事であった時代に、発電所建設に当たり、業者から800万円のあっせん料を受け取った旨を公表した。そこで、**Bが虚偽の事実で名誉を棄損されたとしてAを訴えた**ところ、裁判所から謝罪広告を命じられたAが、**謝罪広告の強制は憲法19条に違反する**として争った。

解説

- 他人の名誉を棄損した場合、民法上、被害者の請求により名誉を回復するため、**裁判所が加害者に名誉棄損したのと同じメディアで謝罪広告を出すことを命ずること**がある（民法723条）。
- 裁判所は、謝罪広告はAが新聞やラジオで公表した事実につき「放送および記事は真相に相違しており、貴下の名誉を傷つけ御迷惑をおかけいたしました。ここに陳謝の意を表します」という程度の内容で、**Aに公表事実が虚偽かつ不当であったことを認めさせ、広報機関を通じて発表すべきことを求めるだけ**であり、**Aに屈辱的な労苦を科し、倫理的な意思、良心の自由を侵害することを要求するものではない**ので、合憲とした。

判旨

- 謝罪広告を新聞紙に掲載することを命ずる判決は、Aに**公表事実が虚偽かつ不当であったことを発表させ**、単に事態の真相を告白し陳謝の意を表明するにとどまる程度のものである。
- したがって、思想・良心の自由を侵害せず、**謝罪広告命令は憲法19条に違反しない（合憲）**。

判例 最判平2.3.6：**ポストノーティス命令事件**

事案

- **不当労働行為** 2) を行った医療法人Aに対し、**労働委員会** 2) **がポストノーティス命令** 2) **を下した**ところ、Aが**憲法19条に違反する**として提訴した。

解説

- 労働委員会が、Aに「当社団が行った次の行為は、県労働委員会により不当労働行為と認定されました。当社団は、ここに深く反省するとともに今後、再びかかる行為を繰り返さないことを制約します」との文書を墨書きした白色木板を病院建物入口付近に掲示するよう命じた。

- これは、労働委員会によってAの行為が**不当労働行為と認定されたことを関係者に周知徹底**させ、**同種行為の再発を防止しよう**とするもので、「深く反省する」、「誓約します」などの文言が用いられているものの、**同じ行為を繰り返さない旨の約束を強調する意味**しかない。
- したがって、**Aの思想・良心の自由を侵害しない**とした。

判旨

- ポストノーティス命令に「反省」、「誓約」等の文言が使用されたとしても、それは**労働委員会によって不当労働行為が認定され、関係者に周知徹底させ、同様な行為の再発を防ぐことが趣旨**である。
- したがって、不当労働行為を行った医療法人Aに対して、陳謝の意思表明を強制するものではなく、憲法19条に違反しない。

2) 不当労働行為とは、労働者の団結権等を妨害する行為（労働組合員の不当解雇など）であり、労働組合法によって禁止されています。労働委員会とは、労働者・労働組合と使用者間の紛争を解決することを目的とする国・自治体の行政機関。ポストノーティス命令とは、労働委員会が、不当労働行為を行った使用者（企業など）に対して、労働組合員に向けて「深く反省します」等の謝罪文を掲示することを命じる行政処分。

判例　最判昭63.7.15：麹町中学校内申書事件

事案

- **内申書に中学在学中の政治活動を記載された**のが原因で都立高校の受験に失敗したとして、生徒Aが**内申書の記載が憲法19条に違反する**として提訴した。

解説

- 内申書の記載は、Aが中学在学中に行った**活動についてのもの**（「麹町全共闘」を名乗り文化祭粉砕を叫びビラを配る、機関紙「砦」を発行している、大学生ML派の集会に参加している）にすぎず、**Aの思想・信条そのもの**（例 Aは過激な共産主義者である）を記載したものではない。
- したがって、この**記載からはAの思想は判明しない**ので、**思想ゆえに不合格にしたわけではない**として、合憲とされた。

判旨

- 内申書の記載は**生徒Aの思想・信条そのものを記載したものではなく**、また、その**記載に関わる外部的行為によってAの思想・信条を了知しうるものではない。**
- したがって、思想・信条自体を入学者選抜の資料にしたとはいえず、内申書の記載は合憲である。

判例　最判平19.2.27：**「君が代」ピアノ伴奏訴訟**

事案

- 市立学校の音楽教諭Aが、入学式の国歌斉唱の際に「君が代」のピアノ伴奏を行**うことを内容とする校長Bの職務命令に従わなかった**ことを理由に**懲戒処分を受けた。**

解説

- 「君が代」のピアノ伴奏を拒否することは、Aの歴史観・世界観に基づく選択かもしれないが、国歌である以上、その伴奏が**一般的に歴史観・世界観と結びつくとはいえず**、入学式の国歌斉唱時にピアノ伴奏を求める校長Bの職務命令が、**Aの歴史観・世界観を否定するとはいえない。**
- 他方で、小学校の入学式で**儀式的行事として「君が代」が斉唱されることは広く行われており、**音楽教諭**にとってはそのピアノ伴奏は通常想定され期待される行為で**あり、特定の**思想を有することを外部に表明する**行為とはいえない。
- したがって、ピアノ伴奏を命ずることは、**特定の思想を持つことを強制したり禁止したりするものではなく、特定の思想の有無について告白することを強要するものでもなく、また、児童に対して一方的な思想や理念を教え込むことを強制するものとはいえない**（合憲）。

判旨

- ピアノ伴奏を行うことを内容とする校長Bの職務命令は、「君が代」が過去の我が国において果たしてきた役割に係る**音楽教諭Aの歴史観・世界観自体を直ちに否定するものとはいえない。**
- そして、かかるピアノ伴奏は、**音楽教諭にとって通常想定され期待される行為であっ**て、伴奏を行う教諭が**特定の思想を有するということを外部に表明する行為であると評価することはできない。**
- したがって、校長Bの職務命令は憲法19条に違反しない。

判例　最判平23.5.30：**「君が代」起立命令事件**

事案

- 都立高校の**卒業式で、校長Bの職務命令を無視して国歌斉唱時、不起立であったことを理由に、都教育委員会が、定年後の再雇用を拒否**したのは憲法19条に違反するとして、元教諭Aが訴えた。

解説

- 起立斉唱の職務命令が、Aの思想・良心の自由を**間接的に制約する可能性を認めつつ、職務命令の目的や内容などを総合的に判断し合憲**とした。

判旨

- 学校の儀式的行事である卒業式において、国歌の起立斉唱行為は、一般的に見て、**式典における慣例上の儀礼的性質を有し、個人の歴史観・世界観を否定するものではなく、特定の思想を強制するものでもない。**
- もっとも、**起立斉唱の職務命令**は、日の丸や君が代に敬意を表明できないと考える者が歴史観や世界観と異なる行動を求められる点で、**Aの思想・良心の自由を間接的に制約する可能性がある。**
- そこで、その制約が許容されるかは、**職務命令の目的や内容などを総合較量し判断すべきである。**
- 本件職務命令は、**儀礼的行動を求め、行事にふさわしい秩序の確保や式典の円滑な進行を図るもので、必要性や合理性がある。**
- したがって、**本件職務命令は、憲法19条に違反しない。**

確認してみよう

① 単に事態の真相を告白し陳謝の意を表明するにとどまる程度の謝罪広告であれば、これを新聞紙に掲載すべきことを命ずる判決は、被告に屈辱的若しくは苦役的労苦を科し、又は被告の有する倫理的な意思、良心の自由を侵害することを要求するものとは解されない。裁判所2019

2 最大判昭31.7.4：謝罪広告事件参照 ○

判例は、謝罪広告を新聞紙に掲載することを命ずる判決は、その広告内容が公表事実が虚偽かつ不当であったことを発表させ、**単に事態の真相を告白し陳謝の意を表明するにとどまる程度のものであれば、加害者の思想・良心の自由を侵害しない**としています。

② 高等学校受験の際の内申書における政治集会への参加など外部的行為の記載は、受験生の思想、信条を記載したものであり、受験生の思想、信条自体を高等学校の入学者選抜の資料に供したものであると解されるので、違憲であるとした。区Ⅰ2011

2 最判昭63.7.15：麹町中学校内申書事件参照 ×

「受験生の思想、信条を記載したものであり、受験生の思想、信条自体を高等学校の入学者選抜の資料に供したものであると解されるので、違憲である」の部分が誤りです。判例は、**内申書の記載は、生徒の思想・信条そのものを記載したものではなく、**また、**その記載に関わる外**

第2章 精神的自由

部的行為によって生徒の思想・信条を了知しうるものではないので、**思想・信条自体を入学者選抜の資料にしたとはいえず、内申書の記載は合憲**であるとしました。

③ 公務員が職務命令においてある行為を求められることが、当該公務員個人の歴史観ないし世界観に由来する行動と異なる外部的行為を求められることとなる場合、それが個人の歴史観ないし世界観に反する特定の思想の表明に係る行為そのものとはいえなくとも、当該職務命令が個人の思想及び良心の自由についての間接的な制約となる面があると判断されるときは、当該職務命令は直ちに個人の思想及び良心の自由を制約するものとして違憲となるとするのが判例である。国税・労基・財務2014

2 最判平23.5.30：「君が代」起立命令事件参照 ✕

「当該職務命令が個人の思想及び良心の自由についての間接的な制約となる面があると判断されるときは、当該職務命令は直ちに個人の思想及び良心の自由を制約するものとして違憲となる」の部分が誤りです。判例は、たとえ思想･良心の自由の間接的な制約となるおそれがあっても、**職務命令の目的や内容などを総合較量し、違憲となるかどうかを判断すべき**としています。

過去問にチャレンジ

問題1 ★ **次の記述のうち、明らかに誤っているのはどれか（争いのあるときは、判例の見解による。）。**

裁判所2002

❶ 思想及び良心の自由は、表現の自由などの外面的な精神的自由の基礎をなすものである。

❷ 憲法の保障する思想及び良心の自由における「思想及び良心」には、世界観、人生観、主義、主張などの個人の人格的な内面的精神作用が広く含まれる。

❸ 内心にとどまる限り、憲法を否定する反民主主義的な思想でも保障される。

❹ 思想及び良心の自由には、思想及び良心を告白することを強制されない自由も含まれる。

❺ 思想及び良心の自由の保障は絶対的であり、裁判所の判決といえども謝罪広告の掲載を命ずることはできない。

【解答・解説】

正解 ❺

選択肢が短く、内容的にも正誤の判別がしやすい非常に易しい問題です。一つひとつ丁寧に読み、ぜひとも得点したいところです。

❶ ○　思想・良心の自由は、表現の自由などの**外面的な精神的自由の基礎**をなす人権です。

❷ ○　通説は、「**思想・良心の自由**」**の内容**をこのように考えています。

❸ ○　どんな思想でも、内心にとどまる限り他人には迷惑をかけないため、「**公共の福祉**」（**13条**）によって制約されません（**絶対的保障**）。

❹ ○　通説によれば、憲法19条により**沈黙の自由**が保障されています。

❺ ×　「裁判所の判決といえども謝罪広告の掲載を命ずることはできない」の部分が誤りです。判例は、謝罪広告は、**単に事態の真相を告白し陳謝の意を表明するにとどまる程度のもの**であれば、**加害者の思想・良心の自由を侵害しないので、謝罪広告の掲載を命ずることができる**としています（最大判昭31.7.4：**謝罪広告事件**）。

第2章 精神的自由

問題２ ★ **思想及び良心の自由に関する次の記述のうち、妥当なのはどれか。ただし、争いのあるものは判例の見解による。**

国般2019

❶ 国家権力が、個人がいかなる思想を抱いているかについて強制的に調査することは、当該調査の結果に基づき、個人に不利益を課すことがなければ、思想及び良心の自由を侵害するものではない。

❷ 企業が、自己の営業のために労働者を雇用するに当たり、特定の思想、信条を有する者の雇入れを拒むことは許されないから、労働者の採否決定に当たり、その者から在学中における団体加入や学生運動参加の有無について申告を求めることは、公序良俗に反し、許されない。

❸ 市立小学校の校長が、音楽専科の教諭に対し、入学式における国家斉唱の際に「君が代」のピアノ伴奏を行うよう命じた職務命令は、そのピアノ伴奏行為は当該教諭が特定の思想を有するということを外部に表明する行為と評価されることから、当該教諭がこれを明確に拒否している場合には、当然に思想及び良心の自由を侵害するものであり、憲法第19条に違反する。

❹ 特定の学生運動の団体の集会に参加した事実が記載された調査書を、公立中学校が高等学校に入学者選抜の資料として提供することは、当該調査書の記載内容によって受験者本人の思想や信条を知ることができ、当該受験者の思想、信条自体を資料として提供したと解されることから、憲法第19条に違反する。

❺ 他者の名誉を毀損した者に対して、謝罪広告を新聞紙に掲載すべきことを裁判所が命じることは、その広告の内容が単に事態の真相を告白し陳謝の意を表明するにとどまる程度のものであれば、その者の良心の自由を侵害するものではないから、憲法第19条に違反しない。

【解答・解説】

正解 ❺

基本的な判例の知識で解答できるので、易しい問題です。❶は、沈黙の自由のことを問われていることに気づかなければなりません。❷は、第１章第２節で学んだ三菱樹脂事件です。公序良俗違反かどうかの枠組みで議論します。❷～❹は結論部分だけで容易に消去できます。

❶ ×　「国家権力が、個人がいかなる思想を抱いているかについて強制的に調査することは、…思想及び良心の自由を侵害するものではない」の部分が誤りです。憲法19条は沈黙の自由を保障しています。**国家が強制的に国民の思想を調査すること**は、たとえ**調査結果に基づき個人に不利益を課さなくても、それ自体沈黙の自由を侵害している**といえます。

❷ ×　「労働者の採否決定に当たり、その者から在学中における団体加入や学生運動参加の有無について申告を求めることは、公序良俗に反し、許されない」の部分が誤りです。判例は、**企業が学生に学生運動歴の申告を求め**、それを隠して採用された学生を、その後、**学生運動歴の発覚を理由に本採用を拒否しても違法ではない**としました（最大判昭48.12.12：**三菱樹脂事件**）。

❸ ×　「ピアノ伴奏行為は当該教諭が特定の思想を有するということを外部に表明する行為と評価されることから…当然に思想及び良心の自由を侵害するものであり、憲法第19条に違反する」の部分が誤りです。判例は、ピアノ伴奏は、伴奏を行う教諭が**特定の思想を有するということを外部に表明する行為であると評価することはできず、校長の職務命令は憲法19条に違反しない**としました（最判平19.2.27：**「君が代」ピアノ伴奏訴訟**）。

❹ ×　「当該調査書の記載内容によって受験者本人の思想や信条を知ることができ、当該受験者の思想、信条自体を資料として提供したと解されることから、憲法第19条に違反する」の部分が誤りです。判例は、**内申書の記載は、生徒の思想・信条そのものを記載したものではなく**、また、**その記載に関わる外部的行為によって生徒の思想・信条を了知しうるものではない**ので、**思想・信条自体を入学者選抜の資料にしたとはいえず、内申書の記載は合憲**であるとしました（最判昭63.7.15：**麹町中学内申書事件**）。

❺ ○　妥当な記述です（最大判昭31.7.4：**謝罪広告事件**）。

問題3 ★★ **日本国憲法に規定する思想及び良心の自由に関する記述として、判例、通説に照らして、妥当なのはどれか。**

区Ⅰ2019

❶ 思想及び良心の自由は、絶対的に保障されるものではなく、憲法そのものを否認したり、憲法の根本理念である民主主義を否定するような思想については、それが内心にとどまる場合であっても、制約することが許される。

❷ 思想及び良心の自由には、国家権力が人の内心の思想を強制的に告白させ、又は何らかの手段によってそれを推知することまでは禁止されておらず、内心における思想の告白を強制されないという意味での沈黙の自由は含まれない。

❸ 最高裁判所の判例では、労働委員会が使用者に対し、使用者が労働組合とその組合員に対して不当労働行為を行ったことについて深く陳謝すると共に、今後このような行為を繰り返さないことを約する旨の文言を掲示するよう命じたポストノーティス命令は、使用者に対し陳謝の意思表明を強制するものではなく、憲法に違反するものとはいえないとした。

❹ 最高裁判所の判例では、税理士法で強制加入の法人としている税理士会が、政党など政治資金規正法上の政治団体に金員の寄付をすることは、税理士に係る法令の制定改廃に関する政治的要求を実現するためのものであれば、税理士会の目的の範囲内の行為であり、当該寄付をするために会員から特別会費を徴収する旨の決議は有効であるとした。

❺ 最高裁判所の判例では、公立学校の校長が教諭に対し卒業式における国歌斉唱の際に国旗に向かって起立し、国家を斉唱することを命じた職務命令は、特定の思想を持つことを強制するものではなく、当該教諭の思想及び良心を直ちに制約するものとは認められないが、当該教諭の思想及び良心についての間接的な制約となる面があることが認められるため、憲法に違反するとした。

【解答・解説】

正解 ❸

記述一つひとつにはボリュームがありますが、思想・良心の自由に関する基礎的な内容と基本判例の知識で解答できるので、標準的な問題です。❹は、第１章第１節で学んだ南九州税理士会事件です。❶・❷・❹・❺は結論部分に着目すれば、消去できます。前半部分は軽く読み流しましょう。

❶ ×　「内心にとどまる場合であっても、制約することが許される」の部分が誤りです。思想・良心の自由は**絶対的に保障**されます。

❷ ×　「沈黙の自由は含まれない」の部分が誤りです。通説は、憲法19条により**沈黙の自由**が保障されるとしています。

❸ ○　妥当な記述です（最判平2.3.6：**ポストノーティス命令事件**）。

❹ ×　「税理士会の目的の範囲内の行為であり、当該寄付をするために会員から特別会費を徴収する旨の決議は有効である」の部分が誤りです。判例は、政治団体への寄付は、**税理士会の目的の範囲外として決議を無効**としました（最判平8.3.19：**南九州税理士会事件**）。

❺ ×　「当該教諭の思想及び良心についての間接的な制約となる面があることが認められるため、憲法に違反する」の部分が誤りです。判例は、校長の職務命令は、**儀礼的行動を求め、行事にふさわしい秩序の確保や式典の円滑な進行を図るもの**で、**必要性や合理性がある**ことから、**憲法19条に違反しない**としました（最判平23.5.30：**「君が代」起立命令事件**）。

問題4 ★

思想及び良心の自由に関するア〜オの記述のうち、妥当なもののみを全て挙げているのはどれか。

国税・労基・財務2020

ア 思想及び良心の自由の保障は、いかなる内面的精神活動であっても、それが内心の領域にとどまる限りは絶対的に自由であることをも意味している。

イ 思想及び良心の自由は、思想についての沈黙の自由を含むものであり、国民がいかなる思想を抱いているかについて、国家権力が露顕を強制することは許されない。

ウ 謝罪広告を強制執行することは、それが単に事態の真相を告白し陳謝の意を表するにとどまる程度のものであっても、当人の人格を無視し著しくその名誉を毀損し意思決定の自由ないし良心の自由を不当に制限することになるため、憲法第19条に違反するとするのが判例である。

エ 公立中学校の校長が作成する内申書に、生徒が学生運動へ参加した旨やビラ配布などの活動をした旨を記載することは、当該生徒の思想、信条を推知せしめるものであり、当該生徒の思想、信条自体を高校の入学者選抜の資料に供したものと解されるため、憲法第19条に違反するとするのが判例である。

オ 卒業式における国歌斉唱の際の起立斉唱行為を命ずる公立高校の校長の職務命令は、思想及び良心の自由についての間接的な制約となる面はあるものの、職務命令の目的及び内容並びに制約の態様等を総合的に較量すれば、当該制約を許容し得る程度の必要性及び合理性が認められ、憲法第19条に違反しないとするのが判例である。

1. イ、ウ
2. エ、オ
3. ア、イ、エ
4. ア、イ、オ
5. ウ、エ、オ

【解答・解説】

正解 ❹

基本的な知識と判例の知識で解答でき、かつ、組合せですので、比較的易しい問題です。**ア**と**イ**が正しいことは容易にわかるので、正解は❸と❹に絞られます。

ア ○　思想・良心の自由は、内心にとどまる限り他人に迷惑をかけませんので、「公共の福祉」（13条）による制約を受けず、**絶対的に保障されます**。

イ ○　自己の思想を表明したがゆえに国家に不利な扱いを受ける可能性がありますので、国民には、思想についての**沈黙の自由も保障されます**。ですから、国民がいかなる思想を抱いているかについて、国家権力が露顕を強制することは許されません。

ウ ×　「当人の人格を無視し著しくその名誉を毀損し意思決定の自由ないし良心の自由を不当に制限することになるため、憲法第19条に違反するとするのが判例である」の部分が誤りです。判例は、謝罪広告命令は、対象者に**公表事実が虚偽かつ不当であったことを発表させ、単に事態の真相を告白し陳謝の意を表明するにとどまる程度のもの**であることから、国民の思想・良心の自由を侵害せず、**憲法19条に違反しない**としています（最大判昭31.7.4：**謝罪広告事件**）。

エ ×　「当該生徒の思想、信条を推知せしめるものであり、当該生徒の思想、信条自体を高校の入学者選抜の資料にしたものと解されるため、憲法第19条に違反するとするのが判例である」の部分が誤りです。判例は、内申書の記載は生徒の思想・信条そのものを記載したものではなく、その**記載に関わる外部的行為によって生徒の思想・信条を了知しうるものではない**ことから、生徒の**思想・信条自体を高校の入学者選抜の資料にしたとはいえず、内申書の記載は合憲**であるとしています（最判昭63.7.15：**麹町中学校内申書事件**）。

オ ○　判例は、卒業式における国歌の起立斉唱行為を命ずる校長の職務命令は、教諭の**思想・良心の自由を間接的に制約する可能性がある**ことを認めつつ、**職務命令の目的や内容などを総合較量し**、儀礼的行動を求め、行事にふさわしい秩序の確保や式典の円滑な進行を図るもので、**必要性や合理性がある**として、**憲法19条に違反しない**としています（最判平23.5.30：**「君が代」起立命令事件**）。

MEMO

2 信教の自由

学習のポイント

・信仰は人の**生活習慣や考え方をも左右**します。人が自分らしく生きていくためには、**信仰を国家によって邪魔されない**ことが必要不可欠です。
・**政教分離原則に違反するかどうかの判例が頻出**です。類似の判例と混同しないようにしましょう。

憲法20条
① 信教の自由は、何人に対してもこれを保障する。いかなる宗教団体も、国から特権を受け、又は政治上の権力を行使してはならない。
② 何人も、宗教上の行為、祝典、儀式又は行事に参加することを強制されない。
③ 国及びその機関は、宗教教育その他いかなる宗教的活動もしてはならない。
憲法89条
公金その他の公の財産は、宗教上の組織若しくは団体の使用、便益若しくは維持のため…これを支出し、又はその利用に供してはならない。

1 信教の自由の意義と限界

(1) 信教の自由の意義

戦争中政府は、天皇家の宗教である**神道を事実上の国教として、国民に強制**していました。そのような過去への決別から、この人権が保障されています。

その内容は、**①信仰の自由**、**②宗教的行為の自由**（宗教上の祝典や儀式を行う自由）、**③宗教的結社の自由**（宗教団体を結成・加入する自由）とされ、①は**内心にとどまる限り絶対的に保障**されます（どんなに邪悪な宗教でも、国家が信仰それ自体を禁止してはいけません）。また、すべて**消極的自由**（例信仰を持たない自由）**も保障**されます。自由とは、本来してもしなくてもよいはずだからです。

さらに、**信仰の告白を強制されない自由**も保障されます。なぜなら、自己の信仰を告白したがゆえに国家に不利な扱いを受ける可能性があるからです。

(2) 信教の自由の限界

宗教的行為の自由と**宗教的結社の自由**は外部的な活動を伴うため、「**公共の福祉**」（**13条**）**により制約**されます。

判例　最大判昭38.5.15：**加持祈祷事件**

事案

- 加持祈祷師が、精神障害者の治療と称して**手足を縛り線香であぶり暴行を加えた**ところ、急性心臓まひで死なせてしまった。加持祈祷師は傷害致死罪で起訴された。

解説

- 加持祈祷は**宗教的行為**であるため、「**公共の福祉**」**により制約**される。
- いくら加持祈祷とはいえ、他人の命を奪ってはならない。
- したがって、**加持祈祷師を罰することは、合憲**である。

判旨

- 加持祈祷は**宗教的行為**としてなされたものであっても、「**公共の福祉**」**による制約を受け、絶対無制約なものではない。**
- 他人の生命、身体等に危害を及ぼす**違法な有形力の行使**（物理的な攻撃を加えた場合）に当たり、**信教の自由の保障の限界を逸脱**したものとして、**加持祈祷師を傷害致死罪で罰することは憲法20条1項に違反しない。**

判例　最決平8.1.30：**オウム真理教解散命令事件**

事案

- 地下鉄サリン事件[1)]を起こしたことを理由として、監督官庁である都の請求を受け、**裁判所がオウム教団に対して解散命令を下した**ことが、**宗教的結社の自由を侵害しないか**が問題となった。

解説

- **裁判所の解散命令は、宗教的結社の自由**を侵害する可能性がある。
- しかしそれは、もっぱらオウム教団が**テロ事件を起こした**という**世俗的側面のみを規制の対象**とし、その宗教的側面を対象外としており、**信者の信教の自由に介入しようとするものではない。**
- 解散命令によって宗教法人が解散しても、**信者は法人格を有しない宗教団体を存続させることができ**、施設や物品を新たに整えることもでき、**信者の宗教上の行為を禁止したり制限したりする法的効果を一切伴わない。**
- したがって、**解散命令は、合憲**である。

判旨

- 宗教法人の解散命令は、もっぱら宗教法人の**世俗的側面を対象**とし、かつ、もっぱら**世俗的目的**（治安や秩序維持のため）であって、**宗教団体や信者の宗教的側面に容かい**（横から口出しすること）**する意図のものではなく合理性がある。**
- 解散命令（法人格の剥奪）によって宗教団体オウム真理教やその信者らが行う宗教上の行為に何らかの支障が生ずるとしても、その支障は解散命令に伴う**間接的で事実上のもの**にとどまる。
- 解散命令は、**必要でやむを得ない法的規制**であり、憲法20条1項に反しない。

1）オウム教団が、東京の地下鉄で神経ガスのサリンを散布し、多数の死傷者を出した同時多発テロ事件。

判 例　最判平8.3.8：**神戸高専剣道実技拒否事件**

事案

- **必修**である剣道の授業を**宗教上の理由から拒否**した**市立高校生**（**エホバの証人の信者**）が、２年続けて**原級留置処分**（**留年**）を受け、さらにこれを理由に**退学処分を受けた**。各処分の取消しを求めて出訴した。

解説

- 確かに、信仰に反する行為を強制するのは信教の自由の侵害となり得る。
- しかし、教育行政の専門家である校長の判断をできるだけ尊重すべきなので、校長がした処分が**根拠となった事実がない場合か、常識的に判断してもおかしい場合**（**裁量権の逸脱・濫用**）に限って、**違法**となるとした。

判旨

- 各処分の適否の判断は、**全く事実の基礎を欠くか**、または、**社会通念上著しく妥当を欠き、裁量権**2) **の範囲を超えまたは裁量権を濫用したと認められる場合に限り違法**となる。
- 高等専門学校においては、**剣道実技の履修が必須のものとまではいえず**、体育の教育目的は、**他の体育種目の履修**などの**代替的方法**によっても**達成できる**。
- 他方、生徒が剣道実技を拒否する理由は**生徒の信仰の核心と密接に関連する真摯なもの**であり、他の科目では成績優秀だった生徒が、**退学処分によって被る不利益は重大**である。
- したがって、本件各処分は、**社会観念上著しく妥当を欠き、校長の裁量権の範囲を超え違法**である。

2）処分権者に許された判断の余地。

確認してみよう

① 裁判所による宗教法人に対する解散命令は、世俗的目的によるものではあるものの、当該宗教法人に属する信者の宗教上の行為を禁止したり、制限したりする効果を伴うものであるから、必要でやむを得ない場合に限り許される。国税・労基・財務2016

1 (2) 最決平8.1.30：オウム真理教解散命令事件参照 ×

「当該宗教法人に属する信者の宗教上の行為を禁止したり、制限したりする効果を伴うもの」の部分が誤りです。判例は、解散命令は**信者の宗教上の行為を法的に制約する効果を伴うものではなく**、何らかの支障が生じることが避けられないとしても、その支障は**解散命令に伴う間接的で事実上のものにとどまる**としています。

② 市立高等専門学校の校長が、信仰上の真摯な理由により剣道実技の履修を拒否した学生に対し、代替措置について何ら検討することもなく、必修である体育科目の習得認定を受けられないことを理由として2年連続して原級留置処分をし、さらに、それを前提として退学処分をしたとしても、これらの処分は、校長の教育的裁量に委ねられるべきものであるため、社会通念上著しく妥当性を欠き、裁量権の範囲を超え違法なものであるということはできない。国税・労基・財務2016

1 (2) 最判平8.3.8：神戸高専剣道実技拒否事件参照 ×

「社会通念上著しく妥当性を欠き、裁量権の範囲を超え違法なものであるということはできない」の部分が誤りです。判例は、原級留置処分と退学処分は**社会観念上著しく妥当を欠き、校長の裁量権の範囲を超え違法である**としています。

2 政教分離原則

憲法20条

① 信教の自由は、何人に対してもこれを保障する。いかなる宗教団体も、国から特権を受け、又は政治上の権力を行使してはならない。

③ 国及びその機関は、宗教教育その他いかなる宗教的活動もしてはならない。

憲法89条

公金その他の公の財産は、宗教上の組織若しくは団体の使用、便益若しくは維持のため…これを支出し、又はその利用に供してはならない。

世界で起きるテロや紛争は、その多くが宗教の違いを背景としています。ここでは、**政治（国家権力）と宗教の関係はどうあるべきか**を学びます。

政教分離原則とは、国家が**宗教に対して中立の立場を採るべきとの建前**をいいます（20条１項後段、３項、89条）。その趣旨は、国家と特定の宗教との癒着による**他宗教の弾圧を防止**し、**間接的**に国民の**信教の自由**を保護する点にあります。

通説は、**制度的保障（憲法が一定の制度を国家に守らせることにより、間接的に人権保障を確保するもの）**と解しています。宗教の多くは一神教です。もし特定の宗教と国家権力が結びついたら、他の宗教を弾圧してしまいます。そこで、どの宗教とも結びついてはいけないというルール（制度）を国家に守らせることで、宗教弾圧を未然に防ごうというわけです。すなわち、**制度的保障とは、人権侵害を未然に防ぐための手段**なのです。ですから、**人権規定ではありません**。あくまで**人権保障を目的とした手段**にすぎません。

では、**憲法が禁止している「宗教的活動」**（20条３項）とは、具体的にどのような活動を指すのでしょうか。例えば、政府が寺や神社を建立することは、当然許されません。では、日曜日（キリスト教でいう安息日）に役所が閉まっているのは、政教分離違反といえるのでしょうか。

判例は、**「宗教的活動」**に当たるかどうかを、①行為の**目的に宗教的意義があり**、かつ②その**効果が当該宗教に対する援助・助長・促進または他の宗教に対する圧迫・干渉となる行為に限る**としています（**津地鎮祭事件**）。日曜日に休むのはキリスト教が発端かもしれません。ですが、キリスト教徒だけでなく多くの労働者は休みますし、休むのは礼拝に行くためではありません。ですから、日曜日に休むことに宗教的意義はありませんし、キリスト教に入信する人が増えたり、他の宗教の信者が減るなどの影響は生じません。したがって、役所が日曜日に閉まっているのは政教分離違反にはなりません。

では、実際の判例を見ていきましょう。

判例

最大判昭52.7.13：**津地鎮祭事件**

事案

- 三重県津市で、市の体育館の起工式の際に**神式の地鎮祭**3)が行われ、**公金から神官へ謝礼が支払われた**。これが政教分離に違反するとして、津市の市民が訴えた。

解説

- 地鎮祭は、宗教色が全くないわけではないが、**誰もがしきたり（社会的慣習）として行う**ので、特に宗教的意義があるわけではない。また、地鎮祭が行われたからといって、神社神道が栄える、他の宗教が廃れるなどといった影響もない。
- したがって、公金から神主へ謝礼が払われたことは政教分離違反ではない。

判旨

- 地鎮祭は、**宗教との関わりを持つものであることは否定し得ない**が、その目的は、工事の無事安全を願い、**社会の一般的慣習に従った儀礼を行うという**もっぱら世俗的なものである。
- また、その効果は、神道を援助、助長、促進しまたは他の宗教に圧迫、干渉を加えるものではない。
- したがって、憲法20条3項により禁止される「宗教的活動」には当たらない（合憲）。

3）土木・建築工事を始める前の更地の状態で、施工主が土地の神様に土地を利用させてもらうことの許しを得る儀式。

判例　最大判平9.4.2：**愛媛玉串料訴訟**

事案

- 愛媛県知事が、靖国神社の挙行する儀式（例大祭）に奉納する**玉串料**4）**を公金から支出**した。

解説

- 津地鎮祭事件と**事実関係は類似**している（自治体の長から宗教家ないし宗教施設に公金が渡った）が、こちらは、政教分離違反を認定した。玉串料を納めることは、地鎮祭と異なり、慣習といえるほど習俗化していないからである。

判旨

- 神社に玉串料を奉納することは、**建築主が主催する起工式とは異なり**、時代の推移によってすでにその**宗教的意義が希薄化し、慣習化した社会的儀礼にすぎないものになっているとはいえない**（宗教的意義あり）。
- また、県は他の宗教団体の儀式には公金を支出しないので、**特定の宗教団体を特別に支援した**といえる（効果あり）
- したがって、憲法20条3項の禁止する「宗教的活動」に当たる（違憲）。

4）神事の際、神殿に備える金銭。

第2章 精神的自由

◆津地鎮祭事件と愛媛玉串料訴訟の比較

津地鎮祭事件	合憲	地鎮祭は習俗化している
愛媛玉串料訴訟	違憲	玉串料の奉納は習俗化していない

判例　最大判昭63.6.1：**自衛官合祀訴訟**

事案

- 殉職自衛官の妻（キリスト教徒）が、隊友会（自衛隊のOB会）が**自衛隊地方連絡部（地連）の協力**のもと行った**靖国神社への合祀申請により精神的苦痛を味わった**として、合祀手続の取消しを求めて提訴した。

解説

- まず、隊友会の合祀申請に**地連が協力したことが、政教分離違反かどうか**が問題となった。
- さらに、合祀申請により**妻の法的利益が侵害されたかどうか**が問題となった。

判旨

- 合祀の目的は、**自衛隊員の社会的地位の向上と士気の高揚**にあり、宗教との関わり合いは間接的で、**宗教的意義は希薄**である。
- したがって、合祀申請は「宗教的活動」に当たらない（合憲）。
- 信教の自由の保障は、**自己の信仰と相容れない信仰を持つ者の行為に対し、寛容であることを要請している。**
- したがって、**静謐な宗教的環境のもとで信仰生活を送る利益なるものは、法的利益として認められない（法的利益の侵害はない）。**

判例　最判平5.2.16：**箕面忠魂碑訴訟**

事案

- 小学校の増設により忠魂碑の移設が必要となり、市が**公費で移転用地を取得して移転させたうえ、碑を管理する遺族会に移転用地を無償で貸与**した。

解説

- **忠魂碑と管理団体の性格**が決め手となった。

判旨

- 忠魂碑は**戦没者記念碑的な性格のもの**であり、**特定の宗教との関係は希薄**である。
- **遺族会**は、戦没者遺族を会員とする団体で、**憲法20条１項後段の「宗教団体」**ではない。

- **目的は小学校の校舎建替えであるからもっぱら世俗的なものであり、その効果も、特定の宗教を援助、助長、促進しまたは他の宗教に圧迫、干渉を加えるものではない。**
- 憲法20条3項の「宗教的活動」に当たらない（合憲）。

判例　最大判平22.1.20：**空知太神社事件**

事案

- 北海道砂川市が、町内会に**市有地を神社施設の敷地として無償で使用**させた。

解説

- この判例は、目的効果基準を用いず、**独自の基準で判断**している。
- **市有地の無償使用**という点では箕面忠魂碑訴訟と同じであるが、こちらは政教分離違反を認定した。**施設（神社）と主催団体の性格**が根拠となった。

判旨

- **89条（公の財産の宗教団体への提供を禁止）**に違反するかどうかは、**宗教施設の性格、無償提供の経緯や態様、一般人の評価など諸般の事情を考慮し、社会通念に照らして総合的に判断すべきである。**
- 神社を管理し祭事を行っているのは町内会の一部の人で構成される**氏子集団**であるが、町内会とは独立した団体と認められ、**宗教的行事等を行うことを主たる目的とする宗教団体に当たる。**
- 氏子集団は、無償で市有地を利用し、鳥居や神社の表示、ほこらの存在、祭事という宗教的行事を行っており、**一般人の目から見て、市が特定の宗教に対して便益を供与し援助していると評価できる。**
- したがって、**憲法89条の禁止する公の財産の利用提供に当たる**（違憲）。

◆ 箕面忠魂碑訴訟と空知太神社事件の比較

箕面忠魂碑訴訟	合憲	忠魂碑は宗教施設ではなく、管理団体も宗教団体ではない
空知太神社事件	違憲	神社は宗教施設で、主催団体は宗教団体

判例　最判平8.3.8：**神戸高専剣道実技拒否事件**

事案

- （校長が、**退学処分を正当化する理由**として、**エホバの証人の生徒に対してのみ剣道実技以外の代替措置を採ること**は特定の宗教を優遇することになり**政教分離原則違反となると主張**したことに対して）**剣道実技以外の代替措置を採ること**は、政教分離原則に違反するか。

判旨

- 代替措置として、例えば他の体育実技の履修、レポートの提出等を求めたうえで、その成果に応じた評価をすることが、その**目的において宗教的意義を有し、特定の宗教を援助、助長、促進する効果を有するものということはできない。**
- したがって、**代替措置を採ることは、政教分離原則に違反しないので許される**（**校長の退学処分は違法**）。

判例　最判平14.7.11：**鹿児島大嘗祭事件**

事案

- 皇居で行われた**大嘗祭**5)**に、鹿児島県知事が出席するため旅費を公金から支出したこと**が政教分離に違反しないかが争われた。

解説

- 天皇家の宗教は神社神道であり、**即位の儀式は神社神道に則って行われる。**
- 天皇は日本国および日本国民統合の象徴である。いわば日本の顔である新たな象徴が即位する場に、知事が参列するのは、普通のことである。

判旨

- 知事の大嘗祭への**参列の目的**は、天皇の即位に伴う皇室の伝統儀式に際し、**日本国および日本国民統合の象徴である天皇に対する社会的儀礼を尽くすもの**であり、その効果も、**特定の宗教に対する援助、助長、促進または圧迫、干渉になるようなものではない。**
- したがって、**政教分離原則に違反しない**（合憲）。

5) 天皇の即位の儀式で皇室行事。

確認してみよう

① 玉串料等を奉納することは、建築着工の際に行われる起工式の場合と同様に、時代の推移によって既にその宗教的意義が希薄化し、一般人の意識において慣習化した社会的儀礼にすぎないものになっていると評価することができるため、県が靖国神社等に対して玉串料等を公金から支出したことは憲法第20条第3項に違反しない。国税・労基・財務2016

2 最大判平9.4.2：愛媛玉串料訴訟参照　×

「県が靖国神社等に対して玉串料等を公金から支出したことは憲法第20条第3項に違反しない」の部分が誤りです。判例は、神社に玉串料を奉納することは、建築主が主催する起工式とは異なり、時代の推移によってすでにその宗教的意義が希薄化し、慣習化した社会的儀礼にすぎないものになっているとはいえず、**憲法20条3項の禁止する「宗教的活動」に当たる**としています。

② 国公有地が無償で宗教的施設の敷地としての用に供されている状態が、信教の自由の保障の確保という制度の根本目的との関係で相当とされる限度を超えて憲法89条に違反するか否かを判断するに当たっては、当該宗教的施設の性格、当該土地が無償で当該施設の敷地としての用に供されるに至った経緯、当該無償提供の態様、これらに対する一般人の評価等、諸般の事情を考慮し、社会通念に照らして総合的に判断すべきものと解するのが相当である。裁判所2017

2 最大判平22.1.20：空知太神社事件参照　○

判例は、**従来の目的効果基準を用いず**、**宗教施設の性格、無償提供の経緯や態様、一般人の評価など諸般の事情を考慮し、社会通念に照らして総合的に判断すべき**としています。

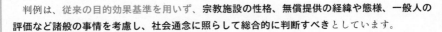

第2章 精神的自由

過去問にチャレンジ

問題1 ★ **憲法に定める信教の自由又は政教分離の原則に関する記述として、妥当なのはどれか。**

都Ⅰ 2007

❶ 信教の自由は、宗教を信仰し又は信仰しない自由及び信仰に反する行為を強制されない自由を保障することであるが、単に信仰の告白を強制することは、宗教に対する干渉の程度が低いため信教の自由を侵害するとまでは言えない。

❷ 政教分離の原則は、国の宗教的活動を禁止することのみならず、国が特定の宗教団体に対して特権を与えることを禁止することであるが、国がすべての宗教団体に対し宗教団体以外の団体と区別して特権を与えることは禁止していない。

❸ 最高裁判所は、加持祈祷事件において、被告人の行為は、一種の宗教行為としてなされたものであったとしても、違法な有形力の行使により被害者を死に致したものであるため、信教の自由の保障の限界を逸脱したものと判示した。

❹ 最高裁判所は、津地鎮祭事件において、地鎮祭を挙行し公金を支出したことは、神道を援助、助長、促進し又は他の宗教に対する圧迫、干渉を加えることになるため、政教分離の原則に反する宗教的活動に当たると判示した。

❺ 最高裁判所は、宗教法人オウム真理教解散事件において、当該事件の解散命令は、当該宗教団体及び信者らの宗教上の行為に支障を及ぼすものであるため、宗教法人法の目的に反し、信教の自由に反すると判示した。

【解答・解説】

正解 ❸

基礎事項と基本判例の知識で解答でき、記述も素直で正誤の判別がしやすい易しい問題です。正解の❸は一本釣りができます。❶・❹・❺は結論で消去できます。❷は一見迷うので、保留してもよいでしょう。

❶ ×　「単に信仰の告白を強制することは、宗教に対する干渉の程度が低いため信教の自由を侵害するとまでは言えない」の部分が誤りです。憲法20条は、**信仰の告白を強制されない自由も保障**しています。

❷ ×　「国がすべての宗教団体に対し宗教団体以外の団体と区別して特権を与えることは禁止していない」の部分が誤りです。**憲法20条1項後段は、「いかなる宗教団体も、国から特権を受け…てはならない」**としていますので、**他の宗教団体と比べてのみならず他の一般の団体と比べても**特別な利益を受けてはならないとされています。

❸ ○　妥当な記述です（最大判昭38.5.15：**加持祈祷事件**）。

❹ ×　「神道を援助、助長、促進し又は他の宗教に対する圧迫、干渉を加えることになるため、政教分離の原則に反する宗教的活動に当たると判示した」の部分が誤りです。判例は、**自治体が地鎮祭を挙行し公金を支出したことを政教分離原則に違反せず合憲**としました（最大判昭52.7.13：**津地鎮祭事件**）。

❺ ×　「宗教法人法の目的に反し、信教の自由に反すると判示した」の部分が誤りです。判例は、解散命令によって宗教団体オウム真理教やその信者らが行う宗教上の行為に何らかの支障が生ずるとしても、その支障は解散命令に伴う**間接的で事実上のもの**にとどまるとして、**必要やむを得ない法的規制であり、憲法20条1項に反しない**としました（最決平8.1.30：**オウム真理教解散命令事件**）。

問題2 ★ **日本国憲法に規定する政教分離の原則に関する記述として、最高裁判所の判例に照らして、妥当なのはどれか。**

区Ⅰ2003

❶ 市が、神式地鎮祭を挙行し、それに公金を支出することは、当該行為の目的が宗教的意義を持つものの、その効果が宗教に対する援助、助長とはならないので、政教分離の原則に反しないとした。

❷ 信仰上の理由から剣道実技への参加を拒否した公立高等専門学校生に対し、剣道実技に代わる代替措置をとることは、公教育の宗教的中立性を保つ上で好ましくなく、政教分離の原則に反するとした。

❸ 市が、小学校の増改築のため、遺族会所有の忠魂碑を市有地に公費で移転・再建し、その市有地を遺族会に無償貸与することは、忠魂碑が宗教的施設であるので、政教分離の原則に反するとした。

❹ 政教分離規定は、信教の自由そのものを直接保障するものではなく、国家と宗教との分離を制度として保障することにより、間接的に信教の自由の保障を確保しようとするものであるとした。

❺ 政教分離の原則に基づき、憲法により禁止される国及びその機関の宗教的活動には、宗教の教義の宣布、信者の教化育成等の活動だけでなく、宗教上の祝典、儀式、行事等を行うこともそれ自体で当然に含まれるとした。

【解答・解説】

正解 ❹

基礎事項と基本判例の知識で解答できるので、比較的易しい問題です。❶は、結論は正しく、理由が誤り（引っ掛けの典型）なので注意が必要です。❷・❸は結論で消去できます。❺は若干わかりにくいですが、「それ自体で当然に」とはいい切れないので誤りです。

❶ ×　「当該行為の目的が宗教的意義を持つ」の部分が誤りです。判例は、**地鎮祭の目的**は、工事の無事安全を願い、**社会の一般的慣習に従った儀礼を行うというもっぱら世俗的なもの**としています（最大判昭52.7.13：**津地鎮祭事件**）。

❷ ×　「政教分離の原則に反するとした」の部分が誤りです。判例は、**剣道実技に代わる代替措置を採ることは、政教分離原則に違反しないので許される**としました（最判平8.3.8：**神戸高専剣道実技拒否事件**）。

❸ ×　「忠魂碑が宗教的施設であるので、政教分離の原則に反するとした」の部分が誤りです。判例は、忠魂碑は**戦没者記念碑的な性格のもの**であり、**特定の宗教との関係は希薄**であるとしています（最判平5.2.16：**箕面忠魂碑訴訟**）。

❹ ○　通説は、政教分離規定を**制度的保障**と解し、信教の自由そのものを直接保障するのではなく、国家と宗教との癒着を防止することで、**間接的に信教の自由の保障を確保するもの**としています。

❺ ×　「宗教上の祝典、儀式、行事等を行うこともそれ自体で当然に含まれる」の部分が誤りです。例えば、**地鎮祭は宗教上の儀式ですが、憲法の禁止する「宗教的活動」には含まれない**とするのが判例です（最大判昭52.7.13：**津地鎮祭事件**）。

問題3 **日本国憲法に規定する信教の自由又は政教分離の原則に関する記述として、最高裁判所の判例に照らして、妥当なのはどれか。**

★★

区Ⅰ2017

❶ 信教の自由の保障は、何人も自己の信仰と相容れない信仰をもつ者の信仰に基づく行為に対して、それが自己の信教の自由を妨害するものでない限り寛容であることを要請しているが、静謐（せいひつ）な宗教的環境の下で信仰生活を送るべき利益は法的利益として認められるため、殉職自衛隊員をその配偶者の意思に反して県護国神社に合祀（ごうし）申請した行為は、当該配偶者の法的利益を侵害するとした。

❷ 市が忠魂碑の存する公有地の代替地を買い受けて当該忠魂碑を移設、再建し、当該忠魂碑を維持管理する戦没者遺族会に対し当該代替地を無償貸与した行為は、当該忠魂碑が宗教的性格のものであり、当該戦没者遺族会が宗教的活動をすることを本来の目的とする団体であることから、特定の宗教を援助、助長、促進するものと認められるため、憲法の禁止する宗教的活動に当たるとした。

❸ 信仰上の理由による剣道実技の履修を拒否した学生に対し、正当な理由のない履修拒否と区別することなく、また、代替措置について何ら検討することもなく、原級留置処分及び退学処分をした市立高等専門学校の校長の措置は、社会観念上著しく妥当を欠く処分をしたものと評するほかはなく、裁量権の範囲を超える違法なものといわざるを得ないとした。

❹ 知事の大嘗（だいじょう）祭への参列は、天皇の即位に伴う皇室の伝統儀式に際し、天皇に対する社会的儀礼を尽くすことを目的としているが、その効果は特定の宗教に対する援助、助長、促進になり、宗教とのかかわり合いの程度が、我が国の社会的、文化的諸条件に照らし、相当とされる限度を超えるものと認められるため、憲法上の政教分離原則に違反するとした。

❺ 市が連合町内会に対し、市有地を無償で神社施設の敷地として利用に供している行為は、当該神社施設の性格、無償提供の態様等、諸般の事情を考慮して総合的に判断すべきものであり、市と神社ないし神道とのかかわり合いが、我が国の社会的、文化的諸条件に照らし、相当とされる限度を超えるものではなく、憲法の禁止する宗教団体に対する特権の付与に該当しないとした。

【解答・解説】

正解 ❸

記述が長文で解答に時間がかかりますが、すべて基本判例の知識に関するものであり、一つひとつ丁寧に読めば正答に至ることができる標準的な問題です。❶・❷・❹・❺は結論部分で消去できます。

❶ ×　「静謐な宗教的環境の下で信仰生活を送るべき利益は法的利益として認められるため…当該配偶者の法的利益を侵害するとした」の部分が誤りです。判例は、**静謐な宗教的環境のもとで信仰生活を送る利益なるものは、法的利益として認められない**としています（最大判昭63.6.1：**自衛官合祀訴訟**）。

❷ ×　「当該忠魂碑が宗教的性格のものであり、当該戦没者遺族会が宗教的活動をすることを本来の目的とする団体であることから…憲法の禁止する宗教的活動に当たるとした」の部分が誤りです。判例は、**忠魂碑は戦没者記念碑的な性格のもので特定の宗教との関係は希薄**とし、かつ、**遺族会は憲法20条1項後段の「宗教団体」ではない**としています（最判平5.2.16：**箕面忠魂碑訴訟**）。

❸ ○　判例は、原級留置処分と退学処分は**社会観念上著しく妥当を欠き、校長の裁量権の範囲を超え違法である**としています（最判平8.3.8：**神戸高専剣道実技拒否事件**）。

❹ ×　「その効果は特定の宗教に対する援助、助長、促進になり、宗教とのかかわり合いの程度が、我が国の社会的、文化的諸条件に照らし、相当とされる限度を超えるものと認められるため、憲法上の政教分離原則に違反するとした」の部分が誤りです。判例は、知事の大嘗祭への**参列の効果は、特定の宗教に対する援助、助長、促進または圧迫、干渉になるようなものではない**としています（最判平14.7.11：**鹿児島大嘗祭事件**）。

❺ ×　「市と神社ないし神道とのかかわり合いが、我が国の社会的、文化的諸条件に照らし、相当とされる限度を超えるものではなく、憲法の禁止する宗教団体に対する特権の付与に該当しない」の部分が誤りです。判例は、本件利用提供行為は、**市と神社ないし神道とのかかわり合いが、我が国の社会的、文化的諸条件に照らし、信教の自由の確保という制度の根本目的との関係で相当とされる限度を超えるものとして、憲法20条1項後段の禁止する宗教団体に対する特権付与に該当する**としています（最大判平22.1.20：**空知太神社事件**）。

MEMO

問題4 ★★★

信教の自由に関する次の記述のうち、判例に照らし、妥当なのはどれか。

国税・労基・財務2018

❶ 大量殺人を目的とする行為を行った特定の宗教団体に対してされた宗教法人法に基づく解散命令について、当該解散命令の制度は専ら世俗的目的によるものとはいえないものの、解散命令によって当該団体やその信者らの宗教上の行為に支障が生じたとしても、それは解散命令に伴う間接的で事実上のものにすぎず、当該解散命令は憲法第20条第1項に違反しない。

❷ 市が忠魂碑の存する公有地の代替地を買い受けて当該忠魂碑の移設・再建をした行為は、当該忠魂碑が宗教的施設ではないことなどから、憲法第20条第3項の宗教的活動には当たらない。しかし、当該忠魂碑を維持管理する戦没者遺族会の下部組織である地区遺族会が当該忠魂碑前で神式又は仏式で挙行した慰霊祭に市の教育長が参列した行為は、政教分離原則に違反する。

❸ 信教の自由の保障が、何人も自己の信仰と相容れない信仰をもつ者の信仰に基づく行為に対して、それが強制や不利益の付与を伴うことにより自己の信教の自由を妨害するものでない限り寛容であることを要請していることは、死去した配偶者の追慕、慰霊等に関する場合においても同様であり、静謐な宗教的環境の下で信仰生活を送るべき利益なるものは、直ちに法的利益として認めることができない。

❹ 信仰上の真摯な理由に基づき必修科目の実技を拒否したために市立高等専門学校の学生が受けた原級留置処分及び退学処分について、学生は、自らの自由意志により、必修である体育科目の種目として当該実技の授業を採用している学校を選択していることから、当該各処分による不利益を学生に与えることも当然に許容されるといわざるを得ず、当該各処分は社会観念上著しく妥当を欠くものとはいえない。

❺ 県が特定の神社の挙行した例大祭に際して県の公金から支出して行った玉串料等の奉納は、社会的意味においては神社仏閣を訪れた際に賽銭を投ずることと同様のものであり、世俗的目的で行われた社会的儀礼にすぎないものであるが、一般人に対して特定宗教への関心を呼び起こす効果を及ぼすことは否定できず、憲法第20条第3項の宗教的活動に当たる。

【解答・解説】

正解 ❸

記述が長文で解答に時間がかかり、❶と❺は結論だけでは消去できず、❷の後半は、過去問でほぼ問われていない論点で、比較的難問といえます。ただ、正解❸は過去頻出の論点なので、何とか正答には至ることができます。一つひとつの選択肢を丁寧に読み、わからないところは即断せず保留して、わかるところから選択肢を絞っていくとよいでしょう。

❶ ×　「当該解散命令の制度は専ら世俗的目的によるものとはいえない」の部分が誤りです。判例は、宗教法人の解散命令は、もっぱら**宗教法人の世俗的側面を対象とし、かつ、もっぱら世俗的目的によるもの**としています（最決平8.1.30：**オウム真理教解散命令事件**）。

❷ ×　「地区遺族会が当該忠魂碑前で神式又は仏式で挙行した慰霊祭に市の教育長が参列した行為は、政教分離原則に違反する」の部分が誤りです。判例は、忠魂碑が戦没者記念碑的な性格のものであり、**遺族会は宗教団体ではない**ことから、市の教育長が慰霊祭に参列した行為は、**公職にある者の社会的儀礼として、戦没者や遺族に対して弔意、哀悼を表すために行われたものとして、その目的は世俗的であり、効果も、特定の宗教の援助、助長、促進または圧迫、干渉等になる行為ではなく、憲法上の政教分離規定に違反しない**としました（最判平5.2.16：**箕面忠魂碑訴訟**）。

❸ ○　妥当な記述です（最大判昭63.6.1：**自衛官合祀訴訟**）。

❹ ×　「当該各処分による不利益を学生に与えることも当然に許容されるといわざるを得ず、当該各処分は社会観念上著しく妥当を欠くものとはいえない」の部分が誤りです。判例は、原級留置処分と退学処分は**社会観念上著しく妥当を欠き、校長の裁量権の範囲を超え違法である**としています（最判平8.3.8：**神戸高専剣道実技拒否事件**）。

❺ ×　「世俗的目的で行われた社会的儀礼にすぎないものであるが」の部分が誤りです。判例は、神社に玉串料を奉納することは、建築主が主催する起工式とは異なり、時代の推移によってすでにその**宗教的意義が希薄化し、慣習化した社会的儀礼にすぎないものになっているとはいえない**としています（最大判平9.4.2：**愛媛玉串料訴訟**）。

3 学問の自由・教育を受ける権利

学習のポイント

・学問関係は**自由権**である学問の自由と**社会権**である教育を受ける権利があり、いっしょに出題されることが多いです。バラバラにではなく、セットで押さえておきましょう。

・なぜ、自由権とは別に社会権としても保障する必要があるのかを理解しましょう。

1 学問の自由（23条）

憲法23条
　学問の自由は、これを保障する。

(1) 23条の保障内容

日本史において、かつて政府や軍部による学問弾圧があったことを学習したことがあると思います。学問は真理の探究を目的としており、真理は**既存の価値や考えに疑問を抱き批判する**ことによって発見されることが多いので、**時の権力者によって迫害されやすい**のです。そこで、人権として保障する必要があります。では、23条の保障内容を具体的に見ていきましょう。

① 学問研究の自由・研究発表の自由

まず、真理を探求するための研究活動の自由が保障されます（**学問研究の自由**）。次に、学問は社会の発展に貢献すべきものですので、社会に向けて研究成果を発表する自由が保障されます（**研究発表の自由**）。この**研究発表の自由**との関係で問題となるのが、**教科書検定**1) の**合憲性**です。

1）民間の教科書発行者が著した図書について、**文部科学大臣**が教科書として適正かどうかを審査し、合格したものを**教科書として使用することを認める制度**。

判例　　最判平5.3.16：**家永訴訟**

事案

- 大学教授（家永氏）が、自ら執筆した高校用教科書が検定不合格処分とされ、**教科書として出版できなかったことから、教科書検定は研究発表の自由を侵害する**として訴えた。

解説

- 教科書は、**普通教育において使用される教材**である。普通教育とは、社会の一員として生活するために必要な**基礎的な知識を授ける教育**（小・中・高校における教育）なので、その教材である教科書は、そもそも**学者が研究成果を発表するためのものではない**。
- また、たとえ検定が不合格になっても、**教科書を使った研究発表の自由を制限する**だけあり、**一般の書籍（例学術書）として出版することはできる**。
- したがって、**教科書検定は研究発表の自由を侵害しない**。

判旨

- 教科書は小・中・高校等の**普通教育の場で使用する教材**であり、**そもそも学者の学術研究結果の発表を目的とするものではない**。
- 検定基準に違反する場合に、**教科書の形態における研究結果の発表を制限する**にすぎない。
- したがって、**教科書検定は憲法23条に違反しない**（合憲）。

②　教授の自由

さらに、学問は世代を超えて受け継がれるべきものですので、研究者がその成果を学生に授ける自由（**教授の自由**）が保障されます。では、この教授の自由が、小・中・高校の**普通教育の教師**にも認められるのでしょうか。

教育は教師と生徒との心のふれあいを通じて生徒の個性に合わせて行うべきものですので、教師には、教育内容や方法につき**ある程度の裁量**が認められるべきです。したがって、**普通教育の教師にも一定範囲の教授の自由が保障**されます。しかし、生徒は大学生と異なり**教授内容を批判する能力に乏しい**ので、思想的に偏った教育には問題があります。また、地域や学校によって教育格差が生じないように、**全国的に一定の水準を確保しなければならない要請がある**うえに、小・中学校では、**学校や教師の選択の余地が乏しい**です。そこで、**教師には、完全な教授の自由を認めることはできず、国の方針に従う義務**があります。

判 例　最大判昭51.5.21：**旭川学力テスト事件**

事案

- 文部省（当時）の実施する**全国一斉の学力テスト**に反対する中学校の教師が、その実施を阻止すべく、校長に暴行するなどして、公務執行妨害罪で起訴された。裁判で、教師が文部省によるテストの実施は**教師の教授の自由を侵害する**として争った。

解説

- 普通教育の教師にも**教授の自由が保障される**が、大学教授に比べるとその**保障の程度はかなり制限**される。したがって、**文部省の方針に従う義務**がある。
- その結果、教師は文部省による全国一斉の学力テストの実施を妨害してはならない。

判旨

- 教育は教師と子どもとの**直接の人格的接触**を通じ、**その個性に応じて行われなければならない**。
- そこで、**普通教育の教師**にも、**一定の範囲における教授の自由が保障**されるべきである。
- しかし、児童生徒には**教授内容を批判する能力がなく**、子どもの側に**学校や教師の選択の余地が乏しい**にもかかわらず、**教育の機会均等**の観点から、**全国的に一定の水準を確保すべき強い要請**がある。
- そうすると、教師の**完全な教授の自由を認めることはできず**、**国の方針に従う義務がある**。
- したがって、**学力テストの実施は適法**である（校長に暴行した教師は公務執行妨害罪で有罪）。

⑵　大学の自治

歴史的に、権力による学問弾圧の対象となったのは主に大学でした。そこで、大学における学問の自由を十分に保障するために、**大学の自治**が認められています。大学の自治とは、**大学の組織や運営について、大学が外部からの干渉を受けず自主的に決定すること**をいいます。具体的には、人事の自治や施設や学生の管理・運営の自治を指します。

その法的性質について、通説は**制度的保障**と解しています。制度的保障とは、**憲法が一定の制度を国家に守らせることにより、間接的に人権保障を確保するもの**です。国家に大学の運営等に口出しさせないことで、**間接的に大学での自由な研究やその発表、もしくは教授の自由を保障しよう**というわけです。

では、大学構内で窃盗事件などが発生した場合、**犯罪捜査**（裁判に向けて犯人の逮捕や証拠収集を行うので、**司法警察活動**といいます）は、大学の自治を侵し許されないのでしょうか。もちろん許されます。なぜなら、大学といえども**治外法権**2)**はない**からです。

では、**公安警察活動**はどうでしょうか。公安警察活動とは、公共の安全と秩序を維持することを目的として、とりわけ**テロ等の組織犯罪の予防・鎮圧**のための**監視・諜報活動**です。こちらは**大学構内においては原則として許されません**。なぜなら、これを許してしまうと、学問が常に権力の監視下に置かれ、自由な研究活動が妨げられるからです。司法警察活動は事件が起きた後のことであるのに対し、こちらは、犯罪が起きないように権力が普段から学生や大学職員等を監視することになり、学問の自由に対する重大な脅威となります。

ここで問題となったのが、**大学構内での公安警察活動の合憲性**です。

2) **治外法権**とは、外国に在住する人が、その国の**裁判権**に服さない特権のこと。外交官などには認められています(外交特権)。

判例

最大判昭38.5.22:**東大ポポロ事件**

事案

- **大学の公認団体**である演劇サークル(ポポロ劇団)が**大学の許可を得て構内で実施した演劇発表会**に警察官が客として潜入し**諜報活動(公安警察活動)**をしていて、学生ともみ合いになり学生が逮捕起訴された。学生は、**大学構内における公安警察活動は憲法に違反する**ので、それを排除するための正当防衛行為として無罪を主張した。

解説

- そもそもなぜ大学には大学の自治が保障されているのかというと、**大学構内における自由な学問研究活動を保障するため**である。
- とすれば、**学問研究とはおよそ関係がない活動(実社会の政治的社会的活動)**は、大学の自治によって守ってもらえない。
- 本件演劇発表会は、**松川事件**3)という当時の社会問題を扱っており、事件の被告人たちに対するカンパも募っていたことから、**実社会の政治的社会的活動と認定**された。
- その結果、それに対する**公安警察活動は合憲**といえ、それを排除する学生の行為は有罪である。

判旨

- そもそも**大学の自治が認められているのは、大学における学問の自由を保障するため**である。

- とすれば、学生の集会が真に学問的な研究と発表のためのものではなく、実社会の政治的社会的活動に当たる場合は、大学の自治の保障は及ばない。
- 本件演劇発表会は**社会問題を題材**にしており、実社会の政治的社会的活動といえ、**大学の自治の保障は及ばない。**
- したがって、**警察官の立ち入りは、大学の自治を侵すものではない（合憲）。**

3）旧国鉄の労使紛争をめぐる三大怪事件の一つで、当時の大きな社会問題。

また、この判例は、**学生が大学の自治の主体かどうか**につき、大学の自治は、**直接には教授その他の研究者の研究、その結果の発表、研究結果の教授の自由とこれらを保障するための自治**を意味し、**学生は**、大学当局の自由と自治の**反射的効果として、学問の自由と施設の利用を認められるにすぎない**（いわば恩恵に浴するにすぎない）として、**学生は大学の自治の主体ではない**としました。

確認してみよう

①　普通教育における学問の自由については、教師が公権力によって特定の意見のみを教授することを強制されない必要があることから、大学教育と同様、普通教育における教師にも完全な教授の自由が認められる。国般2016

1 (1) ②最大判昭51.5.21：旭川学力テスト事件参照　×

「大学教育と同様、普通教育における教師にも完全な教授の自由が認められる」の部分が誤りです。判例は、普通教育の教師にも教授の自由を保障しつつ、その**保障の程度**は、大学の教員と比べ**不完全なものにとどまる**としています。

②　大学における学生の集会について、大学の許可した学内集会は、真に学問的な研究とその結果の発表のためのものでなくても、実社会の政治的社会的活動に当たる行為をする場合には、大学の有する特別の学問の自由と自治を享有する。国般2016

1 (2) 最大判昭38.5.22：東大ポポロ事件参照　×

「実社会の政治的社会的活動に当たる行為をする場合には、大学の有する特別の学問の自由と自治を享有する」の部分が誤りです。判例は、学生の集会が真に学問的な研究と発表のためのものではなく、**実社会の政治的社会的活動に当たる場合は、大学の自治の保障は及ばない**としています。

2 教育を受ける権利（26条）

憲法26条
① すべて国民は、法律の定めるところにより、その能力に応じて、ひとしく教育を受ける権利を有する。
② すべて国民は、法律の定めるところにより、その保護する子女に普通教育を受けさせる義務を負ふ。義務教育は、これを無償とする。

(1) 意 義

学問関係では、**社会権**4) として、教育を受ける権利が保障されています。ではなぜ、自由権である学問の自由とは別に**社会権としても保障する必要**があるのでしょうか。

教育は、**自己実現に不可欠**です（字が読めなかったら、就職するのも大変です）。しかし、多額の費用が掛かり、経済的に苦しい家庭は生活優先になってしまい教育まで手が回りません。親の貧富の差で**将来の有権者である子ども**の将来が決まってしまったら（**教育格差**）、国家的損失にすらなりかねません。そこで、**社会権として国民が国家に無償での公教育の樹立を求めていくのが教育を受ける権利**です。特に**自ら学習できない子ども**が、教育を自己に施すことを**大人一般に対して要求できる権利**（**学習権**）として重要です。

憲法は、「**すべて国民は…その能力に応じて、ひとしく教育を受ける権利を有する**」と規定し、**すべての国民**に教育を受ける権利が**平等に保障**されていることを明記しています。ですから、**大人にも保障されます**し（生涯学習なんていいますよね）、**障害者にも当然保障されます**。ただ、「**能力に応じて**」とあるので、施される**教育内容には差があっても構いません**（例障害者は障害の程度に応じた教育を受けることができます）。

4) **自由権**が、個人の自由な活動を保障するため、**国家権力の介入・干渉を排除**する人権であるのに対し、**社会権**とは、**社会的・経済的弱者**が、人間に値する生活ができるよう、必要な諸条件の整備を**国家に要求する権利**のこと。

(2) 教育権の所在

教育権とは、**教育内容に関与・決定する権限**（**教育を施す側の権限**）のことです。判例は、教育権は**国・親・教師に分属する**としています（最大判昭51.5.21：**旭川学力テスト事件**）。例えば、国は教育内容の決定なども含めた教育制度や施設の整備などいわばインフラ面を担当し、親は家庭内での教育や学校の選択などを担当します。また、教師は児童の能力に応じた具体的な教え方の決定や日々の個別指導などを担当します。そのように考えたほうが、国だけにあるいは国民（親・教師）だけに帰属すると考えるよりも、それぞれの強みを活かすことができ、**子どもの学習権によりよく奉仕できる**からです。

ここで、再び**旭川学力テスト事件**について触れます。この判例は、**教育権の所在**について明らかにしました。なお、**教育権**は、国家にも帰属していますので、**人権ではありません**（国家に人権享有主体性はありません）。ただ、**親の子に対する教育の自由と教師の教授の自由（いずれも人権）**とは重なります。

判例　最大判昭51.5.21：**旭川学力テスト事件**

解説

- 国にも教育内容を決定する権限（教育権）が認められるので、**その反面、教師の教授の自由は制限**され、教師は国が実施する全国一斉の学力テストの実施を妨害することはできない。

判旨

- 教育は教師と生徒との心のふれあいをとおして、その個性に応じて行われなければならない。
- とすれば、**普通教育の教師にも一定範囲における教授の自由が保障される**。
- また、**親**は、子どもの将来に対して深い関心を持ち、かつ配慮すべき立場にある者として、子女の教育に対する一定の支配権、すなわち**子女の教育の自由を有する**。
- しかし、**それ以外の領域**においては、**国**が、国政の一部として広く適切な教育政策を樹立・実施すべく、またし得る者として、**必要かつ相当と認められる範囲において、教育内容について決定する権能を有する**。
- したがって、**教師の教授の自由も国の教育権により制限される（全国一斉の学力テストは適法）**。

(3)　義務教育の無償（26条2項）

憲法は、「すべて国民は、法律の定めるところにより、その**保護する子女に普通教育を受けさせる義務**を負ふ。義務教育は、これを**無償**とする」と規定しており、**義務教育（小・中学校の教育）の無償**を明記しています。

ここで**義務を負っているのは誰か**というと、「国民は…その保護する子女に…受けさせる義務を負ふ」とあることから、**保護者**であることに注意してください。保護者が正当な理由なく学校に通わせないと**法律により罰せられます**。そこで、保護者が経済的理由で子どもを学校に通わせることができないと言い訳できないように**義**

務教育は無償としたのです。

そこで、次に**無償の範囲**が問題となりますが、**判例は授業料に限るとしています**（最大判昭39.2.26：**教科書費国庫負担請求事件**）。ですので、教科書代等は有償（**現在は法律で無償化**）にしても憲法には違反しません。

判例　最大判昭39.2.26：**教科書費国庫負担請求事件**

事案

- 都内の公立小学校に通う児童を持つ保護者が、支払った**教科書代の返還請求**を求めた。

解説

- 義務教育の「無償」の範囲に教科書代が含まれれば、保護者の返還請求は認められるが、判例は授業料に限るとしたので、**保護者の返還請求は認められなかった。**

判旨

- 憲法が保護者に対してその子どもに教育を受けさせる義務を負わせたのは、教育が子どもの人格の完成に必要不可欠であることから、**親が本来負う子どもを教育すべき責務を全うさせる**ためである。
- とすれば、**義務教育に要する一切の費用を、当然に国が負担しなければならないとはいえない。**
- 憲法26条2項の「義務教育は、これを無償とする」とは、国が義務教育を提供するにつき**対価を徴収しないこと**を意味し、教育提供に対する対価とは**沿革的に授業料**を意味する。
- したがって、**無償とは授業料不徴収の意味**と解するのが相当である。

確認してみよう

① 憲法の採用する議会制民主主義の下においては、国は、法律で、当然に、公教育における教育の内容及び方法についても包括的にこれを定めることができ、また、教育行政機関も、法律の授権に基づく限り、広くこれらの事項について決定権限を有する。国般2014

2 (2) 最大判昭51.5.21：旭川学力テスト事件参照　×

全体的に誤りです。判例は、教育内容等の決定権（教育権）の所在につき、あくまで**国・親・教師に分属する**とし、**国は必要かつ相当と認められる範囲において、教育内容についてもこれを決定する権能を有するにすぎません。**

② 憲法は、子女の保護者に対して普通教育を受けさせる義務を定めていることから、憲法の義務教育を無償とする規定は、教育の対価たる授業料及び教科書その他教育に必要な費用を無償としなければならないことを定めたものと解すべきである。国般2016

2 (3) 最大判昭39.2.26：教科書費国庫負担請求事件参照　×

「教科書その他教育に必要な費用を無償としなければならないことを定めたもの」の部分が誤りです。判例は、**無償の範囲**は**授業料に限る**としています。

過去問にチャレンジ

問題1 ★ **次の記述のうち、明らかに誤っているのはどれか（争いのあるときは、判例の見解による。）。**

裁判所2002

❶ 学問の自由については、自然人である個人だけが享有主体であり、法人は享有主体とはなり得ない。

❷ 学問の自由には、大学の自治の保障も含まれる。

❸ 普通教育においても一定の範囲の教授の自由が保障されるべきことを肯定できないではないが、教育の機会均等を図る上からくる全国的に一定の水準を確保すべき強い要請があることなどから、完全な教授の自由を認めることは許されない。

❹ 憲法の定める教育を受ける権利の保障は、成長途上にある子供だけではなく、既に成長を遂げた大人を含む国民一般に及ぶと解することもできる。

❺ すべて国民は、憲法上、法律の定めるところにより、その保護する子女に普通教育を受けさせる義務を負っている。

【解答・解説】

正解 ❶

基本的な判例や条文の知識で解答できるので、**比較的易しい問題**といえます。❶は若干わかりにくいので保留し、消去法で解きましょう。❸は教授の自由の**保障の有無と保障の程度**で引っ掛からないようにしましょう。誤りを探す問題は珍しいので、注意しましょう。

❶ ×　「法人は享有主体とはなり得ない」の部分が誤りです。**法人にも学問の自由は保障**されます。例えば、大学などの**学校法人**がイメージできればよいでしょう。

❷ ○　判例は、学問の自由を保障する**憲法23条が、制度的保障として大学の自治も保障**しているとしています（最大判昭38.5.22：**東大ポポロ事件**）。

❸ ○　判例は、普通教育の教師にも**一定範囲の教授の自由が保障されますが、その程度は不完全なものにとどまる**としています（最大判昭51.5.21：**旭川学力テスト事件**）。

❹ ○　教育を受ける権利は、学習権として特に子どもにとって重要ですが、**大人にも保障**されています。

❺ ○　**義務者が子どもではなく保護者**であることに注意が必要です（26条2項）。

問題２ 憲法第26条に関する次の記述のうち、妥当なのはどれか。

★

国般1999

❶ 憲法第26条の規定の背後には、自ら学習することのできない子供は、その学習要求を充足するための教育を自己に施すことを大人一般に対して要求する権利を有するとの観念が存在しているとするのが判例である。

❷ 憲法第26条第１項の教育を受ける権利については、明治憲法にはこれに相当する規定がなかったが、子女に教育を受けさせる義務については、明治憲法においても規定があった。

❸ 教科書検定制度は、普通教育においても、憲法第26条により保障される国民の教科書執筆の自由を侵害するから、当該制度自体が違憲であるとするのが判例の趣旨である。

❹ 憲法第26条第２項後段の規定は、国の政策的目標を定めたものであり、無償の範囲は法律によって具体化されることから、立法措置により、義務教育において授業料を徴収することができるとするのが判例の趣旨である。

❺ 親は子女の教育の自由を有し、教師は教授の自由を有するから、国には教育内容について決定する権能を有する領域は存在しないとするのが判例である。

（参考） 憲法

第26条 すべて国民は、法律の定めるところにより、その能力に応じて、ひとしく教育を受ける権利を有する。

② すべて国民は、法律の定めるところにより、その保護する子女に普通教育を受けさせる義務を負ふ。義務教育は、これを無償とする。

【解答・解説】

正解 ❶

❶が明らかに正しいので、一本釣りできる比較的易しい問題です。❷は、明治憲法の知識を出題していて細かいので保留しましょう。

❶ ○　判例は、26条を根拠に学習権を認めています（最大判昭51.5.21：**旭川学力テスト事件**）。

❷ ×　「子女に教育を受けさせる義務については、明治憲法においても規定があった」の部分が誤りです。明治憲法は、臣民（国民）の義務として「**納税**」と「**兵役**」のみ定めていました。ちなみに日本国憲法上の国民の義務は、「**子女に教育を受けさせる義務**」（26条2項）の他には、「**納税**」（30条）と「**勤労**」（27条2項）**の義務**があります。

❸ ×　「教科書検定制度は…当該制度自体が違憲であるとするのが判例の趣旨である」の部分が誤りです。判例は、**教科書検定制度を合憲**としています（最判平5.3.16：**家永訴訟**）。

❹ ×　「立法措置により、義務教育において授業料を徴収することができるとするのが判例の趣旨である」の部分が誤りです。判例は、**授業料の無償は憲法上の要請**としています（最大判昭39.2.26：**教科書費国庫負担請求事件**）。

❺ ×　「国には教育内容について決定する権能を有する領域は存在しないとするのが判例である」の部分が誤りです。判例は、教育内容決定権（教育権）は**国・親・教師に分属する**としています（最大判昭51.5.21：**旭川学力テスト事件**）。

問題3 ★★ **日本国憲法に規定する学問の自由又は教育を受ける権利に関する記述として、妥当なのはどれか。**

区Ⅰ2012

❶ すべて国民は、その保護する子女に普通教育を受けさせる義務を負い、普通教育は子女の人格の完成に不可欠であることから、子女には、義務教育を受ける義務が課せられている。

❷ 教育を受ける権利は、国の介入、統制を加えられることなく教育を受けることができるという自由権としての側面と、国に対して教育制度の整備とそこでの適切な教育を要求するという社会権としての側面をもつ。

❸ 最高裁判所の判例では、普通教育の場においては完全な教授の自由が保障されるが、全国的に一定の水準を確保すべき強い要請があることから、国は、必要かつ相当と認められる範囲で、教育内容を決定する権能を有するとした。

❹ 最高裁判所の判例では、学生集会は、大学が許可したものであり、かつ、政治的社会的活動ではなく真に学問的な研究又はその結果の発表のためのものであっても、大学の有する特別の学問の自由と自治を享有しないとした。

❺ 最高裁判所の判例では、憲法の義務教育は無償とするとの規定は、授業料及び教科書代を徴収しないことを意味し、このほかに学用品その他教育に必要な一切の費用まで無償としなければならないことを定めたものではないとした。

【解答・解説】

正解 ❷

基礎的な知識と基本的な判例を正面から扱っているものの、正解の❷が権利の性質についての記述でわかりにくいので、消去法で解く標準的な問題です。❷はいったん保留しましょう。❹は、判例の事例の裏返しですので、じっくり読んで間違えないようにしたいところです。

❶ ×　「子女には、義務教育を受ける義務が課せられている」の部分が誤りです。**義務者は子どもではなく保護者**です。

❷ ○　教育は**自己実現**に不可欠です。そこで、判例は、教育を受ける権利は、まず、**国民各自が、一個の人間として成長、発達し、自己の人格を完成させるために必要な学習をする固有の権利**として保障されるとしています（**自由権的側面**）。さらに、特に自ら学習することのできない子どもは、その**学習要求を充足するための教育を自己に施すことを大人一般に対して要求する権利**（**社会的側面**）との観念が存在するとしています（最大判昭51.5.21：**旭川学力テスト事件**）。

❸ ×　「普通教育の場においては完全な教授の自由が保障される」の部分が誤りです。判例は、普通教育の場にも**一定範囲の教授の自由が保障されますが、その程度は不完全なものにとどまる**としています（最大判昭51.5.21：**旭川学力テスト事件**）。

❹ ×　「真に学問的な研究又はその結果の発表のためのものであっても、大学の有する特別の学問の自由と自治を享有しない」の部分が誤りです。判例は、学生の集会が**真に学問的な研究と発表のためのものではなく、実社会の政治的社会的活動に当たる場合は、大学の自治の保障は及ばない**としていますので（最大判昭38.5.22：**東大ポポロ事件**）、本肢のように**真に学問的な研究またはその結果の発表のためのものである場合は、大学の有する学問の自由と自治を享有する**といえます。

❺ ×　「教科書代を徴収しないことを意味し」の部分が誤りです。判例は、義務教育の**無償の範囲は授業料に限る**としています（最大判昭39.2.26：**教科書費国庫負担請求事件**）。

問題4 ★★

学問の自由及び教育を受ける権利に関するア〜オの記述のうち、判例に照らし、妥当なもののみをすべて挙げているのはどれか。

国般2009

ア　憲法第26条の規定の背後には、国民各自が、一個の人間として、また、一市民として、成長、発達し、自己の人格を完成、実現するために必要な学習をする固有の権利を有すること、特に、自ら学習することのできない子どもは、その学習要求を充足するための教育を自己に施すことを大人一般に対して要求する権利を有するとの観念が存在していると考えられる。

イ　子どもの教育は、親を含む国民全体の共通の関心事であり、公教育制度は、このような国民の期待と要求に応じて形成、実施されるべきものであるが、憲法の採用する議会制民主主義の下では、国民全体の意思の決定は国会において行われることから、法律は、当然に、公教育における教育の内容及び方法について包括的に定めることができ、また、教育行政機関も、法律の授権に基づく限り、広くこれらの事項について決定権限を有する。

ウ　憲法はすべての国民に対しその保護する子女をして普通教育を受けさせることを義務として定めているのであるから、国が保護者の教育費用の負担を軽減するよう配慮、努力することは望ましいところであるが、それは国の財政等の事情を考慮して立法政策の問題として解決すべき事柄であって、授業料を徴収するか否かを含め、義務教育の費用をどの範囲まで無償とするかは、専ら法律の定めるところに委ねられる。

エ　教師の教育の自由については、憲法第23条が保障する学問の自由から導き出されるものであるが、子どもの教育は、教師と子どもとの間の直接の人格的接触を通じ、子どもの個性に応じて弾力的に行わなければならないという教育の本質的要請に照らせば、知識の伝達と能力の開発を主とする普通教育の場においても、大学における教授の自由と同程度の教授の自由が認められる。

オ　大学の学問の自由と自治は、直接には教授その他の研究者の研究、その結果の発表、研究結果の教授の自由とこれらを保障するための自治とを意味すると解され、これらの自由と自治の効果として、大学の施設が大学当局によって自治的に管理され、学生も学問の自由と施設の利用を認められる。

❶ ア、エ
❷ ア、オ
❸ イ、ウ
❹ イ、エ
❺ ウ、オ

【解答・解説】

正解 ❷

記述一つひとつはボリュームがありますが、基本的な判例を出題していて、かつ組合せなので、標準的な問題です。**イ**の「法律は」の意味がわかりにくいですが、**ア**と**エ**は易しく、消去法で正答に至ることができます。

ア ○　妥当な記述です（最大判昭51.5.21：**旭川学力テスト事件**）。

イ ×　「法律は、当然に、公教育における教育の内容及び方法について包括的に定めることができ、また、教育行政機関も、法律の授権に基づく限り、広くこれらの事項について決定権限を有する」の部分が誤りです。法律は国家機関の国会が制定するものですので、ここは**国家**と置き換えることができますが、判例は、教育内容等の決定権（教育権）の所在につき、あくまで**国・親・教師に分属する**とし、**国は必要かつ相当と認められる範囲において、決定する権能を有するにすぎない**としています（最大判昭51.5.21：**旭川学力テスト事件**）。

ウ ×　「授業料を徴収するか否かを含め、義務教育の費用をどの範囲まで無償とするかは、専ら法律の定めるところに委ねられる」の部分が誤りです。判例は、**授業料の無償は憲法上の要請**としています（最大判昭39.2.26：**教科書費国庫負担請求事件**）。

エ ×　「普通教育の場においても、大学における教授の自由と同程度の教授の自由が認められる」の部分が誤りです。普通教育の場にも**一定範囲の教授の自由が保障されますが、その程度は不完全なものにとどまる**とするのが判例です（最大判昭51.5.21：**旭川学力テスト事件**）。

オ ○　判例は、大学の自治の主体につき、**直接には教授その他の研究者の研究、その結果の発表、研究結果の教授の自由とこれらを保障するための自治**を意味し、**学生は**、大学当局の自由と自治の**反射的効果として、学問の自由と施設の利用を認められるにすぎない**とし、**学生は大学の自治の主体ではない**としました（最大判昭38.5.22：**東大ポポロ事件**）。

MEMO

4 表現の自由

学習のポイント

- 民主国家において大切なことは、意見の多様性、つまり言いたいことが言えるということです。表現の自由はそんな**民主国家を支える非常に重要な人権**です。
- 表現は人を傷つけたり社会の秩序を乱したりすることがあります。そこで、**他の利益との調整が不可欠**です。**表現の自由の保障の限界（表現の自由の制限の合憲性）**についてさまざまなケースで学んでいきます。
- 類似の判例が多いところです。混同しないようにしましょう。

憲法21条
① 集会、結社及び言論、出版その他一切の表現の自由は、これを保障する。

1 21条1項の意味

(1) 表現の自由の意義

「表現の自由」なんていうと何か仰々しい感じがしますが、皆さんが日常的に行っている、友人と喋ったりSNSで発信したりカラオケで歌を歌ったりする行為。これらはすべて表現活動です。私たちには**思想・良心の自由**が保障されていますので、いろんなことを思ったり考えたりできます。でもそれを**他人に伝えなければ、社会生活はできません**。人とのコミュニケーションツールが表現の自由です。自分が思ったことを相手に伝えること、それは自分らしく生きるためにも必要です。これを**自己実現の価値**といいます。

また、私たちは主権者です（**国民主権**）。本来私たちが、政治のかじ取りをしなければならないはずです。**私たち主権者が政府や国会に働きかける**（これを**民主政の過程**といいます）**手段**（例SNS、署名活動、集会、デモ行進）**はすべて表現活動**です。これを**自己統治の価値**といいます。すなわち、自分たちのことは自分たちで決める（民主主義）ということであり、表現活動によって、国民が国会や政府の決定に影響力を及ぼすことを意味します。

(2) 表現の自由の内容

① 知る権利

21条の条文を見る限り、表現する側の自由しか保障していないように読めます。ですが、表現は受け取る人がいて初めて意味があります。そこで、通説は、**表現を受け取る側の権利**も保障されるとしています。これを**知る権利**といいます。

② アクセス権

メディア（テレビや新聞）を持たない一般国民が、**自分の意見をメディアをとおして発表してもらうよう要求する権利**（メディアに接近するので**アクセス権**といいます）が保障されるでしょうか。

メディアの影響力は絶大です。一般国民がメディアを利用できたら自己統治に資することは間違いありません。しかし、**メディア（テレビ局や新聞社等の法人）も人権の主体**です。表現する・しないの自由を持っています。ですから、**憲法21条から当然にアクセス権が生ずるわけではありません。**

判例　最判昭62.4.24：**サンケイ新聞意見広告事件**

事案

- サンケイ新聞が、**共産党を批判する内容の自民党の意見広告を載せた**ところ、共産党がサンケイ新聞社に**無料・無修正で反論する文章を載せるよう要求**した。サンケイ新聞社側がこれを拒否したので、共産党が提訴した。

解説

- 共産党は反論する文章を載せるよう要求しており、これを**反論権（反論文掲載請求権）**という。
- 新聞が特定の者を批判した場合、常に反論文掲載請求権を認めると、新聞社は批判記事の掲載を躊躇するようになり、**新聞社の表現の自由を間接的に侵害**する恐れがある。
- そこで、**不法行為**[1] **が成立する場合**（例 例記事により名誉を棄損された被害者が請求する場合）**は反論文掲載請求権が認められる可能性があるが、そうではない場合は、認められない。**

判旨

- **私人間において**、当事者の一方が情報の収集、管理、処理につき強い影響力を持つ日刊新聞紙を全国的に発行・発売する者である場合でも、**憲法21条の規定から直接に、反論文掲載の請求権が他方の当事者に生ずるものでないことは明らか**というべきである。

第2章 精神的自由

- また、安易に反論権を認めると、新聞社は**批判記事の掲載を躊躇**するようになり、憲法の保障する**表現の自由を間接的に侵害**するおそれがある。
- **そこで、不法行為が成立する場合は別として、条理または人格権に基づく反論文掲載請求権は認められない。**

1）他人の権利を侵害する行為。具体的には名誉棄損など。

③ 報道の自由・取材の自由（取材源秘匿権）

メディアが客観的な事実を報道する自由（例新聞やテレビのニュース報道）は、そもそも人権として保障されるのでしょうか。というのは、表現の自由は自己実現・自己統治の価値があり、個人的・主観的な**意見を発表**することであり、客観的な出来事（**事実**）**を報道**する自由とは異なるからです。

判例は、**報道の自由は21条により保障される**としています。なぜなら、ニュースの現場（例被災地、事故現場）に行けない私たちは、報道に基づいて行動や政治判断をせざるを得ず、**メディアの報道の自由は国民の知る権利に貢献する重要な役割を担っている**からです。

では、さらに**取材の自由**は人権として保障されるのでしょうか。確かに、**報道が正しい内容を持つためには、十分な取材が必要**です。メディアの取材が権力によって**不当に妨げられてはなりません**。ですが、メディアに人権として自由な取材活動を保障してしまうと、**取材対象となる国民の名誉・プライバシーを侵害する恐れ**があります（パパラッチ2）を想像してください）。そこで、判例は、**取材の自由は憲法21条の精神に照らし十分尊重に値するものの、人権としては保障されない**としました（最大決昭44.11.26：**博多駅テレビフィルム提出命令事件**）。

2）有名人を追いかけ回して写真を撮るフリーのカメラマン。

◆判例の結論

報道の自由	憲法21条により**人権として保障**される。
取材の自由	憲法21条の精神に照らし**十分尊重に値するものの人権としては保障されない。**

判例　最大決昭44.11.26：**博多駅テレビフィルム提出命令事件**

事案

- 米軍の空母入港に反対した過激派と機動隊が博多駅前で衝突した際、機動隊の**過剰警備の有無**が争点となり、**裁判所**が現場を撮影していた**NHKに対しテレビフィルムを提出するように命じた。**NHKは、裁判所の提出命令は、**報道の自由・取材の自由を侵害**して憲法に違反すると主張した。

解説

- 判例は、裁判所の提出命令が合憲かどうかは、**公正な裁判の実現のため証拠としてのテレビフィルムの必要性と報道機関の報道の自由・取材の自由が妨げられる程度を比較考量**して判断するとした。
- フィルムは事実をありのままに伝えるので、過剰警備の有無につきその**証拠としての必要性は極めて大きい。**
- 他方、本件フィルムはすでにニュース等で放映済みで、**NHKの報道の自由は侵害されない**し、取材したフィルムを提出させられるとなると、将来的に取材相手が取材に応じなくなる可能性があるわけなので、取材の自由もあくまで**将来的に妨げられるおそれがあるだけ**である。
- したがって、**提出命令は合憲**とされた。

判旨

- 現場を中立的な立場で撮影した報道機関の**本件フィルムは、証拠上極めて重要な価値**を有している。
- 他方、本件フィルムは**すでに放映済みで、将来の取材の自由が妨げられるおそれが**あるにとどまる。
- したがって、本件**提出命令は憲法21条に違反しない**（合憲）。

判例　最決平2.7.9：**TBS事件**

事案

- **警察**が、TBSが放映済みのテレビ番組の**未編集テープ**を、暴力団員の**犯罪**（暴力的な借金の取立て＝恐喝事件）**の証拠**として**差し押さえた。**そこで、TBSが本件差押えは、報道の自由・取材の自由を侵害し違憲であると主張した。

解説

- こちらも博多駅テレビフィルム提出命令事件と同様、証拠としてのビデオテープの必要性と、報道機関の報道の自由・取材の自由が妨げられる程度を**比較考量**して判断している。

- ビデオテープはすでに報道済みであるため、**TBSの報道の自由は侵害されない**し、かつ、本件テープは犯罪者の協力を得て撮影したものであり、**保護に値しない**とした。

判旨

- ビデオテープは、事案の全容を解明し犯罪の成否を判断するうえで**重要な証拠価値を持つ**。
- 他方、TBSは**すでに報道済みで報道の機会が奪われるものではなく**、むしろ、**犯罪者の協力により犯行現場を撮影しており、保護に値しない**。
- したがって、**警察の差押えは憲法21条に違反しない（合憲）**。

取材に当たり、情報提供者（取材源）の名前を公にしないとの約束をしたうえで、情報提供してもらうことがあります（例内部告発によるスクープ記事）。では、情報提供者の名を秘密にすることは取材する側の人権といえるのでしょうか（**取材源秘匿権**）。

判例は、**刑事事件**のケースで否定し、他方、**民事事件**のケースでは、新聞記者の取材源秘匿権を肯定しています。

判例　最大判昭27.8.6：**石井記者事件**

事案

- 税務署職員が脱税に協力した疑いで**深夜逮捕**されたところ、**翌朝朝刊**にスクープ記事が載った。裁判所は、捜査情報が事前に漏れた（**情報漏洩罪＝国家公務員法違反**）可能性があるとして、記事を書いた記者を証人として召喚し取材源の開示を求めたところ、記者は**取材源秘匿権を理由に証言を拒否**した。

解説

- 判例は、取材源秘匿権を認めるかどうかは、**取材の自由の確保と裁判における真相究明の必要性のどちらを重視するか**により判断している。
- 情報を漏らした警察官を特定するには、**記者の証言が必要不可欠**であった。
- また、**刑事訴訟法**上、法廷で証言を拒否できるのは医師や弁護士らに限られており、**新聞記者には証言拒否権が認められていない**。
- したがって、新聞記者には取材源秘匿権は認められず、それでも記者は証言を拒否したので、**証言拒否罪で有罪**とされた。

判旨

- 刑事訴訟法は、新聞記者を証言拒絶権のある者として列挙していないから、法律上列挙されている医師等と比較して、**新聞記者に証言拒絶権の規定を類推適用することはできない。**
- また、**真相を究明し司法権を公正に発動**するためには、取材源を証言させる必要がある。
- したがって、取材源秘匿権は認められない。

判例　最決平18.10.3

事案

- 米国税務当局職員がX社の徴税情報を漏洩し、それに基づきNHKがX社の所得隠しの事実を報道したところ、X社の株価が急落し損害を被ったとして、X社が米国政府に**損害賠償を求めた**。裁判で証人として報道したNHKの記者が召喚されたが、**取材源秘匿権を理由に証言を拒否**した。

解説

- **民事訴訟法**上、「**職業の秘密**」については、誰でも証言を拒否できる（刑事訴訟法のように医者や弁護士に限らない）。
- 何が保護に値する秘密かは、**秘密の公表によって生ずる不利益**（記者が将来的に取材がしにくくなる）**と証言の拒絶によって犠牲になる真実発見および裁判の公正との比較考量**によって決まる。
- 本件では、記者の証言が真実発見のため必要不可欠とまではいえず、むしろ**秘密の公表によって生ずる不利益のほうが大きかった**ので、**証言を拒否できるとした。**

判旨

- **民事訴訟法**上、**職業の秘密**について証人は証言を拒絶できる。
- そして、保護に値する秘密かどうかは、**秘密の公表によって生ずる不利益と証言の拒絶によって犠牲になる真実発見および裁判の公正との比較考量**により決する。
- 本件では、証言を得ることが真実発見のため必要不可欠とはいえず、**拒絶できる。**

◆ **取材源秘匿権の肯否**

事件の種類	取材源秘匿権の肯否	根拠
刑事事件	×　否定	①刑訴法上記者には証言拒絶権なし、②真相究明に不可欠
民事事件	○　肯定	①民訴法上記者にも証言拒絶権あり、②真相究明に不可欠ではない

裁判は公開されています(82条)。では、**公判廷を自由に取材**できるのでしょうか。

まず、公判廷での**写真撮影**ですが、被告人や証人が入廷した後は**原則禁止**で、撮影には裁判所の許可が必要です。ニュースで流れる法廷での被告人の写真がスケッチになるのもこのためです。その合憲性が問題となりました。

判例　最大決昭33.2.17：**北海タイムス事件**

事案

- 新聞記者が**裁判長の許可なく**その制止を振り切って**被告人を写真撮影した**ので、裁判所は制裁を科した。

解説

- 法廷での自由な写真撮影は、**訴訟関係者（証人、被告人）のプライバシー（肖像権）を侵害**し、**法廷の秩序を乱すおそれ**がある。
- そこで、後で検討する法廷でメモをとる行為と異なり、**原則禁止も合憲**となる。

判旨

- 公判廷の状況を一般に報道するための取材活動であっても、**公判廷における審判の秩序を乱し被告人その他訴訟関係人の正当な利益を不当に害するがごときものは、もとより許されない。**
- したがって、**写真撮影を許可制とした規則は、憲法21条に違反しない**（合憲）。

次に、法廷で**傍聴人がメモをとる**のは許されるのでしょうか。メモをとる行為は**人権とまではいえません**が、取材の自由と同様、**尊重されるべきであり、不当に妨げられてはならない**というのが判例です（最大判平元.3.8：**レペタ法廷メモ事件**）。

判例　最大判平元.3.8：**レペタ法廷メモ事件**

事案

- 米人弁護士レペタ氏が裁判傍聴の際、メモをとることを求めたが、**裁判所がこれを拒否した。**

解説

- **法廷でメモをとる行為は裁判傍聴の一環**なので、そもそも**傍聴するのが国民の人権かどうか**が問題となった。
- 被告人の人権を守るため**裁判が公開されている結果、たまたま国民が傍聴できる**にすぎないので、**傍聴することが国民の人権として保障されているわけではない。**
- したがって、**法廷でメモをとることも人権ではないので**、メモをとらせなかった**裁判所の措置は合憲**である。
- ただし、メモをとることは生活のさまざまな場面で行われており、その自由は**憲法21条の精神に照らし尊重されるべき**である。
- したがって、**今後は**、法廷でメモをとることは**傍聴人の自由**とされた。したがって、スケッチは自由にできる。**写真撮影**（ありのままを記録に残す）**と異なり、訴訟関係者の肖像権を侵害する程度が低い**からである。

判旨

- そもそも裁判が公開されているのは、被告人の人権を守るための**制度的保障**にすぎず3)、国民に**傍聴の権利を認めているわけではない。**
- したがって、傍聴人に対し、法廷でメモをとることを権利としては保障していない（したがって、**メモをとらせなかった裁判所の措置は合憲**）。
- ただし、筆記行為は生活のさまざまな場面において行われており、筆記行為の自由は、憲法21条の規定の精神に照らし尊重されるべきである。
- そして、裁判の公開が制度として保障されていることに伴い、傍聴人は法廷における裁判を見聞することができるのであるから、傍聴人が法廷においてメモをとることは、**その見聞する裁判を認識、記憶するためになされるものである限り、尊重に値し、故なく妨げられてはならない。**
- また、**傍聴人のメモをとる行為が公正かつ円滑な訴訟の運営を妨げるに至ることは通常はあり得ないのであって、**特段の事情のない限りメモをとることは傍聴人の自由に任せるべきであり、それが憲法21条1項の規定の精神に合致する。

3) 密室での裁判は、裁判長が職権を乱用して被告人の人権を侵害する可能性があるので、法廷を公開し傍聴人に見守らせることで、被告人の人権侵害を予防する制度。

◆ **法廷での取材活動**

取材活動	肯否	根拠
写真撮影	× 原則禁止	証人や被告人の肖像権を侵害し、公判廷の秩序に与える影響も大きい
メモ採取	○ 原則自由	メモをとることが、公正かつ円滑な訴訟の運営を妨げることは通常あり得ない

最後に、**公務員への取材活動を罰する国家公務員法の合憲性**が問題となった判例を紹介します。

判例　最決昭53.5.31：**外務省機密電文漏洩事件**

事案

- 沖縄返還に関する外務省機密資料を外務省の事務官から入手した新聞記者が、国家公務員法の「機密漏洩そそのかし罪」で起訴された。記者は、この法律が**公務員に対する取材活動を不当に制約する**と主張し、無罪を主張した。

解説

- 外交交渉など、国家機密を守る必要性は否定できない。したがって、機密を漏洩する**公務員の行為を罰するだけでは不十分で、それをそそのかす記者等の取材活動をも罰する必要**がある。
- しかし、取材の自由は人権とまではいえないものの十分尊重に値するので、**一定の要件を満たす取材活動は、正当な業務行為として処罰されない**。
- したがって、公務員への取材活動がすべて処罰されるわけではなく、**国家公務員法の規定は合憲**である。

判旨

- 報道機関が公務員に対し根気強く執拗に説得ないし要請を続けることは、それが真に報道目的から出たものであり、その手段・方法が法秩序全体の精神に照らし相当なものとして社会観念上是認されるものである限りは、実質的に違法性を欠き**正当な業務行為**というべきである。
- 記者の取材方法は、その**手段・方法において法秩序全体の精神に照らし社会観念上、到底是認することのできない不相当なもの**であり、**正当な取材活動の範囲を逸脱**している。
- したがって、記者は、**国家公務員法違反で有罪**である。

確認してみよう

1 私人間において、当事者の一方が情報の収集、管理、処理につき強い影響力を持つ日刊新聞紙を全国的に発行・発売する者である場合、新聞に取り上げられた他方の当事者には、不法行為の成否にかかわらず、反論文を無修正かつ無料で新聞紙上に掲載することを請求できる権利が憲法21条１項の規定から直接に生じるというべきである。裁判所2017

1 (2) 最判昭62.4.24：サンケイ新聞意見広告事件参照 ×

「不法行為の成否にかかわらず…憲法21条１項の規定から直接に生じる」の部分が誤りです。判例は、**不法行為が成立する場合は別として、条理または人格権に基づく反論文掲載請求権は認められない**としています。

2 報道機関の取材ビデオテープが悪質な被疑事件の全容を解明する上で重要な証拠価値を持ち、他方、当該テープが被疑者らの協力によりその犯行場面等を撮影収録したものであり、当該テープを編集したものが放映済みであって、被疑者らにおいてその放映を了承していたなどの事実関係の下においては、当該テープに対する捜査機関の差押処分は、憲法第21条に違反しない。国般2004

1 (2) ③最決平2.7.9：TBS事件参照 ○

判例は、ビデオテープの証拠価値の重要性、TBSは報道済みであり報道の自由は侵害しない、犯罪者の協力による犯行現場の撮影であることなどを考慮し、**差押えを合憲**としました。

3 報道関係者の取材源は、一般に、それがみだりに開示されると、報道関係者と取材源となる者との間の信頼関係が損なわれ、報道機関の業務に深刻な影響を与え、以後その遂行が困難になると解されるため、憲法21条は、報道関係者に対し、刑事事件において取材源に関する証言を拒絶し得る権利を保障していると解される。国般2016

1 (2) ③最大判昭27.8.6：石井記者事件参照 ×

「報道関係者に対し、刑事事件において取材源に関する証言を拒絶し得る権利を保障している」の部分が誤りです。判例は、**真相を究明**し司法権を公正に発動するためには、**取材源を証言させる必要が**あるとし、**刑事事件**の場合、**報道関係者である証人の取材源秘匿権は認めません。**

④ 報道の自由は、憲法21条が保障する表現の自由のうちでも特に重要なものであり、報道のための取材の自由も、同条の精神に照らし、十分尊重に値するものであるが、報道機関が公務員に対し根気強く執拗な説得や要請を続けることは、それが真に報道目的から出たものであっても、正当な取材活動の範囲を逸脱するものとして直ちに違法性を帯びる。国税・労基・財務2015

1 (2) ③最決昭53.5.31：外務省機密電文漏洩事件参照 ×

「真に報道目的から出たものであっても、正当な取材活動の範囲を逸脱するものとして直ちに違法性を帯びる」の部分が誤りです。判例は、報道機関が公務員に対し根気強く執拗に説得ないし要請を続けることは、それが**真に報道目的から出たもの**であり、その**手段・方法が法秩序全体の精神に照らし相当なものとして社会観念上是認されるもの**である限りは、実質的に違法性を欠き**正当な業務行為**であるとしています。

2 表現の自由の限界（その制限の合憲性）

憲法81条

最高裁判所は、一切の法律、命令、規則又は処分が憲法に適合するかしないかを決定する権限を有する終審裁判所である。

憲法98条

① この憲法は、国の最高法規であつて、その条規に反する法律、命令、詔勅及び国務に関するその他の行為の全部又は一部は、その効力を有しない。

(1) 違憲審査基準

民主国家において重要な人権である表現の自由も、外部的な活動を伴う以上、他人の人権（例名誉権やプライバシー権）や社会秩序を侵害（例過激なデモによる街の平穏の侵害）する可能性があります。そこで、表現の自由は、**人権相互の衝突を調整する公平の原理である「公共の福祉」（13条）によって制約**されます。その制約（例法律による人権制限）が憲法に違反しないかどうかは誰が判断するかというと、それは裁判所です（81条：**違憲審査制度**4)）。その際に用いる基準が、**違憲審査基準**4)です。

では、表現の自由が法律等により制限されている場合、裁判所はどんな基準でその違憲性を判断するのでしょうか。

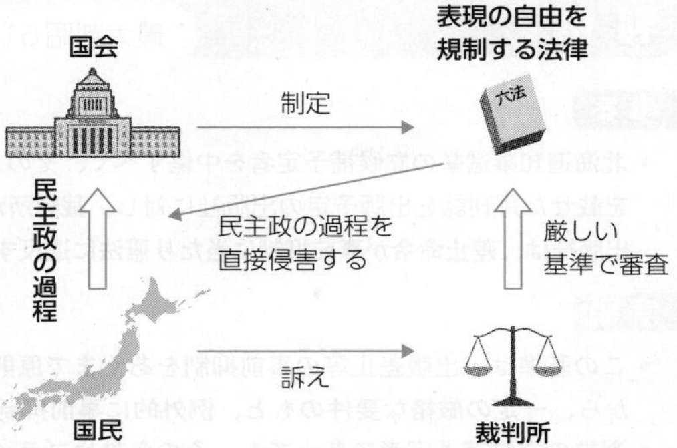

判例は、**精神的自由**（特に表現の自由）**を規制する国家行為**（例戦前の治安維持法：国民の集会やデモ行進を禁止）**の合憲性**は、**経済的自由**を規制する国家行為の合憲性を審査するときよりも**厳しい基準によって審査されなければならない**という考え方を採っています（**二重の基準の理論**）。なぜなら、**民主政の過程は国民の表現の自由によって支えられています**（**自己統治の価値**）。表現の自由を奪われたら、国民の声は政府や国会に届きません。そこで、裁判所が厳しく審査して、少しでも人権制限しすぎている場合は、その法律を違憲と判断して無効とすべきだからです（逆に、**経済的自由を制限する法律**は、表現の自由は制限していませんので、**国民は民主政の過程をとおして、政府や国会に働きかけることができる**ので、**裁判所が厳しく審査する必要がありません**）。

そこで次に、裁判所が具体的に用いている基準を紹介しましょう。

4）**違憲審査制度**とは、**裁判所**が、**国家の活動（立法等）が憲法に違反していないかどうかを審査し**（81条）、**違憲と判断した国家の活動を無効**とする（98条1項）制度。**違憲審査基準**とは、違憲審査の際、**裁判所が用いる判断基準**。明文の規定があるものは少なく、**ほぼ解釈で導かれます**。

① 事前抑制の原則的禁止の基準

民主国家において大切なことは、意見の多様性、つまり言いたいことが言えるということです。そこで、**国民の自由な表現を事前に（発表前に）抑制することは許されないというのが事前抑制の原則的禁止の基準**です。この基準を用いて判断したのが、選挙の立候補予定者を批判する雑誌の出版を禁じた**裁判所の差止処分の合憲性**が問題となった北方ジャーナル事件です。

判例　最大判昭61.6.11：**北方ジャーナル事件**

事案

- 北海道知事選挙の立候補予定者を中傷すべく、その人格および私生活を脚色した記事を載せた月刊誌を出版予定の出版社に対し、**裁判所が出版の差止めを命じた**。そこで出版社は、**差止命令が事前抑制に当たり憲法に違反する**として提訴した。

解説

- この基準は、出版差止等の事前抑制を**あくまで原則的に禁止する**というものであるから、**一定の厳格な要件のもと、例外的に事前抑制が許される場合**がある。
- 選挙の立候補予定者であっても、その名誉やプライバシーが保護されなくてもよいわけではない。表現の自由の重要性よりも、名誉・プライバシーの保護を優先させるべき場合は、例外的に事前差止めが許される。
- 本件は、この例外に当たり、**出版差止めが合憲**とされた。

判旨

- 選挙の候補者に対する評価・批判などの表現は、選挙の際の有権者の判断材料となる非常に重要なものであり、**事前差止めは原則として許されない**。
- しかし、いくら候補者とはいえ、その**名誉・プライバシーは保護されるべき**である。
- そこで、①表現内容が真実ではなく、または専ら公益を図る目的がないことが明白（例編集長が個人的な恨みを晴らす目的）であって、かつ②被害者が重大にして著しく回復困難な損害を被るおそれがある場合には、例外的に事前差止めも許される。
- 本件では、侮辱的な言辞による人身攻撃で真実性に欠け、雑誌の発行により事後的に回復し難い重大な損害を受けるおそれがある。
- したがって、本件出版の差止めは、憲法21条1項に違反しない（合憲）。

次は、**小説の出版差止めの合憲性**です。

判例　最判平14.9.24：**「石に泳ぐ魚」事件**

事案

- **承諾なく小説のモデルにされたXが**、名誉・プライバシー侵害を理由に**作家Yと出版社に出版の差止めを求めたところ認められた**ので、今度は作家Yと出版社が**差止めは憲法に違反するとして提訴**した。

解説

- どのような場合に侵害行為（出版）の差止めが認められるかは、**出版によって受ける被害者側の不利益**と出版を差し止めることによって受ける**出版側の不利益**とを**比較衡量**して判断すべきである。
- **侵害行為が明らかに予想**され、その侵害行為によって**被害者が重大で回復困難な損失を受けるおそれ**があり、かつ、その**回復を事後に図るのが不可能ないし著しく困難になる**と認められるときは、侵害行為の差止めが認められる。
- Xは**純粋な私人**であり、**小説の内容も公共性の全くないもの**だったので、出版の差止めによって出版側が被る不利益はない。他方で、小説内ではXの身体的特徴まで表現されており（顔の腫瘍を陰惨な表現で描写）、**重大で回復困難な損失を受けるおそれ**があった。
- したがって、**出版の差止めは合憲**である。

判旨

- Xは**公的立場になく**、小説の内容も**公共の利害に関するものではない**。
- 他方、出版により、Xに**重大で回復困難な損害を被らせるおそれ**がある。
- そこで、**出版の差止めは憲法21条1項に違反しない**（合憲）。

②　検閲禁止の基準

> 憲法21条
> ②　検閲は、これをしてはならない。通信の秘密は、これを侵してはならない。

検閲とは、政府が新聞やテレビの報道内容を報道される前に確認し、場合によっては報道させないこと（情報統制）です。これは、**憲法21条2項**により明確に禁止されています。

ただ、「検閲」という言葉は抽象的で、具体的な違憲審査基準とはなりません。そこで判例は、憲法21条2項にいう「検閲」とは、「**行政権が主体となって、思想内容等の表現物を対象とし、その全部又は一部の発表の禁止を目的として、対象とされる一定の表現物につき網羅的一般的に、発表前にその内容を審査した上、不適当と認めるものの発表を禁止することを、その特質として備えるものを指す**」としています。

すなわち、政府や官公庁など、**行政権が行うものに限られます**。検閲が禁止されたのは、沿革的に旧日本軍、現在でいうと自衛隊＝防衛省（官庁）による嘘の戦況報告が事の発端だからです。ですから、司法権を担う**裁判所による出版差止めは検閲には当たりません**。先ほどの**北方ジャーナル事件**では「**裁判所の出版差止めは検**

閲には当たらない」とされました。

また、**表現物の発表の禁止を目的として不適当と認めるものの発表を禁止**するものでなければなりません。

さらに、検閲禁止の基準は、事前抑制の**原則的禁止**の基準と異なり、**絶対的禁止**（検閲を認める例外はありません）です。そう解するのが、**21条1項から当然に導かれる事前抑制の禁止とは別にあえて2項を定めた法の趣旨**に沿うからです。

◆事前抑制の禁止と検閲禁止の関係

	事前抑制の原則的禁止	検閲禁止
根拠	21条1項	21条2項
主体	公権力全般	行政権のみ
例外の有無	例外あり	例外なし（**絶対的禁止**）

税関（財務省の出先機関）は、関税を徴収することだけが職務ではありません。**わいせつ表現物**や薬物等国内で流通禁止物を摘発し、**国内に持ち込ませない**ことで、国内の治安を保つことも職務としています。これに関して、表現物が国内に持ち込めなくなるので、**発表の禁止として検閲に当たらないか**が問題となりました。

判 例　最大判昭59.12.12：**税関検査事件**

事案

- 海外からわいせつフィルムを輸入しようとした者に対し、税関長が輸入禁制品に該当すると通知したところ**輸入できなくなった**ので、税関検査が検閲に当たると主張した。

解説

- 判例は、**すでに国外で発表済み**であることから、検閲の定義である**表現物の発表の禁止を目的として不適当と認めるものの発表を禁止**することには当たらないとして、合憲とした。

判旨

- 税関検査は関税徴収手続の一環として行われており、**思想内容それ自体の審査・規制を目的としていない**。
- （わいせつ概念は国によって異なるため）**国外では発表済み**なので、**発表を禁止したことにはならない**。
- したがって、**税関検査は憲法21条2項の検閲には当たらない**（合憲）。

次は、教科書検定が検閲に当たらないかです。第3節で紹介した家永訴訟です。

判例 最判平5.3.16：**家永訴訟**

事案

- 大学教授（家永氏）が、自ら執筆した高校用教科書が検定不合格処分とされ、**教科書として出版できなかった**ことから、**教科書検定は検閲に当たる**として訴えた。

解説

- 判例は、たとえ教科書として出版できなくても、**一般の書籍として出版できる**（現に家永氏は多数書籍を執筆している）ので、検閲の定義である、**表現物の発表の禁止を目的**として**不適当と認めるものの発表を禁止**することには当たらないとして、合憲とした。

判旨

- **一般図書としての発行を何ら妨げるものではなく**、発表禁止目的や発表前の審査などの特質がない。
- したがって、憲法21条2項にいう検閲に当たらない（合憲）。

判例 最判平元.9.19：**岐阜県青少年保護育成条例事件**

事案

- 自販機により図書を販売することを業とする会社の代表取締役が、青少年保護育成条例により指定を受けた「**有害図書」を自販機に収納したとして同条例違反に問われた**。

解説

- 「有害図書」は自販機に収納して販売してはいけないだけであり、**書店での販売は可能**である。
- したがって、検閲の定義である**表現物の発表の禁止を目的**として**不適当と認めるものの発表を禁止**することには当たらないとして合憲とした。

判旨

- 本条例による有害図書の指定は、**発表の禁止を目的とするものではない**。
- したがって、検閲には当たらない（合憲）。

③ 明確性の原則

例えば、「ネット上の怪しい表現やいかがわしい表現は禁止する」などという法律ができたらどうでしょうか。どんな表現が「怪しい」のか「いかがわしい」のかがわからず、政府や警察等の取締当局によって乱用されてしまいますし、国民も言いたいことが言えなくなり委縮してしまいます。そこで、**表現の自由を規制する法律の文言は明確でなければならないという原則（文言が不明確なら、それだけで違憲無効）**が導かれます。これが、**明確性の原則**です。

では、明確かどうかは、**誰の感受性を基準に判断**するのでしょうか。ここで問題となったのが、集会やデモ行進を規制する公安条例の合憲性です。

判例　最大判昭50.9.10：**徳島市公安条例事件**

事案

- デモ隊が、**「交通秩序を維持すること」との条件**つきでデモ行進の許可がなされたところ、**ジグザグ行進をした**ため、条件違反として起訴された。被告人はこのような**条件は不明確で無効**だと主張した。

解説

- 人権保障を徹底すると、許可条件はデモ隊員にとって明確でなければ違憲となりそうでもあるが、それでは治安が保てない。
- 逆に、治安の維持を徹底すると、取締当局（警察）にとって明確ならば合憲となりそうでもあるが、それでは、人権が侵害されてしまう。
- そこで判例は、**世間の一般人にとって明確**であれば、デモ隊員にとって不明確だったとしても、合憲とした。

判旨

- 本条件が明確かどうかは、**通常の判断能力を有する一般人の理解において、具体的場合に当該行為がその適用を受けるものかどうかの判断を可能とする基準が読み取れるかどうかによって決定すべきである。**
- 「交通秩序を維持すること」との条件は、**一般人であるならばジグザグ行進が許されないことは容易に判断できるので、表現の自由を保障する憲法21条に違反するものとはいえない（合憲）。**

⑵ 表現内容に対する規制

表現内容に対する規制とは、**特定の内容を備えた表現に対して、表現方法に関係なく行われる規制**をいいます。名誉毀損的表現の規制（人前で罵倒してもビラを配ってもメディアを使っても表現者は名誉棄損罪で処罰されます）などがこれに当たります。

刑法230条

① 公然と事実を摘示し、人の名誉を毀損した者は、その事実の有無にかかわらず、3年以下の懲役若しくは禁錮又は50万円以下の罰金に処する。

刑法230条の2

① 前条第1項の行為が公共の利害に関する事実に係り、かつ、その目的が専ら公益を図ることにあったと認める場合には、事実の真否を判断し、真実であることの証明があったときは、これを罰しない。

例えば、大勢の前で「Aには前科がある」などと発言した場合、名誉棄損罪となります。では、**本当にAに前科があった場合**はどうでしょうか。その場合でも、**原則として名誉棄損罪**となります。なぜなら、人は他人から高く評価されたいという欲求がありますので、たとえ真実でも、暴くことでその人の評価を落としてはいけないからです。そこで法も、「**事実の有無にかかわらず**」原則として名誉毀損罪が成立するとしています（刑法230条1項）。

では、週刊誌が政治家のスキャンダルや芸能人の薬物乱用を取り上げるのは名誉毀損罪になるのでしょうか。確かに、それによって名指しされた人の評価は下がります。ですが、そもそも**報道の自由が保障されたのは、国民の知る権利に奉仕するから**でした。とすれば、**被害者の名誉権よりも国民の知る権利が優先する場合**、すなわち、**①事実の公共性**（テーマが国民一般が関心を抱く内容）、**②目的の公益性**（社会の利益を図る目的であり、単なる嫌がらせや個人的な恨みを晴らす目的ではない）、**③真実性の証明**（表現内容が正しいことが裁判で証明できたこと）**の三つの要件が備わっていれば、例外的に処罰されません**（刑法230条の2）。

①の有無が問題となったのが、次の判例です。

判例　最判昭56.4.16：月刊ペン事件

事案

- 雑誌「月刊ペン」が宗教団体創価学会を批判する記事として、**会長の女性関係にまつわる私的行動**を取り上げたところ、編集長が名誉棄損罪で起訴された。

解説

- 宗教団体の会長は**純粋な私人**であり、かつ女性関係は**プライベートな事柄**なので、**原則として事実の公共性の要件を満たさない。**
- しかし、創価学会は**我が国有数の宗教団体で多くの信者が存在し、その会長の一挙手一投足は信者たちに多大な影響を与える。**

- そこで、たとえ私人であっても、**大きな社会的影響力のある人物であれば、その私生活に関する評論も、例外的に「公共の利害に関する事実」に当たる場合**があるとされた。

判旨

- 私人の私生活上の行状であっても、その**携わる社会的活動の性質およびこれを通じて社会に及ぼす影響力の程度いかん**によっては、その社会的活動に対する批評ないし評価の一資料として**刑法230条の2第1項にいう「公共の利害に関する事実」に当たる場合がある。**
- **多数の信徒を擁する我が国有数の宗教団体の会長**であり、同会においてその**教義を身をもって実践すべき信仰上のほぼ絶対的な指導者**であり、**公私を問わずその言動が信徒の精神的生活等に重大な影響を与える地位**にあった。
- 「公共の利害に関する事実」に当たる。

また、**裁判で③真実性の証明ができなかった場合**、記者は常に処罰されてしまうのでしょうか。

判例　最大判昭44.6.25：**夕刊和歌山事件**

事案

- Aが市役所職員を脅したとの記事を書いた新聞記者Bが、名誉毀損罪で起訴された。裁判では、**脅迫の事実の証明ができなかった。**

解説

- 真実性の証明ができなかった場合、**記者は原則として処罰**される。
- しかし、裁判で証明できない限り常に処罰されてしまうのでは、メディアは萎縮してしまって政治の腐敗を暴けなくなってしまう。
- そこで、記者が噂やデマを軽はずみに信じて記事にした場合は処罰されるが、**信じるのがもっともだといえるような場合**、例えば、現場に居合わせた職員を取材して、Aが脅迫したのは真実だと確信して記事にした場合（その場合でも、証人として呼ばれた職員が嘘をつけば、結局証明できないこともある）**は処罰されない。**

判旨

- 刑法230条の2の規定は、**人格権としての個人の名誉**の保護と、**憲法21条による正当な言論の保障との調和**を図ったものである。
- とすれば、刑法230条の2にいう**事実が真実であることの証明がない場合**でも、①**行為者がその事実を真実であると誤信し**、②**その誤信したことについて、確実な資**

料、根拠に照らし相当の理由があるときは、犯罪の故意がなく、名誉毀損の罪は成立しない。

(3) 表現の場所・方法等の規制

表現内容を規制するのではなく、単に表現の場所や方法を規制するものです。**特定の場所や方法以外なら表現できる**ので、表現内容に対する規制よりは、**緩やかな規制**といえます。

判例 最大判昭43.12.18：**屋外広告物条例違反事件**

事案

- 大阪市屋外広告物条例では、**電柱などに張り紙をしたり立て看板を立てたりすることを禁止**していた。電柱に張り紙をして捕まった被告人が、このような条例は表現の自由を侵害するとして訴えた。

解説

- 電柱に張り紙があると、**街の美しさを損ねる**場合があるし、風が強い日などは、立て看板が倒れて**通行人にとって危険**である。
- また、**張り紙以外の方法**（例ビラ配り）**でなら表現活動ができる。**
- したがって、**この程度の制限であれば、「公共の福祉」の現われとして合憲**である。

判旨

- 本件条例は、大阪市における**美観風致を維持**し、および**公衆に対する危害を防止**するためのものである。
- この程度の規制は、**公共の福祉のため**、**表現の自由に対し許された必要かつ合理的な制限として合憲**である。

選挙運動（特定の候補者の当選を目的として、有権者に投票を促す行為）**は表現の自由として保障**されています。ですが選挙は、民主国家において、**主権者国民の意思を確かめる非常に重要なイベント**です。そこで**公正な選挙が行われるように**、**さまざまな規制**がなされています。ここでは、**戸別訪問**[5)]**禁止の合憲性**を検討します。

5) 候補者もしくはその関係者が、**有権者の家を訪問して直接支持を訴える選挙活動**。**公職選挙法で全面的に禁止**されています。

第2章 精神的自由

判例

最判昭56.6.15

事案

- 衆議院議員選挙に際し、候補者Ａに投票させるため、Ａの支持者Ｘが有権者の家を**訪問**し、**公職選挙法違反で起訴**された。

解説

- 戸別訪問は、立候補者などが有権者の家を一軒一軒回り、直接政策を訴えることができるため、非常に効果的である反面、**警察の監視の目が届きにくく、不正の温床となりやすい。**
- **戸別訪問以外の方法による選挙運動を禁止するものではない**ので、選挙運動の制限の程度はそれほど強くない。

判旨

- 戸別訪問の禁止は、**戸別訪問が買収、利益誘導等の温床になりやすく、選挙人の生活の平穏の侵害などの弊害を防止**し、**選挙の公正を確保**するという目的があり、この**目的は正当**である。
- したがって、**禁止規定は、合理的で必要やむを得ない限度を超えるものとは認められず憲法21条に違反しない（合憲）。**

図書館というのは**公の場**です。そこで働く司書（公務員）が、自分の考えと違うからといってある**書籍を廃棄**した場合、**著作者は、精神的苦痛を味わったとして訴える**ことができるのでしょうか。たまたま図書館で貸し出しされていた自分の本が捨てられたというだけで、訴えてもよいのでしょうか。

判例

最判平17.7.14：**船橋市西図書館蔵書破棄事件**

事案

- Ｙ市の図書館の司書Ｚは、Ｘらの思想を嫌悪し、図書館の蔵書の中から**Ｘらの執筆にかかる書籍107冊を勝手に廃棄**した。Ｘは廃棄により著作者としての**人格的利益を侵害**されたとして、ＹＺに対し**国家賠償請求**6)した。

解説

- 図書館には多くの蔵書があり、無料でそれらを読むことができるので、書店ではあまり見かけない本や、買うほどではないが読んでみたいと思う本にも市民は触れることができる。

- これは、**著作者にとって、自分の思想を一般公衆に知ってもらうよい機会**であり、それを公務員が一方的な判断で奪ってはならない。

判旨

- **公立図書館は住民に図書資料を提供する公的な場であり**、そこで閲覧に供されている**図書の著作者にとって、思想意見等を公衆に伝達する公的な場**でもある。
- そうすると、図書館職員が閲覧に供されている図書を著作者の思想や信条を理由に廃棄することは、**著作者が著作物によって思想、意見等を公衆に伝達する利益を不当に損なう**ものといえる。
- したがって、廃棄処分は、当該図書の著作者の人格的利益を侵害するものとして国家賠償請求できる。

6）公務員の違法な活動により損害を被った国民が、その損害を金銭で補填してもらう制度。

確認してみよう

① 公務員又は公職選挙の候補者に対する評価、批判等を掲載する出版物の頒布等を裁判所が事前に差し止めることは、公務員又は公職選挙の候補者の名誉権を保護する手段として不可欠であるから、原則として許される。国税・労基・財務2017

2 (1) ①最大判昭61.6.11：北方ジャーナル事件参照　×

「原則として許される」の部分が誤りです。判例は、**選挙の候補者に対する評価・批判などの表現の事前差止めは、原則としては許されない**としました。

② 憲法21条２項にいう「検閲」とは、行政権が主体となって、思想内容等の表現物を対象とし、その全部又は一部の発表の禁止を目的として、対象とされる一定の表現物につき網羅的一般的に、発表前にその内容を審査した上、不適当と認めるものの発表を禁止することを、その特質として備えるものをいい、検閲の禁止については、公共の福祉を理由とする例外の許容も認められない。国税・労基・財務2015

2 (1) ②最大判昭59.12.12：税関検査事件参照　○

判例は、検閲は、事前抑制の原則的禁止とは異なり**絶対的禁止**とし、例外を認めません。

③ 徳島市公安条例の規定は、通常の判断能力を有する一般人であれば、経験上、蛇行進、渦巻行進、座り込み等の行為が殊更な交通秩序の阻害をもたらすような行為に当たることは容易に判断できるから、明確性を欠くとはいえず、憲法に違反しないとした。区Ⅰ2010

2 (1) ③最大判昭50.9.10：徳島市公安条例事件参照 ○

判例は、法規の文言が明確かどうかは、**通常の判断能力を有する一般人の理解において、具体的場合に当該行為がその適用を受けるものかどうかの判断を可能とする基準が読み取れるかどうか**によって決定すべきであるとしました。

④ 夕刊和歌山時事に掲載された記事により名誉が毀損されたとする事件で、刑法は、公然と事実を摘示し、人の名誉を毀損した者を処罰対象とするが、事実の真否を判断し、真実であることの証明があったときは罰しないとするところ、被告人の摘示した事実につき真実である証明がない以上、真実であると誤信したことにつき相当の理由があったとしても名誉毀損の罪責を免れえないとした。区Ⅰ2016

2 (2) 最大判昭44.6.25：夕刊和歌山事件参照 ×

「真実であると誤信したことにつき相当の理由があったとしても名誉毀損の罪責を免れえない」の部分が誤りです。判例は、**事実が真実であることの証明がない場合でも、①行為者がその事実を真実であると誤信**し、②その誤信したことについて、**確実な資料、根拠に照らし相当の理由がある**ときは、**犯罪の故意がなく、名誉毀損の罪は成立しない**としました。

3 集会・結社の自由（21条1項）

シンポジウムを開いてさまざまな意見に触れたり、ゼミやサークル活動をとおして議論したりすることは、人格の成長につながります。そこで、憲法は**表現の自由の一つとして集会・結社の自由を保障**しています。どちらも**共同の目的のために集団を形成して活動すること**ですが、**集会は一時的なもので結社は継続的なものです。**

(1) デモ行進の自由

では、**デモ行進の自由**は人権として保障されるのでしょうか。明文の規定はありません。

デモ行進は、メディアを持たない一般人が自分たちの考えを発信する貴重な手段です。また、規模が大きなデモ行進はメディアが取材するかもしれません。そこで、**動く集会として憲法21条1項で保障**されます。

ただ、集会やデモ行進は公園や道路等の公共施設を利用して行われるため、他の利用者に迷惑をかける可能性があります。そこで、さまざまな規制がなされていて、その合憲性が問題となります。

まず、**事前に届出を義務づける届出制**は届出さえすればデモ行進ができるので、この程度の制限は公共の福祉の現われとして**許されます**。

問題は許可制です。**許可制とは**、デモ行進をしようとする者が事前に申請をして、道路を管理する警察の**許可を受けなければデモ行進ができない（原則禁止）**とするものです。この点、**許可基準があいまいで、許可権者の自由な判断に任される一般的許可制**は、本来自由であるはずのデモ行進への重大な制限といえるので、**違憲**です。では、一応は許可制ですが、**許可基準が合理的かつ明確な場合**はどうでしょうか。

判例

最大判昭29.11.24：**新潟県公安条例事件**

事案

- **無許可で集団行進**をした者が公安条例違反として起訴され、**許可制の合憲性**を争った。

解説

- 条例の**文面上は許可制**（「許可を受けなければデモ行進はできない」としている）であるが、**許可基準が合理的でかつ明確な場合**（例「凶器その他の危険物を携帯してはいけない」、「17：00以降は禁止」）は、**基準さえ満たせば当局は許可しなければならず、当局にとって恣意的な運用はできなくなるので、実態は届出制に近く、合憲といえる。**

判旨

- **単なる届出制ではなく、一般的な許可制によって集団示威運動を事前に抑制することは憲法の趣旨に反し許されない。**
- **しかし、特定の場所・方法につき、合理的かつ明確な基準のもとに、あらかじめ許可を受けさせること（実質的届出制）は憲法に違反しない。**

◆ **デモ行進の規制の合憲性**

規制方法		結論	根拠
届出制		○ 合憲	届出さえすれば、デモ行進ができる →この程度の制限は**公共の福祉の現れ**として許される
許可制	一般的許可制	× 違憲	**本来自由**であるはずのデモ行進への重大な制限
	実質的届出制	○ 合憲	**許可条件が合理的かつ明確**で、当局に**許可が義務**づけられており、**不許可の場合が厳格に制限**されている →届出制と変わらない

(2) 公共施設の利用の制限

一般人には、数百人・数千人単位の集会を開けるような適当な場所はありません。そこで、集会を開くために公園や市民会館などの公共施設を利用することができます。

ここで、市長が行った**市民会館の使用不許可処分の合憲性**が問題となりました。

判例　最判平7.3.7：**泉佐野市民会館事件**

事案

- **過激派**が、関西国際空港建設反対決起集会を開くため市民会館の使用許可申請をしたところ、市長は、**主催者が危険な団体**であることを理由として**不許可処分**を行った。

解説

- 公共施設は、もともと市民が集会等を開くために建設されたものであり、集会の自由は重要な人権である。したがって、**市長はできる限り許可しなければならない。**
- このことから、**不許可にできる場合はかなり限定的**であり、**集会により他の施設利用者や市職員が巻き添えになる可能性がかなり高くないと、不許可にはできない。**
- 本事例では、**かなり高い危険性が認定され**、**市長の不許可処分は合憲**とされた。

判旨

- 公共施設の管理者がその利用を拒否できるのは、集会の自由を保障することの重要性よりも、**集会が開かれることによって人の生命、身体または財産が侵害され、公共の安全が損なわれる危険を回避し防止することの必要性が優越する場合をいうものと限定して解すべきであり**、その**危険の程度**としては、単に**危険な事態を生ずる蓋然性があるだけでは足りず、明らかな差し迫った危険の発生が具体的に予見されることが必要**である。
- 集会の主催者が**爆弾テロ事件**を起こしていたり、**対立する他のグループと暴力による抗争**を続けてきたなどの事情から、**明らかな差し迫った危険の発生が具体的に予見されるので**、**不許可処分は憲法21条に違反しない**（合憲）。

判例　最判平8.3.15：**上尾市福祉会館事件**

事案

- 労働組合幹部の合同葬儀会場としての福祉会館使用許可申請に対し、市長が**反対派の妨害による混乱が生じる危険**があるとして**不許可処分**を行った。

解説

- 泉佐野市民会館事件が、**政治集会でありかつ敵対する団体に襲われる危険を防止できなかった**のに対し、こちらは**葬儀**であり、**警察が警備すれば敵対する団体に襲われる危険を防止できた**。
- その結果、**不許可処分は違法**とされた。

判旨

- **主催者が集会を平穏に行おう**としているのに、**反対派の妨害を理由に公の施設の利用を拒否できる**のは、**警察の警備などによってもなお混乱を防止することができないなどの特別の事情がある場合**に限られる。
- 本件では、このような特別の事情がないので、本件**不許可処分は条例の解釈適用を誤った違法なものである。**

確認してみよう

① 公安条例による公共の場所での集会、集団行進等の集団行動についての事前規制については、単なる届出制を定めることは許されるが、許可とは一般的禁止を特定の場合に解除することを意味するから、表現の自由の保障により本来自由たるべき集団行動に許可制を適用することは許されず、一般的な許可制を定めて集団行動を事前に抑制する場合はもちろん、実質的に届出制と異なることがないような規制であっても文面上において許可制を採用することは許されない。裁判所2014

3 (1) 最大判昭29.11.24：**新潟県公安条例事件参照**　✕

「実質的に届出制と異なることがないような規制であっても文面上において許可制を採用することは許されない」の部分が誤りです。判例は、**一般的な許可制**によって集団示威運動を事前に抑制することは**憲法の趣旨に反し許されない**としつつ、**特定の場所・方法につき、合理的かつ明確な基準の下に、あらかじめ許可を受けさせること（実質的届出制）は憲法に違反しない**としています。

② 空港建設に反対する集会の開催を目的とした公の施設（市民会館）の使用許可申請を不許可にした処分に関し、市の市民会館条例が不許可事由として定める「公の秩序をみだすおそれがある場合」とは、集会の自由を保障することの重要性よりも、集会が開かれることによって、人の生命、身体又は財産が侵害され、公共の安全が損なわれる危険を回避し、防止することの必要性が優越する場合をいうものと限定して解すべきであり、その危険性の程度としては、単に危険な事態を生ずる蓋然性があるというだけでは足りず、明らかな差し迫った危険の発生が具体的に予見されることが必要である。国般2013

3 (2) 最判平7.3.7：泉佐野市民会館事件参照 ○

判例は、市長の不許可処分が合憲となる判断基準である集会が開かれることによって生じる危険性の程度として、単に危険な事態を生ずる蓋然性があるだけでは足りず、**明らかな差し迫った危険の発生が具体的に予見されることが必要**としています（最判平7.3.7：**泉佐野市民会館事件**）。

4 通信の秘密（21条2項）

憲法21条
② 検閲は、これをしてはならない。通信の秘密は、これを侵してはならない。

皆さんが、友人や家族と電話で会話しているのを警察などに盗聴されたら嫌ですよね。自由に会話できなくなりますし（表現の自由の侵害）、**プライバシーの侵害**にもなります。そこで憲法は、**通信の秘密を表現の自由の一つとして保障**しました。

その保障内容は、プライバシーの保護という側面もあることから、**通信の内容**だけではありません。**通信の差出人や受取人の住所等にも及びます**（大阪高判昭41.2.26）。

第2章 精神的自由

過去問にチャレンジ

問題1 ★ **報道の自由に関する次のア～ウの記述の正誤の組合せとして最も適当なものはどれか（争いのあるときは、判例の見解による。）。**

裁判所2017

ア 報道機関の報道は、国民が国政に関与するにつき、重要な判断の資料を提供し、国民の「知る権利」に奉仕するものであるから、事実の報道の自由も憲法21条の保障の下にある。

イ 私人間において、当事者の一方が情報の収集、管理、処理につき強い影響力を持つ日刊新聞紙を全国的に発行・発売する者である場合、新聞に取りあげられた他方の当事者には、不法行為の成否にかかわらず、反論文を無修正かつ無料で新聞紙上に掲載することを請求できる権利が憲法21条1項の規定から直接に生じるというべきである。

ウ 各人がさまざまな意見、知識、情報に接し、これを摂取する自由は、憲法21条1項の趣旨、目的からの派生原理である。筆記行為の自由は、同項の規定の精神に照らして尊重されるべきであり、傍聴人が法廷でメモを取ることは、故なく妨げられてはならない。

	ア	イ	ウ
❶	正	正	正
❷	正	誤	誤
❸	正	誤	正
❹	誤	正	正
❺	誤	誤	誤

【解答・解説】

正解 ❸

すべて基本判例の知識で解答でき、さらに選択肢が三つでかつ組合せなので、非常に易しい問題です。消去法を使い早くかつ確実に解きましょう。

ア ○　判例は、**報道の自由は憲法21条により保障される**としています（最大決昭44.11.26：**博多駅テレビフィルム提出命令事件**）。**取材の自由が人権としては保障されない**ことと比較しましょう。

イ ×　「不法行為の成否にかかわらず…憲法21条1項の規定から直接に生じる」の部分が誤りです。判例は、**不法行為が成立する場合は別として、条理または人格権に基づく反論文掲載請求権は認められない**としており、**不法行為の成立を条件**としています（最判昭62.4.24：**サンケイ新聞意見広告事件**）。

ウ ○　判例は、筆記行為は**憲法21条の精神に照らし尊重されるべきものであり、特段の事情のない限り、メモをとることは傍聴人の自由に任せるべきであるとしています**（最大判平元.3.8：**レペタ法廷メモ事件**）。

問題2 ★ **日本国憲法に規定する表現の自由に関する記述として、最高裁判所の判例に照らして、妥当なのはどれか。**

区Ⅰ2004

❶ 公職選挙候補者への批判等に関する出版物の事前差止めは、その表現内容が真実でなく、又は専ら公益目的のものでないことが明白で、かつ被害者が重大で著しく回復困難な損害を被るおそれがあるときは、例外的に許されるとした。

❷ 行列行進又は集団示威運動について、公共の秩序の維持、公共の福祉の侵害防止のためであれば、合理的かつ明確な基準がなくても、公安条例によりあらかじめ許可を受けさせることは違憲ではないとした。

❸ 税関等における書籍等の検査は、関税徴収手続きの一環として行われ、思想内容等それ自体の網羅的審査、規制を目的とはしていないが、国民が書籍等に接する前に規制がなされるものであり、検閲に該当し、違憲であるとした。

❹ 報道機関の報道は国民の知る権利に奉仕するものであり、報道のための取材の自由は、表現の自由を規定した憲法の保障の下にあるため、これを制約することはいかなる場合も許されないとした。

❺ 憲法は、新聞記者に対し、記事の取材源については、公の福祉のため最も重大な司法権の公正な発動につき必要欠くべからざる証言であっても、取材の自由を妨げるとして、それを拒絶する権利を特別に保障しているとした。

【解答・解説】

正解 ❶

❺は刑事事件か民事事件かの区別がしにくいですが、すべて基本判例の知識で解答できるので比較的易しい問題です。ただ、❶は原則と例外の違い、❷は届出制と許可制の違いがわかってないと解けないので、一つひとつ丁寧に読み、引っ掛からないようにしたいところです。❺は正解肢ではないので、保留しましょう。

❶ ○　判例は、公選の候補者に関する出版物の差止めは**原則として許されない**としつつ、**例外的に二つの要件を満たした場合に限り許される**としています（最大判昭61.6.11：**北方ジャーナル事件**）。

❷ ×　「合理的かつ明確な基準がなくても」の部分が誤りです。判例は、**一般的許可制を違憲**としつつ、**許可基準が合理的かつ明確な場合**（**実質的届出制**）**に限り**、**合憲**としています（最大判昭29.11.24：**新潟県公安条例事件**）。

❸ ×　「検閲に該当し、違憲である」の部分が誤りです。判例は、**税関検査は検閲に該当せず**、**合憲**としています（最大判昭59.12.12：**税関検査事件**）。

❹ ×　「取材の自由は、表現の自由を規定した憲法の保障の下にあるため」の部分が誤りです。判例は、**取材の自由は憲法21条の精神に照らし十分尊重に値するものの、人権としては保障されない**としています（最大決昭44.11.26：**博多駅テレビフィルム提出命令事件**）。

❺ ×　「司法権の公正な発動につき必要欠くべからざる証言であっても…それを拒絶する権利を特別に保障している」の部分が誤りです。**司法権の公正な発動＝真相究明**と考えれば、この選択肢は**石井記者事件**（最大判昭27.8.6）に関する記述と考えられます。判例は、**刑事事件**では、**真相を究明し司法権を公正に発動するため**には、記者に**取材源を証言させる必要**があったとして、真相究明の必要性を優先し、**取材源秘匿権を否定**しています。

問題3 ★ 表現の自由に関する次のア～エの記述のうち、判例の立場として妥当なもののみを全て挙げているものはどれか。

裁判所2019

ア　裁判所の許可を得ない限り公判廷における取材活動のための写真撮影を行うことができないとすることは、憲法に違反しない。

イ　事実の報道の自由は、国民の知る権利に奉仕するものであるものの、憲法第21条によって保障されるわけではなく、報道のための取材の自由も、憲法第21条とは関係しない。

ウ　美観風致の維持及び公衆に対する危害防止の目的のために、屋外広告物の表示の場所・方法及び屋外広告物を掲出する物件の設置・維持について必要な規制をすることは、それが営利と関係のないものも含めて規制の対象としていたとしても、公共の福祉のため、表現の自由に対して許された必要かつ合理的な制限であるといえる。

エ　人の名誉を害する文書について、裁判所が、被害者からの請求に基づいて当該文書の出版の差止めを命ずることは、憲法第21条第２項の定める「検閲」に該当するが、一定の要件の下において例外的に許容される。

❶　ア、イ
❷　ア、ウ
❸　ア、エ
❹　イ、エ
❺　ウ、エ

【解答・解説】

正解 ❷

すべて基本判例の知識で解答でき、さらに組合せなので、比較的易しい問題です。消去法を使い早くかつ確実に解きましょう。

ア ○　判例は、**写真撮影を許可制とした裁判所規則は、憲法21条に違反しないとしています**（最大決昭33.2.17：**北海タイムス事件**）。

イ ×　「事実の報道の自由は…憲法第21条によって保障されるわけではなく」と「報道のための取材の自由も、憲法第21条とは関係しない」の部分が誤りです。判例は、**報道の自由は21条により保障される**としています（最大決昭44.11.26：**博多駅テレビフィルム提出命令事件**）。また、報道のための取材の自由も、21条によって保障こそされませんが、**21条の精神に照らし十分尊重に値する**としていて、関係しないとはいえません。

ウ ○　判例は、屋外広告物の規制を、**公共の福祉のため、表現の自由に対し許された必要かつ合理的な制限として合憲**としています（最大判昭43.12.18：**屋外広告物条例違反事件**）。

エ ×　「裁判所が…出版の差止めを命ずることは…「検閲」に該当するが、一定の要件の下において例外的に許容される」の部分が誤りです。判例は、検閲の**主体を行政権**に限っており、**裁判所の出版差止めは検閲には当たらない**としています（最大判昭61.6.11：**北方ジャーナル事件**）。さらに、**検閲は絶対禁止**で、例外的に許容されることはありません。

問題4　★★

集会・結社の自由に関する次の記述のうち、判例に照らし、妥当なのはどれか。

国般2013

❶ 空港建設に反対する集会の開催を目的とした公の施設（市民会館）の使用許可申請を不許可にした処分に関し、市の市民会館条例が不許可事由として定める「公の秩序をみだすおそれがある場合」とは、集会の自由を保障することの重要性よりも、集会が開かれることによって、人の生命、身体又は財産が侵害され、公共の安全が損なわれる危険を回避し、防止することの必要性が優越する場合をいうものと限定して解すべきであり、その危険性の程度としては、単に危険な事態を生ずる蓋然性があるというだけでは足りず、明らかな差し迫った危険の発生が具体的に予見されることが必要である。

❷ デモ行進は、思想、主張、感情等の表現を内包するものであるが、純粋の言論と異なって、一定の行動を伴うものであり、その潜在的な力は、甚だしい場合は一瞬にして暴徒と化すことが群集心理の法則と現実の経験に徴して明らかであるから、表現の自由として憲法上保障される要素を有さず、デモ行進の自由は、憲法第21条第１項によって保障される権利とはいえない。

❸ 集団行動の実施について、都道府県の公安条例をもって、地方的情況その他諸般の事情を十分考慮に入れ、不測の事態に備え、法と秩序を維持するのに必要かつ最小限度の措置を事前に講ずることはやむを得ないから、公安委員会に広範な裁量を与え、不許可の場合を厳格に制限しない、一般的な許可制を定めて集団行動の実施を事前に抑制することも、憲法に違反しない。

❹ 市の公安条例が集団行進についての遵守事項の一つとして「交通秩序を維持すること」と規定している場合、当該規定は、抽象的で立法措置として著しく妥当性を欠くものであるが、集団行進を実施するような特定の判断能力を有する当該集団行進の主催者、指導者、又はせん動者の理解であれば、具体的な場合に当該行為がその適用を受けるものかどうかの判断を可能ならしめる基準が読みとれるから、憲法に違反しない。

❺ 結社の自由や団結権に基づいて結成された団体は、その構成員に対し、その目的に即して合理的な範囲内での統制権を有するから、地方議会議員の選挙に当たり、労働組合が、統一候補以外の組合員で立候補しようとする者に対し、立候補を思いとどまらせる勧告又は説得の域を超え、立候補を取りやめることを要求し、これに従わないことを理由にその組合員を統制違反者として処分することも、組合の統制権の範囲内の行為として許される。

【解答・解説】

正解 ❶

一つひとつの選択肢はボリュームがありますが、すべて基本判例の知識で解答できるので、標準的な問題といえます。❸は誰を基準に明確性を判断しているかを読み取らないといけません。❺は第５章第２節で扱う基本判例です。これがわからなくても❶が明らかに正しいので正答に至ることができます。

❶ ○　判例は、公共施設の管理者がその利用を拒否できるのは、**集会が開かれることによって人の生命、身体等が害され、公共の安全が損なわれる危険を回避することの必要性が集会の自由を保障することよりも優越する場合**としたうえで、その**危険の程度**に着目していることに注意が必要です（最判平7.3.7：**泉佐野市民会館事件**）。

❷ ×　「デモ行進の自由は、憲法第21条第１項によって保障される権利とはいえない」の部分が誤りです。判例は、デモ行進の自由を**憲法上の人権として保障**しています（最大判昭29.11.24：**新潟県公安条例事件**）。

❸ ×　「公安委員会に広範な裁量を与え、不許可の場合を厳格に制限しない、一般的な許可制を定めて集団行動の実施を事前に抑制することも、憲法に違反しない」の部分が誤りです。判例は、単なる届出制ではなく、**一般的な許可制**によって集団示威運動を事前に抑制することは**憲法の趣旨に反し許されない**としています（最大判昭29.11.24：**新潟県公安条例事件**）。

❹ ×　「集団行進を実施するような特定の判断能力を有する当該集団行進の主催者、指導者又はせん導者の理解であれば」の部分が誤りです。判例は、表現活動を規制する法規範が明確かどうかにつき、**通常の判断能力を有する一般人の理解において**、具体的場合に当該行為がその適用を受けるものかどうかの判断を可能とする基準が読み取れるかどうかによって決定すべきとしています（最大判昭50.9.10：**徳島市公安条例事件**）。

❺ ×　「立候補を取りやめることを要求し、これに従わないことを理由にその組合員を統制違反者として処分することも、組合の統制権の範囲内の行為として許される」の部分が誤りです。第５章第２節で扱う**三井美唄炭鉱労組事件**（最大判昭43.12.4）です。

MEMO

問題5 ★★★

日本国憲法に規定する表現の自由に関する記述として、最高裁判所の判例に照らして、妥当なのはどれか。

区Ⅰ2016

❶ 報道関係者の取材源の秘密は、民事訴訟法に規定する職業の秘密に当たり、民事事件において証人となった報道関係者は、保護に値する秘密についてのみ取材源に係る証言拒絶が認められると解すべきであり、保護に値する秘密であるかどうかは、秘密の公表によって生ずる不利益と証言の拒絶によって犠牲になる真実発見及び裁判の公正との比較衡量により決せられるべきであるとした。

❷ 夕刊和歌山時事に掲載された記事により名誉が毀損されたとする事件で、刑法は、公然と事実を摘示し、人の名誉を毀損した者を処罰対象とするが、事実の真否を判断し、真実であることの証明があったときは罰しないとするところ、被告人の摘示した事実につき真実である証明がない以上、真実であると誤信したことにつき相当の理由があったとしても名誉棄損の罪責を免れえないとした。

❸ 著名な小説家が執筆した小説によって、交友関係のあった女性がプライバシーを侵害されたとした事件で、当該小説において問題とされている表現内容は、公共の利害に関する事項であり、侵害行為の対象となった人物の社会的地位や侵害行為の性質に留意することなく、侵害行為の差止めを肯認すべきであり、当該小説の出版等の差止め請求は肯認されるとした。

❹ 公立図書館の図書館職員が閲覧に供されている図書を著作者の思想や信条を理由とするなど不公正な取扱いによって廃棄することは、当該著作者が著作物によって、その思想、意見等を公衆に伝達する利益を損なうものであるが、当該利益は、当該図書館が住民の閲覧に供したことによって反射的に生じる事実上の利益にすぎず、法的保護に値する人格的利益であるとはいえないとした。

❺ 電柱などのビラ貼りを全面的に禁止する大阪市屋外広告物条例の合憲性が争われた事件で、当該条例は、都市の美観風致を維持するために必要な規制をしているものであるとしても、ビラの貼付がなんら営利と関係のない純粋な政治的意見を表示するものである場合、当該規制は公共の福祉のため、表現の自由に対し許された必要かつ合理的な制限であるとはいえないとした。

【解答・解説】

正解 ❶

記述一つひとつにボリュームがあり、正解の❶は取材源秘匿権を認めるべき保護に値する秘密かどうかの判断基準を求めており、❸も結論は正しく理由が間違っていて引っ掛かりやすいです。したがって、**比較的難しい問題**といえます。

❶ ○　判例は、保護に値する秘密についてのみ取材源の秘匿権を認めており、その保護に値するかどうかにつき、**秘密の公表によって生ずる不利益と証言の拒絶によって犠牲になる真実発見および裁判の公正との比較考量**により決するとしています（最決平18.10.3）。

❷ ×　「真実である証明がない以上、真実であると誤信したことにつき相当の理由があったとしても名誉棄損の罪責を免れえない」の部分が誤りです。判例は、真実性の証明ができなかった場合でも、①**行為者がその事実を真実であると誤信**し、②その誤信したことについて、**確実な資料、根拠に照らし相当の理由がある**ときは、**犯罪の故意がなく、名誉毀損の罪は成立しない**としています（最大判昭44.6.25：**夕刊和歌山事件**）。

❸ ×　「表現内容は、公共の利害に関する事項であり、侵害行為の対象となった人物の社会的地位や侵害行為の性質に留意することなく」の部分が誤りです。判例は、**小説の内容が公共の利害に関するものではないこと**や**侵害行為の対象となった人物が公的立場にないこと**を理由に、出版差止請求を認めています（最判平14.9.24：**「石に泳ぐ魚」事件**）。

❹ ×　「当該利益は、当該図書館が住民の閲覧に供したことによって反射的に生じる事実上の利益にすぎず、法的保護に値する人格的利益であるとはいえない」の部分が誤りです。判例は、図書館職員が閲覧に供されている図書を廃棄することは、**著作者が著作物によって思想、意見等を公衆に伝達する利益を不当に損なう**ものといえ著作者は**人格的利益を侵害されたとして国家賠償請求できる**としています（最判平17.7.14：**船橋市西図書館蔵書破棄事件**）。

❺ ×　「表現の自由に対し許された必要かつ合理的な制限であるとはいえない」の部分が誤りです。判例は、この程度の規制は、**公共の福祉のため、表現の自由に対し許された必要かつ合理的な制限として合憲**であるとしています（最大判昭43.12.18：**屋外広告物条例違反事件**）。

MEMO

問題6 ★★★

日本国憲法に規定する表現の自由に関する記述として、最高裁判所の判例に照らして、妥当なのはどれか。

区Ⅰ 2020

❶ 筆記行為の自由は、様々な意見、知識、情報に接し、これを摂取することを補助するものとしてなされる限り、憲法の規定の精神に照らして尊重されるべきであり、裁判の公開が制度として保障されていることに伴い、傍聴人は法廷における裁判を見聞することができるのであるから、傍聴人が法廷においてメモを取ることは、その見聞する裁判を認識、記憶するためになされるものである限り、尊重に値し、故なく妨げられてはならないとした。

❷ 報道の自由は、憲法が保障する表現の自由のうちでも特に重要なものであるから、報道機関の国政に関する取材行為の手段・方法が、取材対象者の個人としての人格の尊厳を著しく蹂躙(じゅうりん)する等法秩序全体の精神に照らし社会観念上是認することのできない態様のものである場合であっても、一般の刑罰法令に触れないものであれば、正当な取材活動の範囲を逸脱し違法性を帯びるものとはいえないとした。

❸ インターネットの個人利用者による表現行為の場合においては、他の表現手段を利用した場合と区別して考えるべきであり、行為者が摘示した事実を真実であると誤信したことについて、確実な資料、根拠に照らして相当の理由があると認められなくても、名誉毀損罪は成立しないものと解するのが相当であるとした。

❹ 新聞記事に取り上げられた者は、その記事の掲載により名誉ないしプライバシーに重大な影響を及ぼされた場合には、名誉毀損の不法行為が成立しなくても、当該新聞を発行・販売する者に対し、条理又は人格権に基づき、当該記事に対する自己の反論文を無修正かつ無料で掲載することを求めることができるとした。

❺ 名誉権に基づく出版物の頒布等の事前差止めは、その対象が公職選挙の候補者に対する評価等の表現行為に関するものである場合には、その表現が私人の名誉権に優先する社会的価値を含むため原則として許されないが、その表現内容が真実でないことが明白である場合には、被害者が重大にして著しく回復困難な損害を被るおそれがなくても、例外的に事前差止めが許されるとした。

【解答・解説】

正解 ❶

❸以外は重要基本判例についての出題ですが、記述一つひとつにボリュームがあり、判例のキーワードを正確に覚えていないと解けないため、比較的難しい問題といえます。選択肢を丁寧に読んで解答しましょう。

❶ ○　判例は、傍聴人に対し、**法廷でメモをとることを権利としては保障していない**としたものの、**筆記行為の自由は、憲法21条の規定の精神に照らし尊重されるべきである**として、傍聴人が法廷においてメモを取ることは、**その見聞する裁判を認識、記憶するためになされるものである限り、尊重に値し、故なく妨げられてはならない**としました（最大判平元.3.8：**レペタ法廷メモ事件**）。

❷ ×　「一般の刑罰法令に触れないものであれば、正当な取材活動の範囲を逸脱し違法性を帯びるものとはいえない」の部分が誤りです。判例は、報道機関が公務員に対し根気強く執拗に説得ないし要請を続けることは、それが**真に報道目的から出たもの**であり、その**手段・方法が法秩序全体の精神に照らし相当なものとして社会観念上是認されるものである限り**は、実質的に違法性を欠き**正当な業務行為というべき**であるとしています（最決昭53.5.31：**外務省機密電文漏洩事件**）。

❸ ×　「行為者が摘示した事実を真実であると誤信したことについて、確実な資料、根拠に照らして相当の理由があると認められなくても、名誉毀損罪は成立しないと解するのが相当である」の部分が誤りです。**ネットによる名誉棄損の場合の免責要件（真実性の証明）が新聞などのメディアによる場合と比べ緩和されるかどうかが問題となった事件**で、判例は、インターネット上に乗せた情報は**不特定多数の利用者が瞬時に閲覧可能**であり、これによる**名誉毀損の被害は時として深刻なものとなり得ることから名誉毀損罪の免責要件は緩和すべきではない**としました（最決平22.3.15）。

❹ ×　「名誉棄損の不法行為が成立しなくても、当該新聞を発行・販売する者に対し、条理又は人格権に基づき、当該記事に対する自己の反論文を無修正で掲載することを求めることができる」の部分が誤りです。判例は、安易に反論権を認めると、新聞社は批判記事の掲載を躊躇するようになり、憲法の保障する**表現の自由を間接的に侵害**するおそれがあることから、**不法行為が成立する場合は別として、条理又は人格権に基づく反論文掲載請求権は認められない**としました（最判昭62.4.24：**サンケイ新聞意見広告事件**）。

❺ ×　「被害者が重大にして著しく回復困難な損害を被るおそれがなくても、例外的に事前差止めが許される」の部分が誤りです。判例は、例外的に事前差止めが許される条件として、**①表現内容が真実ではなく、またはもっぱら公益を図る目的がないことが明白であって、かつ②被害者が重大にして著しく回復困難な損害を被るおそれがある場合**としています（最大判昭61.6.11：**北方ジャーナル事件**）。

MEMO

問題7 ★★★ **精神的自由権に関するア～オの記述のうち、妥当なもののみを全て挙げているのはどれか。**

国税・労基・財務2019

ア 通信の秘密は、公権力による通信内容の探索の可能性を断ち切るために保障されていることから、その保障は、通信の内容にのみ及び、通信の差出人や受取人の住所等の情報には及ばないと一般に解されている。

イ 税関検査により輸入を禁止される表現物は、国外において既に発表済みのものであるし、税関により没収、廃棄されるわけではないから、発表の機会が事前に全面的に奪われているわけではないこと、税関検査は、関税徴収手続に付随して行われるもので、思想内容等それ自体を網羅的に審査し規制することを目的とするものではないこと、税関長の通知がされたときは司法審査の機会が与えられているのであって、行政権の判断が最終的なものとされているわけではないことを踏まえると、税関検査は憲法が絶対的に禁止している検閲には当たらないとするのが判例である。

ウ ある行為が、憲法により国及びその機関が行うことが禁止されている宗教的活動に該当するかどうかを検討するに当たっては、当該行為の主宰者が宗教家であるかどうか、その順序作法が宗教の定める方式に則ったものであるかどうかなど当該行為の外形的側面を考慮してはならず、当該行為が行われる場所の近辺に居住する者の当該行為に対する宗教的評価を中心として、当該行為者が当該行為を行うについての意図、目的及び宗教的意識の有無、程度等、諸般の事情を考慮し、社会通念に従って、客観的に判断しなければならないとするのが判例である。

エ 報道機関の報道は、民主主義社会において、国民が国政に関与するにつき、重要な判断の資料を提供し、国民の「知る権利」に奉仕するものであるから、思想の表明の自由と並んで、事実の報道の自由は、表現の自由を規定した憲法第21条の保障の下にあることはいうまでもなく、また、このような報道機関の報道が正しい内容を持つためには、報道の自由とともに、報道のための取材の自由も、憲法第21条の精神に照らし、十分尊重に値するものといわなければならないとするのが判例である。

オ 政党間の批判・論評は、表現の自由において特に保障されるべき性質のものであることから、政党は、自己に対する批判的な記事が他の政党の意見広告として新聞に掲載されたという理由のみをもって、具体的な成文法がなくとも、その記事への反論文を掲載することを当該新聞を発行・販売する者に対して求める権利が憲法上認められるとするのが判例である。

❶ ア、エ
❷ ア、オ
❸ イ、ウ
❹ イ、エ
❺ ウ、オ

【解答・解説】

正解 ❹

精神的自由権全体にまたがる問題で、一つひとつにボリュームがあり、かつ、**イ**と**ウ**が難しいので、難問といえます。組合せですので、消去法を使って肢を絞り込みましょう。

ア ×　「通信の差出人や受取人の住所等の情報には及ばない」の部分が誤りです。判例は、通信の秘密の保障内容は、**通信の内容**だけではなく、**通信の差出人や受取人の住所等にも及ぶとしています**（大阪高判昭41.2.26）。

イ ○　判例は、税関検査は関税徴収手続の一環として行われており、**思想内容それ自体の審査・規制を目的としていない**こと、**国外では発表済み**なので、**発表を禁止したことにはならない**ことなどを理由として、**税関検査は憲法21条2項の検閲には当たらない**としています（最大判昭59.12.12：**税関検査事件**）。

ウ ×　「外形的側面を考慮してはならず」の部分が誤りです。判例は、国などの行為が政教分離違反かどうかは、**目的効果基準を使って判断し、その判断に当たっては**「当該行為の主宰者が宗教家であるかどうか…など、当該行為の**外形的側面のみにとらわれることなく**…当該行為に対する一般人の宗教的評価…等、諸般の事情を考慮し、社会通念に従って、客観的に判断しなければならない」としています（最大判昭52.7.13：**津地鎮祭事件**）。ですから、**外形的側面を考慮してはならないわけではありません**。

エ ○　判例は、**報道の自由は憲法21条の保障のもとにある**としつつ、報道のための**取材の自由は、憲法上の精神に照らし、十分尊重に値する**としています（最大決昭44.11.26：**博多駅テレビフィルム提出命令事件**）。

オ ×　「政党は、自己に対する批判的な記事が他の政党の意見広告として新聞に掲載されたという理由のみをもって…反論文を掲載することを当該新聞を発行・販売する者に対して求める権利が憲法上認められる」という部分が誤りです。判例は、**不法行為が成立する場合は別として、条理または人格権に基づく反論文掲載請求権は認められない**としており、**不法行為の成立を条件**としています（最判昭62.4.24：**サンケイ新聞意見広告事件**）。

第3章

経済的自由

職業選択の自由・居住移転の自由
財産権

1 職業選択の自由・居住移転の自由

学習のポイント

- 精神的自由と異なり、経済的自由に対しては、**社会的弱者を助ける**という視点からの**政策的な制約（積極目的規制）**もなされます。
- 経済的自由を**規制する目的**によって審査基準を使い分けるのが判例です（**目的二分論**）。
- 類似の判例がとても多いです。混同しないようにしましょう。

> 憲法22条
> ① 何人も、公共の福祉に反しない限り、居住、移転及び職業選択の自由を有する。
> ② 何人も、外国に移住し、又は国籍を離脱する自由を侵されない。

1 職業選択の自由

(1) 職業選択の自由の意義

江戸時代には士農工商という身分制度があり、例えば農民はどう頑張っても侍にはなれませんでした。それでは法の下の平等に反しますし（門地による差別）、仕事は人生そのものですので、個人の尊厳原理にも反します。そこで、憲法は就きたい仕事に誰でも就けるように、**職業選択の自由を保障**しました。ですから、皆さんも公務員試験に合格すれば、親が公務員でなくても、公務員になれます。

そして、せっかく公務員になったのに、公務に就けなければ何の意味もありません。そこで、判例は、選んだ**職業を遂行する自由**、すなわち**営業の自由も保障して**います。

このように重要な職業選択の自由も、外部的な活動を伴う以上、国家等による制限を受ける場合があり、その制限の合憲性が問題となります。では、裁判所はどんな基準で合憲性を審査するのでしょうか。

(2) 職業選択の自由の保障の限界（その制限の合憲性）

まず、職業選択の自由などの**経済活動の自由を制限する国家行為の合憲性**は、精神的自由を制限する場合よりも**緩やかに審査**1)されます。具体的には、**制限の内容に合理性があれば合憲**と判断されます（これを**合理性の基準**といいます）。国会議員が議論を尽くして制定した法律に合理性がないということは通常ありません。ですから、**合憲と判断されやすい**のです。他方、例えば表現の自由を制限する法律の違憲審査基準である明確性の原則は、条文の文言があいまい不明確というだけで、どんなに制限の必要性・合理性があっても直ちに違憲となり、厳しく審査されます。これを**二重の基準**といいましたね。

1）22条１項は、13条とは別に「公共の福祉に反しない限り」と強調しており、このことは、経済活動の自由の制限が、精神的自由に対する制限より強く行われることを示しています。経済活動は、社会との関係性が大きいためです。

第3章 経済的自由

① 消極目的規制（内在的制約）

さらに、例えば、飲食業には保健所の許可が必要です。食中毒などが発生したら、客の健康、場合によっては命をも奪ってしまうからです。また、違法な薬物の製造販売は、法律で禁止されています。これらは、**国民の生命や健康に対する危険を防止するために営業の自由を制限したもの**です。このような制限を**消極目的規制**、**警察目的規制**、あるいは**内在的制約**2)といいます。

営業の自由を消極目的で規制する場合、判例は、その**合理性の有無を比較的厳しめに審査**します（これを**厳格な合理性の基準**といいます）。具体的には、**規制の必要性・合理性を審査**し、さらに**現在の規制より**（人権制限の程度が）**緩やかな規制方法で同じ目的が達成できるかどうかを審査**し、達成できるのであれば現在の**規制は必要最小限度とはいえない**（要するに人権制限しすぎている）**ので違憲**とする基準です。この基準を用いて判断したのが、次の判例です。

2）積極的に何か政策を達成するためではなく、自由に営業させると生じるさまざまな弊害（他者の人権を侵害したり社会秩序を乱したりしてしまう）を消極的に防止するための規制のこと。もともと人権は他人に迷惑をかけない限度でしか保障されないので、人権に本来内在する制約ともいいます。そのため、裁判所が厳しめに審査します。

判例　最大判昭50.4.30：**薬事法距離制限事件**

事案

- Xが薬局を開こうとしたところ、薬事法の定める**距離制限**（既存の薬局から100ｍ以上離れていること）に違反しているとして**不許可処分**を受けた。そこで、距離制限の合憲性を争った。

解説

- 判例は、**許可制それ自体は**、**必要性・合理性があるとした**。
- しかし、**許可の条件である距離制限は**、**必要最小限度とはいえない**として、違憲無効にした。
- なぜなら、不良医薬品の販売防止という目的を達成するためには、いったん許可した後で、実際に不良医薬品を販売した場合に限り許可取消しなどの行政監督を行えば十分であり、近くに薬局があるというだけで許可しない（開業のチャンスすら与えない）という**現在の規制は**、**営業の自由を制限しすぎ**だからである。
- このように、許可制の合憲性について、距離制限という個別具体的な許可条件まで検討の対象とした結果、違憲であるとの結論を示した。

判旨

- 自由な職業活動が社会公共に対してもたらす弊害を防止するための**消極的**、**警察的措置である場合**、許可制に比べて職業の自由に対するより緩やかな制限である職業活動に対する規制ではその目的を十分に達成することができないと認められることを要する。
- この点、距離制限の目的は、**不良医薬品の販売による国民の生命・健康に対する危険の防止**という**消極的・警察的**なものである。
- そして、不良医薬品の供給から国民の健康と安全を守るために**薬局開設を許可制にかからせること自体は**、**必要かつ合理的措置**といえる。
- しかし、**行政上の制裁と行政監督を強化することで**、**不良医薬品供給の危険の防止という警察上の目的を十分に達成することができる**。
- したがって、距離制限規定は、憲法22条１項に違反し無効である（違憲）。

②　積極目的規制（政策的制約）

例えば、郊外に大型スーパーが出店すると、弱小零細の個人商店は客を奪われて潰れてしまうことがあります。そこで、法律で出店を規制する場合があります。大型スーパーが食中毒を起こしたわけでも違法な薬物を販売したわけでもありません。これは、**社会的弱者**（個人商店）**を保護するために社会的強者**（大型スーパー）**の営業の自由を制限**するものです。このような制限は、**積極的**に弱者を救済するため、あるいは福祉**政策**を実現するための規制なので**積極目的規制または政策的制約**といいます。

営業の自由を積極目的で規制する場合、判例は、その**合理性の有無をかなり緩やかに審査**します。具体的には、**当該規制が著しく不合理**（合理性がない）**であることが明白である場合に限って違憲**とする基準です（これを**明白性の原則**といいます）。国会議員が議論して作った法律が、著しく合理性に欠けることがそれも明らかなどということは、正直あり得ません。では、なぜここまで緩やかに審査するかというと、大型スーパーが郊外に出店したら個人商店がどのくらい影響を受けるかなどという実態調査をする能力は、正直なところ裁判所にはなく、また、福祉の実現は国民生活に直接影響します。そうであれば、その是非は、国民の代表者である国会こそが判断すべきです。ですので、**裁判所はできる限り国会の判断を尊重すべく、ここまで緩い基準で判断する**のです。この基準を用いて判断したのが、次の判例です。

第3章 経済的自由

判例　最大判昭47.11.22：**小売市場距離制限事件**

事案

- 小売市場（一つの建物を10以上に区切って、野菜や生鮮魚介類等を販売する小売商が密集しているもの）の開設には、**既存の小売市場と700m以上離れていることが必要**であった。

解説

- 薬事法違憲判決と同じ**距離制限の合憲性**が問題となったが、こちらは合憲とされた。
- 薬事法違憲判決では、薬局の乱立による**不良医薬品の供給防止という弊害防止が目的**であったが、こちらは、**小売市場の乱立による共倒れ防止という業者の保護が目的**である。
- そのため、違憲審査基準が**明白性の原則**となり、結論も合憲となった。

判旨

- 本件許可制は、**中小企業保護政策**の一環として、**経済的基盤の弱い小売商の保護**が目的（**積極目的**）である。
- そして、市場間に一定の距離を置けば、**小売市場の乱立に伴う過当競争による共倒れを防止**できる。
- とすれば、**規制の手段・態様において著しく不合理であることが明白とはいえない。**
- したがって、本件距離制限規制は憲法22条1項に違反しない（合憲）。

判例　最判平元.1.20：**公衆浴場法事件**

事案

- 公衆浴場法では、公衆浴場を開設するためには、既存の公衆浴場から一定の距離をおかなければならないという距離制限がある。Aは距離制限にかかり許可が出なかったので、無許可で公衆浴場を経営し、起訴された。**許可条件である距離制限が憲法に違反する**として争った。

解説

- 公衆浴場は、設備投資費用は膨大であるが、自家風呂の普及で昔ほどの利用者数は期待できず、経営状態が悪化しがちである。
- ただ、自家風呂のない家庭もあり、廃転業されないように**国家が保護**しなければならないため、距離制限が設けられている（**積極目的規制**）。
- そのため、違憲審査基準が**明白性の原則**となり、結論も合憲となった。

判旨

- 適正配置規制（距離制限）は、**公衆浴場業者の廃転業を防止し、健全で安定した経営を行えるように**して国民の保健福祉を維持しようとするもの（**積極目的規制**）である。
- とすれば、**距離制限は著しく不合理であることが明白とはいえず**、憲法に違反しない（合憲）。

◆ 距離制限の比較

	距離制限の目的	違憲審査基準	結論
薬局	消極目的	厳格な合理性の基準	× 違憲
小売市場	積極目的	明白性の基準	○ 合憲
公衆浴場3)			

3）**消極目的と積極目的が混在するとしつつ、明白性の基準を用いて合憲とした判例もあります**（最判平元.3.7）。

次も、積極目的規制の判例です。

判例　最判平2.2.6：**西陣絹ネクタイ訴訟**

事案

- 輸入生糸を原材料としてネクタイ生地を生産している織物業者が、**生糸価格安定制度を内容とする法律**により、外国産の生糸を国際糸価で購入する道を閉ざされ、国内糸価（国際糸価の約２倍）で生糸を買わざるを得なくなって損害を被ったとして、国家賠償請求した。

解説

- 外国産の安い生糸に押されて経営が悪化していた国内の生糸の生産農家（養蚕業）を守るための生糸の輸入制限なので、**積極目的規制**に当たる。
- 輸入を制限すれば、生糸を原材料とする製造業者はやむなく国産の生糸を買わざるを得なくなり、国内の養蚕業は守られる。輸入制限が著しく不合理であることが明白とはいえない。

判旨

- 本件法律は、生糸の輸入を制限することによる国内の養蚕業を守るための**積極目的規制**である。
- とすれば、**明白性の基準**を用いて判断し、国内の養蚕業を守るための規制として、著しく不合理であることが明白とまではいえず、憲法22条１項に違反しない（合憲）。

このように**経済的自由権は、消極・積極二つの目的で規制**されます。これに対し、**精神的自由権は消極目的で規制されるだけ**です。なぜなら、精神的自由権を規制することが、経済的弱者の生活を守ることにはつながらないからです。そして、**条文上の根拠**として判例は、**13条の「公共の福祉に反しない限り」**とは別に**22条１項が改めて「公共の福祉に反しない限り」**としているからとしています。**13条の「公共の福祉」は消極目的規制の根拠**です。**13条はすべての人権に適用される人権の総則的規定**ですので、規制の意味が同じならば、個別の条文で繰り返す必要はないはずですが4)、**22条１項が「公共の福祉に反しない限り」**とあえて繰り返しているので、**違う意味（積極目的規制の根拠）と捉えるべき**だからです。したがって、**経済的自由権に対しては13条と22条１項が適用され、消極・積極両方の目的による規制が条文上可能**といえます。

4) 例えば、表現の自由を保障する21条１項には「公共の福祉に反しない限り」との文言はありませんが、名誉棄損的表現は処罰されるなど消極目的規制に服します。それは、**13条の「公共の福祉」**による規制が及ぶからです。

③ その他の規制

いままで目的二分論を用いて判断した判例を紹介してきましたが、目的二分論を用いずに判断している判例もあります。

判 例　最大判昭38.12.4：**白タク営業事件**

事案

- 白タク営業5) をして道路運送法違反で罰金刑に処せられた者が、**タクシー事業の免許制**の違憲性を主張した。

解説

- 目的二分論が確立される前の判例である。「**公共の福祉の範囲内の規制として合憲**」といういわば大雑把な判断がなされている。

判旨

- 免許制の目的は、**道路運送事業の適正な運営と公正な競争を確保し、道路運送に関する秩序を確立**することにより、**道路運送の総合的な発達を図り、もって公共の福祉を増進**する点にある。
- したがって、**公共の福祉の範囲内の規制**といえ、憲法22条1項に違反しない（合憲）。

5) 国の許可を受けずに自家用車（ナンバープレートが白い）でタクシー業を営むこと。

次は、**税法の合憲性の審査基準**です。

判 例　最判平4.12.15：**酒類販売業免許制事件**

事案

- Aは酒税法に基づく酒類販売業の免許を申請したが、税務署長は、法律上許可できない場合である「経営の基盤が薄弱」に該当するとして免許の拒否処分を行った。そこで、**酒類販売業には免許が必要とされている**ことの合憲性が問題となった。

解説

- 税法の制定には国家財政、社会経済、国民所得等の実態を基礎とするさまざまな事情を考慮する必要があり、その合憲性についての**裁判所の審査能力は決して高くはない**。
- また、**税は国民生活に直結するので、できる限り国民の代表である国会の判断を尊重すべき**である。

- そこで、税法の**違憲審査基準は非常に緩やか**である。

判旨

- **租税法の定立**には、国家財政、社会経済、国民所得等の実態を基礎とする**政策的技術的判断**が必要とされるので、裁判所は**立法府の判断を尊重**せざるを得ない。
- **国家の財政目的**での職業の免許制は、立法府の判断が著しく不合理なものでない限り憲法22条１項に違反しない。
- 無免許での酒類の販売を許すと、**免許制の目的である酒税の確実な徴収とその税負担の消費者への円滑な転換**が図れなくなるので、免許制は、**立法府の判断が著しく不合理なものとはいえず、憲法に違反しない**（合憲）。

判例 最判平12.2.8

事案

- 司法書士法は、**司法書士以外の者が登記手続の代理業務を行うことを禁止**し、違反すれば処罰すると規定している。これに違反した行政書士が、**同法は憲法22条に違反する**として争った。

解説

- 比較的最近の判例であるが、「公共の福祉に合致した合理的な規制」という白タク営業事件同様、大雑把な判断で、合憲としている。

判旨

- 本件法律は、登記制度が**国民の権利義務等社会生活上の利益に重大な影響を及ぼすもの**であることに鑑みて、司法書士以外の者が他人の嘱託を受けて登記に関する手続について代理する業務等を禁止し、これに違反した者を処罰するものである。
- したがって、公共の福祉に合致した合理的な規定であり、憲法22条１項に違反しない（合憲）。

確認してみよう

① 薬事法に基づく薬局開設の許可制及び許可条件としての適正配置規制は、主として国民の生命及び健康に関する危険の防止という消極的、警察的目的のための規制措置であるが、許可制に比べて職業の自由に対するより緩やかな制限である職業活動の内容及び様態に対する規制によっても、その目的を十分に達成することができると解されるから、許可制の採用自体が公共の利益のための必要かつ合理的措置であるとはいえず、憲法第22条第１項に違反する。国般2010

第3章 経済的自由

1 (2) ①最大判昭50.4.30：薬事法距離制限事件参照　✕

「許可制の採用自体が公共の利益のための必要かつ合理的措置であるとはいえず」の部分が誤りです。判例は、**薬局開設を許可制にかからせること自体は、必要かつ合理的措置**といえるとしています。

---

② 小売市場開設許可に関する距離制限を定める規制では、緩やかな合理性の基準を適用し、過当競争による小売商の共倒れから小売商を保護するという消極的、警察的目的の規制であると判断して、立法裁量を尊重し、距離制限を合憲とした。区Ⅰ2011

1 (2) ②最大判昭47.11.22：小売市場距離制限事件参照　✕

「消極的、警察的目的の規制であると判断して」の部分が誤りです。判例は、本件許可制は、**中小企業保護政策**の一環として、**経済的基盤の弱い小売商の保護**を目的としており、これは**積極目的規制**です。

---

③ 酒税法による酒類販売業の許可制は、致酔性を有する酒類の販売を規制することで、国民の生命及び健康に対する危険を防止することを目的とする規制であり、当該許可制は、立法目的との関連で必要かつ合理的な措置であるといえ、より緩やかな規制によっては当該目的を十分に達成することができないと認められることから、憲法第22条第１項に違反しないとするのが判例である。国般2017

1 (2) ③最判平4.12.15：酒類販売業免許制事件参照　✕

「致酔性を有する酒類の販売を規制することで、国民の生命及び健康に対する危険を防止することを目的とする規制であり」の部分が誤りです。判例は、酒類販売業の免許制の目的は、**酒税の確実な徴収とその税負担の消費者への円滑な転換（徴税目的）**としており、国民の生命および健康に対する危険の防止（消極目的）ではありません。

2 居住移転の自由

(1) 居住移転の自由の意義

「好きな町に住む」、「旅行に行く」というのは精神的自由のような気がしますが、歴史的には、職業選択の自由がないことが居住移転の自由がないことを意味しました。例えば、士農工商の時代、農家の人は農業を辞めることができず、一生涯その土地に縛られたわけです。そこで、未だに経済的自由に位置づけられています。

ですが、いまでは**経済的自由にとどまらず**、精神的な潤いを求めて旅行したり（**精神的自由**）、理由もなく当局に身柄を拘束されない（**人身の自由**）という側面もあり、**複合的な性格を持つ人権**とされています。

国内旅行の自由は、22条1項「移転の自由」として保障されます。では、**海外旅行の自由**は保障されるでしょうか。判例（最大判昭33.9.10）は、**22条2項の「外国移住の自由」として保障**されるとしています。なぜなら、外国移住の自由の中に、**一時的な移住**（滞在）**である海外旅行の自由が当然含まれる**からです。

では、**外国人**にも海外旅行の自由が保障されるでしょうか。**判例は、保障されないとしています**。なぜなら、海外旅行は再入国を前提としますが、**外国人には再入国の自由は保障されていない**からです（最判平4.11.16：**森川キャサリーン事件**）。

ところで、海外旅行にはパスポート（旅券）が必要です。次は、申請したのにパスポートが発行されないのは憲法に違反するとして国会議員が争った判例です。

判例　最大判昭33.9.10：**帆足計（ほあしけい）事件**

事案

- 共産党幹部（帆足計氏）が、**モスクワで開催される国際経済会議**へ出席するため、**旅券の発給**を外務大臣に申請したところ、旅券の発給を拒否できるとする旅券法13条の「著しく且つ直接に日本国の利益又は公安を害する行為を行う虞があると認めるに足りる相当の理由がある者」に当たるとして、**拒否処分**がなされた。

解説

- 外国人と異なり、日本人には海外旅行の自由が保障されているが、「公共の福祉」によって制約される。
- 事件当時、まだ**日本は戦後の占領治下**で、アメリカ軍を中心とする連合国総司令部が存在しており、また、冷戦という国際情勢でもあったため、**資本主義国である日本から社会主義国の中心であるソ連へ渡航するのは、明らかに日本の国益を害する**とされた。

判旨

- 旅券法13条の規定は、外国旅行の自由に対し、**公共の福祉のための合理的な制限**を定めたものである。
- **占領治下の我が国の当面する国際情勢**のもとでは、党幹部が**共産主義国の国際会議**に参加することは**著しくかつ直接に日本国の利益または公安を害するおそれがある**といえる。

- **とすれば、旅券法の規定、ならびに外務大臣の拒否処分は、憲法22条２項に反しない（合憲）。**

(2)　外国移住・国籍離脱の自由

国民には**国籍離脱の自由**が保障されています。嫌になったら日本人を辞めてもよいのです。では、**無国籍になる自由**は保障されるでしょうか。

保障されないとするのが通説です。なぜなら、無国籍になってしまうと、いずれの国からも保護されず、その人のためにならないからです。

確認してみよう

① 憲法第22条第２項は、国籍離脱の自由を認めており、その中には無国籍になる自由も含まれていると一般に解されている。財務2016

2 (2) 参照　×

「無国籍になる自由も含まれている」の部分が誤りです。

過去問にチャレンジ

問題1 ★　**日本国憲法に規定する職業選択の自由に関する記述として、判例、通説に照らして、妥当なのはどれか。**

区Ⅰ2002

❶　職業選択の自由は、各人が自己の選択した職業に就くことを国家により妨げられないことを意味し、各人が自己の選択した職業の遂行を国家により妨げられないことを意味するものではない。

❷　職業選択の自由に対する規制は、国民の生命、健康に対する危険を防止するために課される積極目的規制と、福祉国家理念に基づいて社会・経済的弱者を保護するために課される消極目的規制とに区別される。

❸　小売市場の許可制は、中小企業保護政策としての措置であるが、その目的において合理性が認められず、手段、態様において著しく不合理であることが、明白であるとした。

❹　薬局開設の適正配置規制は、国民の生命、健康に対する危険を防止するための規制であるが、その目的はより緩やかな規制手段によっても十分に達成できるので、必要かつ合理的な規制とはいえないとした。

❺　酒類販売の免許制は、租税の適正かつ確実な賦課徴収を図るという国家の財政目的による規制であるが、その必要性と合理性についての立法府の判断が裁量の範囲を逸脱し著しく不合理であるとした。

【解答・解説】

正解 ❹

すべて基本的な判例の知識で解答できるので、非常に易しい問題です。

❶ ×　「各人が自己の選択した職業の遂行を国家により妨げられないことを意味するものではない」の部分が誤りです。判例は、憲法22条１項の職業選択の自由の一環として、選択した職業を遂行する自由も保障されているとしています（最大判昭50.4.30：**薬事法距離制限事件**）。

❷ ×　「国民の生命、健康に対する危険を防止するために課される積極目的規制と、福祉国家理念に基づいて社会・経済的弱者を保護するために課される消極目的規制」の部分が誤りです。判例は、前者を消極目的規制、後者を積極目的規制としています（最大判昭50.4.30：**薬事法距離制限事件**、最大判昭47.11.22：**小売市場距離制限事件**）。

❸ ×　「目的において合理性が認められず、手段、態様において著しく不合理であることが明白」の部分が誤りです。判例は、小売市場の許可制は、**目的に一応の合理性**が認められ、**規制の手段・態様において著しく不合理であることが明白とはいえない**としています（最大判昭47.11.22：**小売市場距離制限事件**）。

❹ ○　判例は、薬局開設の適正配置規制は、**行政上の制裁と行政的監督を強化するというより緩やかな規制手段によっても、不良医薬品供給の危険の防止という警察上の目的を十分に達成することができるので、必要かつ合理的な規制とはいえない**としました（最大判昭50.4.30：**薬事法距離制限事件**）。

❺ ×　「必要性と合理性についての立法府の判断が裁量の範囲を逸脱し著しく不合理であるとした」の部分が誤りです。判例は、酒類販売の免許制は、**立法府の判断が著しく不合理なものとはいえず、憲法に違反しない**としました（最判平4.12.15：**酒類販売業免許制事件**）。

問題2 ★

憲法に定める職業選択の自由についての最高裁判所の判例に関する記述として、妥当なのはどれか。

都Ⅰ2002

❶ 小売市場事件では、小売市場開設の許可規制が消極的・警察的目的の規制であると認定したが、規制の目的に対して規制手段は必要以上に制限的でないとして、許可規制の合理性を認めた。

❷ 薬局距離制限事件では、薬局開設の距離制限が薬局等の経営保護という社会経済政策の一環としての規制であり、目的に合理性が認められ、規制の手段・態様も著しく不合理であるとはいえないとして、距離制限の合理性を認めた。

❸ 酒類販売免許制事件では、租税の適正・確実な賦課徴収のための許可制は、その必要性と合理性について、立法府の政策的・技術的な裁量を逸脱し著しく不合理なものでない限り違憲ではないとの立場から、免許制度の合理性を認めた。

❹ 1989年の公衆浴場距離制限事件では、公衆浴場の設立を業者の自由に委ねると偏在のおそれや乱立による過当競争のおそれがあるとし、制限を消極的・警察的目的の規制であるとしたうえで、距離制限規定は違憲であるとした。

❺ 西陣ネクタイ事件では、生糸の輸入制限措置は、国内の生糸生産業者の保護という積極目的規制であるとしたが、絹織物製造業者の営業の自由を侵害しており、規制手段が合理的とはいえず、違憲であるとした。

【解答・解説】

正解 ❸

すべて基本的な判例の知識で解答できるため、比較的易しい問題です。引っ掛け問題なので、記述一つひとつを丁寧に読み、規制の目的（消極目的、積極目的、徴税目的）や結論（合憲、違憲）で引っ掛からないようにしましょう。

❶ ×　「消極的・警察的目的の規制であると認定した」の部分が誤りです。判例は、**小売市場開設の許可制**は、**中小企業保護政策**の一環として、**経済的基盤の弱い小売商の保護**を目的とする**積極目的の規制**であるとしました（最大判昭47.11.22：**小売市場距離制限事件**）。

❷ ×　「薬局等の経営保護という社会経済政策の一環としての規制であり」の部分が誤りです。判例は、本件規制の目的は、**不良医薬品の販売による国民の生命・健康に対する危険の防止**という**消極的・警察的**なものであり、薬局等の経営保護という社会経済政策の一環（**積極目的規制**）とはしていません（最大判昭50.4.30：**薬事法距離制限事件**）。

❸ ○　判例は、**租税法の定立**には、国家財政、社会経済、国民所得等の実態を基礎とする**政策的技術的判断**が必要とされるので、**立法府の判断が著しく不合理なものでない限り憲法22条1項に違反しない**としています（最判平4.12.15：**酒類販売業免許制事件**）。

❹ ×　「距離制限規定は違憲であるとした」の部分が誤りです。公衆浴場の距離制限は、積極目的規制と判断した判例（最判平元.1.20：**公衆浴場法事件**）と、積極・消極目的が混在するとした判例（最判平元.3.7）がありますが、**いずれも距離制限規定を合憲**としています。

❺ ×　「規制手段が合理的とはいえず、違憲であるとした」の部分が誤りです。判例は、国内の養蚕業を守るための規制として、**著しく不合理であることが明白とまではいえず、憲法22条1項に違反しない**としています（最判平2.2.6：**西陣絹ネクタイ訴訟**）。

問題3 ★★ 日本国憲法に規定する職業選択の自由に関する記述として、最高裁判所の判例に照らして、妥当なのはどれか。

区Ⅰ2016

❶ 自家用自動車を有償運送の用に供することを禁止している道路運送法の規定は、自家用自動車の有償運送行為が無免許営業に発展する危険性の多いものとは認められず、公共の福祉の確保のために必要な制限と解することができないため、憲法に違反するとした。

❷ 小売商業調整特別措置法の小売市場の開設許可規制は、小売商の共倒れから小売商を保護するためにとられた措置であると認められるが、その目的、規制の手段及び態様において著しく不合理であることが明白であり、憲法に違反するとした。

❸ 薬事法の薬局の適正配置規制は、国民の生命及び健康に対する危険の防止という消極的、警察的目的のための措置ではなく、薬局の経営の保護という社会政策的目的のものであるが、薬局の偏在に伴う過当競争による不良医薬品の供給の危険は、観念上の想定にすぎず、公共の利益のために必要かつ合理的な規制を定めたものということができないから、憲法に違反し、無効であるとした。

❹ 平成元年の公衆浴場法による公衆浴場の適正配置規制に関する判決では、当該規制は公衆浴場業者が経営の困難から廃業や転業をすることを防止し、国民の保健福祉を維持するという積極的、社会経済政策的な規制目的を有するが、その手段としての必要性と合理性を有していると認められず、憲法に違反し、無効であるとした。

❺ 法律に別段の定めがある場合を除き、司法書士及び公共嘱託登記司法書士協会以外の者が、他人の嘱託を受けて、登記に関する手続について代理する業務及び登記申請書類を作成する業務を行うことを禁止し、これに違反した者を処罰する司法書士法の規定は、公共の福祉に合致した合理的なもので憲法に違反するものでないとした。

【解答・解説】

正解 ❺

記述一つひとつはボリュームがありますが、すべて基本的な判例の知識で解答できるので、標準的な問題といえます。❶・❷・❹は結論だけで消去できます。❸については、理由をしっかり読んで、小売市場事件等と混同しないようにしましょう。

❶ ×　「自家用自動車の有償運送行為が無免許営業に発展する危険性の多いものとは認められず、公共の福祉の確保のために必要な制限と解することができないため、憲法に違反するとした」の部分が誤りです。判例は、タクシー業の免許制は**公共の福祉の範囲内の規制といえ、憲法22条1項に違反しない**としています（最大判昭38.12.4：**白タク営業事件**）。

❷ ×　「その目的、規制の手段及び態様において著しく不合理であることが明白であり、憲法に違反する」の部分が誤りです。判例は、小売市場の開設許可規制は、**目的に一応の合理性**が認められ、**規制の手段・態様において著しく不合理であることが明白とはいえない**としています（最大判昭47.11.22：**小売市場距離制限事件**）。

❸ ×　「国民の生命及び健康に対する危険の防止という消極的、警察的目的のための措置ではなく、薬局の経営の保護という社会政策的目的のものであるが」の部分が誤りです。判例は、薬局の距離制限の目的を、**不良医薬品の販売による国民の生命・健康に対する危険の防止**という消極的・警察的なものとしています（最大判昭50.4.30：**薬事法距離制限事件**）。

❹ ×　「手段としての必要性と合理性を有していると認められず、憲法に違反し、無効である」の部分が誤りです。判例は、公衆浴場の適正配置規制の合憲性につき、距離制限は**著しく不合理であることが明白とはいえず、憲法に違反しない**としました（最判平元.1.20：**公衆浴場法事件**）。

❺ ○　判例は、司法書士以外の者が登記手続の代理業務を行うことを禁止している司法書士法の合憲性につき、**公共の福祉に合致した合理的な規定であり、憲法22条1項に違反しない**としました（最判平12.2.8）。

問題4 ★★★ 職業選択の自由に関する記述として最も妥当なものはどれか（争いのあるときは、判例の見解による。）。

裁判所2019

❶ 営業の自由は財産権の行使として憲法第29条により保障されるから、憲法第22条が保障する「職業選択の自由」には、営業の自由は含まれない。

❷ 職業選択の自由を規制する手段としては、届出制、許可制、資格制、特許制などがあるが、国家独占は職業選択の自由を害するものとして認められることはない。

❸ 職業の許可制は、職業選択の自由に対する強力な制限であるから、その合憲性を肯定し得るためには、原則として、重要な公共の利益のために必要かつ合理的な措置であることを要するが、この要請は、個々の許可条件の合憲性判断においてまで求められるものではない。

❹ 憲法第22条第1項が「公共の福祉に反しない限り」という留保を伴っているのは、職業活動は社会的相互関連性が大きく、精神的自由と比較して、公権力による規制の要請が強いことを強調する趣旨によるものである。

❺ 職業選択の自由に対する規制の目的には、主として国民の生命及び健康に対する危険を防止又は除去ないし緩和するために課せられる積極目的規制と、福祉国家の理念に基づいて、経済の調和のとれた発展を確保し、特に社会的、経済的弱者を保護するために、社会経済政策の一環として実施される消極目的規制がある。

【解答・解説】

正解 ❹

❶と❺は簡単に消去できますが、❷・❸が難しいので、**難問**です。❷はとりあえず保留しましょう。❸は、「職業の許可制」の許可条件とあることから薬局開設許可の基準の距離制限の合憲性を問われていることに気づけるとよいでしょう。

❶ ×　「「職業選択の自由」には、営業の自由は含まれない」の部分が誤りです。

❷ ×　「国家独占は職業選択の自由を害するものとして認められることはない」の部分が誤りです。資本主義経済では国家独占は基本的には認められませんが、**全く認められないわけではありません**。例えば、かつてのタバコの専売や郵便事業が該当します（いまは民営化されています）。公営ギャンブル（競馬、競輪、競艇等）は、未だに国家独占です。

❸ ×　「この要請は、個々の許可条件の合憲性判断においてまで求められるものではない」の部分が誤りです。判例（最大判昭50.4.30：**薬事法距離制限事件**）は、薬局開設の**許可制自体は必要かつ合理的な措置**としつつも、**許可条件としての距離制限は規制の必要性と合理性が認められない**と判断しており、必要かつ合理的な措置であることを**個々の許可条件の合憲性判断においてまで求めています**。

❹ ○　経済活動は周囲との軋轢を生みやすく（例大型スーパーが個人商店の経営を圧迫する）、公権力による規制の要請が強いので、**精神的自由と比較して、公権力による規制の要請が強い（消極＋積極目的規制が必要）**のです。条文上も、22条１項は13条とは別に改めて「公共の福祉に反しない限り」という文言を繰り返しているのはその趣旨です。

❺ ×　**消極目的規制と積極目的規制が逆**です。

問題5 ★★

憲法第22条に関するア～オの記述のうち、判例に照らし、妥当なもののみを全て挙げているのはどれか。ただし、ア～オの記述に掲げられた法律の規定には、現行において廃止・改正されているものも含まれている。

国般2014

ア 憲法第22条の保障する居住・移転の自由は、自己の住所又は居所を自由に決定し移動することを内容とするものであり、旅行のような人間の移動の自由は含まれないため、旅行の自由は、国の内外を問わず、同条によってではなく、一般的な自由又は幸福追求権の一部として憲法第13条により保障される。

イ 憲法第22条第１項は日本国内における居住・移転の自由を保障するにとどまり、外国人に入国の自由は保障されないが、同条第２項にいう外国移住の自由はその権利の性質上外国人に限って保障しないという理由はなく、出国の自由は外国人にも保障される。

ウ 職業の許可制は、職業選択の自由そのものに制約を課すもので、職業の自由に対する強力な制限であるから、その合憲性を肯定するためには、原則として、重要な公共の利益のために必要かつ合理的な措置であることを要し、また、それが、自由な職業活動が社会公共に対してもたらす弊害を防止するための消極的、警察的措置ではなく、社会政策ないしは経済政策上の積極的な目的のための措置である場合には、許可制に比べて職業の自由に対するより緩やかな制限である職業活動の内容及び態様に対する規制によっては目的を十分に達成することができないと認められることを要する。

エ 法律に別段の定めがある場合を除き、司法書士及び公共嘱託登記司法書士協会以外の者が、他人の嘱託を受けて、登記に関する手続について代理する業務及び登記申請書類を作成する業務を行うことを禁止し、これに違反した者を処罰する司法書士法の規定は、登記制度が国民の権利義務等社会生活上の利益に重大な影響を及ぼすものであることなどに鑑みたものであり、公共の福祉に合致した合理的な規制を定めたものであって、憲法第22条第１項に違反しない。

オ 薬局及び医薬品の一般販売業（以下「薬局等」という。）の開設に適正配置を要求する薬事法の規定は、不良医薬品の供給による国民の保険に対する危険を完全に防止するためには、薬局等の乱設による過当競争が生じるのを防ぎ、小企業の多い薬局等の経営の保護を図ることが必要であることなどに鑑みたものであり、公共の福祉に合致した合理的な規制を定めたものであって、憲法第22条第１項に違反しない。

❶ ア、ウ
❷ ア、オ
❸ イ、ウ
❹ イ、エ
❺ エ、オ

【解答・解説】

正解 ❹

記述一つひとつにボリュームがありますが、基本的な判例の知識で解答できるため、標準的な問題です。肢は組合せなので、わかりやすいものから消去法を使って肢を絞り込んでいきましょう。

ア ×　「旅行の自由は、国の内外を問わず、同条によってではなく…憲法第13条により保障される」の部分が誤りです。判例は、国内旅行の自由は22条1項、海外旅行の自由は22条2項により保障されるとしています（最大判昭33.9.10：**帆足計事件**）。

イ ○　国際慣習法上、**自国の安全を保つため誰を入国させるかは各国の裁量**に委ねられているので、外国人に**入国の自由は、保障されません**。逆に、22条2項の**外国移住の自由や出国の自由**は、国内の安全確保とは無関係なので**権利の性質上外国人にも保障されます**。

ウ ×　「積極的な目的のための措置である場合には、許可制に比べて職業の自由に対するより緩やかな制限である職業活動の内容及び態様に対する規制によっては目的を十分に達成することができないと認められることを要する」の部分が誤りです。判例は、**積極目的規制**の場合には、**明白性の基準**を用いて審査しています（最大判昭47.11.22：**小売市場距離制限事件**）。

エ ○　判例は、司法書士以外の者が登記手続の代理業務を行うことを禁止する**司法書士法を合憲**としました（最判平12.2.8）。

オ ×　「公共の福祉に合致した合理的な規制を定めたものであって、憲法第22条第1項に違反しない」の部分が誤りです。判例は、薬事法の距離制限規定は、**憲法22条1項に違反し無効**であるとしています（最大判昭50.4.30：**薬事法距離制限事件**）。

MEMO

問題6 ★★ **憲法22条に関する次のア～オの記述のうち、適当なもののみを全て挙げているものはどれか。**

裁判所2015

ア 居住・移転の自由は、職業選択の自由及び財産権の保障と並んで、資本主義経済の基礎を支えるものとして、経済的自由の性質を有する。

イ 居住・移転の自由は、広く人の移動の自由を保障するという意味において、人身の自由と密接に関連するが、精神的自由とは関連性を有しない。

ウ 海外渡航の自由は、居住・移転の自由に含まれるとして憲法22条1項によって保障されていると解する説（A説）、外国への移住に類似するものとして憲法22条2項によって保障されていると解する説（B説）、憲法13条の幸福追求権の一つとして保障されていると解する説（C説）があるが、最高裁判所の判例は、C説の立場である。

エ 最高裁判所の判例は、著しくかつ直接に日本国の利益又は公安を害する行為を行うおそれがあると認めるに足りる相当の理由がある者に対して、外務大臣が旅券の発給を拒否できると定める旅券法上の規定につき、公共の福祉のために合理的な制限を定めたものであり、違憲ではないとした。

オ 憲法22条2項は国籍離脱の自由を認めているが、ここには、無国籍になる自由も含まれる。

❶ ア、ウ
❷ ア、エ
❸ イ、ウ
❹ イ、オ
❺ エ、オ

【解答・解説】　　正解 ❷

マイナーなテーマである居住移転の自由のみを問う問題ですが、基礎的な知識と基本的な判例がわかっていれば解けるので、**標準的な問題**です。**ウ**は学説に関するものですが、判例の立場を知っていれば容易に消去できます。肢は組合せです。消去法をうまく使い解答しましょう。

ア ○　居住移転の自由は、歴史的には経済的自由の性質を持っています。

イ ×　現在では、精神的自由の性質も持っている**複合的な人権**です。

ウ ×　「最高裁判所の判例は、C説の立場である」の部分が誤りです。判例は、B説の立場です（最大判昭33.9.10：**帆足計事件**）。

エ ○　妥当な記述です（最大判昭33.9.10：**帆足計事件**）。

オ ×　「無国籍になる自由も含まれる」の部分が誤りです。通説は、無国籍になる自由は保障されないとしています。

2 財産権

学習のポイント

- 資本主義を支えるのが財産権です。特に**私有財産制度は、資本主義の根拠**となります。
- 個人の財産権が社会のために犠牲になった場合、補償金が支払われます。ただ、常にというわけではありません。その**判断基準**を押さえましょう。
- 補償額については、**判例は事件によって基準を使い分けている**ことに注意しましょう。
- **重要判例が何度も繰り返し出題**されています。類似の判例と混同しないようにしましょう。

憲法29条
① 財産権は、これを侵してはならない。
② 財産権の内容は、公共の福祉に適合するやうに、法律でこれを定める。
③ 私有財産は、正当な補償の下に、これを公共のために用ひることができる。

1 財産権保障の意義（29条1項）

財産は人生を豊かにします。それを理由もなく国家に取り上げられたら嫌ですよね。そこで、憲法は財産権を国民の人権として保障しています。**財産権とは、財産的価値を持つすべての権利**ですが、具体的には、**物権**（所有権など**対象が物**）や**債権**（アルバイト代を店長に請求する権利など**対象が人**）、**無体財産権**（特許権や著作権など**対象が発明や創作等形がない**）などです。

通説は、29条1項は、**財産権の保障**に加え、**生産手段**（例会社、工場、農場）**の私有を認める私有財産制度をも保障**していると考えています（つまり、29条1項は**資本主義**[1]の根拠条文ということ）。なぜなら、私有財産制度を認めれば、**資本家による利益の独占を認める**ので、資本家個人の財産はますます増え、**より財産権の保障に資する**からです。つまり、私有財産制度は財産権の保障を促進するための**制度的保障**です。

1）資本家（資本金を出して企業を経営する個人や法人）が労働者を雇い、商品を製造したりサービスを提供したりすることで利益を得る経済の仕組み。ちなみに、**共産主義**とは、生産手段の私有を認めず（**国公有**）、**利益は労働者に平等に分配**される（利益の独占を認めない）というもの。

確認してみよう

①　財産権の保障とは、個々の国民が現に有している個別的、具体的な財産権の保障を意味するものではなく、個人が財産権を享有することができる法制度すなわち私有財産制を保障したものとされている。区Ⅰ2013

1 参照　×

「個別的、具体的な財産権の保障を意味するものではなく」の部分が誤りです。通説は、29条1項は、個別具体的な財産権と私有財産制度を保障していると解しています。

2 財産権の制限（29条2項）

(1) 制約の根拠

財産権は経済的自由権なので、職業選択の自由と同様に、**消極・積極両方の目的で規制**されます。

ただ、その制約の合憲性について、判例は、職業選択の自由で用いた**目的二分論以外の基準で審査**しているようです。

判例　最大判昭62.4.22：**森林法共有林分割制限事件**

事案

- 親から相続した森林を2分の1ずつ共有する甲乙（兄弟）のうち、甲が乙の反対を押し切って森林の一部を伐採したことから争いとなり、乙が甲に共有林の**分割**2）を請求したところ、**森林法の規定（民法256条を排除）により認められなかった。分割請求権も財産権**なので、それを制限する森林法の規定が憲法に違反するかどうかが問題となった。

第3章　経済的自由

解説

- 目的二分論を用いずに、**独自の基準**で違憲審査している。
- 分割すると森林が細分化され、その利用目的が制限されてしまい、森林経営が不安定になる。したがって、森林経営の安定を図るという**分割を制限する目的は公共の福祉に合致しないことが明らかとはいえない。**
- しかし、分割できないと、本件のように共有者間に争いが生じたときには、共有林の管理が満足にできなくなり、森林の荒廃にもつながりかねない。そこで、分割を認めないという手段は森林経営の安定を図るという**目的を達成する手段として必要性・合理性が欠けていることが明らか**なので、違憲とされた。

判旨

- 森林法の規定の合憲性は、①**規制目的が公共の福祉に合致しないことが明らかか、または、②規制手段が**目的を達成するための手段として、**必要性・合理性が欠けていることが明らかかどうか**により判断すべきである。
- この点、①**目的**は、森林の細分化を防止し**森林経営の安定を図り、国民経済の発展に資することにあり、**公共の福祉に合致しないことが明らかとはいえない。
- しかし、②分割請求権を認めないことはかえって**森林の荒廃を招き**、必要な限度を超えた厳格な禁止といえ、必要性と合理性が欠けていることが明らかである。
- したがって、**森林法の規定は、憲法29条2項に違反し無効である（違憲）。**

2）**共有状態を解消し、単独所有にする**こと。これにより、共有者に気兼ねなく自由に目的物が使えるようになります。

判例

最大判平14.2.13

事案

- A（X社の主要株主）はX社の株式を購入し、短期間に売却し利益を得た。そこで、X社は、本件売買は**インサイダー取引**[3]に当たるとして、旧**証券取引法164条に基づき利益の提供**を求めた。

解説

- こちらも目的二分論を用いておらず、**森林法事件と同じような基準で判断**している。
- インサイダー取引の**規制目的**は、**証券取引市場の公平性、公正性の確保**にあり、役員等は内部事情に詳しく、それを使って儲けられたら市場自体が信頼を失いかねないので、**公共の福祉に適合するのは明らか**である。

解説

- そして、規制手段も、会社がインサイダー取引をした役員等に取引から得た利益の請求を認め、**不正な手段で儲けた分だけ取り上げる**もので、それ以上の金銭を払わせるわけではない。したがって、**規制手段が必要性または合理性に欠けていることが明らかとはいえない。**

判旨

- 旧証券取引法164条は、上場会社は、その役員・主要株主が**自社株の短期売買で得た利益の提供を求めることができる**としている。
- これは、**証券取引市場の公平性、公正性を維持**するとともに、**一般投資家の信頼を確保するという経済政策に基づく**目的であり、正当性を有し、公共の福祉に適合するのは明らかである。
- また、会社の役員・主要株主に対し、取引から得た利益の請求を認めることによって当該利益の保持を制限するにすぎず、**それ以上の財産上の不利益を課すものではないので、**規制手段が必要性または合理性に欠けることが明らかであるとはいえない。
- したがって、**同規定は、**憲法29条に違反しない（合憲）。

3）会社の**内部情報に通じる立場にある会社役員等**が、その情報が公表される前に株を売買すること。金融市場の信頼を失うことから、**金融商品取引法**（旧証券取引法）**により規制**されています。

(2) 条例による制約

29条2項は「財産権の内容は、**公共の福祉**に適合するやうに、**法律**でこれを定める」としています。「財産権の内容」には**財産権の制限**も含まれます。では、**条例**で財産権を制限できるでしょうか。

判例　最大判昭38.6.26：**奈良県ため池条例事件**

事案

- ため池4)の**堤とう部分の耕作を禁止**する**条例**が制定され、代々耕作の対象となっていた堤とう部分の耕作が禁じられたにもかかわらず、Aは耕作を続けたため、条例違反で起訴された。Aが、**条例で堤とう部分の耕作を禁止するのは憲法に違反する**として争った。

第3章　経済的自由

解説

- ため池の堤とう部分を耕作すると、その決壊により周囲に多大な迷惑が生じるため、そもそもそんな**危険な行為は、財産権として憲法でも民法でも保障されていない**ので、このような行為を**条例で制限しても構わない**。

判旨

- ため池の破損決壊の原因となる**堤とうの使用行為**は、憲法でも、民法でも適法な財産権の行使として保障されていないものであって、**憲法、民法の保障する財産権の行使の埒外**（らちがい）にある。
- とすれば、**これらの行為を条例で禁止、処罰しても憲法および法律に抵触または逸脱するとはいえない（合憲）**。

4）農業用水を確保するための人工の池。

確認してみよう

① 共有森林につき共有持分価格が２分の１以下の者による共有物分割請求を禁じた森林法の旧規定は、森林の細分化を防止することによって森林経営の安定を図ること等を目指すという立法目的自体は公共の福祉に合致するとしても、立法目的達成のための手段としては、合理性と必要性のいずれをも肯定することのできないことが明らかであって、憲法第29条第２項に違反し無効である。裁判所2010

2 (1) 最大判昭62.4.22：森林法共有林分割制限事件参照　○

目的が公共の福祉に合致するかどうかと目的達成**手段の合理性・必要性の有無**を分けて押さえておきましょう。判例は、目的は公共の福祉に合致するとしつつ、手段に合理性・必要性がないことが明らかとして違憲にしました。

② 最高裁判所の判例では、条例をもって、ため池の堤とうに竹木若しくは農作物を植え、又は建物その他の工作物を設置する行為を禁止することは、財産権を法律ではなく条例で制限することになるので、財産権の内容は法律で定めるとする憲法の規定に違反するとした。区Ⅰ2013

2 (2) 最大判昭38.6.26：奈良県ため池条例事件参照 ×

「財産権の内容は法律で定めるとする憲法の規定に違反する」の部分が誤りです。判例は、ため池の破損決壊の原因となる**堤とうの使用行為**は、憲法でも、民法でも適法な財産権の行使として保障されていないので、**条例で制限しても憲法に違反しない**としています。

3 財産権の制限と補償（29条3項）

(1) 補償を要する場合（特別な犠牲）

例えば、山間の村があるところにダムを建設する場合（公共事業）、村民は、住み慣れた土地から出て行かなければならず、**みんなのために**（ダムができると洪水や渇水が防止できる）犠牲になります。その際、村民には補償金が支払われます。そうしないと、村民の**財産権が侵害されたまま**ですし、何よりも**不平等だから**です。そこで、憲法は、「私有財産は、**正当な補償の下**に、これを**公共のために用ひる**ことができる」として、**補償を条件に個人の財産権を制限**することを認めています。

では、**どんな基準**で補償がなされるのでしょうか。判例は、**特別な犠牲を強いられた場合に限って補償が必要**としています。具体的には、補償しないと不平等だからという29条３項の趣旨から、**①特定人だけが犠牲を強いられた場合**（侵害行為の**対象**）**で、かつ、②財産権の本質的内容を侵すほど強度なもの**（これを**受忍限度を超える**といいます）**であった場合**（侵害行為の**程度**）です。なぜなら、広く一般人が犠牲になる場合（例自然災害や戦争で財産を失った）は、補償しなくても不平等とはいえないからです。

先述の、**奈良県ため池条例事件判決**は、ため池の堤とう部分の使用の禁止は、堤とうを所有する者が**当然受忍しなければならない責務**（**受忍限度内**）といえ、特別な犠牲に当たらず、**補償金を払う必要すらない**としています。

(2) 「正当な保障」（29条３項）の意味

では、補償が必要な場合、**その金額**はいくらになるのでしょうか。この点、考え方が二つあります。

一つ目は、**当該財産が有する客観的な市場価格の支払いが必要とする立場**です（**完全補償説**：例えば、1,000万円の価値のある土地を収用するのであれば1,000万円支払う）。後述の**土地収用法事件判決**では、この立場が採られています。

二つ目は、**当該財産について、合理的に算出された相当な額であれば、市場価格を下回ることがあっても許されるとする立場**です（**相当補償説**：例えば、1,000万円の価値の土地を収用しても1,000万円払う必要がない）。後述の**自作農創設特別措**

置法事件判決では、この立場が採られています。**判例は、事案によって基準を使い分けていますので、注意が必要**です。

判例　最判昭48.10.18：**土地収用法事件**

事案

- 旧土地収用法72条により土地を収用された者が、近傍類地の取引実例からして**補償額が低すぎる**として提訴した。

解説

- 財産権の保障を徹底すれば、**収用の前後で被収用者の資産価値を同じ**にすべきである。
- そこで、土地収用法は、完全補償を要求している。

判旨

- **土地収用法における損失の補償は**、特定の公益上必要な事業のために土地が収用される場合、その収用によって当該土地の所有者等が被る**特別な犠牲の回復を目的**としている。
- とすれば、収用の前後を通じて被収用者の財産価値を等しくならしめるような補償が必要（**完全補償説**）。
- そうすると、金銭をもって補償する場合には、被収用者が近傍において被収用地と同等の代替地等を取得することを得るに足りる金額の補償を要する。

判例　最大判昭28.12.23：**自作農創設特別措置法事件**

事案

- **農地改革**[5)]の根拠法である自作農創設特別措置法は、国が**市場価格より大幅に安く土地を買収**することを認めていた。そこで、農地を買収された地主が、補償額が少ないとして提訴した。

解説

- 農地改革は戦後まもなく行われ、国家財政的に、完全補償は厳しい状況であった。
- そこで、判例は、完全補償よりも少ない額（相当補償額）で足りるとした。

判旨

- **憲法29条3項の「正当な補償」とは**、収用当時の経済状態において成立することが考えられる価格に基づき、合理的に算出された相当な額で足り、必ずしも常に収用される土地の価格と完全に一致することを要するものではない（**相当補償説**）。
- したがって、**本件の買取対価は**、憲法29条3項の正当な補償に当たる（合憲）。

> 5）戦後まもなく行われた、地主の土地を国が強制的に買い上げ、小作人にタダ同然で譲渡し、小作人の自立を促した改革。

◆判例の比較

	「正当な補償」の意義
土地収用法事件	完全補償
自作農創設特別措置法事件	相当補償

判例の基本スタンスは**相当補償で足りる**としています(**これが最低ライン**です)。そして、**最低ラインを上回る補償**（**完全補償**）は、むしろ望ましいので、**そのような法律を制定することは構いません**。その具体化が土地収用法です。したがって、**両判例は矛盾していません**。

では、**どのタイミング**で補償金が支払われるのでしょうか。判例（最大判昭24.7.13）は、29条３項は補償のタイミングについては何ら触れていないので、**補償金の支払いは、財産の提供と同時に行わなければならないわけではない**としています。ですので、先ほどの例では、村民は、補償金の支払いがあるまで立ち退かないとはいえないということになります。

(3)　「公共のために用ひる」(29条３項) の意味

「**公共のため**」とは、例えば、ダム建設のため、建設予定地の土地所有者から土地を取り上げる場合です。ダムはまさにみんなのために作るわけですから、「公共のため」といえます。

では、農地改革のように、**特定の小作人だけが得をする**場合でも「公共のため」といえるのでしょうか。判例は、**収用全体の目的が広く社会公共の利益のためになる**（小作農を自作農化することで、日本全体の民主化につながる）のであれば、**特定個人が受益者であっても「公共のため」といえる**としています。

また、「**用ひる**」とは、典型的には、道路用地として**土地を収用する場合**（**公用収用**といいます）などを指します。では、自治体が、市の重要文化財としてかやぶき屋根の家を指定した場合はどうでしょうか。指定されると、所有者でも勝手に建替えできなくなります(現状変更の制限)。こういった**利用方法を制限する場合**（**公用制限**といいます）も「用ひる」に含まれます。なぜなら、収用に限らず制限する場合（昔の住民の生活を知る貴重な資料として現状維持義務を負わされる）も、「公共のために用ひる」といえ、救済すべきだからです。

(4) 憲法に基づく直接請求の可否

では、収用を認めた**法律に、補償に関する規定がない場合**、その法律は**違憲・無効**となるのでしょうか。憲法29条３項は、**補償を条件に個人の財産権を制限**することを認めています。したがって、補償に関する規定がない法律は、違憲となりそうです。ですが、**違憲とはならないというのが判例**です。なぜなら、憲法29条３項を直接の根拠にして補償請求する余地があるからです。

判例　最大判昭43.11.27：**河川附近地制限令違反事件**

事案

- 砂利採取業者が河川に接した土地を賃借し砂利採取業を行っていたところ、知事によりその土地は**「河川附近地」として指定**され、以後、**砂利採取には知事の許可が必要**となったため、事業継続が不可能となった。根拠法である河川附近地制限令には、**補償に関する規定がなかった。**

解説

- 財産権を制限する法令に補償に関する規定がなくても、財産権を制限された者は、その**損失を具体的に主張・立証して**（例えば土地であれば、**公示地価等**[6]を基準に損失額の計算が可能）、**憲法29条３項を直接の根拠にして、補償請求する余地がある。**
- とすれば、憲法に基づき補償請求できる以上、**補償に関する規定がない法律を違憲・無効にする必要がない。**
- よって、補償に関する規定がない法律も合憲である。

判旨

- 制限令に損失補償に関する規定がないからといって、一切の損失補償を全く否定する趣旨とまでは解されない。
- そして、財産権を制限された者は、その損失を具体的に主張立証して、直接憲法29条３項を根拠にして、補償請求をする余地が全くないわけではない。
- したがって、補償規定を欠く法令を違憲・無効と解すべきではない（合憲）。

6）公示地価とは、適正な地価の形成のために**国が毎年公表しているもの**で、**土地売買の際や公共事業の取得価格（補償額）の基準**となるもの。

確認してみよう

① 土地収用法に基づいて土地を収用する場合、その補償は、当該土地について合理的に算出された相当な額であれば、市場価格を下回るものであっても、適正な補償であるといえる。裁判所2014

3 (2) 最判昭48.10.18：**土地収用法事件参照** ×

「土地収用法に基づいて土地を収用する場合…市場価格を下回るものであっても、適正な補償であるといえる」の部分が誤りです。判例は、**土地収用法事件**では、**収用の前後を通じて被収用者の財産価値を等しくならしめるような補償（完全補償）**を要求しています。

過去問にチャレンジ

問題1 ★ **憲法第29条に関する次のア〜ウの記述の正誤の組合せとして最も妥当なものはどれか（争いのあるときは、判例の見解による。）。**

裁判所2018

ア　憲法第29条は、個人の現に有する具体的な財産上の権利のみならず、個人が財産権を享有し得る法制度を保障している。

イ　憲法第29条第３項にいう「公共のために用ひる」とは、病院や道路の建設といった公共事業のための収用を指し、特定個人が受益者となる場合は含まれない。

ウ　判例は、憲法第29条第３項を直接の根拠として補償請求をする余地を否定していない。

	ア	イ	ウ
❶	正	正	誤
❷	正	誤	正
❸	誤	正	正
❹	誤	正	誤
❺	誤	誤	正

【解答・解説】

正解 ❷

基本的な判例からの出題で、かつ肢は組合せなので、非常に易しい問題です。**ア**が正しいとわかると、その時点で❶か❷に絞られます。そして**イ**が誤りとわかれば答えが出ます。

ア ○　通説は、29条は、**個別具体的な財産権**のみならず「個人が財産権を享有し得る法制度」＝**私有財産制度をも保障**しているとしています。

イ ×　憲法29条３項の保障の対象となる「公共のために用ひる」とは、公共事業のような、**公益を図る場合**だけではなく、農地改革のような**特定個人が受益者となる場合**も含まれます。

ウ ○　判例は、**29条３項を直接の根拠**として、補償請求をする余地を認めています（最大判昭43.11.27：**河川附近地制限令違反事件**）。

問題2 ★ 憲法に定める財産権に関する記述として、妥当なのはどれか。

都Ⅰ2007

❶ 財産権保障の意味は、個人の現に有する具体的な財産上の権利を保障することにとどまり、私有財産制を保障することではない。

❷ 財産権は、公共の福祉による制約を受け、財産権は、内在的制約ばかりではなく、積極目的による規制である政策的制約にも服する。

❸ 財産権の内容は、法律により定めなければならず、財産権を制限する場合にも法律によることが必要であり、法律の範囲内であっても条例による財産権の制限は認められていない。

❹ 公共のために私有財産の制限を受けた者が補償を請求するには、法律の具体的な補償規定に基づくことが必要であり、当該法律に補償の規定を欠く場合、憲法を直接根拠に補償請求を行うことはできない。

❺ 財産権の規制に対する正当な補償には、客観的な市場価格を全額補償する完全補償説と合理的に算出された相当な額であれば市場価格を下回っても是認する相当補償説とがあり、最高裁判所は、一貫して相当補償説を採用している。

【解答・解説】

正解 ❷

基本的な判例からの出題で、比較的易しい問題です。記述一つひとつを丁寧に読み、引っ掛からないようにしましょう。

❶ ×　「私有財産制を保障することではない」の部分が誤りです。通説は、29条は、**個別具体的な財産権**のみならず、**私有財産制度をも保障**しているとしています。

❷ ○　財産権は経済的自由権なので、**内在的制約**（**消極目的規制**）に加え、**政策的制約**（**積極目的規制**）にも服します。

❸ ×　「条例による財産権の制限は認められていない」の部分が誤りです。判例は、**条例による財産権の制限を認めています**（最大判昭38.6.26：**奈良県ため池条例事件**）。

❹ ×　「憲法を直接根拠に補償請求を行うことはできない」の部分が誤りです。判例は、**憲法29条3項を直接の根拠とする補償金請求の余地を認めています**（最大判昭43.11.27：**河川附近地制限令違反事件**）。

❺ ×　「最高裁判所は、一貫して相当補償説を採用している」の部分が誤りです。判例は、**土地収用法事件**では、**完全補償説**を採用しています（最判昭48.10.18）。

問題3 ★★

日本国憲法に規定する財産権に関するＡ～Ｄの記述のうち、最高裁判所の判例に照らして、妥当なものを選んだ組合せはどれか。

区Ⅰ2018

A ため池の破損、決かいの原因となるため池の堤とうの使用行為は、憲法、民法の保障する財産権の行使のらち外にあり、これらの行為を条例によって禁止、処罰しても憲法に抵触せず、条例で定めても違憲ではないが、ため池の堤とうを使用する財産上の権利を有する者は、その財産権の行使をほとんど全面的に禁止されることになるから、これによって生じた損失は、憲法によって正当な補償をしなければならないとした。

B インサイダー取引の規制を定めた証券取引法は、証券取引市場の公平性、公正性を維持するとともにこれに対する一般投資家の信頼を確保するという目的による規制を定めるものであるところ、その規制目的は正当であり、上場会社等の役員又は主要株主に対し、一定期間内に行われた取引から得た利益の提供請求を認めることは、立法目的達成のための手段として、必要性又は合理性に欠けることが明らかであるとはいえないのであるから、憲法に違反するものではないとした。

C 森林法が共有森林につき持分価額２分の１以下の共有者に民法所定の分割請求権を否定しているのは、森林の細分化を防止することによって森林経営の安定を図るとする森林法の立法目的との関係において、合理性と必要性のいずれをも肯定することができ、この点に関する立法府の判断は、その合理的裁量の範囲内であるというべきであるから、憲法に違反するものではないとした。

D 財産上の犠牲が、公共のために必要な制限によるものとはいえ、単に一般的に当然に受認すべきものとされる制限の範囲をこえ、特別の犠牲を課したものである場合に、法令に損失補償に関する規定がないからといって、あらゆる場合について一切の損失補償を全く否定する趣旨とまでは解されず、直接憲法を根拠にして、補償請求をする余地が全くないわけではないとした。

❶ A、B
❷ A、C
❸ A、D
❹ B、C
❺ B、D

【解答・解説】

正解 ⑤

基本的な判例からの出題ですが、記述にかなりのボリュームがあり、**標準的な問題**といえます。肢は組合せなので、わかりやすいものから解き、選択肢を絞っていきましょう。特にBとCは**類似の基準を用いた判例**なので、混同しないようにしましょう。

A ×　「これによって生じた損失は、憲法によって正当な補償をしなければならないとした」の部分が誤りです。判例は、ため池の堤とう部分の使用の禁止は、堤とうを所有する者が**当然受忍しなければならない責務**といえ、**補償金を払う必要すらない**としています（最大判昭38.6.26：**奈良県ため池条例事件**）。

B ○　判例は、インサイダー取引の規制は、**目的が正当**で、かつ、目的達成手**段が、必要性または合理性に欠けることが明らかであるとはいえない**として**合憲**としています（最大判平14.2.13）。

C ×　「合理性と必要性のいずれをも肯定することができ…憲法に違反するものではないとした」の部分が誤りです。判例は、森林の分割制限の**目的は公共の福祉に合致しないことが明らかとはいえない**としたものの、規制手**段は必要性と合理性が欠けていることが明らか**として、**違憲**としています（最大判昭62.4.22：森林法共有林分割制限事件）。

D ○　判例は、**29条3項を直接の根拠**として、補償請求をする余地を認めています（最大判昭43.11.27：**河川附近地制限令違反事件**）。

問題4 ★

財産権の保障に関するア～オの記述のうち、判例に照らし、妥当なもののみをすべて挙げているのはどれか。

国般2008

ア　憲法第29条第１項は、「財産権は、これを侵してはならない。」と規定し、私有財産制度を保障しているのみではなく、社会的経済的活動の基礎をなす国民の個々の財産権につき、これを基本的人権として保障している。

イ　憲法第29条第２項は、「財産権の内容は、公共の福祉に適合するやうに、法律でこれを定める。」と規定しており、私有地に対する個人の権利の内容を法律によらずに条例で規制することは同項に違反する。

ウ　土地収用法上の収用における損失の補償については、収用の前後を通じて被収用者の財産価値を等しくならしめるような補償をなすべきであり、金銭をもって補償する場合には、被収用者が近傍において被収用地と同等の代替地等を取得することを得るに足りる金額の補償を要する。

エ　財産権について、憲法は正当な補償に関して規定するのみで、補償の時期については規定していないが、補償が財産の供与と交換的に同時に履行されるべきことは、憲法の保障するところであるといえる。

オ　ある法令が財産権の制限を認める場合に、その法令に損失補償に関する規定がないからといって、その制限によって損失を被った者が、当該損失を具体的に主張立証して、直接、憲法第29条第３項を根拠にして補償を請求する余地が全くないとはいえない。

❶ ア、イ
❷ ア、ウ、オ
❸ ア、オ
❹ イ、ウ、エ
❺ ウ、エ

【解答・解説】

正解 ❷

すべて基礎知識と基本的な判例からの出題で、かつ肢は組合せであり、比較的易しい問題です。類似した選択肢が多いですが、消去法を使って絞っていきましょう。

ア ○　通説は、29条１項は、資本主義の根拠である**私有財産制度を保障**しているだけでなく、個々人の**個別具体的な財産権**も保障しているとしています。

イ ×　「私有地に対する個人の権利の内容を法律によらずに条例で規制することは同項に違反する」の部分が誤りです。判例は、条例による財産権の制限を認めています（最大判昭38.6.26：**奈良県ため池条例事件**）。

ウ ○　妥当な記述です（最判昭48.10.18：**土地収用法事件**）。

エ ×　「補償が財産の供与と交換的に同時に履行されるべきことは、憲法の保障するところであるといえる」の部分が誤りです。判例は、補償が財産の提供と交換的に同時に履行されることが憲法によって保障されているものではないとしています（最大判昭24.7.13）。

オ ○　妥当な記述です（最大判昭43.11.27：**河川附近地制限令違反事件**）。

問題5 ★★★

経済的自由権に関するア〜オの記述のうち、判例に照らし、妥当なもののみを全て挙げているのはどれか。

国般2020

ア 薬局の開設に適正配置を要求する規制は、国民の生命・健康に対する危険の防止という消極目的の規制であり、適正配置規制を行わなければ、薬局等の偏在や乱立により医薬品の調剤供給に好ましからざる影響を及ぼすため、その必要性と合理性は認められるが、その立法目的は、より緩やかな規制手段によっても十分に達成できることから、憲法第22条第１項に違反する。

イ 一般に許可制は、職業の自由に対する強力な制限であるから、その合憲性を肯定し得るためには、原則として、重要な公共の利益のために必要かつ合理的な措置であることを要するところ、租税の適正かつ確実な賦課徴収を図るという国家の財政目的のための職業の許可制による規制については、その必要性と合理性についての立法府の判断が、立法府の政策的、技術的な裁量の範囲を逸脱するもので、著しく不合理なものでない限り、憲法第22条第１項に違反しない。

ウ 憲法第29条が規定する財産権の保障とは、個人が現に有している具体的な財産上の権利の保障を意味するものであって、個人が財産権を享有し得る法制度としての私有財産制を保障するものではない。

エ 財産上の権利につき使用、収益、処分の方法に制約を加えることは、公共の福祉に適合する限り、当然になし得るが、私有財産権の内容に規制を加えるには、法律によらなければならないため、ため池の堤とうに農作物を植える行為等を条例によって禁止することは、憲法第29条第２項に違反する。

オ 憲法第29条第１項は、「財産権は、これを侵してはならない。」と規定しているが、同条第２項は、「財産権の内容は、公共の福祉に適合するやうに、法律でこれを定める。」と規定している。したがって、法律で一旦定められた財産権の内容を事後の法律で変更しても、それが公共の福祉に適合するようにされたものである限り、これをもって違憲の立法ということはできない。

❶ ア、イ
❷ ア、ウ
❸ イ、オ
❹ ウ、エ
❺ エ、オ

【解答・解説】

正解 ❸

経済的自由権全般に関する問題です。**オ**以外は基本的な判例ですが、**ア**は**許可制それ自体の合憲性**と混同しやすいので、**やや難問**です。選択肢は組合せですので、消去法を使えば、**オ**の判例を知らなくても正解に至ることができます。

ア ×　「適正配置規制を行わなければ、薬局等の偏在や乱立により医薬品の調剤供給に好ましからざる影響を及ぼすため、その必要性と合理性は認められるが」の部分が誤りです。判例は、**薬局開設を許可制にかからせること自体は、必要かつ合理的措置**といえるとしながらも、行政監督を強化するなどより緩やかな規制手段によっても不良医薬品供給防止という消極目的を達成することができることから、**適正配置規制は、必要かつ合理的措置とはいえず**、憲法22条１項に違反するとしています（最大判昭50.4.30：**薬事法距離制限事件**）。

イ ○　判例は、**租税法の定立**には、国家財政、社会経済、国民所得等の実態を基礎とする政策的技術的判断が必要とされますので、裁判所は立法府の判断を尊重せざるを得ないとして、**国家の財政目的**のための職業の許可制は、**立法府の判断が著しく不合理なものでない限り憲法22条１項に違反しない**としています（最判平4.12.15：**酒類販売業免許制事件**）。

ウ ×　「個人が財産権を享有し得る法制度としての私有財産制を保障するものではない」の部分が誤りです。通説は、29条１項は、**財産権の保障**に加え、財産権の保障を促進するために**生産手段の私有を認める私有財産制度をも制度的に保障**しているとしています。

エ ×　「憲法第29条第２項に違反する」の部分が誤りです。判例は、ため池の破損決壊の原因となる**堤とうの使用行為**は、憲法でも民法でも適法な財産権の行使として保障されていないものであって、**憲法、民法の保障する財産権の行使の埒外**にあるとしたうえで、そのような行為を**条例で禁止、処罰しても憲法および法律に抵触または逸脱するとはいえない**としています（最大判昭38.6.26：**奈良県ため池条例事件**）。

オ ◯　国が農地改革で買収後、買収目的が消滅した農地を旧地主に買い戻させるときの価格を、改正前の「買収の対価相当額」から、「時価の７割に相当する額」に変更した国有農地土地売払特措法の合憲性が問題となった事件で、判例は、**法律でいったん定められた財産権の内容を事後の法律で変更しても、それが公共の福祉に適合するようにされたものである限り、合憲**としています（最大判昭53.7.12）。

第4章

人身の自由

人身の自由

1 人身の自由

学習のポイント

・国民を罰するには、あらかじめ**裁判で無罪を主張するチャンス**を十分に与えなければなりません。**冤罪を防止するため**です。
・刑事手続の段階に応じて保障される人権が異なります。**段階ごと**に押さえましょう。

> 憲法31条
> 　何人も、法律の定める手続によらなければ、その生命若しくは自由を奪はれ、又はその他の刑罰を科せられない。
> 刑法199条
> 　人を殺した者は、死刑又は無期若しくは５年以上の懲役に処する。
> 刑事訴訟法317条
> 　事実の認定は、証拠による。

1 適正手続の保障（総論）

(1) 31条の意味

人身の自由とは、**身体活動の自由**のことです。身体活動の自由が保障されない限り、人は対外的な活動ができません。したがって、**人身の自由は、人間にとって最も根本的な自由**の一つです。

ところで、犯罪は社会の秩序を乱し、他人の利益（例命や財産）を奪うものですので、罰しないといけません。ですが、刑罰は人身の自由を奪います。国家がある人を犯人と決めつけて問答無用で処刑してしまったら…それは犯罪以上に怖いことです。**冤罪**（無実であるのに犯罪者として扱われてしまうこと）を阻止するためには、罰する前に無罪を主張するチャンスを十分に与えなければなりません。そこで、憲法は、**法律の定める手続を経て有罪判決が確定しなければ、刑罰を科してはいけない**としたのです（**手続の法定**）。

では、冤罪を回避するには、それだけで十分でしょうか。盟神探湯（くかたち）という古代日本の裁判では、沸騰した湯の中の小石を素手で拾わせ、火傷の有無で罪を判定していました。国会が仮に盟神探湯によって裁判するような法を作ってしまったら…かえって人権侵害ですよね。冤罪回避のためには、手続を法律で定めておくだけでは不十分で、**その内容もちゃんと真相究明できるもの**（例証拠によって犯罪事実を認定する（刑事訴訟法317条））でなければなりません（**手続法の内容の適正**）。

さらに、何をしたら処罰されるのかあらかじめ決まってなければ、国家が勝手気ままに（政府に批判的な者というだけで）国民を罰してしまいます。そこで、**そもそも何が犯罪なのか、あらかじめ法律で定めておかないといけません**（**刑事実体法**[1]**の制定**）。また、刑罰は犯したことに対する報いでもあるので（「目には目を、歯には歯を」）、**犯した罪とそれに対する刑罰のバランスが取れていないといけません**（**罪刑の均衡**：例殺人罪には死刑がありますが、窃盗罪に死刑はありません）。そこで、**刑事実体法の内容も適正**でなければなりません。

つまり、憲法31条は、**①手続の法定**（これは、憲法31条が明確に保障しています）＋**②その内容の適正**＋**③実体の法定**＋**④その内容の適正**（②～④は解釈で導かれます）**を保障している**ということになります。

1）**刑事実体法**とは、**刑罰権の根拠**について定めた法。例えば刑法199条は、殺人行為が犯罪で、刑罰として死刑または無期もしくは５年以上の懲役が科されることを定めています。

◆ 31条の意味

	法定	内容の適正
手続	○　明文あり	○（解釈で）
実体	○（解釈で）	○（解釈で）

では、解釈で導かれる②～④について、掘り下げていきましょう。

(2) 手続法の内容の適正

自分がなぜ捕まったのか教えてくれないと、弁解しようがありません。そこで、国民が、国家によって処罰されるときには、**事前に**いかなる罪を犯した疑いがかけられているのかの**説明を受け**、それに対し**弁解と防御をなす機会**が与えられなければなりません（**告知・聴聞を受ける権利**）。そのような機会が与えられなければ、処罰されません。

判例　最大判昭37.11.28：**第三者所有物没収事件**

事案

- 被告人Aは密輸を企て、税関の許可を受けずに貨物を船舶に積み込んだところ、出発前に密輸の容疑で逮捕され、**船舶と貨物が没収**された。その際、Aには当局から事情説明がなされたが、中には**第三者の所有物も含まれていて、第三者への告知・聴聞の機会はなかった。**

解説

- 第三者の所有物の没収は、**被告人に対する付加刑**2) として言い渡されているが、その刑事処分の**効果は第三者に及ぶ。**
- そうすると、所有物を没収される**第三者にも、告知、弁解、防御の機会を与える必要**がある。

判旨

- **所有物を没収される第三者についても、告知、弁解、防御の機会を与えることが必要であって、それなくして第三者の所有物を没収することは、適正な法律手続によらないで、財産権を侵害する制裁を科すことになる。**
- したがって、旧関税法83条1項によって第三者の所有物を没収することは、**憲法31条、29条**3) **に違反する（違憲）。**

2) 独立して科すことのできる**主刑**（死刑や懲役刑など）**に付加してのみ科す**ことができる刑罰。

3) 第三者の**所有物を没収**しているので、**財産権侵害**にもなります。

刑事裁判は、検察官が犯人と思しき人物を**裁判所に起訴**することで始まります。その際、罰してほしい事実について**起訴状**に記載しておかなければなりません。なぜなら、起訴状に記載があれば、裁判で争点となり、**被告人に対する告知・聴聞の機会が保障される**からです。

ところで、同じ人が犯したとされる**別の犯罪**で、**起訴状に記載されていないもの**を**余罪**といいます。余罪は、起訴状に記載がない以上、**被告人に告知・聴聞の機会が保障されておらず、罰してはいけません。**では、余罪を、**起訴された犯罪の量刑**4) の資料にするのはどうでしょうか。

4) 量刑とは、**刑の程度**（懲役5年など）**を決める**こと。例えば、窃盗罪は刑法上、「10年以下の懲役」とされていますが、その範囲内で**実際に何年の刑を科すか**に当たり、被告人の犯行動機や性格、常習性の有無等さまざまな事情を考慮して決めます。

判例　最大判昭42.7.5

事案

- 郵便局員Yは、郵便物29通を窃取したとして起訴された。判決では、裁判所は、**郵便物29通の窃取の事実を認定する**とともに、**本件以前にも130回ほど、約3000通の郵便物を窃取したとの検察官に対する自白を、量刑資料として考慮した。**

解説

- 検察官がA罪で被告人を起訴したのに、裁判所がA罪以外に余罪であるB事実を有罪とする前提に立ち、A罪の量刑資料として重く処罰することは許されない。
- しかし、B事実をA罪の量刑のための参考資料5)として考慮する程度ならば許される。
- なぜなら、刑罰とは**再犯を防止するため**に科すべきものであり、そのためには、**量刑に当たり、犯行の罪質ないし被告人の性格や経歴等一切の事情を考慮して決めるべきである。**

判旨

- 起訴された犯罪事実のほかに、**起訴されていない犯罪事実**で被告人の捜査官に対する自白以外に証拠がないものを、いわゆる余罪として認定し、実質上これを処罰する趣旨のもとに重い刑を科すことは、**不告不理の原則**6)**に反し**許されない。
- 他方、量刑は被告人の性格、経歴および犯罪の動機、目的、方法等すべての事情を考慮して決すべきである。
- とすれば、余罪を、量刑のための一情状として考慮することは許される。

5) 犯行が1回きりの偶発的なものか、それとも反復性のある計画的なものかどうかといった犯行の罪質や、犯人の性格（盗癖があるかどうか等）を推測する資料として利用するということ。

6) 検察官が起訴しなければ、裁判所は勝手に審理できないとの原則。

(3)　実体の法定

そもそも**何が犯罪**で**どんな刑罰が科されるか**がわからなければ、国家が勝手気ままに国民を罰してしまいます。そこで、刑罰を科すには、**犯罪**と**刑罰**の内容が**あらかじめ法律で**定められていなければならないとの考え方を**罪刑法定主義**といいます。あらかじめ定めておいてくれないと国民は何をすれば罰せられるのか予測できず、不当に人身の自由を侵害しますし、処罰は一番の人権侵害（例死刑執行）なので、国民の代表者である国会が法律でルールを決めておくべきだからです。

(4) 実体法の内容の適正

例えば、「いかがわしい行為を罰する」といった法律の条文があったらどうでしょう。国民は、何をしたら「いかがわしい」として処罰されるのか予測できず萎縮してしまい、逆に国家は「いかがわしい」と断定すれば処罰できてしまうので、必要以上に国民の人身の自由が侵害されてしまいます。これでは、あらかじめ法律で定めておいた意味（**罪刑法定主義**）がありません。そこで、実体法の内容が適正といえるためには、**刑罰法規の文言は、明確（一目瞭然）でなければならないとの原則**（**明確性の原則**）が導かれます。

ここで、文言が明確といえるためには、**誰にとって明確である必要**があるのでしょうか。判例は、**一般人を基準**としています。すなわち、一般人にとって、何が犯罪かが読んでわかるのであれば、行為者がわからなくても十分明確だというわけです。

判例　最大判昭50.9.10：**徳島市公安条例事件**

事案

- デモ隊が、**「交通秩序を維持すること」との条件**つきでデモ行進の許可がなされたところ、**ジグザグ行進をした**ため、条件違反として起訴された。被告人はこのような**条件は不明確で無効**だと主張した。

解説

- この判例は、表現の自由で扱った**徳島市公安条例事件**である。なぜ、再度扱うかというと条件違反者は罰せられるので、人身の自由も制限しているからである。

判旨

- 本条例が明確かどうかは、**通常の判断能力を有する一般人の理解において、具体的場合に当該行為がその適用を受けるかどうかの判断を可能とする基準が読み取れるかどうかによって決定すべきである**（たとえデモ隊員が判断できなくてもよい）。
- 「交通秩序を維持すること」との条件は、**通常の判断能力を有する一般人**が、具体的場合に自分がしようとする行為が条件に触れるかどうかの判断に当たり、**さほどの困難を感じることはないはず**である。
- したがって、**明確性を欠き憲法31条に違反するものとはいえない**（合憲）。

確認してみよう

① 旧関税法は、犯罪に関係のある船舶、貨物等が被告人以外の第三者の所有に属する場合にもこれを没収する旨を規定しており、この規定によって第三者に対し、告知、弁解、防御の機会を与えることなく、その所有物を没収することは、適正な法律手続によるものであり、法定手続の保障を定めた憲法に違反しない。区Ⅰ2013

1 (2) 最大判昭37.11.28：第三者所有物没収事件参照　×

「第三者に対し、告知、弁解、防御の機会を与えることなく、その所有物を没収することは、適正な法律手続によるものであり、法定手続の保障を定めた憲法に違反しない」の部分が誤りです。**所有物を没収される第三者についても、告知、弁解、防御の機会を与えることが必要**であって、それなしで第三者の所有物を没収することは、**適正な法律手続によらないで、財産権を侵害する制裁を科すことになります。**

② 刑罰法規があいまい不明確のゆえに憲法の定める法定手続の保障に違反するかどうかは、通常の判断能力を有する一般人の理解において、具体的場合にその適用を受けるものかどうかの判断を可能ならしめるような基準が読み取れるかどうかによって決定すべきであり、公安条例の交通秩序を維持することという規定は、犯罪構成要件の内容をなすものとして不明確なため、違憲である。区Ⅰ2013

1 (4) 最大判昭50.9.10：徳島市公安条例事件参照　×

「公安条例の交通秩序を維持することという規定は、犯罪構成要件の内容をなすものとして不明確なため、違憲である」の部分が誤りです。判例は、「交通秩序を維持すること」との条件は、通常の判断能力を有する一般人が、具体的場合に自分がしようとする行為が条件に触れるかどうかの判断に当たり、**さほどの困難を感じることはないはず**であるとして、**明確性を欠き憲法31条に違反するものとはいえない（合憲）**としています。

2 適正手続の保障（各論）

では、**刑事手続の段階**に応じて、**適正な手続の具体的な内容**を見ていきましょう。

犯罪を犯したと疑われている人を、起訴される前（**捜査段階**）には**被疑者**、起訴された後（**公判段階**）には**被告人**と呼び分けます。

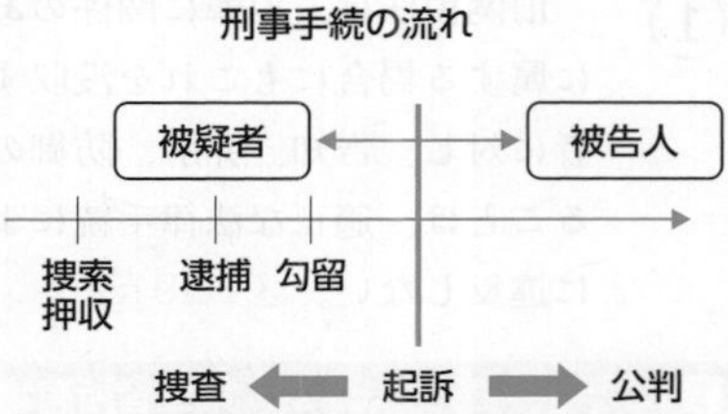

(1) 被疑者の人権

> 憲法33条
> 　何人も、現行犯として逮捕される場合を除いては、権限を有する司法官憲が発し、且つ理由となつてゐる犯罪を明示する令状によらなければ、逮捕されない。
>
> 憲法34条
> 　何人も、理由を直ちに告げられ、且つ、直ちに弁護人に依頼する権利を与へられなければ、抑留又は拘禁されない。又、何人も、正当な理由がなければ、拘禁されず、要求があれば、その理由は、直ちに本人及びその弁護人の出席する公開の法廷で示されなければならない。
>
> 憲法35条
> ① 何人も、その住居、書類及び所持品について、侵入、捜索及び押収を受けることのない権利は、第33条の場合を除いては、正当な理由に基いて発せられ、且つ捜索する場所及び押収する物を明示する令状がなければ、侵されない。

① 不当な逮捕からの自由（33条）

逮捕とは、**最長48時間の短期間の身柄拘束**です。逃亡を防止し、罪証隠滅を防止するために行われます。ただ、逮捕自体重大な人権侵害ですので、**捜査官が被疑者を逮捕するには、原則として、裁判官が逮捕の理由と必要性があるかどうかにつき事前にチェックし、逮捕令状の発行を受けることが必要**です（**令状主義**：憲法33条）。これを**通常逮捕**といいます。

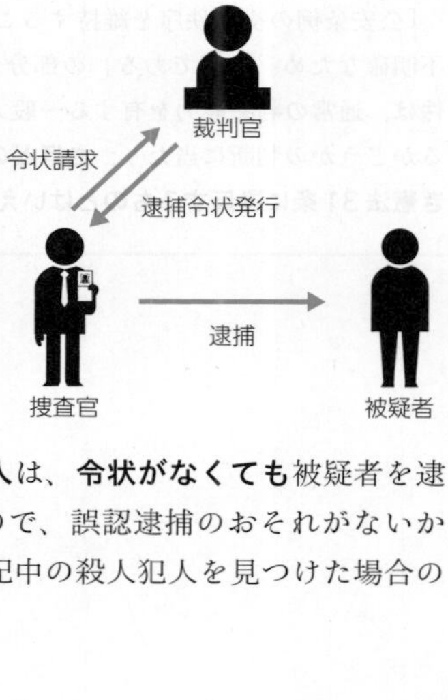

しかし、例えば、電車で痴漢の**現場を目撃した人**は、**令状がなくても**被疑者を逮捕できます（**現行犯逮捕**）。犯罪の嫌疑が明白なので、誤認逮捕のおそれがないからです。また、パトロール中の警察官が、指名手配中の殺人犯人を見つけた場合の

ように、一定の**重大犯罪**を犯したと疑うに足りる十分な理由がある場合で、急速を要し裁判官の発する令状を求める時間的余裕がない場合にも、令状なしで逮捕できます（**緊急逮捕**）。

ところで、現行犯逮捕は憲法上の制度ですが（33条）、緊急逮捕は**刑事訴訟法上の制度**なので、その合憲性が問題となります。これについて、**判例は合憲**としています（最大判昭30.12.14）。なぜなら、令状の発行には時間がかかり、その間に犯人は逃亡してしまいますので無令状での逮捕を認める必要があり、**逮捕後に令状請求が必要**なので、総合的に見れば令状による逮捕といえるからです。

逮捕の種類	令状の要否
通常逮捕	**逮捕前**に令状が必要
現行犯逮捕	令状不要
緊急逮捕	**逮捕後**に令状が必要

②　不当な勾留からの自由（34条）

勾留とは、**原則10日（延長10日）間の身柄拘束**のことです。逮捕・勾留の際には、**捜査官から理由を告げてもらうことができ**（告知）、さらに**法律の専門家である弁護人を依頼する権利が保障**されます（34条の「**抑留**」とは逮捕のこと、「**拘禁**」とは勾留のことです）。さらに、**勾留**の場合は、その**理由**を弁護人立会いのもと、**公開の法廷で示してもらうこともできます**。勾留は長期間の身柄拘束ですので、不当な勾留の防止を図るためです。ここは、過去問でもよく出題されますので、要注意です。

③　住居等の不可侵（35条）

捜査官が、**証拠物を捜索・押収**7) **するには、原則として裁判官の発する令状が必要**です（**令状主義**：35条）。被疑者のプライバシーや財産権を保護するためです。ですが、**逮捕**（**すべての逮捕が含まれます**）**と一緒に行う場合は、令状は要りません。** なぜなら、そもそも逮捕の目的（逃亡・罪証隠滅防止）を達成するためには、凶器や証拠品の捜索・押収を認める必要があるからです。

7) **捜索**とは、証拠物の**発見を目的とした活動**であり、**押収**とは、発見した証拠物を**取り上げること**。

第4章　人身の自由

(2) 被告人の人権

> 憲法37条
> ① すべて刑事事件においては、被告人は、公平な裁判所の迅速な公開裁判を受ける権利を有する。
> ② 刑事被告人は、すべての証人に対して審問する機会を充分に与へられ、又、公費で自己のために強制的手続により証人を求める権利を有する。
> ③ 刑事被告人は、いかなる場合にも、資格を有する弁護人を依頼することができる。被告人が自らこれを依頼することができないときは、国でこれを附する。

① 公平な裁判所の迅速な公開裁判を受ける権利（37条1項）

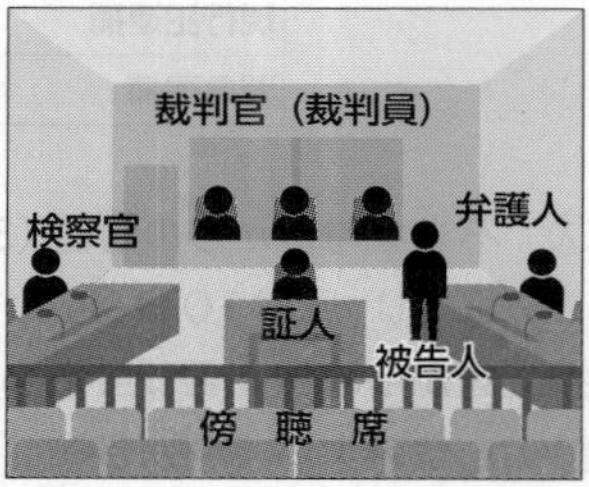

冤罪を回避するには、裁判官が予断と偏見を持って裁判に臨んではいけません。また、裁判の長期化は、被告人への重大な負担となります。そこで、**公平な裁判所の迅速な公開裁判を受ける権利**が人権として保障されています。

では、裁判がいたずらに長引いた場合、裁判を打ち切ることができるのでしょうか。**刑事訴訟法上、そのような制度はありません**。そこで判例は、憲法37条1項を直接の根拠に、裁判の打ち切りを認めています。

判例　最大判昭47.12.20：**高田事件**

事案

- 派出所を襲ったとして起訴された被告人が、裁判の途中で審理が**事実上中断**され、**その後15年あまりもの間、審理が全く行われない状態が続いた。**

解説

- 迅速な裁判を受ける権利は人権であるが、それを具体化する制度が法律上ないことから、裁判所は、迅速な裁判を受ける権利を保障する**憲法37条1項を直接の根拠にして、裁判を打ち切ってよい（免訴）**とした。
- そのような権利を、具体的権利（裁判規範性がある）という。

判旨

- **憲法37条1項の迅速な裁判を受ける権利**は、必要な立法上および司法行政上の措置をとるべきことを要請するにとどまらない。

- さらに、個々の刑事事件について、**審理の著しい遅延の結果、迅速な裁判を受ける被告人の権利が害されたと認められる異常な事態**が生じた場合には、**これに対処すべき具体的規定がなくても、審理を打ち切るという非常救済手段が採られるべきことをも認めている趣旨の規定**である。
- いったん審理が中断し、15年も経過してから再開されており、異常な事態が生じたといえ、**憲法37条1項を直接の根拠として免訴判決**8) をすべきである。

8) 刑事裁判において、被告人の行為が一定の条件に当てはまるとき、**有罪・無罪の判断をせずに裁判を打ち切る**こと。

② 証人審問権（37条2項）

例えば、検察官が犯行現場の目撃者を証人として尋問し、**証人が被告人に不利な証言をした場合、被告人ないし弁護人が反対尋問**9) **を行う権利**です。被告人に不利な証言をする検察側の証人の一方的な証言を聞くだけでは、真実を発見できないからです。

9) 証人に対し、その取調べを請求した当事者の**相手方が行う尋問**。

③ 証人喚問権（37条2項）

例えば、犯行時刻に別の場所に一緒にいた友人をアリバイ立証のため召喚したところ拒否された場合、**被告人が、公費で強制的に召喚することを要求する権利**です。ただし、真相究明に必要な証人だけ召喚すればよく、**被告人が申請した証人のすべてを喚問する必要はありません**（最大判昭23.7.29）。

④ 弁護人依頼権（37条3項）

被告人は、いかなる場合にも、**資格を有する弁護人を依頼することができます。**法律知識に乏しい被告人が、法律専門家の助けを借りて、適切に立証活動等を行うことができるようにするためです。

第4章 人身の自由

⑤ 黙秘権・自白法則・補強法則（38条）

憲法38条
① 何人も、自己に不利益な供述を強要されない。
② 強制、拷問若しくは脅迫による自白又は不当に長く抑留若しくは拘禁された後の自白は、これを証拠とすることができない。
③ 何人も、自己に不利益な唯一の証拠が本人の自白である場合には、有罪とされ、又は刑罰を科せられない。

黙秘権（38条１項）とは、自己の刑事責任に関する**不利益な事実の供述を拒むことができる権利**であり、黙秘したからといって、不利な扱い（例黙秘しただけで有罪になる、刑が重くなる）は受けません。

以下は、黙秘権侵害となるかどうか問題となった判例です。

法律は、交通事故を起こした運転手に警察への通報を義務づけています。通報しないと通報義務違反として罪に問われます。このことが、刑罰をもって自分が事故を起こしたという事実の通報を義務づけており、**黙秘権侵害ではないか**が問題となりました。

判例

最大判昭37.5.2

事案

- 交通事故を起こしたドライバーに、**警察への通報を義務づける法令**の合憲性が問題となった。

解説

- そもそも黙秘権は、**自己が刑事責任を負うおそれがある発言を拒否**できる権利であるから、**刑事責任とは無関係な事柄については、発言（報告）を義務づけても構わない。**
- 警察への通報は、事故処理を迅速に行うため、事故の場所や周囲の状況を報告させるだけなので、**刑事責任とは直接関係しない**（わき見運転をしていたなどということを報告する必要はない）。

判旨

- **道路交通取締法施行令上報告を義務づけられる「事故の内容」**は、**交通事故の態様**（事故現場の様子や被害者の有無等）に限られ、**刑事責任を問われるおそれのある事故の原因などは含まれない。**
- したがって、通報を義務づけることは、**憲法38条１項にいう自己に不利益な供述の強要に当たらない**（合憲）。

自白にはもともと信用されやすいという性質があります。そこで、冤罪防止のため、**強制・拷問・脅迫によるまたは不当に長く逮捕・勾留された後の自白**（要するに、任意になされていないおそれのある自白）**は、証拠とすることができません**。これを**自白法則**（38条２項）といいます。

また、**自白以外に証拠がない場合、被告人は有罪とされません**。自白を裏づける別の証拠が必要です。これを**補強法則**（38条３項）といいます。例えば身代わり犯人など、誰かをかばって嘘の自白を進んで行う場合があります。自ら進んで自白を行っているので、自白廃除法則の求める条件は満たしていますが、これも冤罪です。ですので、自白以外の証拠が必要なのです。

では、捜査段階では一切自白しなかった者が、**公判廷で突然自白した場合、補強証拠は必要でしょうか**。**不要とするのが判例**です（最大判昭23.7.29）。公判廷では、黙秘権が保障されており、裁判官が供述の状況から**自白の信用性を正確に把握**できるからです。

(3) 判決および刑の執行段階の人権

憲法36条
　公務員による拷問及び残虐な刑罰は、絶対にこれを禁ずる。

憲法39条
　何人も、実行の時に適法であつた行為又は既に無罪とされた行為については、刑事上の責任を問はれない。又、同一の犯罪について、重ねて刑事上の責任を問はれない。

① 一事不再理・二重処罰の禁止（39条）

すでに無罪とされた行為については、たとえ真犯人でも**再び起訴されることはありません**（**一事不再理あるいは二重の危険**10) **の禁止**）。また、**同一の犯罪**について、**重ねて刑事責任は問われません**（**二重処罰の禁止**）。そうしないと、被告人の地位がいつまでも不安定になるからです。

日本の裁判制度は**審級制**11) を採っていますが、**審級制は一事不再理に反しないか**が問題となります。**判例は、反しない**としています（最大判昭25.9.27）。なぜなら、真実発見のため審級制を採用している以上、**判決が確定するまでが一つの危険**といえるからです。

10) 危険とは、**有罪判決を受けるおそれ**のこと。

11) 事件を**異なった階級の裁判所に反復審理させる制度**。日本の裁判制度は、３回審理させる**三審制**を採っています。

② **残虐な刑罰の禁止**

拷問や残虐な刑罰は、著しい人権侵害ですので、**絶対的に禁止**されています（例外はありません）。

では、現行の**死刑制度**12) は合憲でしょうか。**判例は、合憲**としています（最大判昭23.3.12）。なぜなら、先述の31条は死刑を想定していますし（「生命…を奪はれ」）、日本の採用する絞首刑という執行方法が「残虐」ではないと考えられたからです。

12) 命を奪う刑罰。日本は絞首刑。

確認してみよう

① 人を抑留又は拘禁する場合には、その理由を告げ、弁護人に依頼する権利を与えなければならず、また、正当な理由がなければ、抑留又は拘禁されず、要求があれば、その理由は、直ちに本人及びその弁護人の出席する公開の法廷で示されなければならない。区Ⅰ2015

2 (1) ②参照　✕

「正当な理由がなければ、抑留又は拘禁されず、要求があれば、その理由は、直ちに本人及びその弁護人の出席する公開の法廷で示されなければならない」の部分が誤りです。公開の法廷で理由が示されるのは、身柄拘束期間が長い**拘禁（勾留）の場合だけ**です。

② 憲法は、強制、拷問若しくは脅迫による自白又は不当に長く抑留若しくは拘禁された後の自白は、これを証拠とすることができないと定め、任意性のない自白の証拠能力を否定しているが、任意性のある自白であれば、これを補強する証拠が別になくても、有罪とすることができる。区Ⅰ2015

2 (2) ⑤参照　✕

「任意性のある自白であれば、これを補強する証拠が別になくても、有罪とすることができる」の部分が誤りです。自白法則と補強法則は別であり、たとえ任意性のある自白でも、自白のみで有罪にはできません。

3 刑事手続上の権利の行政手続への準用

人身の自由の規定は、刑事手続を念頭に置いています。では、例えば、感染症患者の強制隔離や税務調査などの**行政活動にも適用されるのでしょうか**。

確かに、これまで学んできた人身の自由の規定は**刑事手続に関するもの**です。しかし、行政活動も対象者の人権を侵害することがあります（例感染症患者の強制隔離はあたかも逮捕のように身体を拘束します）。そこで、判例は、**31条等の保障が及ぶ場合がある**としています。

判例　最大判平4.7.1：成田新法事件

事案

- 過激派が成田空港内に立ち入って破壊活動を行ったので、いわゆる成田新法に基づき**運輸大臣（当時）が事前の告知・聴聞の機会を与えずに**空港周辺の過激派の要塞を撤去（破壊活動を防止し、国際空港を迅速に開港させるという行政活動）したため、同法の合憲性が争われた。

解説

- 行政活動による人権侵害の危険性から、**行政手続にも人身の自由の保障が及ぶ可能性を肯定**しつつ、その手続の性質上の違いから、とりわけ**緊急性が高い場合は、人身の自由の保障を及ぼさなくてもよい場合がある**とした。
- 本件では、過激派の人権保障よりも空港の安全確保を優先し、事前の告知・聴聞の機会を与えなくても構わないとした。

判旨

- 憲法31条が定める手続の保障は、直接には刑事手続に関するものであるが、行政手続については、刑事手続ではないとの理由のみで、そのすべてが**当然に同条による保障の枠外にあると判断することは相当ではない。**
- しかしながら、**行政手続は、刑事手続とその性質においておのずから差異**があり、また、**行政目的に応じて多種多様である。**
- そこで、行政処分の相手方に事前の告知、弁解、防御の機会を与えるかどうかは、**行政処分により制限を受ける権利の内容、性質、制限の程度、行政処分により達成しようとする公益の内容、程度、緊急性等を総合較量して決定されるべきものであって、常に必ずそのような機会を与えることを必要とするものではない。**
- この点、本行政処分により達成しようとする空港の設置、管理等の安全は、国家的、社会経済的、公益的、人道的見地からその確保が極めて強く要請されているものであって、**高度かつ緊急の必要性を有するものである。**
- したがって、**相手方に事前に告知、弁解、防御の機会を与える旨の規定がなくても、本法は憲法31条の法意に反しない**（合憲）。

判例　最大判昭47.11.22：川崎民商事件

事案

- 税務署の係官が、過少申告の疑いがあったXに、**令状なしで帳簿書類の検査や質問**をしようとしたところ、Xはこれを拒否したため、**検査拒否罪で起訴**された。

解説

- 税務調査は、調査結果に基づき、課税処分という税金の支払いを命ずる**行政処分を行うための事前手続**にすぎない。脱税額が高額でかつ手口が悪質な場合の**脱税犯の捜査活動**とは異なる。よって、令状主義や黙秘権保障が及ばなくても構わない。

判旨

- 憲法35条、38条による保障は、純然たる刑事手続においてばかりでなく、それ以外の手続においても、**実質上、刑事責任追及のための資料の取得収集に直接結びつく作用を一般的に有する手続には、等しく及ぶ。**
- この点、**質問検査は、もっぱら所得税の公平確実な賦課徴収のために必要な資料を収集することを目的とする手続**であって、**刑事責任の追及を目的とする手続ではない。**
- したがって、令状によることを要件としないからといって、**憲法35条の法意に反するものではない**（合憲）。
- また、**質問は**、**憲法38条1項にいう「自己に不利益な供述」を強要するものではない**（合憲）。

日本国憲法に規定する法定手続の保障に関する記述として、最高裁判所の判例に照らして、妥当なのはどれか

第4章 人身の自由

過去問にチャレンジ

問題1 ★ **日本国憲法に規定する法定手続の保障に関する記述として、最高裁判所の判例に照らして、妥当なのはどれか。**

区Ⅰ2004

❶ 関税法違反の被告人への附加刑として、犯罪に関係ある船舶、貨物等で、被告人以外の第三者の所有物を没収する場合、当該第三者に対し、告知、弁解、防御の機会を与えずにその所有権を奪っても、憲法に違反しないとした。

❷ 憲法の規定する法定手続の保障は、直接には刑事手続に関するものであるが、行政手続についても当然にその保障が及ぶため、行政処分を行う場合には、相手方に事前の告知、弁解、防御の機会を必ず与える必要があるとした。

❸ 刑罰法規があいまい不明確のため憲法に違反するか否かは、通常の判断能力を有する一般人の理解において、具体的場合にある行為がその適用を受けるか否かの判断を可能とする基準が読みとれるかどうかにより決定すべきとした。

❹ 刑事裁判の量刑は、被告人の経歴等を考慮して裁判所が決定すべきものであり、起訴されていない犯罪事実を余罪として認定し、実質上これを処罰する趣旨で量刑の際に考慮し、被告人を重く処罰しても憲法に違反しないとした。

❺ 条例は、公選の議員をもって組織する地方公共団体の議会の議決を経て制定されるので、法律から授権されることなく刑罰を定めても憲法に違反しないが、政令が法律の委任によって刑罰を定めることは、憲法に違反するとした。

【解答・解説】

正解 ❸

基本的な判例の知識で解答できるので、比較的易しい問題です。❺は統治で扱うテーマなのでまだ学習していませんが、正解は❸ですので、いまはわからなくても大丈夫です。

❶ ×　「当該第三者に対し、告知、弁解、防御の機会を与えずにその所有権を奪っても、憲法に違反しないとした」の部分が誤りです。判例は、**所有物を没収される第三者についても、告知、弁解、防御の機会を与えることが必要**であるとしています（最大判昭37.11.28：**第三者所有物没収事件**）。

❷ ×　「行政処分を行う場合には、相手方に事前の告知、弁解、防御の機会を必ず与える必要があるとした」の部分が誤りです。判例は、行政処分の相手方に事前の告知、弁解、防御の機会を与えるかどうかは、行政処分により制限を受ける権利の内容、性質、制限の程度、行政処分により達成しようとする公益の内容、程度、緊急性等を総合較量して決定されるべきものであって、**常に必ずそのような機会を与えることを必要とするものではない**としています（最大判平4.7.1：**成田新法事件**）。

❸ ○　刑罰法規が明確かどうかにつき、判例は、**通常の判断能力を有する一般人の理解において、具体的場合にある行為がその適用を受けるかどうかの判断を可能とする基準が読み取れるかどうか**によって決定すべきであるとしています（最大判昭50.9.10：**徳島市公安条例事件**）。

❹ ×　「起訴されていない犯罪事実を余罪として認定し、実質上これを処罰する趣旨で量刑の際に考慮し、被告人を重く処罰しても憲法に違反しない」の部分が誤りです。判例は、起訴されていない犯罪事実を**余罪として認定し、実質上これを処罰する趣旨のもとに重い刑を科すことは許されない**としています（最大判昭42.7.5）。

❺ ×　「条例は…法律から授権されることなく刑罰を定めても憲法に違反しない」の部分と、「政令が法律の委任によって刑罰を定めることは、憲法に違反する」の部分が誤りです。罪刑法定主義の要請から、**条例も政令も刑罰を定めるには法律（国会）の授権が必要**で、逆にいうと**法律の授権さえあれば、刑罰を定めることができます。**

問題2 ★★ **人身の自由に関するア～オの記述のうち、妥当なもののみを全て挙げているのはどれか。**

財務2019

ア　憲法第31条は、「何人も、法律の定める手続によらなければ、その生命若しくは自由を奪はれ、又はその他の刑罰を科せられない。」と規定しているが、これは手続が法律で定められることを要求するものであり、法律で定められた手続が適正であることまでを要求するものではないと一般に解されている。

イ　憲法第33条は、「何人も、現行犯として逮捕される場合を除いては、権限を有する司法官憲が発し、且つ理由となつてゐる犯罪を明示する令状によらなければ、逮捕されない。」と規定している。このため、たとえ厳格な制約の下に、罪状の重い一定の犯罪のみについて、緊急やむを得ない場合に限り、逮捕後直ちに裁判官の審査を受けて逮捕状を求めることを条件としても、令状なく緊急に被疑者を逮捕することは認められないとするのが判例である。

ウ　憲法第37条第１項は、「すべて刑事事件においては、被告人は、公平な裁判所の迅速な公開裁判を受ける権利を有する。」と規定しているが、個々の刑事事件について、審理の著しい遅延の結果、被告人の迅速な裁判を受ける権利が害されたと認められる異常な事態が生じた場合であっても、裁判所は、これに対処すべき具体的規定がなければ、その審理を打ち切るという非常救済手段を用いることはできないとするのが判例である。

エ　旧所得税法に定める検査は、あらかじめ裁判官の発する令状によることを一般的要件としていないところ、検査の性質が刑事責任の追及を目的とするものではなく、所得税の公平確実な賦課徴収を図るという公益上の目的を実現するため不可欠のものであるとしても、強制的に行われ、検査の結果として刑事責任の追及につながる可能性があることから、憲法に定める令状主義に反するとするのが判例である。

オ　刑事事件における証人喚問権は、憲法上明文で認められている権利であるが、裁判所は、被告人又は弁護人からした証人申請に基づき全ての証人を喚問し、不必要と思われる証人までをも全て尋問する必要はなく、当該事件の裁判を行うのに必要適切な証人を喚問すればよいとするのが判例である。

❶ ウ
❷ オ
❸ ア、イ
❹ ウ、エ
❺ エ、オ

【解答・解説】

正解 ❷

基本的な論点と判例の知識で解答できますが、肢にボリュームがあり、解くのに時間がかかるため標準的な問題です。肢は組合せなので、わかりやすいものから解き、消去法で肢を絞っていきましょう。

ア ×　「法律で定められた手続が適正であることまでを要求するものではない」の部分が誤りです。通説は、憲法31条は、**手続法の内容の適正まで要求**していると解しています。

イ ×　「令状なく緊急に被疑者を逮捕することは認められないとするのが判例である」の部分が誤りです。判例は、**緊急逮捕を合憲**としています（最大判昭30.12.14）。

ウ ×　「裁判所は、これに対処すべき具体的規定がなければ、その審理を打ち切るという非常救済手段を用いることはできないとするのが判例である」の部分が誤りです。判例は、個々の刑事事件について、審理の著しい遅延の結果、迅速な裁判を受ける被告人の権利が害されたと認められる異常な事態が生じた場合には、**これに対処すべき具体的規定がなくても憲法37条1項を直接の根拠として免訴判決をすべき**であるとしています（最大判昭47.12.20：**高田事件**）。

エ ×　「憲法に定める令状主義に反するとするのが判例である」の部分が誤りです。判例は、**質問検査は、もっぱら所得税の公平確実な賦課徴収のために必要な資料を収集することを目的とする手続**であって、**刑事責任の追及を目的とする手続ではない**として、令状主義に反しないとしています（最大判昭47.11.22：**川崎民商事件**）。

オ ○　真相究明に必要な証人だけ喚問すればよく、**被告人が申請した証人のすべてを喚問する必要はないとするのが判例**です（最大判昭23.7.29）。

MEMO

問題3 ★★ **日本国憲法に規定する人身の自由に関する記述として、判例、通説に照らして、妥当なのはどれか。**

区Ⅰ2019

❶ 憲法の定める法定手続の保障は、手続が法律で定められることだけでなく、その法律で定められた手続が適正でなければならないこと、実体もまた法律で定められなければならないことを意味するが、法律で定められた実体規定も適正でなければならないことまで要求するものではない。

❷ 何人も、理由を直ちに告げられ、かつ、直ちに弁護人に依頼する権利を与えられなければ、抑留又は拘禁されず、また、何人も、正当な理由がなければ、抑留されず、要求があれば、その理由は、直ちに本人及びその弁護人の出席する公開の法廷で示されなければならない。

❸ 何人も、その住居、書類及び所持品について、侵入、捜索及び押収を受けることのない権利が保障されており、住居の捜索や所持品の押収については裁判官が発した令状によりこれを行う必要があるので、令状逮捕の場合以外に住居の捜索や所持品の押収を行うことは許されない。

❹ 最高裁判所の判例では、憲法の迅速な裁判の保障条項は、迅速な裁判を保障するために必要な措置をとるべきことを要請するにとどまらず、審理の著しい遅延の結果、迅速な裁判を受ける被告人の権利が害せられたと認められる異常な事態が生じた場合、これに対処すべき具体的規定がある場合に限りその審理を打ち切る非常救済手段がとられるべきことを認める趣旨の規定であるとした。

❺ 最高裁判所の判例では、憲法の定める法定手続の保障が、行政手続に及ぶと解すべき場合であっても、一般に行政手続は刑事手続とその性質においておのずから差異があり、また、行政目的に応じて多種多様であるから、行政処分の相手方に事前の告知、弁解、防御の機会を常に必ず与えることを必要とするものではないとした。

【解答・解説】

正解 ❺

肢全体にボリュームがありますが、基本的な論点と判例で解答できるので、標準的な問題です。❷は、抑留（逮捕）と拘禁（勾留）の違いに注意が必要です。

❶ × 「法律で定められた実体規定も適正でなければならないことまで要求するものではない」の部分が誤りです。通説は、憲法31条は、**手続法の内容の適正まで要求**していると解しています。

❷ × 「何人も、正当な理由がなければ、抑留されず、要求があれば、その理由は、直ちに本人及びその弁護人の出席する公開の法廷で示されなければならない」の部分が誤りです。公開の法廷で理由が示されなければならないのは、**身柄拘束期間が長い拘禁**（＝勾留）です。

❸ × 「令状逮捕の場合以外に住居の捜索や所持品の押収を行うことは許されない」の部分が誤りです。令状逮捕（**通常逮捕**のこと）に限らずいかなる逮捕でも**逮捕と同時に行うのであれば、無令状で捜索・押収ができます。**これは、**逮捕現場での捜索・押収は逮捕の目的**（**逃亡防止、罪証隠滅防止**）**を達成するために必要**だからです。とすれば、無令状での捜索・押収ができる「逮捕」とは令状逮捕に限りません。

❹ × 「これに対処すべき具体的規定がある場合に限りその審理を打ち切る非常救済手段がとられるべきことを認める趣旨の規定であるとした」の部分が誤りです。判例は、個々の刑事事件について、審理の著しい遅延の結果、迅速な裁判を受ける被告人の権利が害されたと認められる異常な事態が生じた場合には、**これに対処すべき具体的規定がなくても憲法37条1項を直接の根拠として免訴判決をすべき**であるとしています（最大判昭47.12.20：**高田事件**）。

❺ ○ 判例は、行政処分の相手方に事前の告知、弁解、防御の機会を与えるかどうかは、行政処分により制限を受ける権利の内容、性質、制限の程度、行政処分により達成しようとする公益の内容、程度、緊急性等を総合較量して決定されるべきものであって、**常に必ずそのような機会を与えることを必要とするものではない**としています（最大判平4.7.1：**成田新法事件**）。

問題4 ★ **人身の自由に関するア～オの記述のうち、判例に照らし、妥当なもののみをすべて挙げているのはどれか。**

国税・労基2007

ア 憲法第37条第1項は、単に迅速な裁判を一般的に保障するために必要な立法上及び司法行政上の措置をとるべきことを要請しているだけでなく、個々の具体的な刑事事件について、当該保障に明らかに反し、審理の著しい遅延の結果、迅速な裁判を受ける被告人の権利が害されたと認められる異常な事態が生じた場合には、審理を打ち切ることも認めている趣旨であると解される。

イ 憲法第31条の定める法定手続の保障は、直接には刑事手続に関するものであるが、行政手続についても人権保障の観点からそのすべてについて同条による保障が及ぶため、行政処分を行う際は、必ず事前の告知、弁解、防御の機会を与えなければならない。

ウ いわゆる緊急逮捕に関して、刑事訴訟法第210条に規定される厳格な制約の下に、罪状の重い一定の犯罪のみについて、緊急やむを得ない場合に限り、逮捕後直ちに裁判官の審査を受けて逮捕状の発行を求めることを条件として、被疑者の逮捕を認めることは、憲法第33条の趣旨に反するものではない。

エ 旧道路交通取締法に基づく自動車運転者に係る交通事故の報告義務について、報告を要求される事故の内容には刑事上の責任を問われるおそれのある事故の原因その他の事項は含まれていないとしても、結果的に自己の犯罪発覚につながる情報提供を義務付けることになるから、当該報告義務を課すことは憲法第38条第1項に違反する。

オ 公判廷における被告人の自白は、裁判所の自由心証によって真実に合致するものと認められる場合には、さらにほかの補強証拠を必要としないで犯罪事実の認定をすることができ、憲法第38条第3項の「本人の自白」には含まれない。

❶ イ、エ
❷ ウ、オ
❸ エ、オ
❹ ア、イ、エ
❺ ア、ウ、オ

（参考） 日本国憲法

第33条 何人も、現行犯として逮捕される場合を除いては、権限を有する司法官憲が発し、且つ理由となつてゐる犯罪を明示する令状によらなければ、逮捕されない。

第38条 何人も、自己に不利益な供述を強要されない。

（略）

③ 何人も、自己に不利益な唯一の証拠が本人の自白である場合には、有罪とされ、又は刑罰を科せられない。

【解答・解説】

正解 ❺

基本的な論点と判例で解答でき、かつ肢は組合せなので、**比較的易しい問題**です。**ア**が正しいとわかれば❹か❺に絞られます。**ア**以外はすべて異なるので、**イ**、**ウ**、**エ**、**オ**のどれか一つが誤りとわかれば答は出せます。

ア ○ 妥当な記述です（最大判昭47.12.20：**高田事件**）。

イ × 「行政処分を行う際は、必ず事前の告知、弁解、防御の機会を与えなければならない」の部分が誤りです（最大判平4.7.1：**成田新法事件**）。

ウ ○ 緊急逮捕のことです。**判例は、緊急逮捕を合憲**としています（最大判昭30.12.14）。

エ × 「当該報告義務を課すことは、憲法第38条第１項に違反する」の部分が誤りです。判例は、報告義務を課すことは、**憲法38条１項にいう自己に不利益な供述の強要に当たらない**としています（最大判昭37.5.2）。

オ ○ 判例は、**公判廷における被告人の自白は、憲法38条３項の「本人の自白」に含まれず、補強証拠は不要**としています（最大判昭23.7.29）。

第5章

社会権

生存権

労働基本権

1 生存権

学習のポイント

- 資本主義社会における自由競争に敗れた**社会的弱者を救うのが生存権**などの社会権です。ですから、**財産権**（私有財産制度は資本主義の根拠）**の保障とは表裏の関係**といえます。
- 生存権はその法的性質をめぐって**学説がらみの問題**が出ます。まず請求内容を押さえ、**説によってどんな請求ができるか**を押さえてください。
- **重要判例が繰り返し出題**されています。判例の論理を押さえましょう。

憲法25条
① すべて国民は、健康で文化的な最低限度の生活を営む権利を有する。
② 国は、すべての生活部面について、社会福祉、社会保障及び公衆衛生の向上及び増進に努めなければならない。

1 生存権保障の意義

資本主義は自由な競争こそが社会の発展を促すという考え方です。ですが、常に競争に勝てるとは限りません。失業したり病気になったり、あるいは年をとれば誰もが弱者になる可能性があります。**弱者になっても安心して暮らせる社会が理想**。それを実現するのが生存権などの社会権です。税金等を財源に**社会全体で支えていくので、社会権**といいます（社会保障っていいますよね）。具体的には生活保護費の支給や障害福祉年金の給付などを**国家に対し求めていく**ことができます。

これまで主に学んできた**自由権（国家の干渉を排除する権利）**とは異なり、**社会権は、国家に対し救済を求めていく権利**です。

2 生存権の法的性質

(1) 生存権の自由権的側面

例えば、国会が所得税法を改正し、税率を80%にしたとしましょう。これでは生活できません。この場合、国民は**生存の自由が侵害**されているとして、**25条を直接の根拠**に改正法が憲法違反であるとの訴えを起こすことができます。これを、生存権の**自由権的な側面**といいます。この**自由権的側面については、具体的権利**1)**であるという点で争いがありません。**

> 1）憲法の条文を**直接の根拠に、裁判で争える**人権の性質。**裁判の規範**となり得ます（**裁判規範性あり**）。

(2) 生存権の社会権的側面

25条1項は、国民に「**健康で文化的な最低限度の生活を営む権利**」を認めています。では、国民は、「健康で文化的な最低限度の生活を営む」ために国家に対して具体的にどのような請求ができるのでしょうか。**生存権を具体化する法律がそもそもない場合**（国会が作るべき法律を作らないので、**立法不作為**といいます）、あるいは、**法律はあっても保障の水準が不十分で**（例生活保護費が少なく、生活が苦しい）、「**最低限度の生活**」**すらできないと考えた場合**、国民は25条1項を根拠に国に対して何かしらの請求ができるのでしょうか。

ここは学説が問われますので、**説によってどのような請求ができるか**を押さえていきましょう。**国民にとって権利**ということは、福祉サービスを提供する**国家にとっては義務**ということになりますが、**国家に法的義務を認めるかどうかで、法的権利説とプログラム規定**2)**説**に分かれます。

> 2）プログラム規定とは、**国家の努力目標や政策の方針**を定めたにすぎず、**国家に法的義務を認めない**条文のこと。すなわち、国民に健康で文化的な最低限度の生活を営んでもらう予定（プログラム）にすぎないわけです。**予定は変更可能**ですので、財源が確保できなかった場合には、生活保護を打ち切っても、国民は一切文句はいえないのです。

① プログラム規定説

プログラム規定説とは、25条は**国家の政治的・道徳的義務**を定めたものにすぎず、**直接個々の国民に対して具体的権利を与えたものではない**とする立場です。なぜなら、資本主義のもとでは、**生活自助が大前提**で、国家に生存権の実現につき法的な義務まで負わせるべきではないこと、また、生存権の実現には、国家の財政事情等多方面にわたる**政策的判断が必要**なので、**国家に広範な裁量**（自由な判断の余地）を認めるべきだからです。

この立場だと、生存権を具体化する法律がそもそもない場合（立法不作為）でも、あるいは法律はあっても保障の水準が低すぎて、「最低限度の生活」すら維持できないと考えた場合でも、国民は国家に対して何の請求もできません。政治や道徳は、法とは異なり、強制力がないからです。判例は、この立場をベースに、やや修正を加えています（朝日訴訟の解説で後述します）。

②　法的権利説

これに対し、**法的権利説**は、25条は国民の権利を認めたものであり、それに対応して国家に生存権を実現するための法的義務を課しているとする立場です。なぜなら、そもそも生存権等の社会権は、自由競争に敗れた社会的弱者を救済するのが目的なのに、その資本主義を理由に生存権の法的権利性を否定するのは本末転倒である、さらに25条1項には「**権利**」**と明記**されているからです。

そして、この法的権利説が、さらに、**抽象的権利説**と**具体的権利説**に分かれます。

（ア）抽象的権利説

25条1項を具体化する法律の存在を前提として、その法律に基づく訴訟において、25条1項違反を主張することができるとする立場です。この立場では、**生存権の具体化立法である生活保護法等**により提供される保障の水準では、最低限度の生活さえできないと考えた場合、「**この法律は憲法25条1項に違反する**」**との主張**ができます。ですが、もし**具体化立法がなかったら**（立法不作為）、何も言えません。あくまで、**法律ができてからでないと、違憲の主張はできない立場**なのです。

（イ）具体的権利説

たとえ具体化立法がなくても（立法不作為）、**25条1項に基づいて直接その違憲性を裁判上争うことができる**とする立場です。ただ、この立場でも、**25条1項に直接基づいて、具体的な給付額等を示して請求すること**（例「最低限度の生活」のためには毎月20万円必要だから毎月20万円給付してくださいと請求すること）**はできません**。なぜなら、「健康で文化的な最低限度の生活」なる概念自体あいまいですし、地域による物価の違いなども考慮しなければならず、ましてや裁判所は国民の生活実態に詳しくないので、具体的な金額等の計算ができないからです。この点、第3章第2節で扱った**財産権の損失補償請求**（**29条3項**）**と比較**しましょう（具体的な金額を主張・立証して請求できる余地を認めていました）。

◆ **各説の違い**

	具体化立法の違憲性を争う	立法不作為の違憲性を争う	25条1項に基づく直接請求
プログラム規定説	×	×	×
抽象的権利説	○	×	×
具体的権利説	○	○	×

ただ、例えば、給付額が法律違反の場合（例生活保護費が月額15万円給付されるはずが10万円しか給付されなかった）は、どの立場でも、違法だとして訴えること（差額を請求すること）ができることに注意してください。つまり、**法律で決められた基準のサービスの提供は、どの立場でも必ず受けられる**のです。

確認してみよう

① 抽象的権利説は、憲法の規定は、国家に対して立法その他の措置を通じて生存権を実現すべき法的義務を課しているので、直接憲法の規定を根拠に、裁判所に対し国家の立法の不作為の違憲性を争うことも、生存権を具体化する法律の存在を前提として憲法違反を主張することも許されないとしたものである。区Ⅰ2015

2 (2) ②参照 ×

「生存権を具体化する法律の存在を前提として憲法違反を主張することも許されない」の部分が誤りです。抽象的権利説は、憲法25条１項を**具体化する法律の存在を前提**として、その**法律に基づく訴訟**において、**憲法25条１項違反を主張**することができるとする立場です。

3 判　例

次の判例は、行政法でも出題される超重要判例です。生存権の**憲法上の法的性質**（**プログラム規定**）と、**具体化立法上の法的性質**（**具体的権利**）を区別していますので注意してください。

判例　最大判昭42.5.24：朝日訴訟

事案

- 重症の結核患者であった朝日氏が、**生活保護費月額600円**では、健康で文化的な最低限度の生活が維持できないとして**憲法25条1項を直接の根拠**に訴えた。

解説

- この判例の立場がどの説なのかの評価は争いがあるところだが、「憲法25条1項は…**国家の責務として宣言したにとどまり**」としているので、**プログラム規定説と考えるのが妥当**である。
- そして、「憲法25条1項を具体化する**生活保護法の規定**により、被保護者が国から生活保護を受けるのは…**具体的権利**」としているので、**厚生大臣（当時）が決めた基準で支払われる金額**は**必ずもらえる**ということである。
- ただ、どんな基準にするかは**大臣が自由裁量で決める**ので、基準が低いからといって文句を言うことはできない。
- ただ、それが、**国民の生活実態を無視してあまりにも低い場合（裁量権の逸脱・濫用）**は、裁判所が救済するとし、**厚生大臣（当時）の裁量に歯止めを設けた**。純粋なプログラム規定説だと、生活保護を打ち切ってもよいということになってしまうので、判例は、プログラム規定説をやや修正し、**裁量に限界を設けた**。

判旨

- **憲法25条1項**は、すべて国民が健康で文化的な最低限度の生活を営み得るように国政を運営すべきことを**国の責務として宣言**したにとどまり（**プログラム規定**）、**直接個々の国民に対して具体的権利を付与したものではない**。
- しかし、**憲法25条1項を具体化する生活保護法**により、国から生活保護を受けるのは、単なる国の恩恵ではなく**具体的な権利**である。
- ただそれは、あくまで**厚生大臣が設定した保護基準により保護を受け得る権利**にすぎず、何が健康で文化的な最低限度の生活であるかの判断は、**厚生大臣の合目的的な裁量**（自由裁量）に任されている。
- ただし、現実の生活条件を無視して著しく低い基準を設定するなど**憲法および生活保護法の趣旨・目的に反し、法律によって与えられた裁量権の逸脱・濫用といえる場合**には、違法な行為として司法審査の対象となる。
- 本件では、裁量権の**逸脱濫用はない（適法）**。

次は、**児童扶養手当**3)と**障害福祉年金**との**併給禁止規定**4)の合憲性です。朝日訴訟と同じ枠組み（**裁量権の逸脱・濫用があるかどうか**）で審査しています。ただこちらは、**併給禁止規定という立法措置**なので、**国会の立法裁量の問題**になります。

3）父親と生計を異にする児童の母などに支給される手当。

4）同じ人が複数の年金等の支給要件を満たした場合、一方しか支給されないとのルール。

判例　最大判昭57.7.7：**堀木訴訟**

事案

- **全盲の視力障害者**で**障害福祉年金**を受給していた堀木氏は、離婚後２人の子どもを育てていた。そこで、**児童扶養手当**を請求したところ、**障害福祉年金との併給を禁止する規定**により、その請求が退けられた。

解説

- 児童扶養手当も障害福祉年金も、いずれもプログラム規定である生存権を具体化したものなので、**どのような立法措置を講じるかは、国会の自由裁量**に委ねられ、その併給禁止規定が**裁量権の逸脱濫用といえない限り、合憲**である。
- 児童扶養手当も障害福祉年金も、**稼働能力が低下した分を補う所得保障という点で、同じ性格**を持っている。
- したがって、併給を認めない規定を設けることも、**裁量権の逸脱濫用**とはいえない。

判旨

- 憲法25条の規定の趣旨に応えて具体的にどのような立法措置を講じるかは、立法府の広い裁量に委ねられており、それが著しく合理性を欠き明らかに裁量権の逸脱・濫用と見ざるを得ないような場合を除き、裁判所が審査判断するのに適しない事柄である。
- この点、障害福祉年金と児童扶養手当は、**受給者に対する所得保障という点において基本的に同一の性格**を有する。
- したがって、社会保障給付の全般的公平を図るための併給調整条項は、著しく合理性を欠き明らかに裁量権の逸脱・濫用とはいえず、25条に違反しない（合憲）。
- また、給付額の決定も、立法政策上の裁量事項であり、それが低額であるからといって当然に憲法25条に違反するものではない。

さらにこの判例は、障害者でなければ児童扶養手当が支給されるのに、障害者としてすでに障害福祉年金を受給していたがゆえに、併給禁止規定により児童扶養手当が支給されなかったわけですから、**障害者差別として14条違反**（社会的身分による差別）**かどうか**も問題となりました。判例は、不合理な差別とはいえないとして14条にも違反しないとしました。

次も、25条と14条の両方に関連する判例です。

判例　最判平19.9.28：**学生無年金障害者訴訟**

事案

- 1989年改正前の国民年金法（現在は、20歳以上の学生も強制加入）は、20歳以上の学生を国民年金の**強制加入被保険者としていなかった**ため、**20歳以後に障害を負った学生**には、障害者としての年金が支給されなかった。ちなみに、**任意加入**していた者や**20歳前に障害を負った者**には、年金が支給された。

解説

- 堀木訴訟と同じように、**どのような立法措置を講じるかは、国会の自由裁量**に委ねられ、**裁量の逸脱・濫用といえない限り、合憲**である。
- 20歳以上の学生の国民年金への加入を**任意としたがゆえに未加入者には年金が支給されない**のは、学生の保険料負担能力や学生の属する世帯の世帯主等が負うこととなる経済的な負担を考慮し任意加入とした結果であり、**合理的理由のない不当な差別とはいえない。**
- 20歳未満で障害を負った者に対しては、**無拠出制**（保険料を支払っていなくても、税金などから年金が支給される制度）の年金を支給するが、それは、**20歳未満は国民年金の被保険者となることができない**からであり、20歳以上の学生は、任意加入し被保険者となる機会があったので、支給しなくても憲法に違反しない。

判旨

- 法は、20歳以上の学生の**保険料負担能力を考慮**し、国民年金の強制加入被保険者とせず、加入については20歳以上の**学生の意思に委ねるとした措置**は、合理的理由のない不当な差別とはいえない（憲法14条に違反しない）。
- また、**保険料拠出の要件**（保険料支払者にのみ支給される）をどのように定めるかは、（生存権の具体化であることから）**立法府の広範な裁量**に委ねられており、それが**著しく合理性を欠き明らかに裁量の逸脱・濫用**と見ざるを得ないような場合を除き、**裁判所が審査判断するのに適しない事柄**である。
- この点、**無拠出制の年金を支給する旨の規定を設けるなどの立法措置を講じなかったことが、著しく合理性を欠くということはできない**（憲法25条に違反しない）。

確認してみよう

① 最高裁判所の判例では、憲法の生存権の規定は、すべての国民が健康で文化的な最低限度の生活を営み得るように国政を運営すべきことを国の責務として宣言したにとどまらず、直接個々の国民に対して具体的権利を賦与したものであるとした。区Ⅰ2008

3 最大判昭42.5.24：**朝日訴訟参照** ×

「直接個々の国民に対して具体的権利を賦与したものである」の部分が誤りです。判例は、**国の責務として宣言**したにとどまり、**直接個々の国民に対して具体的権利を付与したものではない**としています（最大判昭42.5.24：**朝日訴訟**）。

② 年金と児童扶養手当の併給禁止規定は、障害福祉年金の受給者とそうでない者との間に児童扶養手当の受給に関して差別を生じさせるものであり、憲法第14条第１項に違反し違憲である。財務2016

3 最大判昭57.7.7：**堀木訴訟参照** ×

「憲法第14条第１項に違反し違憲である」の部分が誤りです。判例は、**併給禁止規定は合理的差別として合憲**としています。

過去問にチャレンジ

問題1 **生存権に関する次のA～Cの記述の正誤の組合せとして最も適当なのはどれか（争いがあるときは、判例の見解による。）。**
★

裁判所2006

A 憲法25条1項は、すべての国民が健康で文化的な最低限度の生活を営み得るように国政を運営すべきことを国の責務として宣言したにとどまり、具体的な請求権は、この規定の趣旨を実現するために制定される個々の法律によってはじめて与えられる。

B 憲法25条は、立法府に対して生存権を具体化する立法を行うべき法的義務を課しているから、立法府が立法義務を怠り、権利を実現する方法が存在しない場合には、憲法25条を根拠として、裁判所に対して不作為の違憲確認を求める訴えを提起することができる。

C 「健康で文化的な最低限度の生活」は、極めて抽象的・相対的な概念であり、憲法25条の規定の趣旨にこたえて具体的にどのような立法措置を講じるかは、立法府の広い裁量に委ねられているから、その立法措置が司法審査の対象となる余地は一切ない。

	A	B	C
❶	誤	誤	誤
❷	誤	誤	正
❸	誤	正	正
❹	正	正	誤
❺	正	誤	誤

【解答・解説】

正解 ❺

基本判例からの出題で、かつ選択肢は組合せなので、比較的易しい問題です。問題文に「争いがあるときは、判例の見解による」とありますので、判例が採用しているプログラム規定説に近い立場で選択肢を検討しましょう。

A ○　判例は、生存権の法的性質につき、**憲法上は国政を運営すべきことを国の責務として宣言したにとどまる**としつつ、**具体化立法上は具体的な請求権が発生する**としています（最大判昭42.5.24：**朝日訴訟**）。

B ×　**全体的に誤り**です。この立場は**具体的権利説**であり、判例の見解ではありません。

C ×　「その立法措置が司法審査の対象となる余地は一切ない」の部分が誤りです。判例は、憲法25条の規定の趣旨に応えて具体的にどのような立法措置を講じるかは、**立法府の広い裁量に委ねられており**、それが**著しく合理性を欠き裁量の逸脱・濫用といえる場合を除いて、裁判所は審査判断しない**（最大判昭57.7.7：**堀木訴訟**）としており、**司法審査の余地は認めています**。

問題2 ★★

日本国憲法に規定する生存権の法的性格に関する記述として、判例、通説に照らして、妥当なのはどれか。

区Ⅰ2015

❶ 生存権には、社会権的側面があるが、国民が自らの手で健康で文化的な最低限度の生活を維持する自由を有し、国家はそれを阻害してはならないという自由権的側面が認められることはない。

❷ プログラム規定説は、憲法の生存権の規定は、国民の生存を確保すべき政治的・道義的義務を国に課したにとどまらず、個々の国民に対して法的権利を保障したものである。

❸ 抽象的権利説は、憲法の規定は、国家に対して立法その他の措置を通じて生存権を実現すべき法的義務を課しているので、直接憲法の規定を根拠に、裁判所に対し国家の立法の不作為の違憲性を争うことも、生存権を具体化する法律の存在を前提として憲法違反を主張することも許されないとしたものである。

❹ 最高裁判所の判例では、国は、特別の条例の存しない限り、政治的な判断により、限られた財源の下で福祉的給付を行うに当たり、自国民を在留外国人より優先的に扱うことは許されるべきことと解され、在留外国人を障害福祉年金の支給対象者から除外することは、立法府の裁量の範囲に属するとした。

❺ 最高裁判所の判例では、健康で文化的な最低限度の生活の内容について、その具体的な立法措置の選択決定は立法府の広い裁量にゆだねられているため、それが著しく合理性を欠き明らかに裁量の逸脱及び濫用であるといえる場合であっても、司法審査の対象とならないとした。

【解答・解説】

正解 ❹

法的性質からの出題で内容的には標準的な問題です。どの説からどんな訴えが起こせるのか、引っ掛からないようにしてください。❹は、第１章第１節で学習した塩見訴訟（最判平元.3.2）です。

❶ ×　「自由権的側面が認められることはない」の部分が誤りです。生存権には、国民の**生存の自由の保障という自由権的な側面があります**。

❷ ×　「政治的・道義的義務を国に課したにとどまらず、個々の国民に対して法的権利を保障したものである」の部分が誤りです。プログラム規定説は、25条は**国家の政治的・道義的義務**を定めたものにすぎず、**直接個々の国民に対して具体的権利を与えたものではない**とする立場です。本肢の立場は、法的権利説です。

❸ ×　「生存権を具体化する法律の存在を前提として憲法違反を主張することも許されない」の部分が誤りです。抽象的権利説は、25条１項を**具体化する法律の存在を前提**として、その**法律に基づく訴訟**において、**25条１項違反を主張**することができるとする立場です。

❹ ○　判例は、生存権の実現につき在留外国人をどのように扱うかについては、福祉的給付は各国の限られた財源下で行われることから、国会の広い裁量に委ねられるべきであり、日本国民を在留外国人より優先することも許され、**在留外国人を障害福祉年金の支給対象者から除外することも立法府の裁量の範囲内に属する**としました（最判平元.3.2：**塩見訴訟**）。

❺ ×　「それが著しく合理性を欠き明らかに裁量の逸脱及び濫用であるといえる場合であっても、司法審査の対象とならない」の部分が誤りです。判例は、生存権を具体化する立法措置の選択決定は、立法府の広い裁量に委ねられ、それが著しく合理性を欠き裁量の逸脱・濫用といえる場合を**除いて、裁判所は審査判断しない**としていますので、**著しく合理性を欠き明らかに裁量の逸脱・濫用といえる場合**は**司法審査の対象**となり得ます（最大判昭57.7.7：**堀木訴訟**）。

問題3 ★★

憲法第25条に関するア～オの記述のうち、妥当なもののみを全て挙げているのはどれか。

国般2012

ア 生存権の法的性格については、学説上複数の見解が存在する。このうち、いわゆるプログラム規定説は、憲法第25条は、国民の生存を確保するための立法を行う法的義務を国に課しているが、国民の具体的権利を認めたものではないとする見解であり、同説によれば、立法府がその義務を履行しない場合であっても、個々の国民が裁判所に対して国の不作為の違憲訴訟を提起することはできない。

イ 平成元年改正前の国民年金法が、20歳以上の学生を、国民年金の強制加入被保険者として一律に保険料納付義務を課すのではなく、任意加入を認めて国民年金に加入するかどうかを20歳以上の学生の意思にゆだねることとした措置は、著しく合理性を欠くものとして憲法第25条に違反するとするのが判例である。

ウ 憲法第25条の定める健康で文化的な最低限度の生活を維持するために必要な生活費は経済学等の学問的知見によって容易に計量化が可能であり、所得税法における課税最低限を定めるに当たっては立法府の裁量を認める余地はないから、同法の定める課税最低限が健康で文化的な最低限度の生活を維持するための生計費を下回ることを立証すれば、当該課税最低限に基づく課税の憲法第25条違反を主張することができるとするのが判例である。

エ 社会保障上の施策における在留外国人の処遇については、国は特別の条約の存しない限り、当該外国人の属する国との外交関係、変動する国際情勢、国内の政治・経済・社会的諸事情等に照らしながら、その政治的判断により決定でき、限られた財源下での福祉的給付に当たり自国民を在留外国人より優先的に扱うことも許され、障害福祉年金の支給対象者から在留外国人を除外することは、立法府の裁量の範囲に属する事柄であって、憲法第25条に違反するものではないとするのが判例である。

オ 社会保障法制上、同一人に同一の性格を有する２以上の公的年金が支給されることとなるべき場合において、社会保障給付の全般的公平を図るため公的年金相互間における併給調整を行うかどうかは、立法府の裁量の範囲に属する事柄と見るべきであり、また、この種の立法における給付額の決定も、立法政策上の裁量事項であり、その給付額が低額であるからといって当然に憲法第25条に違反するものではないとするのが判例である。

❶ ア、イ
❷ ア、ウ
❸ イ、オ
❹ ウ、エ
❺ エ、オ

【解答・解説】

正解 ❺

各肢にボリュームがありますが、基本判例からの出題で、かつ選択肢は組合せですので、**標準的な問題**といえます。わかりやすいものから解き、消去法を使い選択肢を絞っていきましょう。**ア**と**イ**は明らかに誤りですので、❹と❺に絞られます。そして、**ウ**は創作で正しいかどうかわからないので、「併給調整」などをヒントに**オ**が堀木訴訟と気づけば正答に至ることができます。

ア ×　「法的義務を国に課しているが」の部分が誤りです。プログラム規定説は、25条は**国家の政治的・道徳的義務**を定めたものにすぎないとしています。

イ ×　「著しく合理性を欠くものとして憲法第25条に違反するとするのが判例である」の部分が誤りです。判例は、国民年金を強制加入とせず20歳以上の**学生の意思に委ねる（任意加入）**とし、**保険料拠出の要件**として**無拠出制を採らなかった**ことは、**著しく合理性を欠くということはできない**としています（最判平19.9.28：**学生無年金障害者訴訟**）。

ウ ×　**全体的に誤り**です。**何が健康で文化的な最低限度の生活といえるかの判断については、立法府の広い裁量が認められています**（最大判昭57.7.7：**堀木訴訟参照**）。したがって、「最低限度の生活を維持するために必要な生活費は経済学等の学問的知見によって容易に計量化が可能」とはいえませんし、「所得税法における課税最低限を定めるに当たっては立法府の裁量を認める余地はない」ともいえません。また、そもそもこのようなことを判示した判例は存在しません。

エ ○　判例は、生存権の実現につき在留外国人をどのように扱うかについては、福祉的給付は各国の限られた財源下で行われることから、国会の広い裁量に委ねられるべきであり、日本国民を在留外国人より優先することも許され、**在留外国人を障害福祉年金の支給対象者から除外することも立法府の裁量の範囲内に属する**としました（最判平元.3.2：**塩見訴訟**）。

オ ○　判例は、憲法25条の規定の趣旨に応えて具体的にどのような立法措置を講じるかは、**立法府の広い裁量に委ねられている**としており、併給禁止規定は、**著しく合理性を欠き明らかに裁量権の逸脱・濫用とはいえず**、また、**給付額の決定も、立法政策上の裁量事項**であり、それが**低額であるからといって当然に憲法25条に違反するものではない**としています（最大判昭57.7.7：**堀木訴訟**）。

問題4 ★★★ **生存権に関する次のA説～C説についてのア～エの記述の正誤の組合せとして、最も適当なのはどれか。**

裁判所2009

A説 憲法25条1項は、国民の生存を確保すべき政治的・道義的義務を国に課したにとどまり、個々の国民に対して具体的権利を保障したものではない。

B説 憲法25条1項は、国に立法・予算を通じて生存権を実現すべき法的義務を課している。

C説 憲法25条1項は、国に対する具体的な権利を定めたものである。

ア A説を前提にしても、健康で文化的な最低限度の生活を積極的に侵害するような国の具体的措置については違憲無効を主張しうる。

イ B説を前提にすれば、憲法25条1項が法律により具体化されていない場合であっても、生存権侵害を理由として憲法違反を主張できる。

ウ C説を前提にすれば、生存権を具体化する立法がなされていない場合に、立法不作為の違憲確認訴訟を提起することが可能である。

エ C説を前提にしても、直接、国に対し、憲法25条1項に基づいて具体的な生活扶助の請求をすることはできないと解することは可能である。

	ア	イ	ウ	エ
❶	正	誤	正	正
❷	正	誤	正	誤
❸	正	正	誤	誤
❹	誤	正	正	正
❺	誤	正	誤	正

【解答・解説】

正解 ❶

本問は学説問題であり、難しいです。まず説の特定が必要です。A説は「政治的・道義的義務を国に課したにとどまり」とありますので、プログラム規定説であることがわかります。B説は、単に「法的義務を課している」とありどの説かわかりづらいですが、C説が「国に対する具体的権利を定めた」とあり具体的権利説であることが明らかですので、B説は残る抽象的権利説であることがわかります。そのうえで、各説でどのような主張ができるかを押さえていきます。そして、肢は組合せですので、わかりやすいものから解き、消去法を使い選択肢を絞っていきましょう。

ア ○　「健康で文化的な最低限度の生活を**積極的に侵害**するような国の具体的措置」とは、生存権の**自由権的側面を侵害するものといえます。自由権的側面には具体的権利性がある**という点については争いがありません。したがって、**A説（プログラム規定説）**に立っても、生存権を積極的に侵害するような国の具体的措置については、**憲法25条1項を直接の根拠に、違憲無効の主張**ができます。

イ ×　「憲法25条1項が法律により具体化されていない場合であっても、生存権侵害を理由として憲法違反を主張できる」の部分が誤りです。**B説（抽象的権利説）**は、**法律により具体化されていない場合は、憲法違反の主張ができない**とする立場です。

ウ ○　**C説（具体的権利説）**は、**立法不作為の違憲確認訴訟を提起できる**とする立場です。

エ ○　C説を前提にしても、**直接、国に対し憲法25条1項に基づいて、具体的な生活扶助の請求をすることはできない**と解することは可能です。

2 労働基本権

学習のポイント

- 私有財産制度により資本家の利益の独占を認めた結果、立場の弱い労働者は**契約自由の原則**の名のもとに過酷な労働条件で働かされるおそれがあります。そこで、**経済的弱者である労働者を救うのが労働基本権です。**
- **憲法28条は私人間でも直接適用**されるのが特徴です。

> 憲法28条
> 勤労者の団結する権利及び団体交渉その他の団体行動をする権利は、これを保障する。

1 労働基本権保障の意義

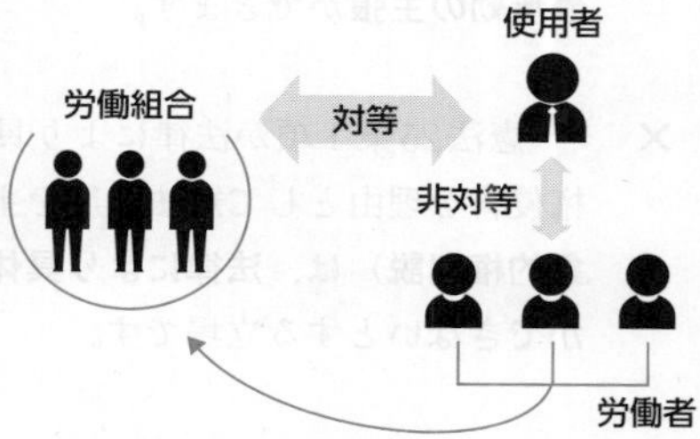

資本主義経済のもと、**契約自由の原則**1) によって、自分の意思で労働契約を結んだ以上、契約上の義務を全うするのは当然ということになります。ただ、労働者は生活のためやむなく悪条件でも契約を結ばざるを得ないこともあり、完全に自由にすると、労働者が搾取される恐れがあります。そこで、**経済的弱者である労働者**を守るため、賃金、労働時間等の労働条件をめぐる交渉において、**使用者**2) **と対等な立場に立たせることで、人間的な生活を確保させよう**というのが労働基本権です。

使用者と1対1で対峙すると立場の弱い労働者は、使用者に言いくるめられてしまうことがあります。そこで、**使用者と対等な立場に立つため**に、まず、労働者は団体（労働組合）を結成できます（**団結権**）。また、労働組合が、使用者に労働条件の交渉を申し入れた場合、使用者は正当な理由なく拒否できません（**団体交渉権**）。さらに、交渉が決裂した場合、労働組合は、ストライキ3) 等の実力行使に出ることができます（**団体行動権・争議権**）。以上を**労働三権**といいます。

労働基本権の主体は「勤労者」です。賃金、給料その他**労働によって得た収入によって生活する者**をいい、いわゆるサラリーマンです。**自営業者や農業・漁業者は含まれません**。ちなみに、公務員もサラリーマンですので「勤労者」には含まれますが、労働基本権が制限されています。**警察官・消防官・自衛隊員は、職務の性質上労働三権すべてが、その他の公務員も団体行動権は制限**されています（第１章第２節で学習しました）。

1）契約は当事者の自由意思に任せ、国家は干渉してはならないとの原則。ただこれは、対等当事者間だからこそ当てはまる考え方で、非対等な当事者間では、かえって無理な契約を結ばされ、労働者に不利。

2）他人を使用する者。会社そのものや社長や店長など。

3）労働者が働かないことで抗議すること。使用者側にプレッシャーをかけることで、よりよい労働条件を引き出すために行います。

確認してみよう

① 勤労者の団結する権利は、労働者の団体を組織する権利であるとともに、労働者を団結させて使用者の地位と対等に立たせるための権利であり、警察職員、消防職員、自衛隊員にも保障されている。区Ⅰ2014

1 参照 ×

「警察職員、消防職員、自衛隊員にも保障されている」の部分が誤りです。職務の性質上（警察官や消防官が仕事をしなかったら社会秩序は保てません）、**労働基本権は三権とも保障されません**。

2 労働基本権の性質

(1) 社会権的側面

労働基本権は、まず、社会権として、**国家に対して労働基本権を保障する措置を要求**することができます。

⑵ 自由権的側面

① 刑事免責

例えば、労働者が職場である工場で、何らかの要求をとおすため座り込みをしたとしましょう。これは、場合によっては業務妨害罪を構成してしまいます。ですが、それでは安心してストライキができません。そこで、**正当な争議行為であれば、労働者は刑事責任を負いません**。これを**刑事免責**といいます。国家は、組合活動を行った労働者を罰するなど、組合活動を妨害してはならないのです。国家によって組合活動が邪魔されないので、**自由権的側面**といいます。

② 民事免責

ストライキを行った場合、本来、労働者は労働契約違反として使用者から損害賠償請求あるいは解雇されてしまうはずですが、されません。これを私企業に対して労働者が責任を負わないという意味で、**民事免責**といいます。つまり、**憲法28条は、労働者と私企業との関係（私人間）でも直接適用**されるのです。その結果、**使用者は、労働者の労働基本権を尊重すべき義務を負い、労働者を解雇したり損害賠償請求することはできません**。憲法は公法ですので、本来、国家との関係でしか直接適用されないはずですが（私人間では私法を通じて間接的に適用されるだけでした）、それだと保障の程度が弱まってしまい労働者の多くが民間企業で働いている実態とそぐわないので、例外的に憲法28条は私人間でも直接適用されるのです。その結果、使用者によって組合活動が邪魔されないので、こちらも**自由権的側面**といえます。

組合活動には、これら**刑事免責や民事免責**が認められることにより、労働者は安心してストライキに参加でき、**使用者と対等な立場で労働条件について話し合い、合意に至る**ことができるのです。

3 団結権

団結権とは、労働条件の維持改善のため、**労働組合を結成する権利**です。

ここで問題となるのが、**ユニオンショップ協定の合憲性**です。ユニオンショップ協定とは、**雇用後一定期間内に組合に加入しないかまたは組合を脱退ないし除名された労働者を、使用者は解雇しなければならない**との**使用者と組合間の合意**です。組合への加入を労働者に強制することで、組合が労働力を独占でき、使用者への圧力を強め交渉を有利に進めることができるので、このような制度があります。

ですが、労働者に組合への加入を強制するので、**労働者の団結しない自由が侵害され、その合憲性が問題**となります。**通説は、ユニオンショップ協定を合憲**としています。なぜなら、そもそも憲法28条の目的は労働者の保護にあり、**刑事免責や**

民事免責は組合活動として行った行為にしか認められないので、**団結しない自由はそもそも保障されていない**からです。

では、使用者とユニオンショップ協定を結んでいる組合から**脱退して他の組合に加入した者に対してなされた解雇**は有効でしょうか。

判例　最判平元.12.14：**三井倉庫港運事件**

事案

- 使用者とユニオンショップ協定が結ばれていたA組合の労働者が、組合から脱退し**別のB組合に加入した後**、使用者が、A組合とのユニオンショップ協定に基づき労働者を解雇した。

解説

- 組合が、使用者とユニオンショップ協定を結ぶかどうかは自由である。
- 一つの職場に複数の組合が併存する場合、どの組合を選ぶかも労働者の自由である。
- ユニオンショップ協定（組合への加入の強制）が合憲なのは、労働者には団結しない自由が保障されていないからである。その一方で、**団結する自由は保障されなければならない。**
- 労働者が組合脱退後、どの組合にも加入しなければ解雇もやむを得ないが、別組合に加入したにもかかわらず解雇されたのでは、**労働者の団結する自由（組合選択の自由）が害されてしまう。**
- そこで、**B組合加入後の使用者の解雇は無効である。**

判旨

- **ユニオンショップ協定を結んでいない他の労働組合の団結権も、尊重されるべきである。**
- したがって、ユニオンショップ協定によって労働者に対し解雇の威嚇のもとに特定の労働組合への加入を強制することは、それが**労働組合選択の自由および他の労働組合の団結権を侵害する場合には、許されない。**
- 使用者がユニオンショップ協定に基づき、このような労働者に対してした**解雇は無効である。**

労働組合には、単に職場が一緒というだけで、いろいろな思想の持ち主が加入します。ですが、一致団結して行動しないと、使用者にプレッシャーがかかりません。そこで、**団結権の裏返し**として組合には**統制権が認められています。**統制権とは、組合の決定に**組合員を従わせる組合の権限**のことで、**従わない組合員を処分**（例 ストを行うとの組合の決定に従わずストに参加しない組合員は組合から除名され

第5章　社会権

る）できます。

そこで、**組合の統制権と組合員個人の人権との調整**が問題となります。

判例 最大判昭43.12.4：**三井美唄炭鉱労組事件**

事案

- 市議会議員選挙の際、組合として**組合員の中から統一候補者を決定**したところ、独自に立候補しようとする組合員がいたため、票が割れるのをおそれた**組合が、その者を除名処分**にした。

解説

- 組合には統制権があるが、**組合員の人権を不当に侵害してはならない。**
- **参政権**は、**主権者国民に保障された重要な人権**なので、組合による立候補の制限は**特に慎重**でなければならない。
- そこで、組合の統制権と組合員の人権との調整から、組合が、**立候補しないように勧告したり説得したりするところまでは許される**が、そのレベルを超えて、**立候補しないように要求したり、要求に従わない場合に組合員を除名処分にしたりするのは許されない。**

判旨

- 国民には**立候補の自由**が保障されている。
- それゆえ、**労働組合による労働者の立候補の自由の制約は特に慎重**でなければならず、組合が組合員に対し、立候補しないよう**勧告・説得**するのはかまわないが、その域を超え立候補を取りやめることを**要求**し、従わなかったことを理由に**当該組合員を処分**することは、**統制権の限界を超えている。**
- したがって、**本件処分は違法である。**

組合の活動費は組合員から徴収します。ですので、組合費を納めない組合員は統制権により処分されます。次は、**組合員に組合費を納める義務がそもそもあるか**どうかが問題となった判例です。

判例 最判昭50.11.28：**国労広島地方本部事件**

事案

- 旧国鉄労働組合が、組合員に対して、未払いの**臨時組合費の支払い**を求めた。**徴収目的**は、**政治活動支援資金**（**安保闘争**[4] **資金**）であった。組合は組合費を納めない組合員を処分した。

解説

- 組合員に**組合費を納める義務があるかどうか**は、**臨時組合費の徴収目的が、組合員の経済的地位向上という労働組合の活動目的に資するかどうか**で決まる。
- 臨時組合費の徴収目的は**安保闘争支援資金**であるが、これは、**組合員の経済的地位の向上という組合の活動目的とは無関係**である。
- したがって、**組合員に組合費を納める義務はなく、組合の処分は違法**である。

判旨

- 臨時組合費徴収決議が組合員を拘束するか否かは、**問題となる活動の内容・性質と、組合員に求められる協力の内容・程度・態様などとを比較考量**して決すべきである。
- この点、**安保闘争**は、国の安全や外交などの**国民的関心事**に関する政策上の問題を対象とし、安保条約への賛成・反対は**国民の一人として、自己の個人的かつ自主的な思想・判断に基づいて決すべき**である以上、**多数決をもって組合員に協力を強制することは許されない**。
- したがって、組合員には**組合費を納める義務はなく、組合の処分は無効である**。

4）日米安保条約に反対する**政治活動**。

確認してみよう

① 労働組合が、地方議会議員の選挙に当たり、統一候補を決定し、組合を挙げて選挙運動を推進している場合において、統一候補以外の組合員で立候補しようとする者に対し、立候補を思いとどまるように勧告又は説得することは、組合の統制権を超えるものとして違法であるとするのが判例である。労基・財務2017

3 最大判昭43.12.4：三井美唄炭鉱労組事件参照 ✕

「立候補を思いとどまるように勧告又は説得することは、組合の統制権を超えるものとして違法である」の部分が誤りです。判例は、**勧告・説得**の域を超え立候補を取りやめることを**要求**し、これに従わなかったことを理由に当該**組合員を処分**することは、**統制権の限界を超えている**としており、**勧告・説得は、統制権の範囲内**として許されます。

4 団体交渉権

労働組合が、構成員の労働条件の維持・改善のため、**使用者と交渉する権利**です。使用者は組合による団体交渉の申入れを拒むことはできません。

5 団体行動権（争議権）

労働組合が、労働者の労働条件の維持・改善のため、使用者に対してストライキなどの**争議行為を行う権利**です。

では、例えば自動車メーカーの労働組合が、憲法改正に反対するためにストライキができるでしょうか。こういう労働条件改善のためではなく、**純粋に政治活動を目的として行われるストライキ**を**純粋政治スト**といいます。判例は、**違法な争議行為に当たり、刑事・民事免責は認められない**としています（最大判昭48.4.25：**全農林警職法事件**）。

判 例　最大判昭48.4.25：**全農林警職法事件**

事案

- 内閣提出の法（警職法5)）改正案の**反対運動に参加するよう全農林労組の幹部が組合員をそそのかした**ところ、**争議行為（ストライキ）のそそのかしを罰する**国家公務員法違反で起訴された。

解説

- 純粋政治ストが許されるかどうかは、それが、**組合員の経済的地位向上という労働組合の活動目的に資するか**どうかで決まる。
- 純粋政治ストを行ったところで、**労働者の経済的地位には何も影響しない**。
- したがって、**違法な争議行為**に当たり、**刑事免責されない**。

判旨

- 私企業の労働者であると、公務員であるとを問わず、使用者に対する**経済的地位の向上の要請とは直接関係がない**法律の改正に反対するような政治的目的のために争議行為を行うがごときは、もともと**憲法28条の保障とは無関係**なものというべきである。

5）警察官職務執行法の略。警察官の職務権限について定める法律。

加えて、判例は、**生産管理**（労働組合が工場などの**生産手段を乗っ取って、自ら経営**すること）も**違法な争議行為に当たり、刑事・民事免責は認められない**としています（最判昭25.11.15：**山田鋼業事件**）。

判例　最判昭25.11.15：**山田鋼業事件**

事案

- ある企業が、事業縮小による整理を理由に従業員を解雇したところ、組合は、生産管理を行った。

解説

- **正当な争議行為**として許されるかどうかは、**使用者の人権と労働者の労働基本権の調整**によって決まる。
- 工場等の生産手段はそもそも**使用者の所有**であり、その運営は**使用者の営業権の現われ**である。
- したがって、争議行為として**使用者の生産手段を奪うことは許されない**。

判旨

- 我が国は**私有財産制度を根幹**としており、**企業の経営、生産行程の指揮命令は、資本家の権限**に属する。
- それゆえ、**労働者は企業の使用収益権を持たず、経営権も持たない**。
- したがって、労働者側が**企業側の私有財産の根幹を揺るがすような争議行為（生産管理）は許されない**。

確認してみよう

① 憲法第28条は、行使の目的を限定することなく勤労者に団体行動権を保障しているから、使用者に対する経済的地位の向上の要請とは関係があるとはいえない政治的目的のための争議行為も、憲法第28条の保障を受けるといえる。国税2008

5 最大判昭48.4.25：**全農林警職法事件参照**　×

「政治的目的のための争議行為も、憲法第28条の保障を受ける」の部分が誤りです。判例は、**純粋政治ストは違法**としています。

過去問にチャレンジ

問題1 **憲法に定める労働基本権に関する記述として、妥当なのはどれか。**

★★★

都Ⅰ2005

❶ 憲法は、勤労者の団結権、団体交渉権及び団体行動権のいわゆる労働三権を保障しており、警察職員及び消防職員にも、三権すべてが認められている。

❷ 非現業の国家公務員及び地方公務員は、職員として採用された場合は、採用後６か月以内に職員団体に加入することが義務づけられている。

❸ 労働基本権に関する規定は、いわゆるプログラム規定であり、勤労者は、これを直接の根拠として、個々の権利侵害の事実について、裁判で争うことはできないと解されている。

❹ 憲法は、勤労者の団体行動権を保障しているため、正当な争議行為については、民事上の債務不履行による賠償責任又は不法行為責任が免除される。

❺ 最高裁判所は、労働基本権制約の代償措置としての人事院勧告が、政府によって完全凍結されたことを契機に行われた争議行為に対する懲戒処分について、懲戒権者の裁量権の範囲を逸脱したものであり、違法であると判示した。

【解答・解説】

正解 ❹

❷と❺は細かい知識を求めており、❸もわかりにくいので、比較的難しい問題です。正解肢は易しいので、わからない肢は飛ばして、一本釣りで解きましょう。

❶ ×　「警察職員及び消防職員にも、三権すべてが認められている」の部分が誤りです。警察職員や消防職員には職務の性質上、**労働基本権は三権とも保障されません。**

❷ ×　「採用後6か月以内に職員団体に加入することが義務づけられている」の部分が誤りです。**非現業公務員**[6)] **には団結権が保障されています**が、職員団体への**加入が義務づけられているわけではありません。**

6）**現業公務員**とは、公立学校の給食調理員や公用車の運転手など、**民間類似の単純労務職員**のこと。**非現業公務員**とは、**一般の公務員**のことで、行政に関する意思決定に関わります。

❸ ×　「直接の根拠として、個々の権利侵害の事実について、裁判で争うことはできない」の部分が誤りです。労働基本権保障の効果として**民事免責や刑事免責**が認められており、**憲法28条を直接の根拠として、賠償義務を負わない旨や処罰されない旨、裁判で争うことができます。**

❹ ○　正当な争議行為には**民事免責**が認められており、**民事上の債務不履行による賠償責任または不法行為責任が免除**されます。

❺ ×　「人事院勧告が、政府によって完全凍結されたことを契機に行われた争議行為に対する懲戒処分について、懲戒権者の裁量権の範囲を逸脱したものであり、違法であると判示した」の部分が誤りです。判例は、**代償措置としての人事院勧告制度**[7)] **の存在それ自体が、労働基本権制限の合憲性を裏づける**と捉えており、勧告するか否かに関係なく、**争議行為は違法**であり、それに対する**懲戒処分は適法**としています（最判平12.3.17）。

7）国家公務員の労働基本権が制限されていることの見返り（代償措置）として、第三者機関である人事院が、公務員の勤務条件を決定する国会や内閣に、勤務条件の見直しを求める制度。これにより、公務員が自らストライキなどをする必要がなくなることから、この制度の存在が、国家公務員の争議行為の全面一律禁止の合憲性の根拠になります。

MEMO

第5章 社会権

問題2 ★ **労働基本権に関する次の記述のうち、最も適当なものはどれか。（争いのあるときは、判例の見解による。）。**

裁判所2005

❶ 勤労者が行う争議行為は、正当な限界を超えない限り、憲法の保障する権利の行使にほかならないから、民事上の債務不履行責任や不法行為責任を問われることはなく、また刑事罰の対象ともならない。

❷ 公務員は、憲法15条２項により「全体の奉仕者であって、一部の奉仕者ではない」と規定されている上、法律により主要な勤務条件が定められ、労働基本権行使の制約に対する適切な代償措置が講じられていることから、憲法28条の「勤労者」には該当しない。

❸ 憲法は労働者に団結権を保障していることから、ユニオンショップ協定によって、労働者に対し、特定の労働組合への加入を強制することは、それが労働者の労働組合選択の自由及び他の労働組合の団結権を侵害する場合であっても許される。

❹ 労働組合は、憲法28条による労働者の団結権を確保するために自律権を有しており、組合員に対して統制権を行使できることから、労働組合の除名処分に対して司法審査が及ぶことはない。

❺ 憲法の人権規定は、国家権力と個人との関係を規律するものであり、私人相互の関係を直接規律することを予定していないことから、憲法28条も、私人間には、民法の一般条項を介して契約自由の原則を制限するという意味で間接的に運用されるに過ぎない。

【解答・解説】

正解 ❶

❹は若干わかりにくいですが、基本的な知識と判例で解答できるので、比較的易しい問題です。一つひとつ丁寧に読み、確実に得点したいところです。

❶ ○　正当な争議行為には、労働基本権保障の効果として**民事免責と刑事免責が認められています。**

❷ ×　「憲法28条の「勤労者」には該当しない」の部分が誤りです。公務員も賃金、給料その他**労働によって得た収入によって生活する者**であり、**「勤労者」に該当**します。

❸ ×　「労働者の労働組合選択の自由及び他の労働組合の団結権を侵害する場合であっても許される」の部分が誤りです。判例は、ユニオンショップ協定によって労働者に対し解雇の威嚇のもとに特定の労働組合への加入を強制することは、それが**労働組合選択の自由および他の労働組合の団結権を侵害する場合には、許されない**としています（最判平元.12.14：**三井倉庫港運事件**）。

❹ ×　「労働組合の除名処分に対して司法審査が及ぶことはない」の部分が誤りです。判例は、**労働組合が行った除名処分を違法と判示**しており、司法審査が及ぶことを前提としています（最大判昭43.12.4：**三井美唄炭鉱労組事件**）。

❺ ×　「憲法28条も、私人間には…間接的に適用されるに過ぎない」の部分が誤りです。憲法28条は**私人間にも直接適用**されます。

問題3 ★　労働基本権に関するア～オの記述のうち、妥当なもののみを全て挙げているのはどれか。

財務2014

ア　憲法第28条が保障する労働基本権は、使用者対労働者という関係において、労働者の権利を保護する目的も有しており、同条は、国家との関係においてのみならず、私人間の関係にも直接運用される。

イ　憲法第28条は「勤労者の団結する権利及び団体交渉その他の団体行動をする権利は、これを保障する。」として、勤労者に、団結権、団体交渉権、団体行動権（争議権）を保障しており、これらの権利は労働三権と呼ばれる。

ウ　憲法第28条による労働者の団結権保障の効果として、労働組合は、その目的を達成するために必要かつ合理的な範囲内において、その組合員に対する統制権を有するが、労働組合が、地方議会議員の選挙に当たり、組合が決めた統一候補以外の組合員で立候補しようとする者に対し、立候補を思いとどまるよう、勧告又は説得をすることは、当該組合員の立候補の自由を侵害するため許されないとするのが判例である。

エ　憲法は労働者の団体が適正な労働条件の実現を図るために団体行動をする権利を認めているが、その団体行動が使用者に損害を与えるに至った場合は、それが労働組合の正当な争議行為によるものであったとしても、当該使用者は、当該労働組合に対してその損害の賠償を請求することができる。

オ　いわゆる安保反対闘争のような活動は、直接的には国の安全や外交等の国民的関心事に関する政策上の問題を対象とする活動であるが、究極的には何らかの意味において労働者の生活利益の維持向上と無縁ではないのであるから、労働組合の多数決によって決定された同活動実施のための臨時組合費の徴収については、組合員はこれを納付する義務を負うとするのが判例である。

❶　ア、イ
❷　ア、ウ
❸　ア、イ、エ
❹　イ、ウ、オ
❺　ウ、エ、オ

【解答・解説】

正解 ❶

基礎的な知識や判例で解答できるので、比較的易しい問題です。**ア**と**イ**が正しいとわかれば、正解は❶と❸に絞られます。**エ**は基本的な知識なので、消去法で正答に至ることができます。

ア ○　憲法28条は、**私人間にも直接適用**されます。

イ ○　憲法28条は、勤労者に団結権、団体交渉権、団体行動権の**労働三権**を保障しています。

ウ ×　「勧告又は説得をすることは、当該組合員の立候補の自由を侵害するため許されないとするのが判例である」の部分が誤りです。判例は、**勧告・説得**の域を超え立候補を取りやめることを**要求**し、これに従わなかったことを理由に当該**組合員を処分**することは、**統制権の限界を超えている**としており、**勧告・説得は、統制権の範囲内**として許されるとしています（最大判昭43.12.4：**三井美唄炭鉱労組事件**）。

エ ×　「労働組合の正当な争議行為によるものであったとしても、当該使用者は、当該労働組合に対してその損害の賠償を請求することができる」の部分が誤りです。憲法28条は**私人間にも直接適用**され、**使用者との関係でも労働基本権は保障される**ので、正当な争議行為によって損害を与えても、**使用者は損害の賠償を請求することができません。**

オ ×　「組合員はこれを納付する義務を負うとするのが判例である」の部分が誤りです。判例は、安保条約への賛成・反対は**国民の一人として、自己の個人的かつ自主的な思想・判断に基づいて決すべき**である以上、**多数決をもって組合員に協力を強制することは許されない**としており、組合員は組合費を納付する義務はないとしています（最判昭50.11.28：**国労広島地方本部事件**）。

第6章

受益権・参政権

受益権（国務請求権）
参政権

1 受益権（国務請求権）

学習のポイント

・**社会権以外で国からサービスの提供を受ける権利**が受益権（国務請求権）です。社会権と異なり福祉主義の現われではありません。ですから、経済的強者も受益権を行使できます。
・全体的に出題頻度は低いですが、国家賠償請求権は行政法にも関連しますので重要です。

1 裁判を受ける権利

憲法32条
　何人も、裁判所において裁判を受ける権利を奪はれない。

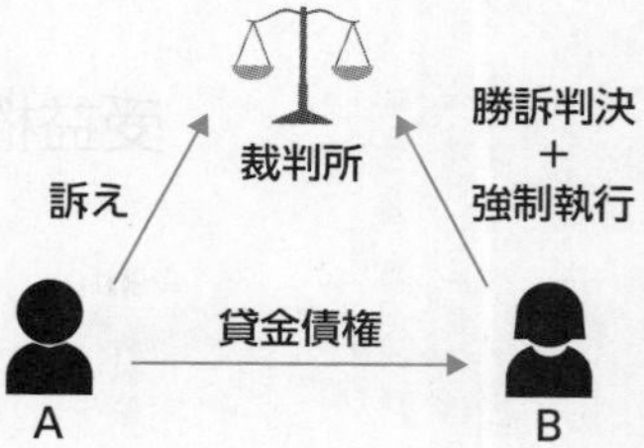

　AがBにお金を貸したとしましょう。返済期限がきてもBが返さない場合、A・Bは私人どうしで対等なので、力づくで取り戻すことはできません（そんなことをしたら恐喝罪です）。そこで、裁判所に訴えて（**民事裁判**）、勝訴の判決を得て、さらに**強制執行**1)で取り立ててもらうことができます（**受益権**）。ですから、裁判を受ける権利は、それ自体が目的ではなく、この例でいうと、あくまで貸金**債権**2)という財産権（こちらが目的）を裁判をとおして実現してもらうための**手段としての人権**といえます。

　また、Aがたとえ罪を犯しても、裁判（**刑事裁判**）の結果、有罪判決が確定しない限り、処罰されません（人身の自由＝**自由権**）。さらに、交通違反を理由に免許が取り消された場合、不服がある運転手は、免許取消処分の取消しを求めて自治体を訴えることができます（**行政裁判**）。

　このように、事件に法を適用することで解決する作用が裁判で、**誰もがこの裁判制度を利用することができ、それが一つの人権として保障されている**のです。

このとき、どのような事件をどの裁判所が担当するかを定めたものを**裁判管轄**といい、**法律（訴訟法）で決められています**。では、裁判管轄を間違えて下された判決は、**憲法32条違反として無効**でしょうか。

1）裁判所をとおして、強制的に取り立てる手続。具体的には、債務者の財産を差し押さえて、競売等により換価し、その代金を返済に充てることができます。
2）人に対して責任追及できる財産権。貸金債権は貸したお金の返還を請求できます。

判例

最大判昭24.3.23

事案

- 裁判所の管轄が変更されたところ、検察官は変更後の管轄権あるA裁判所ではなく、誤って**変更前のB裁判所に起訴**してしまった。B裁判所も、本来、管轄違いで却下すべきところ、**誤って判決を下してしまった**。そこで、被告人Xは、**本判決は憲法32条違反**だと主張した。

解説

- 裁判管轄の**根拠法は法律**（訴訟法）である。
- そして、憲法が保障したのは、公正中立な**裁判所の裁判を受ける権利**にすぎない。
- したがって、たとえ管轄権がなくても**裁判所の裁判**である以上、その判決は、**違法ではあるが違憲ではない**。

判旨

- 憲法32条は、国民が**裁判所においてのみ裁判を受ける権利**を有し、**裁判所以外の機関**（例国会や内閣）**によって裁判されることはない**ことを保障したにすぎない。
- **とすれば**、訴訟法で定める管轄権がある具体的裁判所において裁判を受ける権利までを保障したものではない。
- したがって、本判決は、**訴訟法違反**とはいえるが、違憲とはいえない。

2 国家賠償請求権

憲法17条
何人も、公務員の不法行為により、損害を受けたときは、法律の定めるところにより、国又は公共団体に、その賠償を求めることができる。

第１章第３節（幸福追求権）で学んだ、区長が住民の前科を弁護士に回答したことにより、プライバシーが侵害されたとして、その住民が自治体を訴えた事件がありました（最判昭56.4.14：**前科照会事件**）。そのように、**公務員が誤って国民の権利を侵害**してしまった場合、被害に遭った国民が、公務員の雇主である**国や自治体に対し、金銭の支払いを求めることができる権利**が国家賠償請求権です。

かつて郵便法には、郵便配達員（当時は国家公務員）が配達先を間違えて当事者に損害を与えた場合でも、国は責任を負わないという条文（**免責規定**）がありました。その合憲性が問題となります。

判例　最大判平14.9.11：**郵便法事件**

事案

- Xは A に対する債権を取り立てるため、A が B 銀行（C 支店）に対して持つ預金債権について、差押えの申立てをした。郵便局員は、裁判所の差押命令正本（**特別送達**3)）を、本来、C 支店に直接届けるべきところ、**誤って**C 支店の**私書箱**4)**に投函**したため、送達が１日遅れ、その間に A は預金のすべてを引き出してしまった。そこで、X は**債権額相当の損害を被った**として、国家賠償請求した。

解説

- 免責規定の**目的**は、郵便サービスをなるべく安い料金で平等に提供する点にあり、**目的自体には正当性がある。**
- しかし、例外的な郵便物で数が少ないうえに郵便**料金が加算**され、郵便物が**確実に送達されることが特に強く要請される特別送達**まで免責しなくても、そのような目的は達成できる。
- したがって、**免責規定は**、**国家賠償請求権を不当に侵害しており**、**違憲**である。

判旨

- **免責規定の目的**（安価で公平な郵便役務の提供）**は正当**であるが、**書留郵便物**について**故意・重過失**によって損害が生じたという**例外的な場合にまで責任を免除しなければ**、かかる目的を達成できないとはいえない。
- したがって、**例外的な場合まで免責を認める規定は違憲**（**国家償請賠求が認められた**）。

3) 裁判所等の公的機関が文書を送達するために使う郵便物。**郵便局員が名宛人に手渡し**することになっています。

4) 郵便局内に設置された、あらかじめ受取人として申し込んだ人専用の郵便受。

確認してみよう

① 憲法32条の趣旨は、全ての国民に、憲法又は法律で定められた裁判所においてのみ裁判を受ける権利を保障するとともに、訴訟法で定める管轄権を有する具体的裁判所において裁判を受ける権利を保障したものと解されるから、管轄違いの裁判所による裁判は同条に違反するとするのが判例である。国般2013

1 最大判昭24.3.23参照 ×

「管轄違いの裁判所による裁判は同条に違反するとするのが判例である」の部分が誤りです。判例は、憲法32条は、**訴訟法で定める管轄権がある具体的裁判所**において裁判を受ける権利までを保障したものではないとしています。

② 書留郵便物について、郵便業務従事者の故意又は重大な過失による不法行為について免責又は責任制限を認めることは、憲法第17条が立法府に付与した裁量の範囲を逸脱しているとまではいえず、違憲とはならない。労基2007

2 最大判平14.9.11：郵便法事件参照 ×

「憲法第17条が立法府に付与した裁量の範囲を逸脱しているとまではいえず、違憲とはならない」の部分が誤りです。判例は、書留郵便物について郵便業務従事者の故意・過失による誤配の場合の**免責規定を違憲**としています。

3 刑事補償請求権

> 憲法40条
> 何人も、抑留又は拘禁された後、無罪の裁判を受けたときは、法律の定めるところにより、国にその補償を求めることができる。

逮捕勾留や自由刑の執行等の**身柄拘束**は、国民の心身に重大な影響を及ぼします。それが冤罪だったらなおさらです。そこで、**身柄拘束後、無罪判決を受けた**ときは、国に**補償金を請求**できるのが、刑事補償請求権です。

条文上「**抑留**（逮捕）**又は拘禁**（勾留）**された後、無罪の裁判を受けた**とき」とあるので、**逮捕勾留の理由となった事実と無罪の裁判を受けた事実が同じ**でなければなりません。では、逮捕勾留はしたものの結局不起訴となった事実について、補償金を請求できるでしょうか。原則として、請求できません。不起訴では無罪の裁判を受けたことにはならないからです。

ところで、覚せい剤取締法では、覚せい剤を**1回使用するごとに一罪が成立**します。A事実（1回の使用行為）で逮捕勾留したところ、別の使用行為（B事実）が発覚し、A事実については嫌疑不十分で不起訴となり、B事実につき起訴されたものの無罪となった場合、**A事実の逮捕勾留中にB事実についても取調べをしていた**ので、**実質上B事実についての逮捕勾留といえ、刑事補償請求できないか**が問題となりました。

判例

最大決昭31.12.24

事案

- 被告人は、覚せい剤取締法違反の**A事実で逮捕勾留されたが不起訴**となった。その後、**A事実の取調中に発覚したB事実で起訴**され、**B事実は無罪**となった。そこで、被告人は、**無罪となったB事実の取調べは、不起訴となったA事実による勾留中に行われた**として、刑事補償請求した。

解説

- 逮捕勾留中、**別の犯罪事実が発覚**すると、**その身柄拘束期間を利用して取り調べることが多い**。
- ということは、**実質上は、別の犯罪事実についての逮捕勾留と同視できる場合もある**。
- たとえ**逮捕勾留の理由となった犯罪事実が不起訴**に終わっても、ほぼ**その身柄拘束期間が別の犯罪事実の取調べに利用され、その事実で起訴され、後に無罪**となった場合は、刑事補償請求できる。

判旨

- **不起訴となった事実（A事実）に基づく抑留または拘禁**であっても、**実質上は、無罪となった事実（B事実）についての抑留または拘禁であると認められる場合**は、その部分は**本条にいう「抑留」または「拘禁」に含まれる**。
- 本件では、**A事実についての拘禁期間を利用**して、**B事実についての取調べ**がなされている。
- したがって、B事実について**刑事補償請求できる**。

確認してみよう

① 憲法第40条は、何人も、抑留又は拘禁された後、無罪の裁判を受けたときは、法律の定めるところにより、国にその補償を求めることができると定めているが、同条にいう「抑留又は拘禁」には、たとえ不起訴となった事実に基づく抑留又は拘禁であっても、そのうちに実質上は、無罪となった事実についての抑留又は拘禁であると認められるものがあるときは、その部分の抑留及び拘禁も含まれるとするのが判例である。国般2018

3 最大決昭31.12.24参照 ○

抑留または拘禁の理由となった事実と無罪となった事実が異なる場合でも、実質上無罪となった事実についての抑留または拘禁といえれば補償金が請求できます。

4 請願権

憲法16条
　何人も、損害の救済、公務員の罷免、法律、命令又は規則の制定、廃止又は改正その他の事項に関し、平穏に請願する権利を有し、何人も、かかる請願をしたためにいかなる差別待遇も受けない。

例えば、幼い子を抱える母が、保育所を増やしてもらうべく署名を集めて役所に提出したとしましょう。このように、**公務員に対し国民が自ら要望を伝える（陳情する）権利**を請願権といいます。

では、請願を受理した役所は、国民の要望を必ず実現しなければならないのでしょうか。もし実現しなければならないとしたら、行政が私物化してしまい、声を上げた人だけが得をして不公平です。そこで、**請願を受けた機関は、請願を受理し、誠実に処理する義務は負いますが、請願内容を採択**（施策などを決定すること）**したり実現したりする義務は負いません**。ですから、非常に力の弱い人権といえます。そのため、**誰でも**（外国人でも）、**誰に対しても**（天皇に対しても）、また、**どんな内容でも**（違法な内容でも）請願できます。

過去問にチャレンジ

問題1 ★ **日本国憲法に規定する請願権に関する記述として、妥当なのはどれか。**

区Ⅰ 2011

❶ 請願権は、日本国憲法で保障されたものであるから、日本国憲法の改廃は請願の対象とはならない。

❷ 選挙権を有する日本国民は、請願権を有するが、選挙権を有しない外国人や未成年者は、請願権を有しない。

❸ 請願は、国の機関に対して行うことができるが、天皇は国政に関する権能を有しないため、天皇に関する請願は認められない。

❹ 請願権の保障は、請願を受けた国や地方自治体の機関にそれを誠実に処理する義務を課し、請願の内容を審理及び判定する法的拘束力を生ぜしめる。

❺ 請願は、請願者の利害に関するものである必要はなく、国や地方自治体の機関に対して、その職務権限に属する事項について要望を述べる行為である。

【解答・解説】

正解 ❺

マイナーな人権ですが、請願には法的拘束力はないので、誰でも、誰に対しても、どんな内容の請願もできることさえ押さえてしまえば、正答に至ることができます。ですので、比較的易しい問題といえます。

❶ ×　「日本国憲法の改廃は請願の対象とはならない」の部分が誤りです。**どんな内容の請願**もできます。

❷ ×　「選挙権を有しない外国人や未成年者は、請願権を有しない」の部分が誤りです。**誰でも**請願権を有しています。

❸ ×　「天皇に関する請願は認められない」の部分が誤りです。**誰に対しても**請願できます。

❹ ×　「請願の内容を審理及び判定する法的拘束力を生ぜしめる」の部分が誤りです。国や自治体の機関は、請願を**受理し**、**誠実に処理する義務**しか負いませんので、**審理・判定する法的拘束力は生じません**。

❺ ○　**どんな内容の請願**もできます。したがって、請願者の利害に関するものである必要はありません。

問題2 ★★★ 国務請求権に関する次の記述のうち、最も適当なのはどれか（争いのあるときは、判例の見解による。）。

裁判所2013

❶ 国務請求権とは、国家による行為を請求する権利であり、受益権や人権を確保するための基本権などと呼ばれるものであるが、伝統的には社会権に分類される権利である。

❷ 請願権（憲法16条）とは、国又は地方公共団体の機関に対して、その職務に関する希望を述べる権利であり、請願を受けた国又は地方公共団体の機関は、これを受理し、採択をする義務を負うが、何らかの施策を行う義務までを負うものではない。

❸ 裁判を受ける権利（憲法32条）の「裁判」とは、憲法82条が定める公開・対審・判決という原則が保障される訴訟事件の裁判に限らず、家庭裁判所で行われる家事審判のような非訟事件の裁判も含まれると解されている。

❹ 国家賠償請求権（憲法17条）は、「法律の定めるところにより」賠償を求めることができる権利であるが、判例は、郵便物の亡失等につき損害賠償責任を過剰に制限・免除していた郵便法の規定について、立法裁量の範囲を逸脱するものとして、違憲であるとした。

❺ 刑事補償請求権（憲法40条）は、抑留又は拘禁された被告人について、無罪の裁判があった場合に、国に対し、補償を求めることができるとする権利であるが、この刑事補償請求権を具体化した刑事補償法は、官憲の故意・過失を要件としている。

【解答・解説】

正解 ❹

裁判を受ける権利は、文字どおり裁判所に関連するので、❸は統治機構で扱うテーマになります。❺はマイナーな内容で、かつ❷も若干わかりにくいので、**比較的難しい問題**です。正解の❹は基本判例なので、わからない選択肢は飛ばして読み進めましょう。

❶ ×　「伝統的には社会権に分類される権利である」の部分が誤りです。裁判を受ける権利は**受益権**に分類されます。

❷ ×　「採択をする義務を負う」の部分が誤りです。請願を受けた機関は、**誠実に処理する義務は負います**が、**採択や施策を行う義務**まで負うものではありません。

❸ ×　「非訟事件の裁判も含まれると解されている」の部分が誤りです。**非訟事件**とは、権利義務の存在それ自体を争う訴訟事件とは異なり、**権利義務の存在を前提**に、その**具体的な実現方法等につき争い**がある場合に、裁判所が**非公開**で審理する事件のことです。例えば、家事審判法の夫婦の同居（時期、場所、態様等）に関する審判です。

❹ ○　妥当な記述です（最大判平14.9.11：**郵便法事件**）。

❺ ×　「官憲の故意・過失を要件としている」の部分が誤りです。刑事補償請求権を具体化した刑事補償法は、冤罪被害者の人権保障を徹底し、**官憲**（警察官や検察官、裁判官）**の故意・過失を要件としていません**。この点、**国家賠償請求は加害公務員の故意・過失を要件としている**ことと比較しておきましょう。

2 参政権

学習のポイント

- 参政権はめったに出題されませんが、**国民主権原理を支える重要な人権**です。
- 参政権の問題は、**いろいろな分野にまたがって出題される**というのが特徴です。

1 15条1項の意義

憲法前文1段

日本国民は、正当に選挙された国会における代表者を通じて行動し…

憲法15条

① 公務員を選定し、及びこれを罷免することは、国民固有の権利である。

憲法43条

① 両議院は、全国民を代表する選挙された議員でこれを組織する。

憲法47条

選挙区、投票の方法その他両議院の議員の選挙に関する事項は、法律でこれを定める。

憲法の基本原理の一つに**国民主権**（憲法前文1段）があります。国民主権とは、**国の政治のあり方を決定するのは国民**であるという考え方です。では、どんな方法で国民が政治に関わるかというと、国民が代表者（議員）を選び、その代表者によって、間接的に政治に参加する**代表民主制（間接民主制）が原則**です。その代表者を選ぶ権利が**参政権（選挙権）です（15条1項）**。ですから、国民主権にとって非常に重要な人権といえます。

さらに、我こそは代表者にふさわしいと思う人は選挙で立候補する必要があります。そこで、15条1項は立候補する権利すなわち**被選挙権をも保障**しています。

2 選挙活動の自由の制限

選挙活動（運動）とは、**特定の選挙**において、**特定の候補者の当選を目的**として**有権者に働きかける行為**です。例えば、立候補者が自身への投票を促すため駅前で演説したり、街宣カーで名前を連呼したりすることです。根拠は**憲法21条の表現の自由**です。

ただ、選挙は国民主権を支える重要なセレモニーですので、国民の声を公正に反映すべく**候補者どうしが選挙戦をフェアに戦うようにさまざまな規制**がなされています。その規制の合憲性を検討しましょう。

(1) 事前運動の禁止

まず、選挙運動は、限られた期間内（**立候補の届出が受理されてから投票日前日まで＝選挙期間**）しか行えません（選挙期間前の**事前運動の禁止**）。その合憲性が問題となりました。

判例　最大判昭44.4.23

事案

- 新宿区議会議員に立候補し当選したAは、**立候補届出前**から、自分の経歴等を記載したパンフレットを配る活動をしたことが、**事前運動の禁止を定めた公職選挙法に違反**するとして起訴された。

解説

- 常時選挙運動を許すと、有権者の私生活の平穏を害するし、何よりも監視の目が届きにくく、不正行為の摘発がしにくくなる。
- さらに、選挙活動（運動員を雇う、ポスターやビラを作る、会場を借りるなど）はお金がかかるので、**資力のある者が断然有利**になってしまい、国民が正しく代表者を選べなくなる。
- したがって、**事前運動を禁止する公職選挙法は合憲**である。

判旨

- 常時選挙運動を許すと、**不当・無用な競争を招き**、**規制困難による不正行為の発生**により**選挙の公正を害する**おそれがある。
- また、いたずらに経費や労力がかかり、**経済力の差による不平等**が生ずる結果となる。
- したがって、**事前運動を禁止することは、表現の自由に対し許された必要かつ合理的な制限である（合憲）**。

第6章 受益権・参政権

(2) 政見放送

政見放送とは、公職選挙法に基づき、**候補者個人や政党が自らの政見**[1]を発表し支持を求める**放送番組**で、**選挙活動の一環**として行われます。

1) 政治を行ううえでの**意見や見解**のこと。

判 例

最判平2.4.17

事案

- 参議院議員選挙の候補者が、政見放送の録画中、**障害者に対する差別的な発言**をしたので、放送局（NHK）が削除することに同意を求めたが拒否したため、選挙を所管する**自治省**（当時）**に照会**したうえで、その部分の**音声を無断で削除し**放送した。そこで、候補者が、録画したものを**そのまま放送される利益を侵害された**として、NHKに対し損害賠償請求訴訟を提起し、併せて削除は**検閲に当たると主張**した。

解説

- 法律上、NHKは**録画したものをそのまま放送**しなければならないが、政見放送は強い影響力を持つので、法律は、候補者にそもそも**他人の名誉を毀損したり品位を損ねる言動を禁止**している。
- したがって、**公職選挙法違反の言動がそのまま放送される利益は存在しないので**、NHKの削除は許される。
- 検閲は、**行政機関**が行う情報統制を意味するが、NHKは、**法律上政府から干渉を受けることなく自主的に運営され、財源は国民からの受信料で賄われているの**で、**行政機関とはいえない**。

判旨

- 公職選挙法は、政見放送が直接かつ即時に全国の視聴者に到達して強い影響力があることに鑑み、**他人の名誉を傷つけ善良な風俗を害する等政見放送としての品位を損なう言動を禁止**している。
- とすれば、公職選挙法に違反する言動が**そのまま放送される利益は、法的に保障された利益とはいえず**、そのまま放送されなかったとしても**法的利益の侵害があったとはいえない**（損害賠償請求できない）。
- また、**NHKは行政機関ではなく**、たとえ自治省に照会したとしても、自らの判断で削除部分の音声を削除して放送したのであるから、憲法が禁ずる**検閲には当たらない**。

3 選挙権・被選挙権の制限

(1) 連座制の合憲性

組織的選挙運動管理者等2) が買収等の悪質な選挙犯罪を犯し、**禁錮以上の刑に処せられたときは**、候補者の当選を無効とし、かつ、**5年間立候補を禁止**するという公職選挙法の規定（**連座制**3)）は、選挙が公正かつ適正に行われることを確保するための必要な規制として**合憲とするのが判例**です（最大判平9.3.13）。

さらに、**選挙犯罪を犯し、禁錮以上の刑に処せられた者**は、しばらくの間、選挙権、被選挙権の行使から遠ざけて選挙の公正を確保するとともに、本人の反省を促す必要があるので、**選挙権も被選挙権も一定期間停止することも合憲**とするのが判例です（最大判昭30.2.9）。

2) **候補者と意思を通じて選挙運動の計画の立案や調整、または選挙運動に従事する者への指揮監督を行う者**（ビラ配りの計画を立てる人や電話作戦に当たる者の指揮監督を行う人など）。

3) **候補者以外の一定の者**が選挙犯罪により**有罪判決を受けた場合**には、**候補者本人の当選無効・立候補禁止**という効果をもたらす制度。かつては選挙運動の総括主宰者や出納責任者、候補者の親族だけでしたが、**組織的選挙運動管理者**まで対象が拡大しました。

(2) 海外在住者の選挙権

選挙区は**住所地で決まる**ことから、かつて、**海外在住の日本人**は日本国内に住所がないことから、選挙に行けませんでした。その合憲性が争われたのが次の判例です。

判例 最大判平17.9.14：**在外日本人選挙権訴訟**

事案

- 国外に居住し**国内の市町村の区域内に住所を有していない日本人**が、公職選挙法が**選挙区制**4) **の選挙**における投票を在外国民に認めていないのは違法であるとして、国家賠償請求した。

解説

- 海外在住者の投票が制限されていた理由は、候補者情報が届きにくいという点にあった。
- しかしこれは、昨今の通信手段の発展から、解消されたといえる。

判旨

- 通信手段が地球規模で目覚ましい発達を遂げていることなどによれば、**在外国民に候補者情報が適正に伝達することが著しく困難であるとはいえない。**
- したがって、在外国民に投票することを認めないことについて、やむを得ない事由があるということはできず、**在外国民の選挙権の行使を認める対象となる選挙を比例代表制**5) **の選挙に限定する部分は、憲法15条1項、43条1項に違反する（違憲）。**

4）一つの選挙区内で得票数の多い候補者が当選する制度（当選者が一人だと小選挙区制、二人以上だと大選挙区制）。

5）得票率に応じて政党に議席が配分される制度。比例代表制は在外国民にもすでに当時から投票が認められていました。

(3) 在宅投票制度

身体の障害や疾病等で歩行が困難なことから投票所に行けない人が自宅で投票する制度を**在宅投票制度**といいます。これが悪用され多くの選挙違反者が続出したことから**一時期廃止**されており、その合憲性が問題となりました。

判例　最判昭60.11.21：在宅投票制度廃止事件

事案

- 公職選挙法が改正され、それまで行われていた**在宅投票制度が廃止**された。事故で寝たきりとなった障害者が数回の選挙に行けず、精神的損害を被ったとして国家賠償請求した。

解説

- **国会は国民の代表機関かつ唯一の立法機関**である（41条：次章で学習）。また、選挙制度は**国民の意思を公正に反映すべきもの**でなければならない。
- そこで、いつ、いかなる選挙制度を設けるかは、**国会の広範な裁量**に任されている。
- したがって、**明らかに憲法違反といえない限り、国家賠償請求はできない**とした。

判旨

- **国会議員の立法行為は、**立法の内容が憲法の一義的文言（解釈の余地がないほど明確）**に違反しているにもかかわらず、国会があえて当該行為を行うというような、**容易に想定し難い例外的な場合でない限り、国家賠償法1条1項の規定の適用上、**違法**の評価を受けない。

- 憲法47条は「選挙区、投票の方法その他両議院の**議員の選挙に関する事項は、法律でこれを定める**」と規定し、投票の方法その他選挙に関する事項の具体的決定を立法府である**国会の裁量に任せている。**
- そうすると、在宅投票制度を廃止し復活しなかった本件立法行為については、**容易に想定し難い例外的な場合に当たると解すべき余地はなく、国家賠償法1条1項の適用上違法の評価を受けるものではない。**

確認してみよう

① 公職選挙法上、選挙運動の総括主宰者だけではなく、組織的選挙運動管理者等が買収等の悪質な選挙犯罪を犯し禁錮以上の刑に処せられた場合に連座の効果を生じさせることは、これを全体としてみたときに、立法目的を達成するための手段として必要かつ合理的なものであるとはいえないから、憲法の規定に違反する。国般2006

3 (1) 最大判平9.3.13参照 ×

「立法目的を達成するための手段として必要かつ合理的なものであるとはいえないから、憲法の規定に違反する」の部分が誤りです。判例は、組織的選挙運動管理者等が買収等の悪質な選挙犯罪を犯し、禁錮以上の刑に処せられたときは、候補者の当選を無効とするなどの**連座制を合憲**としています。

② 選挙権の行使が不可能あるいは著しく困難となり、その投票の機会が奪われる結果となることは、これをやむを得ないとする合理的理由の存在しない限り許されないのであるから、在宅投票制度を廃止した立法行為は、立法目的達成の手段としてその裁量の限度を超え、これをやむを得ないとする合理的理由を欠き、憲法の規定に違反する。国般2006

3 (3) 最判昭60.11.21：**在宅投票制度廃止事件参照** ×

「在宅投票制度を廃止した立法行為は、立法目的達成の手段としてその裁量の限度を超え、これをやむを得ないとする合理的理由を欠き、憲法の規定に違反する」の部分が誤りです。判例は、**在宅投票制度の廃止を合憲**としています。

過去問にチャレンジ

問題1 参政権に関する記述として、最高裁判所の判例に照らして、妥当なのはどれか。

★★

区Ⅰ2013

❶ 憲法は、国会議員の選挙制度の仕組みについての具体的な決定を国会の裁量にゆだねていると解され、国外に居住していて国内の市町村の区域内に住所を有していない日本国民に国政選挙における選挙権の行使を認める制度の対象となる選挙を比例代表選出議員の選挙に限定することは、違憲とはいえない。

❷ 戸別訪問が不正行為を助長するおそれがあるというのは、抽象的な可能性にとどまり、被訪問者の生活の平穏を害するという点は、制限を置くことによってその弊害を除くことができるので、戸別訪問を一律に禁止している公職選挙法の規定は、合理的で必要やむを得ない限度を超えており、憲法に違反する。

❸ 憲法は立候補の自由について直接には規定していないが、立候補の自由も憲法の保障する基本的な人権の一つと解すべきであり、労働組合が、組合の方針に反して立候補しようとする組合員に対し、立候補を取りやめることを要求し、これに従わないことを理由に当該組合員を統制違反者として処分するのは、組合の統制権の限界を超えるものであり、違法である。

❹ 選挙に関する犯罪により一定以上の刑に処せられた者に対して、選挙権を所定の期間停止することは、選挙権が主権者としての市民の主権行使の権利であるので、憲法に違反するが、被選挙権を所定の期間停止することは、被選挙権は選挙されうる資格ないし地位であるので、憲法に違反しない。

❺ 選挙運動の総括主宰者だけでなく、組織的選挙運動管理者等が、買収等の悪質な選挙犯罪を犯し禁錮以上の刑に処せられたときに、候補者であった者の当選無効や立候補の禁止という連座の効果を生じさせる公職選挙法の規定は、投票者の選挙権を侵害し、候補者の立候補の自由と被選挙権を侵害するものであり、憲法に違反する。

【解答・解説】

正解 ❸

基本的な判例の知識で解答できますが、参政権自体がマイナーな分野でもあるので、標準的な問題です。❷は、表現の自由で学んだ戸別訪問禁止の合憲性の判例（最判昭56.6.15）です。また、❸は、労働基本権で学んだ三井美唄炭鉱労組事件です（最大判昭43.12.4）。このように、参政権の問題は分野をまたいで出題されます。

❶ ×　「比例代表選出議員の選挙に限定することは、違憲とはいえない」の部分が誤りです。判例は、在外国民に投票することを認めないことについて、やむを得ない事由があるということはできず、**在外国民の選挙権の行使を認める対象となる選挙を比例代表制の選挙に限定する部分は、憲法15条1項、43条1項に違反する**としています（最大判平17.9.14：**在外日本人選挙権訴訟**）。

❷ ×　「戸別訪問を一律に禁止している公職選挙法の規定は、合理的で必要やむを得ない限度を超えており、憲法に違反する」の部分が誤りです。判例は、**戸別訪問の一律禁止を合憲**としています（最判昭56.6.15）。

❸ ○　判例は、労働組合が組合の方針に反して立候補しようとする組合員に対し、立候補しないよう**勧告・説得**するのは構わないが、その域を超え立候補を取りやめることを**要求**し、従わなかったことを理由に当該**組合員を処分**することは、統制権の限界を超えているとしています（最大判昭43.12.4：**三井美唄炭鉱労組事件**）。

❹ ×　「選挙権を所定の期間停止することは…憲法に違反するが」の部分が誤りです。判例は、被選挙権に限らず**選挙権を一定期間停止することも合憲**としました（最大判昭30.2.9）。

❺ ×　「投票者の選挙権を侵害し、候補者の立候補の自由と被選挙権を侵害するものであり、憲法に違反する」の部分が誤りです。判例は、**組織的選挙運動管理者等**が買収等の悪質な選挙犯罪を犯し、禁錮以上の刑に処せられたときは、候補者の当選を無効とし、かつ、一定期間立候補を禁止する**公職選挙法の規定を合憲**としました（最大判平9.3.13）。

問題２　参政権に関する次の記述のうち、判例に照らし、妥当なのはどれか。

★★

国般2011

❶ 個々の国民に比べ豊富な資金力を有する会社が、自由に政治資金の寄付をなし得るとすると、その影響力により国民個々の参政権を侵害するおそれがあるため、会社による政治資金の寄付は、自然人たる国民による寄付と別異に扱うべき憲法上の要請があり、会社による政治資金の寄付を法律をもって規制しても憲法に違反しない。

❷ 憲法第15条第１項により保障される立候補の自由には、政見の自由な表明等の選挙活動の自由が含まれるところ、テレビジョン放送のために録画した政見の内容にいわゆる差別用語が含まれていたとしても、当該政見の一部を削除し、そのまま放送しないことは、選挙活動の自由の侵害に当たり、憲法に違反する。

❸ 公務員の選定罷免権を保障する憲法第15条第１項は、権利の性質上、日本国民のみをその対象としており、我が国に在留する外国人のうち、永住者等であってその居住する区域の地方公共団体と特段に緊密な関係を持つと認められるものについてであっても、法律をもって、地方公共団体の長、その議会の議員等に対する選挙権を付与することは、憲法に違反する。

❹ 公職の選挙につき、常時選挙運動を許容することは、不当、無用な競争を招き、不正行為の発生等により選挙の公正を害するなどのおそれがあり、このような弊害を防止し、選挙の公正を確保するため、選挙運動をすることができる期間を規制し、事前運動を禁止することは、表現の自由に対し許された必要かつ合理的な制限であり、憲法に違反しない。

❺ 公職選挙法に違反した者は、現に選挙の公正を害したものとして選挙に関与させることが不適当なものと認めるべきであるから、一定の期間について、被選挙権の行使を制限することは憲法に違反しないが、選挙権の行使をも制限することは、国民の参政権を不当に奪うものであり、憲法に違反する。

【解答・解説】

正解 ❹

いろいろな分野からの出題ですが、すべて基本的な判例の知識で解答できるので、標準的な問題です。❶は人権の主体で学んだ**八幡製鉄事件**（最大判昭45.6.24）です。❸も同じく人権の主体で学んだ判例（最判平7.2.28）です。これを機に、しっかり復習しておきましょう。

❶ ×　「会社による政治資金の寄付は、自然人たる国民による寄付と別異に扱うべき憲法上の要請があり、会社による政治資金の寄付を法律をもって規制しても憲法に違反しない」の部分が誤りです。判例は、**会社には自然人と同様政治活動の自由が保障されており、その一環として政治資金の寄付も許される**としています（最大判昭45.6.24：**八幡製鉄事件**）。

❷ ×　「当該政見の一部を削除し、そのまま放送しないことは、選挙活動の自由の侵害に当たり、憲法に違反する」の部分が誤りです。判例は、公職選挙法に違反する差別用語を含む言動が**そのまま放送される利益は、法的に保障された利益とはいえず**、そのまま放送されなかったとしても憲法に違反しないとしています（最判平2.4.17）。

❸ ×　「法律をもって、地方公共団体の長、その議会の議員等に対する選挙権を付与することは、憲法に違反する」の部分が誤りです。判例は、**居住する自治体と密接な関係を持っている定住外国人に限って、法律によって地方選挙権を与えても構わない**としています（最判平7.2.28）。

❹ ○　判例は、**事前運動を禁止することは、表現の自由に対し許された必要かつ合理的な制限である**としています（最大判昭44.4.23）。

❺ ×　「選挙権の行使をも制限することは、国民の参政権を不当に奪うものであり、憲法に違反する」の部分が誤りです。判例は、**選挙犯罪を犯し、禁錮以上の刑に処せられた者**は、しばらくの間選挙権、被選挙権の行使から遠ざけて選挙の公正を確保するとともに、本人の反省を促す必要があるので、**選挙権も被選挙権も一定期間停止することも合憲**としています（最大判昭30.2.9）。

問題3 ★★★

参政権に関するア～オの記述のうち、判例に照らし、妥当なもののみを全て挙げているのはどれか。

国般2020

ア　憲法第15条の規定は、国外に居住していて国内の市町村の区域内に住所を有していない在外国民の選挙権を保障するものではないから、在外国民に衆参両議院の比例代表選出議員の選挙についてだけ投票を認め、衆議院小選挙区及び参議院選挙区選出議員の選挙については投票を認めないこととしても、違憲ということはできない。

イ　憲法は、国会の両議院の議員を選挙する制度の仕組みの具体的決定を原則として国会の裁量に委ねているのであるから、投票価値の平等は、憲法上、選挙制度の決定のための唯一、絶対の基準となるものではなく、原則として、国会が正当に考慮することのできる他の政策的目的ないしは理由との関連において調和的に実現されるべきものと解さなければならない。

ウ　政治上の表現の自由は民主政治の根幹を成すものであって、政見放送の事前抑制は認められないから、政見放送において、その使用が社会的に許容されないことが広く認識されているいわゆる差別用語を使用した部分が公職選挙法の規定に違反するとして、当該部分の音声を削除して放送することは、憲法第21条に違反する。

エ　戸別訪問の禁止は、意見表明そのものの制約を目的とするものではなく、意見表明の手段方法のもたらす弊害を防止して、選挙の自由と公正を確保することを目的としているところ、その目的は正当であり、戸別訪問を一律に禁止することと禁止目的との間には合理的な関連性がある。また、選挙の自由と公正の確保という戸別訪問の禁止によって得られる利益は失われる利益に比してはるかに大きいといえるから、戸別訪問を一律に禁止している公職選挙法の規定は、憲法第21条に違反しない。

オ　公職選挙法が、同法所定の組織的選挙運動管理者等が買収等の所定の選挙犯罪を犯し禁錮以上の刑に処せられた場合に、公職の候補者であった者の当選を無効とし、かつ、これらの者が一定期間当該選挙に係る選挙区において行われる当該公職に係る選挙に立候補することを禁止する旨を定めていることは、いわゆる連座の対象者の範囲を必要以上に拡大し、公明かつ適正な公職選挙の実現という立法目的を達成するための手段として妥当性を欠いており、憲法第15条に違反する。

❶ ア、ウ
❷ ア、エ
❸ イ、エ
❹ イ、オ
❺ ウ、オ

【解答・解説】

正解 ❸

重要基本判例の知識が問われていますが、記述一つひとつにボリュームがあり、**イ**がわかりにくいので、やや難しい問題です。選択肢は組合せですので、記述を丁寧に読み、わかりやすいものから解いて選択肢を絞っていきましょう。

ア ×　**全体的に誤り**です。判例は、在外国民に投票することを認めないことについて、やむを得ない事由があるということはできず、**在外国民の選挙権の行使を認める対象となる選挙を比例代表制の選挙に限定する部分は、憲法15条1項、43条1項に違反する**としています（最大判平17.9.14）。

イ ○　判例は、憲法は、**投票価値の平等を選挙制度の仕組みの決定における唯一、絶対の基準としているものではなく、国会は、正当に考慮することのできる他の政策的目的ないし理由をも斟酌して、その裁量により衆議院議員および参議院議員それぞれについて選挙制度の仕組みを決定することができる**としています（最大判昭58.4.27）。

ウ ×　「当該部分の音声を削除して放送することは、憲法第21条に違反する」の部分が誤りです。判例は、公職選挙法に違反する言動が**そのまま放送される利益は、法的に保障された利益とはいえず**、そのまま放送されなかったとしても**法的利益の侵害があったとはいえず**、また、（政見の放送局である）**NHKは行政機関ではなく**、たとえ自治省に照会したとしても、自らの判断で削除部分の音声を削除して放送したのであるから、憲法が禁ずる**検閲には当たらない**としています（最判平2.4.17）。

エ ○　選挙の自由と公正を確保する**戸別訪問禁止の目的は正当**であり、また、**戸別訪問を一律に禁止することと禁止目的との間には合理的関連性があり**、さらに、戸別訪問以外の手段方法による意見表明の自由を制約するものではなく、**禁止により得られる利益は、失われる利益に比してはるかに大きい**として、戸別訪問を一律に禁止している**公職選挙法の規定は憲法21条に違反しない**としています（最判昭56.6.15）。

オ ×　「いわゆる連座の対象者の範囲を必要以上に拡大し、公明かつ適正な公職選挙の実現という立法目的を達成するための手段として妥当性を欠いており、憲法第15条に違反する」の部分が誤りです。判例は、**連座の対象者を選挙運動の総括主宰者等重要な地位の者に限っていた**従来の連座制ではその効果が乏しく選挙犯罪を十分抑制することができなかったという実態に鑑み、**組織的選挙運動管理者等まで連座の対象者を拡大したこと**は、公正かつ適正な公職選挙の実現という立法目的を達成するための手段として必要かつ合理的なものであり、**憲法15条に違反しない**としています（最大判平9.3.13）。

第7章

国 会

国会の地位・構成・活動・権能
国会議員の特権
議院の権能

1 国会の地位・構成・活動・権能

学習のポイント

- 憲法の後半の学習分野である「統治機構」の中では**最も出題頻度の高い**テーマです。
- このテーマには判例の出題がなく、**条文の暗記中心**となります。ただやみくもに暗記せず、**趣旨から理解**して覚えましょう。

1 国会の地位

憲法43条
① 両議院は、全国民を代表する選挙された議員でこれを組織する。
憲法41条
国会は、国権の最高機関であつて、国の唯一の立法機関である。
内閣法5条
内閣総理大臣は、内閣を代表して内閣提出の法律案…を国会に提出し…
憲法95条
一の地方公共団体のみに適用される特別法は、法律の定めるところにより、その地方公共団体の住民の投票においてその過半数の同意を得なければ、国会は、これを制定することができない。

国家公務員の中で国民が選挙で選べるのは、唯一国会議員だけです。ですから、**国会は国民の代表**といえます（**代表機関性**）。そこで、民主国家においては、**国会は国家の最高機関**に位置づけられています（**国権の最高機関性**）。また、日本は法治国家なので、社会のルールである**法律は、国会だけが作れる**ことになります（**唯一の立法機関性**）。

いま示した「国会」という機構の性質について、順番に確認していきましょう。

(1) 代表機関性（43条）

では、国会は**誰を代表**しているのでしょうか。それは、条文にもあるように、**全国民であり、地元の選挙区民ではありません**。ですから、北海道選出の国会議員も、沖縄の基地問題について真剣に考えなければなりませんし、沖縄県選出の国会議員も北海道の人口減少問題について議論しなければなりません。言い方を変えると、全国民のためになるのであれば、地元を犠牲にする法案等に賛成することもあり得るということです。例えば、米軍基地反対の選挙公約を掲げて当選した沖縄県選出の国会議員が、仮に全国民にとっては沖縄の米軍基地の存続が必要だと考えたならば、苦渋の選択で基地存続に賛成することも許されてしまうのです。つまり、**国会議員は選挙区民の意思に法的に拘束されません**。これを、**政治的代表、あるいは自由委任の原則**といいます。

⑵ 最高機関性（41条）

条文上、「国会は**国権**（国家権力）**の最高機関**」とされています。では、文字どおり捉えてよいのでしょうか。

憲法は、統治の基本原理として**三権分立**を掲げています。三権分立とは、**国家権力を内容に応じて分割**（**立法権**、**行政権**、**司法権**）し、それぞれ**異なる機関**（**国会**、**内閣**、**裁判所**）**に担当**させる統治形態です。なぜなら、権力を１か所に集中させるとその暴走を止められないので、あえて分散させ相互に**抑制と均衡**を保たせることで、**権力の一極集中、強大化による濫用を防止**し、**国民の人権を守る**ためです。もし、国会を文字どおり「国権の最高機関」と捉えてしまうと、権力を分散させた意味がありません。そこで通説は、これは、国会が国民から選挙で選ばれた国会議員で構成されていることに対する**誉め言葉にすぎない**と捉えています（**政治的美称説**）。ですので、**国会に他の機関を法的に統括する権能はありません**。

⑶ 唯一の立法機関性（41条）

①「立法」の意味

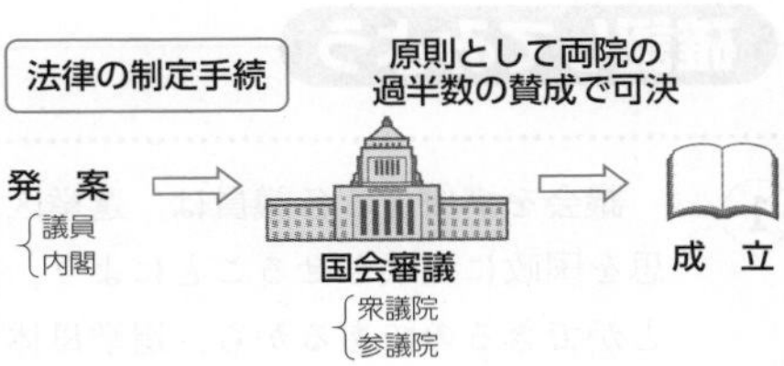

まず、「**立法**」の意味です。これには、国民の**権利を制限し義務を課す法規範のみ**の制定を指すという立場（**狭義説**）があります。しかし、この立場では、生活保護など**国民に権利を与える場合**や**統治機構**については国会がルールを作らなくてもよくなり、**国民主権主義**に反します。そこで、通説は、**あらゆる分野の法規範の制定が可能**と捉えています（**広義説**）。すなわち、「立法」とは、**一般的・抽象的法規範**1)と捉えます。そうすることにより、法律が**あらゆる人・あらゆる事件に適用**され、法律の制定や適用が効率的になるだけではなく、法の下の平等にも資するからです。

1）例えば、所得税法は課税対象者について「一定の年収以上の者」としており、AさんBさんなど特定人の名は記されていません。これが、「一般的」ということの意味です。また所得税法は徴税する税率を記すのみで、「Aさん10万円、Bさん20万円」といった具体的な金額は記されていません。これが「抽象的」ということの意味です。特定人や特定の金額を記したら、納税者の数だけ法律が必要になり、年収が変わるたびに法改正が必要になり非効率なので、それを避けています。

② 「唯一」の意味

次に、**「唯一」の意味**ですが、これは国会中心立法の原則、国会単独立法の原則という、二つの原則を意味します。まず**国会中心立法の原則**とは、国会が**立法権を独占**し、原則として、**他の機関は立法することができない**こと、すなわち国会が中心となって立法を行うということです。**国会単独立法の原則**とは、**国会が立法する際**、原則として、**他の機関は参加できない**こと、すなわち国会が単独で立法作業を行うということです。前者が、**立法権の有無**に関する原則（国会しか**立法権を持っていない**）で、後者が、**立法権の行使方法**に関する原則（立法権の行使を**他の機関は邪魔してはいけない**）です。

ただし、特定の自治体にだけ適用される**法律**（**地方自治特別法**、第11章で扱います）は、**国会の議決後、住民投票で過半数の同意を得なければ国会は制定できません**ので（憲法95条）、**国会単独立法の原則の例外**に当たります。

ここで、**内閣の法律案提出権**（**内閣法５条**）**の合憲性**が問題となります。

通説は**合憲**としています。なぜなら、現代では**法内容の専門技術性**（例感染症の予防や税法）が要請され、内閣の発案を認める必要がありますし、内閣に発案を認めるだけで**国会は自由に修正・否決できる**ので、国会の立法権を侵害しないからです。

確認してみよう

①　議会を構成する各議員は、選挙区ないし後援団体など特定の選挙母体の意思を国政に反映させることにより、全国民の代表者としての使命を果たすことができるのであるから、選挙母体である選挙区ないし後援団体等が求める個々の具体的な指示に法的に拘束される。労基・財務2015

1 (1) 参照　×

「選挙母体である選挙区ないし後援団体等が求める個々の具体的な指示に法的に拘束される」の部分が誤りです。国会議員は**全国民の代表**であり、選挙区民や後援団体の指示に**法的に拘束されません**。

②　法律は、原則として、国会の議決のみで制定されるが、特定の地方公共団体のみに適用される特別法を制定するには、その地方公共団体の住民の投票においてその過半数の同意を得なければならない。

1 (3) ②参照　○

地方自治特別法は、**国会単独立法の原則の例外**として、住民投票においてその過半数の同意を得なければ、国会は制定できません（憲法95条）。

2 国会の構成（二院制）

憲法42条

国会は、衆議院及び参議院の両議院でこれを構成する。

憲法59条

① 法律案は、この憲法に特別の定のある場合を除いては、両議院で可決したとき法律となる。

② 衆議院で可決し、参議院でこれと異なつた議決をした法律案は、衆議院で出席議員の３分の２以上の多数で再び可決したときは、法律となる。

③ 前項の規定は、法律の定めるところにより、衆議院が、両議院の協議会を開くことを求めることを妨げない。

④ 参議院が、衆議院の可決した法律案を受け取つた後、国会休会中の期間を除いて60日以内に、議決しないときは、衆議院は、参議院がその法律案を否決したものとみなすことができる。

憲法60条

① 予算は、さきに衆議院に提出しなければならない。

② 予算について、参議院で衆議院と異なつた議決をした場合に、法律の定めるところにより、両議院の協議会を開いても意見が一致しないとき、又は参議院が、衆議院の可決した予算を受け取つた後、国会休会中の期間を除いて30日以内に、議決しないときは、衆議院の議決を国会の議決とする。

憲法61条

条約の締結に必要な国会の承認については、前条第２項の規定を準用する。

憲法67条

② 衆議院と参議院とが異なつた指名の議決をした場合に、法律の定めるところにより、両議院の協議会を開いても意見が一致しないとき、又は衆議院が指名の議決をした後、国会休会中の期間を除いて10日以内に、参議院が、指名の議決をしないときは、衆議院の議決を国会の議決とする。

憲法69条

内閣は、衆議院で不信任の決議案を可決し、又は信任の決議案を否決したときは、10日以内に衆議院が解散されない限り、総辞職をしなければならない。

(1) 両院の関係

国会は、**慎重に意思形成**するため、あるいは、**任期や被選挙人資格、解散の有無などに差を設けること**で**国民のさまざまな意見を反映しやすく**するため、衆議院と参議院の二院で構成されます（**二院制**）。

◆ 両院の違い

	任期	解散2)	被選挙人資格	定数
衆議院	4年	あり	25歳以上	465人
参議院	6年（**3年ごとに半数改選**）	なし	30歳以上	248人

衆議院は**任期が短く、かつ解散制度がある**ので、**民意の動向に敏感**です。参議院は、**政治の安定を図るため、任期が長く解散制度がありません**。その代わり、**3年ごとに半数（124人）が改選されます**。

両院は対等であることから、国会の意思形成には**原則として両院の可決**が必要です。したがって、両院は時期的には同時に活動します（**両院同時活動の原則**）。ただ、二院制の趣旨から、それぞれ独立して議事を行い議決します（**両院独立活動の原則**）。例えば、二院のうち一院がある法律案を可決したとしても、他院が否決した場合、原則として法律は成立しません。この両院独立活動の例外として、**両院協議会**を挙げることができます。これは両院で**議決が異なった場合**、その**調整を図る話し合いの場**であり、両院の同人数の代表者で組織されるものです。

> 2) **任期満了前に議員の身分を失わせる**制度。その後の選挙を通じて、**主権者である国民の意思を問うため**に行われます。

(2) 衆議院の優越

両院独立活動の原則を貫くと、不都合が生じる場合があります。例えば、首相指名など早く意思形成しなければならない議題については、両院を完全に対等にしてしまうと、議決が異なった場合、いつまでも意思形成できず国政が停滞してしまいます。そこで、**国会の意思形成を容易にするため**、衆議院の議決を参議院よりも優先させる**衆議院の優越**という制度があります。具体的には、**首相指名権は国会の権能**ですが、衆議院が仮にA氏を指名したのだけれど参議院が別の**B氏を指名**した場合、あるいは衆議院の議決から**10日経っても議決しない場合**、**衆議院の議決が国会全体の議決とみなされ**A氏が首相となります。なぜ衆議院が優越するかというと、衆議院のほうが任期が短いうえに解散制度があり、国民により近い存在とみなされるからです。

衆議院の優越には２種類あり、両院で議決が異なった場合、**衆議院の議決を国会全体の議決とみなす**議決の効力の優越と、そもそも**衆議院にしかある一定の権限が認められていない**権限の有無の優越があります。

① 議決の効力の優越

案件	優越の内容	両院協議会の開催	再可決	優越の程度
予算・条約承認	参議院の議決が衆議院と異なり、両院協議会でも意見が一致しないとき	必要的 ⇒必ず開催	不要 ⇒衆議院の議決を国会の議決とする	強い
	参議院が国会休会中を除いて30日以内に議決しないとき	不要		
内閣総理大臣の指名	参議院の指名が衆議院と異なり、両院協議会でも意見が一致しないとき	必要的 ⇒必ず開催		
	参議院が国会休会中を除いて10日以内に議決しないとき	不要		
法律案	参議院の議決が衆議院と異なるとき	任意的 ⇒開催しなくてもよい	必要 ⇒衆議院の出席議員の２／３以上の議決で成立	弱い
	参議院が国会休会中を除いて60日以内に議決しないとき（否決とみなせる）			

内閣作成の予算案につき、衆議院が原案どおり可決し参議院に送ったとします。参議院で否決されたとき、または参議院が予算案を受け取った後30日以内に議決しないときは、予算が成立します。また、**条約**とは**外国との合意**（例日米安保条約）ですが、**その国会の承認**も予算と同じ扱いです。これらは先の首相指名と同様、**優越の程度が強い**です。そこで、**参議院が否決した場合**、直ちに成立するのでは参議院の存在意義が薄れてしまいますので、**必ず両院協議会が開かれ、両院の話し合いの場が持たれます。**

予算の成立過程

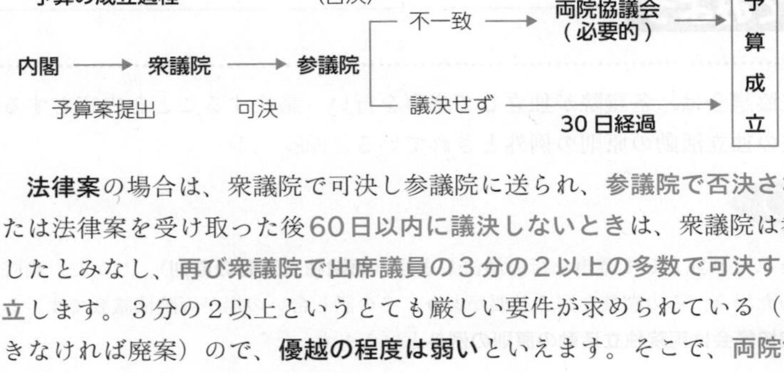

法律案の場合は、衆議院で可決し参議院に送られ、参議院で否決されたとき、または法律案を受け取った後60日以内に議決しないときは、衆議院は参議院が否決したとみなし、**再び衆議院で出席議員の３分の２以上の多数で可決すると法律が成立**します。３分の２以上というとても厳しい要件が求められている（それが確保できなければ廃案）ので、**優越の程度は弱い**といえます。そこで、**両院協議会の開催は任意的**です。

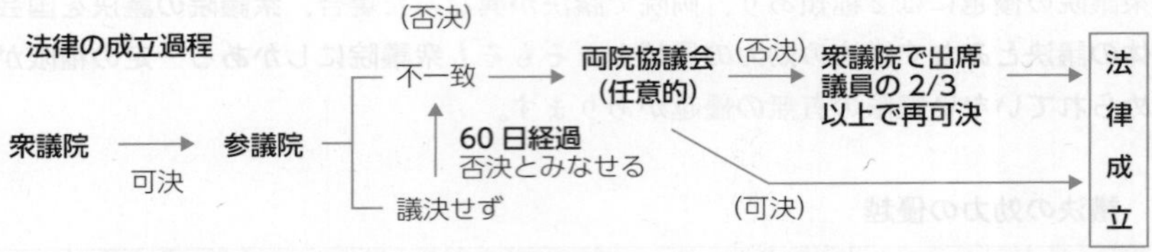

補足

上記のような優越の程度、参議院議決をボイコットできる期間の差は、議事の停滞を防止し国会の意思形成を容易にすべき要請の度合いに応じています。

② 権限の有無の優越

	衆議院	参議院
法的拘束力を伴う内閣不信任決議権	○ あり	× なし
予算先議権	○ あり	× なし

衆議院が**内閣不信任案を可決**した場合、**内閣は総辞職しなければなりません**。参議院が不信任決議を可決しても、内閣は総辞職する必要はありません。このように、**法的拘束力を伴う内閣不信任決議権は衆議院にしかありません**。それは、首相を決めたのは実質上衆議院なので（議決の効力の優越）、衆議院は自ら内閣を辞職させることができるのです。

また、**内閣は**、**予算案を先に衆議院に提出しなければなりません**。予算は年度ごとに組み、年度末までに成立させる必要があり、福祉の財源等国民生活に直結するので、**衆議院が先に審議すべき**なのです（**予算先議権**）。

確認してみよう

① 両院協議会は、各議院が独立して議事を行い、議決することを内容とする両議院の独立活動の原則の例外とされている。国般2016

2 (1) 参照　○

各議院は、それぞれ独立して議事を行い議決します（**両院独立活動の原則**）。しかし、両院で議決が異なった場合、その調整を図る必要があり、その話し合いの場が両院協議会です。したがって、**両院協議会は両院独立活動の原則の例外**といえます。

② 法律案について、衆議院で可決し、参議院でこれと異なった議決がなされた場合、衆議院において出席議員の３分の２以上の多数で再び可決すれば法律が成立するが、衆議院の可決のみで成立してしまうことから、両院協議会を開かなければならない。国般2016

2 (2) ①参照 ×

「両院協議会を開かなければならない」の部分が誤りです。法律案について衆参両院で意見が不一致の場合、両院協議会の開催は**任意的**（開かなくてもよい）とされています。

③ 内閣総理大臣は、国会が国会議員の中から指名の議決を行うことによって決められ、この指名は、他の全ての案件に先立って行われるが、この指名の議決について、衆議院が指名の議決をした後、国会休会中の期間を除いて30日以内に、参議院が、指名の議決をしないときは、衆議院の議決が国会の議決となる。労基・財務2016

2 (2) ①参照 ×

「30日以内」の部分が誤りです。正しくは**10日以内**です。

④ 衆議院は予算先議権を有し、予算に関連した法律案は予算との関連が密接であることから、憲法上、当該法律案についても衆議院において先議しなければならないと規定されている。国般2016

2 (2) ①、②参照 ×

「予算に関連した法律案は予算との関連が密接であることから、憲法上、当該法律案についても衆議院において先議しなければならない」の部分が誤りです。たとえ予算に関連していても法律案は予算案とは異なるので、衆議院に先議権はありません。

3 参議院の緊急集会

憲法54条
② 衆議院が解散されたときは、参議院は、同時に閉会となる。但し、内閣は、国に緊急の必要があるときは、参議院の緊急集会を求めることができる。
③ 前項但書の緊急集会において採られた措置は、臨時のものであつて、次の国会開会の後10日以内に、衆議院の同意がない場合には、その効力を失ふ。

衆議院には解散制度があります。衆議院が解散すると、**最長70日間**は国会が開かれません（第８章第３節で学びます）。もしその間に大規模災害や感染症の感染爆発が起きたら…日本は法治国家ですので、国会がルールを決めないと政府（内閣）も動きようがありません。そこで、その間の緊急事態に対応するのが、**解散制度がない参議院による緊急集会**です。

緊急集会とは、**衆議院の解散中**、国に緊急の必要があるときに、**内閣の求め**に応じて、**参議院が集会**することです。後で学ぶ**国会の会期とは違います**ので、**天皇による召集は行われません**。

これは、参議院だけで活動することから、**両院同時活動の原則の例外**で、国会そのものではなく、**国会の代行**にすぎません。ですから、緊急集会で採られた措置は、**次の国会開会後10日以内に、衆議院の同意を得る必要**があります。**同意が得られない場合**、緊急集会で採られた措置は**その時点から失効**します。例えば、補助金支出の補正予算を議決した場合、以後、補助金の支出ができなくなりますが、それ**以前の支出には影響しません**。これを**将来的無効**といいます。

では、緊急集会には**どんな権能**が認められているのでしょうか。国会の代行ですから、基本的に国会の権能のすべてが認められています（例立法権、予算議決権、条約承認権）。ですが、**憲法改正発議権と首相の指名権はありません**。憲法改正は、国家の基本理念に関わるので緊急に決める必要がないですし、首相指名は、その後の国会召集時に内閣は総辞職しなければならず（第８章第３節で学びます）、あまりにも短命内閣となってしまうからです。

確認してみよう

① 参議院の緊急集会は、衆議院が解散され特別会が召集されるまでの間において、国に緊急の必要がある場合に参議院の求めに応じて開催されるものであるが、緊急集会でとられた措置は、次の国会開会の後30日以内に衆議院の同意が得られない場合には、その効力を失うとされている。労基2010

3 参照 ×

「参議院の求めに応じて」と「30日以内」の部分が誤りです。正しくは**内閣**の求めに応じて開催され、緊急集会で採られた措置は次の国会開会後**10日以内**に衆議院の同意を得る必要があります。

② 参議院の緊急集会は、国会の権限を臨時に代行するものであるから、その権限は国会の権限全般に及び、憲法改正の発議や内閣総理大臣の指名を行うこともできる。区Ⅰ2018

3 参照 ×

「憲法改正の発議や内閣総理大臣の指名を行うこともできる」の部分が誤りです。緊急集会には、憲法改正発議権と首相の指名権はありません。

4 国会の活動

(1) 国会の種類

憲法7条

天皇は、内閣の助言と承認により、国民のために、左の国事に関する行為を行ふ。

２ 国会を召集すること。

憲法52条

国会の常会は、毎年１回これを召集する。

憲法53条

内閣は、国会の臨時会の召集を決定することができる。いづれかの議院の総議員の４分の１以上の要求があれば、内閣は、その召集を決定しなければならない。

憲法54条

① 衆議院が解散されたときは、解散の日から40日以内に、衆議院議員の総選挙を行ひ、その選挙の日から30日以内に、国会を召集しなければならない。

② 衆議院が解散されたときは、参議院は、同時に閉会となる。但し、内閣は、国に緊急の必要があるときは、参議院の緊急集会を求めることができる。

国会法２条

常会は、毎年１月中に召集するのを常例とする。

国会法10条

常会の会期は、150日間とする。

国会法11条

臨時会及び特別会の会期は、両議院一致の議決で、これを定める。

国会法12条

① 国会の会期は、両議院一致の議決で、これを延長することができる。

② 会期の延長は、常会にあつては１回、特別会及び臨時会にあつては２回を超えてはならない。

第7章 国会

国会法13条

前２条の場合において、両議院の議決が一致しないとき、又は参議院が議決しないときは、衆議院の議決したところによる。

国会法68条

会期中に議決に至らなかつた案件は、後会に継続しない。但し、第47条第２項の規定により閉会中審査した議案及び懲罰事犯の件は、後会に継続する。

①　国会の種類

国会は、１年中開かれているわけではありません。**議会運営の効率性を重視**し、**会期制**を採っています。

以下に、会期の種類を挙げました。**臨時会は、①～④のどれか一つの要件を満たせば開かれます**。また、**国会法上**、**臨時会・特別会の会期の決定とすべての会期の延長決議**には**衆議院の強い優越**が認められています（国会法11条～13条）。

ヒント

前に見た予算・条約承認、内閣総理大臣の指名などに関するものが**憲法上の優越**であるのに対し、こちらは根拠法が**国会法**であることに注意してください。

◆国会の種類

	開かれる場合	注意点
常会	毎年１回必ず開かれる	１月に召集され会期は150日 会期の延長は１回まで
臨時会	①いずれかの議院の総議員の1/4以上の要求があった場合 ②内閣が召集を決定した場合 ③任期満了による衆議院総選挙から30日以内 ④参議院の通常選挙から30日以内	会期は両院一致の議決で決める 会期の延長は２回まで
特別会	衆議院解散後、総選挙から30日以内	

注意してほしいのは、**衆議院総選挙後の初の国会**です。**解散総選挙後**の場合は**特別会**といいますが、**任期満了による総選挙後**の場合は**臨時会**といいます。

では、例えば、12月に衆議院解散後の総選挙が行われたとします。総選挙から30日以内に特別会を開くとすると、常会の時期と重なってしまいます。その場合は、**特別会は、常会と合わせて召集**できます（国会法２条の２）。

②　会期不継続の原則・一事不再議の原則

議会運営の効率性を重視し、**会期中に議決されなかった案件は、原則として次の**

国会に継続されず廃案になります（**会期不継続の原則**：国会法68条本文）。ただ、**例外的に継続審議扱いがなされた場合だけ、次の会期に継続します。**

また、一度審議した案件は、**同一会期において再度審議してはいけません**（**一事不再議の原則**）。この**例外**が、衆議院の優越で触れた、**法律案の再議決**です。

◆国会の活動の原則

	根拠法	例外
両院同時活動の原則	憲法54条２項	参議院の緊急集会
両院独立活動の原則	−	両院協議会
会期不継続の原則	国会法68条本文	継続審議（国会法68条但書）
一事不再議の原則	−	衆議院の法律案の再議決

⑵ 国会の審議

憲法56条
① 両議院は、各々その総議員の３分の１以上の出席がなければ、議事を開き議決することができない。
② 両議院の議事は、この憲法に特別の定のある場合を除いては、出席議員の過半数でこれを決し、可否同数のときは、議長の決するところによる。

憲法57条
① 両議院の会議は、公開とする。但し、出席議員の３分の２以上の多数で議決したときは、秘密会を開くことができる。
③ 出席議員の５分の１以上の要求があれば、各議員の表決は、これを会議録に記載しなければならない。

① 定足数と議決要件

あまりに少人数で議決されると、国会を合議体にした意味がありません。そこで、本会議を開き議決する際、**最低限必要な出席者数**（**定足数**）が決められています。両院それぞれ**総議員の３分の１以上**です。意外と少ないのは、野党議員が全員欠席しても、与党議員だけで審議し議決できるようにするためです。

議決の要件は以下の表のとおりです。**案件の重要性に応じて異なります**ので注意が必要です。

第7章 国会

◆ **案件ごとの議決要件**

案件	議決要件	備考
・原則	出席議員の過半数	可否同数のときは議長が決する（議長の決裁権）
・議院の資格争訟の裁判で議員の議席を失わせる議決 ・秘密会の開催 ・懲罰により議員を除名する議決 ・衆議院の法律案の再可決	出席議員の2/3以上	慎重な審議の必要性があるため
・憲法改正の発議	各議院の総議員の2/3以上	

注意すべきは、議決要件の基準（**出席議員数か総議員数か**）と可決要件（**過半数か３分の２以上か**）です。案件の重要性に応じています。案件内容については、後々触れます。

② **秘密会**

国会は**公開**されています。主権者国民による監視を可能とするためです。ただし、外交機密や防衛機密など、国民に知られてしまうと不都合な場合には、**出席議員の３分の２以上の賛成で非公開**にできます（**秘密会**）。

また、**各議員の表決**（案件に対する賛否）は**原則記録されません**。ですが、責任の所在を明らかにするため、**出席議員の５分の１以上の要求**があれば、**会議録に記録されます**。

⑶ 国会の召集と閉会

国会は、**内閣の「助言と承認」**（実質的な決定）に基づき**天皇が召集**3)します。天皇には政治権力はなく、あくまで日本国の象徴にすぎません。そこで、**実質的に内閣が決定**したうえで、**儀礼的行為として天皇が召集**します。先ほども触れましたが、**参議院の緊急集会**は、国会ではありませんので、**天皇は召集しません**。

会期が終了すれば国会は閉会します。また、両院同時活動の原則から、**衆議院が解散**した場合も国会は閉会します。

3) **召集**とは、両院議員を国会に集まらせ、国会を活動可能な状態にさせる行為。

確認してみよう

①　憲法は、法律案の議決や内閣総理大臣の指名などの場合において衆議院の優越を認めているが、両議院は原則として対等であり、憲法の定める例外以外に、法律で衆議院が優越する事項を定めることはできないと解されている。国税・労基2011

4 (1) ①参照　×

「法律で衆議院が優越する事項を定めることはできないと解されている」の部分が誤りです。**国会法上、臨時会・特別会の会期の決定とすべての会期の延長決議**には**衆議院の強い優越**が認められています（国会法11条～13条）。

②　両議院は、各々その総議員の過半数の出席がなければ、議事を開き議決することができない。国税・労基2013

4 (2) ①参照　×

「総議員の過半数の出席がなければ」の部分が誤りです。最低限必要な出席者数（定足数）は、**総議員の３分の１以上**です。

③　両議院の会議及び委員会は公開とされるが、総議員の３分の１以上の多数で議決したときは、秘密会を開くことができる。国税・労基・財務2014

4 (2) ②参照　×

「総議員の３分の１以上」の部分が誤りです。秘密会を開くには、**出席議員の３分の２以上の賛成**が必要です。

5 国会の権能

ここでは、国会の有する権能について学習します。

◆国会の権能と議院の権能

国会の権能	議院の権能
1　憲法改正の発議 2　法律の制定 3　条約締結の承認 4　財政の監督 5　予算の議決 6　内閣総理大臣の指名 7　弾劾裁判所の設置	1　議院の自律権 (1) 組織に関する自律権 ①　議員の資格争訟の裁判 ②　役員の選任権 ③　議員の逮捕の許諾・釈放要求権 (2) 運営に関する自律権 ①　議院規則制定権 ②　議員懲罰権 2　国政調査権

ちなみに、国会の権能は、**原則として両院一致によって行使**します（一致しなかった場合に衆議院の優越があります）。これに対し、後述の議院の権能は、**各議院が単独で行使**します。

(1)　憲法改正の発議権（96条）

憲法96条
①　この憲法の改正は、各議院の総議員の３分の２以上の賛成で、国会が、これを発議し、国民に提案してその承認を経なければならない。この承認には、特別の国民投票又は国会の定める選挙の際行はれる投票において、その過半数の賛成を必要とする。

憲法改正は主権者国民が行います。その**改正案を国民に提示する**のが**憲法改正発議**です。

憲法は**国家運営の基本原理を定める最高法規**ですので、その改正には慎重な審議が求められ、発議には、**各議院の総議員の３分の２以上**と、憲法上最も厳しい要件が課されています（発議後の手続は第12章で学びます）。

(2)　法律の制定権（59条）

憲法59条
①　法律案は、この憲法に特別の定のある場合を除いては、両議院で可決したとき法律となる。

国会は唯一の立法機関ですから、当然**法律の制定権**があります。制定には、**原則として両議院の可決が必要**ですが、例外的に、**衆議院単独で制定**できる場合もあります（衆議院の優越）。

(3) 条約締結の承認権（73条3号）

憲法73条
　内閣は、他の一般行政事務の外、左の事務を行ふ。
3　条約を締結すること。但し、事前に、時宜によつては事後に、国会の承認を経ることを必要とする。

文書による国家間の合意を条約といいます。

外国と条約を締結するに当たっては、相手国とその内容についての交渉が行われるのが常ですが、この交渉は誰が行うのでしょうか。外交交渉は、迅速かつ臨機応変に行わねばならないため、交渉担当者として国会はふさわしくありません。そこで、政府（内閣）が相手国と交渉を行い、条約を締結します。ですが、条約の内容は国民の人権に影響を及ぼす場合もあります。そこで憲法は、**原則として事前の、場合によっては事後の国会の承認**を要求することで、外交に対する民主的コントロールを可能としました。ですから、国会が承認しなければ、内閣は条約を締結できません。ちなみに、この国会の承認には、**衆議院の強い優越**がありました。

ただし、既存の条約を執行するための**細目的な協定**や条約の具体的な委任に基づいて定められる**政府間取極(き)め**は、迅速な交渉・締結が求められますので、**国会の承認は必要ありません**。

では、緊急性があり、内閣が国会の事前の承認を採らずに締結してしまい、**国会の事後承認が得られなかった場合**、その条約は無効となるのでしょうか。相手国の信頼を重視すれば、内閣が締結してしまった以上、たとえ国会が承認しなくても有効とすべきでしょう。ですが、常に有効となると、国会の承認を要求した意味がありません。そこで、**原則として有効としつつも、相手国が国会の承認が必要なことを知り得る状態にあった場合は、相手国の信頼を害さないので、無効**と考えるべきです（条件付無効説）。

補足
財政の監督と予算の議決については第10章で、内閣総理大臣の指名については第8章第1節で、弾劾裁判所の設置については第9章第2節で扱います。

確認してみよう

① 憲法の改正は、各議院の総議員の３分の２以上の賛成で、内閣総理大臣がこれを発議し、国民に提案して、その承認を経なければならない。裁判所2016

5 (1) 参照 ×

「内閣総理大臣がこれを発議し」の部分が誤りです。国民に憲法改正を発議するのは**国会**です。

② 条約の締結に際しては、事前に、時宜によっては事後に、国会の承認を経ることが必要であるが、この承認について、参議院が、衆議院の可決後、国会休会中の期間を除いて60日以内に、議決しないときは、衆議院の議決が国会の議決となる。労基・財務2016

2 (2) ①、5 (3) 参照 ×

「60日以内に」の部分が誤りです。正しくは、**30日以内**です。

過去問にチャレンジ

問題1 ★★ **日本国憲法に規定する国会に関する記述として、妥当なのはどれか。**

区Ⅰ 2016

❶ 予算は、先に衆議院に提出しなければならず、参議院が、衆議院の可決した予算を受け取った後、国会休会中の期間を除いて30日以内に議決しないときであっても、両院協議会を開かなければならず、直ちに衆議院の議決を国会の議決とすることはできない。

❷ 法律案は、両議院で可決したとき法律となるが、参議院が、衆議院の可決した法律案を受け取った後、国会休会中の期間を除いて60日以内に議決しないときは、直ちに衆議院の議決を国会の議決とする。

❸ 内閣総理大臣の指名について、衆議院と参議院の議決が一致しないときは、参議院は、両院協議会を求めなければならず、衆議院はこの求めを拒むことができない。

❹ 衆議院議員の任期満了による総選挙が行われたときは、その選挙の日から30日以内に国会の特別会を召集しなければならないが、特別会の会期は両議院一致の議決で定め、会期の延長は２回に限って行うことができる。

❺ 両議院の議事は、憲法に特別の定めのある場合を除いては、出席議員の過半数でこれを決し、可否同数のときは、議長の決するところにより、また、議長は、いずれかの議院の総議員の４分の１以上の要求があれば、国会の臨時会の召集を決定しなければならない。

【解答・解説】

正解 ❸

二院制（衆議院の優越）と国会の活動に関する基本的な条文の知識が出題されていますが、細かいところで引っ掛かりやすいので、標準的な問題です。特に❶は引っ掛かりやすいので注意が必要です。❷と❸は、優越の程度の強弱と両院協議会の開催が必要的か任意的かを関連させて覚えましょう。❹は、数字の引っ掛けに注意が必要です。

❶ ×　「両院協議会を開かなければならず」の部分が誤りです。両院協議会は、**両院で議決が異なった場合**にその調整を図るために開かれます。したがって、**参議院が議決しないとき**は、議決が異なったとはいえないので、**開かれません**。

❷ ×　「直ちに衆議院の議決を国会の議決とする」の部分が誤りです。法律案の議決における**衆議院の優越の程度は弱く**、参議院が60日以内に議決しないときは、衆議院は参議院が否決したとみなすことができ、**再び衆議院で出席議員の３分の２以上の多数で可決しないと法律は成立しません**。

❸ ○　内閣総理大臣の指名には、**衆議院の強い優越**が認められており、**両院協議会の開催は必要的**です。したがって、衆議院は両院協議会の開催の求めを拒むことはできません。

❹ ×　「国会の特別会を召集しなければならない」の部分が誤りです。衆議院議員の**任期満了による総選挙後の国会は臨時会**です。

❺ ×　「議長は、いずれかの議院の総議員の４分の１以上の要求があれば、国会の臨時会の召集を決定しなければならない」の部分が誤りです。総議員の４分の１以上の要求で臨時会の召集を決定しなければならないのは**内閣**です（53条第２文）。

問題2　★★★

次の文章の空欄①〜③に語句群から適切な語句を入れると、衆議院の優越に関する記述となる。空欄に入る語句の組合せとして妥当なもののみを挙げているものはどれか。ただし、番号の異なる空欄に同じ語句は入らない。

裁判所2020

憲法は、内閣総理大臣の指名の議決、（　①　）の議決、（　②　）の議決などの点で、衆議院が参議院に優越する場合を定めている。

衆議院と異なる内閣総理大臣の指名の議決を参議院がした場合、（　③　）を開催しても意見が一致しないとき、又は参議院が国会休会中の期間を除いて10日以内に議決をしないときには、衆議院の議決が国会の議決となると定められている。

参議院が衆議院と異なる（　①　）の議決をした場合、（　③　）を開催しても意見が一致しないとき、又は参議院が国会休会中の期間を除いて30日以内に議決をしないときには、衆議院の議決が国会の議決となると定められている。（　②　）の議決についても、（　①　）と同様である。ただし、（　①　）は、先に衆議院に提出しなければならないと定められているのに対し、（　②　）は、そのような定めがないのが、両者の異なる点である。

【語句群】

ア　予算　　イ　決算　　ウ　条約の承認　　エ　法律案

オ　緊急集会　　カ　両院協議会

❶　①－ア、②－ウ、③－オ
❷　①－ア、②－ウ、③－カ
❸　①－イ、②－エ、③－カ
❹　①－ウ、②－ア、③－カ
❺　①－ウ、②－エ、③－オ

【解答・解説】

正解 ❷

法律科目では珍しい穴埋め問題です。知識だけで解ける問題ではありませんので、やや難問です。前から読み進めて穴埋めできる問題はほとんどありません。解き方のコツは、やみくもに穴埋めせず、先まで読んで、何かヒントをつかんでから、戻って埋めることです。

最初の段落は、衆議院の優越が認められる議決を羅列しています。①と②は議決の優越に該当する事柄で、内閣総理大臣の議決以外が入るということしかわかりませんので、読み進めます。

第２段落は、内閣総理大臣の指名で衆議院と異なる議決を参議院がした場合の事後手続を示しています。この場合、両院協議会が必ず開催されますので、③はカの両院協議会であることがわかります。

第３段落から、①と②が、参議院が国会休会中の期間を除いて30日以内に議決しないときに衆議院の議決が国会の議決となる事柄であることがわかります。ですので、①と②にはアの予算かウの条約の承認が入ります。ですが、ここでは決めかねますので、読み進めます。そうすると、問題文の下から３行目に「①は先に衆議院に提出しなければならないと定められている」とありますので、①は衆議院の先議権がある予算（ア）が、残る②は条約の承認（ウ）が入るとわかります。

問題３　日本国憲法に規定する国会に関する記述として、妥当なのはどれか。

★

区Ⅰ2014

❶　衆議院が解散された場合、内閣は、国に緊急の必要があるときは参議院の緊急集会を求めることができるが、当該緊急集会において採られた措置は、次の国会開会の後10日以内に、衆議院の同意がない場合には、その効力を失う。

❷　衆議院と参議院で予算について異なった議決をした場合は、衆議院の優越が認められているため、衆議院は両議院の協議会の開催を求める必要はなく、衆議院の議決が直ちに国会の議決となる。

❸　内閣総理大臣の指名の議決について、衆議院が議決をした後、国会休会中の期間を除いて10日以内に参議院が議決しない場合、衆議院の総議員の３分の２以上の多数で再び可決したときは、衆議院の議決が国会の議決となる。

❹　国の収入支出の決算は、先に衆議院に提出され、参議院で衆議院と異なった議決をした場合、両議院の協議会を開いても意見が一致しないときは、衆議院の議決が国会の議決となる。

❺　参議院が、衆議院の可決した条約の締結に必要な国会の承認を受け取った後、国会休会中の期間を除いて30日以内に議決しない場合、衆議院で出席議員の３分の２以上の多数で再び可決したときは、衆議院の議決が国会の議決となる。

【解答・解説】

正解 ❶

緊急集会と二院制（衆議院の優越）に関する基本的な条文の知識が出題されており、比較的易しい問題です。❹の決算は第10章で学びますが、ここでは、予算との混同を誘った引っ掛けに注意したいところです。

❶ ○　参議院の緊急集会の要件をしっかり覚えておきましょう。**国会の会期との比較がポイント**です。**衆議院の解散中**に限られ、**天皇の召集は行われず、内閣が要求権者**です。緊急集会で採られた措置に衆議院が同意するタイムリミットである**10日以内**も覚えておきましょう。

❷ ×　「衆議院は両議院の協議会の開催を求める必要はなく」の部分が誤りです。予算の議決については**衆議院の強い優越**が認められていますので、両院の議決が異なった場合、**両院協議会が必ず開かれます**。

❸ ×　「衆議院の総議員の３分の２以上の多数で再び可決したときは」の部分が誤りです。首相指名の議決については、**衆議院の強い優越**が認められていますので、両院の議決が異なった場合、両院協議会の開催を経て、衆議院の議決が国会の議決となり、**衆議院の再議決は不要**です。

❹ ×　「国の収入支出の決算は」の部分が誤りです。**決算の審査には、衆議院の優越は認められていません**。ちなみに、決算ではなく予算についての記述であるならば、正しくなります。

❺ ×　「衆議院で出席議員の３分の２以上の多数で再び可決したときは」の部分が誤りです。条約の締結に必要な国会の議決については、**衆議院の強い優越**が認められていますので、両院の議決が異なった場合、両院協議会の開催を経て、衆議院の議決が国会の議決となり、**衆議院の再議決は不要**です。

問題4　**参議院の緊急集会に関する記述として、妥当なのはどれか。**

★

都Ⅰ2007

❶　緊急集会は、衆議院が解散され特別会が召集されるまでの間において国に緊急の必要がある場合に、参議院に国会の権能を代行させる制度である。

❷　緊急集会を求める権限は、内閣又は参議院議員がそれぞれ有し、参議院議員が求める場合には、総議員の４分の１以上の賛成を要する。

❸　緊急集会の開催は、国会の召集と同一の手続を要し、緊急集会は、内閣の助言と承認により天皇が召集する。

❹　緊急集会においては、議決事項には制限がなく国会の権能のすべてを行うことができ、憲法改正の発議も行うことができるとされる。

❺　緊急集会でとられた措置は、次の国会開会の後10日以内に衆議院の同意が得られない場合には、遡及して失効するとされる。

【解答・解説】

正解 ❶

基礎事項と基本的な条文の知識で解答できるので、比較的易しい問題です。❷は臨時会と混同しないようにしましょう。❸は国会との比較がポイントで、❺は失効となる時期を押さえましょう。

❶ ○　国会の代行とはいっても、**憲法改正の発議と首相指名はできない**ことに注意しましょう。

❷ ×　「内閣又は参議院議員がそれぞれ有し」の部分が誤りです。**要求権者は内閣のみ**です。ちなみに**臨時会**については、参議院議員の**総議員の４分の１以上の要求**があった場合に、**内閣は召集を決定**しなければなりません。

❸ ×　「緊急集会は、内閣の助言と承認により天皇が召集する」の部分が誤りです。緊急集会は国会ではないので、**天皇の召集は行われません**。

❹ ×　「憲法改正の発議も行うことができるとされる」の部分が誤りです。緊急集会には、基本的に国会の権能のすべてが認められていますが、**憲法改正発議権と首相の指名権はありません**。

❺ ×　「遡及して失効するとされる」の部分が誤りです。衆議院の**同意が得られない場合**、緊急集会で採られた措置は、**その時点から失効（将来的無効）**します。

問題5 国会に関する次の記述のうち、妥当なのはどれか。

★★★ 国般2019

❶ 常会、臨時会及び特別会の会期は、それぞれ召集の都度、両議院一致の議決で定めなければならない。

❷ 常会、臨時会及び特別会の会期は、両議院一致の議決で延長することができるが、いずれの場合も、会期の延長ができる回数についての制限はない。

❸ 特別会は、衆議院の解散による総選挙の日から30日以内に召集されるが、その召集の時期が常会の召集時期と重なる場合には、常会と併せて召集することができる。

❹ 国会の会期中に議決に至らなかった案件は、原則として後会に継続しない。これを会期不継続の原則といい、憲法上明文で規定されている。

❺ 国会は、会期が満了すれば閉会となり、会期中に期間を定めて一時その活動を休止することはあっても、会期の満了を待たずに閉会することはない。

【解答・解説】

正解 ❸

❶〜❹は憲法ではなく国会法の規定なので、比較的難しい問題です。ただ、すべて過去問で主題されています。これを機に、しっかり覚えておきましょう。

❶ ×　「それぞれ召集の都度、両議院一致の議決で定めなければならない」の部分が誤りです。確かに、**臨時会と特別会の会期は両議院一致**の議決で定めなければなりません（国会法11条）。しかし、**常会の会期は150日間**と**国会法上**定められています（国会法10条本文）。

❷ ×　「いずれの場合も、会期の延長ができる回数についての制限はない」の部分が誤りです。**国会法上、常会は１回、特別会および臨時会は２回**を超えてはならないとの定めがあります（国会法12条２項）。

❸ ○　特別会の召集が常会の召集時期と重なる場合は、**特別会は、常会と合わせて召集**することができます（国会法２条の２）。

❹ ×　「憲法上明文で規定されている」の部分が誤りです。**会期不継続の原則の根拠法は、憲法ではなく国会法**です（国会法68条本文）。

❺ ×　「会期の満了を待たずに閉会することはない」の部分が誤りです。会期中に衆議院が解散されたときは、**参議院も同時に閉会**となります（54条２項）。**両院同時活動の原則の現われ**です。

問題6　**会議の原則に関する次の記述のうち、最も適当なものはどれか。**

★

裁判所2005

❶　両議院は、各々その総議員の３分の２以上の出席がなければ、議事を開き、議決することができない。

❷　両議院の議事は、憲法に特別の定めのある場合を除いては、総議員の過半数でこれを決し、可否同数のときは、議長の決するところによる。

❸　両議院の会議は、公開とする。ただし、出席議員の過半数で議決したときは、秘密会を開くことができる。

❹　両議院は、各々その総議員の３分の２以上の要求があれば、臨時会を召集しなければならない。

❺　両議院は、出席議員の５分の１以上の要求があれば、各議員の表決を会議録に記載しなければならない。

【解答・解説】

正解 ❺

国会の運営に関する基本的な条文の知識で解答できるので、比較的易しい問題です。ただ、数字や基準（出席議員数か所属総議員数か）についての引っ掛け問題が多いので、丁寧に問題文を読み進めていきましょう。

❶ ×　「総議員の３分の２以上の出席がなければ」の部分が誤りです。両議院の定足数は、**総議員の３分の１以上**の出席です（56条１項）。

❷ ×　「総議員の過半数でこれを決し」の部分が誤りです。両議院の議事は、**出席議員の過半数**で決します（56条２項）。

❸ ×　「出席議員の過半数で議決したときは、秘密会を開くことができる」の部分が誤りです。秘密会を開くには、**出席議員の３分の２以上**の多数の議決が必要です（57条１項但書）。

❹ ×　「各々その総議員の３分の２以上の要求があれば」の部分が誤りです。**いずれかの議院の総議員の４分の１以上**の要求があれば、内閣は臨時会を召集しなければなりません（53条）。

❺ ○　**出席議員の５分の１以上**の要求があれば、各議員の表決が会議録に記載されます（57条３項）。

問題7 ★★ **日本国憲法に規定する条約に関する記述として、通説に照らして、妥当なのはどれか。**

区Ⅰ 2015

❶ 条約の意味には、条約を執行するために必要な技術的及び細目的協定や、条約の具体的な委任に基づいて具体的個別的問題について細部の取極めを行うものも含まれるので、それらの協定や取極めについても国会の承認を必要とする。

❷ 条約の締結に必要な国会の承認についての議案は、予算の提出と同様に衆議院の先議権が認められるので、先に衆議院に提出し、その議決を経なければならない。

❸ 条約の締結に必要な国会の承認について、参議院で衆議院と異なった議決をした場合に、両議院の協議会を開いても意見が一致しないときは、衆議院の議決を国会の議決とする。

❹ 条約の効力について、条約の国会における事後承認の手続で承認を得られなかった場合は、国会の承認権の規定の具体的な意味が諸外国にも周知の要件と解されているような場合であっても、国際法的には必ず有効である。

❺ 憲法は、国の最高法規であって、その条規に反する法律、命令、詔勅及び国務に関するその他の行為の全部又は一部は、その効力を有しないとしており、条約が除外されていることから、条約は憲法に優位する。

【解答・解説】

正解 ❸

⑤は比較的マイナーな論点ですが、正解の❸が基礎的な条文知識で解答できるので、標準的な問題です。❶は国会の承認が必要な「条約」の意味、❷と❸は条約承認手続における衆議院の優越の内容、❹は国会の事後不承認の場合の条約の効力、❺は条約が違憲審査の対象となるかどうかの前提論点としての条約と憲法の優劣の問題です。条約全般について扱っている良問ですので、しっかり復習しましょう。

❶ ×　「それらの協定や取極めについても国会の承認を必要とする」の部分が誤りです。既存の条約を執行するための**細目的な協定**や条約の具体的な委任に基づいて定められる**政府間取極め**には、**国会の承認は必要ありません**。

❷ ×　**全体的に誤り**です。条約の締結に必要な国会の承認については、**衆議院の先議権は認められていません**。

❸ ○　条約の締結に必要な国会の承認については、**衆議院の強い優越**が認められています。

❹ ×　「国会の承認権の規定の具体的な意味が諸外国にも周知の要件と解されているような場合であっても、国際法的には必ず有効である」の部分が誤りです。国会における事後承認手続で承認を得られなかった場合、**原則として条約は有効としつつも、相手国が国会の承認が必要なことを知り得る状態にあった場合は、相手国の信頼を害さないので、無効**と考えられています。

❺ ×　「条約が除外されていることから、条約は憲法に優位する」の部分が誤りです。確かに、憲法の最高法規性を謳っている98条1項には「条約」の文言はありません。しかし通説は、内閣の条約締結権・国会の承認権は各機関が**憲法から授けられたもの**で、内閣・国会は**国の最高法規である憲法に逆らうことはできない**ので（法の支配）、**憲法が優位**すると考えています。

第7章 国会

2 国会議員の特権

学習のポイント

・国会議員は、全国民の代表として重要な職責を担います。そこで、さまざまな特権が認められています。
・不逮捕特権と免責特権の認められる時期や対象の違い、歳費受領権では裁判官の報酬との比較、不逮捕特権では大臣の不訴追特権との比較がポイントです。

1 歳費受領権（49条）

憲法49条
　両議院の議員は、法律の定めるところにより、国庫から相当額の歳費を受ける。

歳費とは、国庫から国会議員に支払われる**1年間の給与**のことです。日本では世襲の国会議員が多いですから、もともとお金持ちで別世界の人たちというイメージがあります。でも、本来国会議員は国民の代表のはずですから、市井の人々の気持ちがわからないといけません。そこで、誰でも一念発起していまの仕事を辞めて議員になれるように、きちんと給与が支払われます。

ただ、**金額が減額されないことまでの保障はありません**。生活費の保障が目的ですので、生活できるだけの金額がもらえればよいからです。ここは、同じ公務員でも**裁判官の報酬は一切減額されない**ことと比較してください。こちらは、生活費の保障ではなく、裁判に悪影響が出ないようにすることが目的だからです（第9章第2節で学びます）。

議員の歳費　：減額され得る
裁判官の報酬：減額されない

確認してみよう

① 憲法49条は「両議院の議員は、法律の定めるところにより、国庫から相当額の歳費を受ける。この歳費は、在任中、これを減額することができない。」と規定して、国会議員の歳費請求権を定めている。裁判所2012

1 参照 ×

「「在任中、これを減額することができない。」と規定して」の部分が誤りです。裁判官の報酬と異なり、**金額が減額されないことまでの保障はありません**。

2 不逮捕特権（50条）

> 憲法50条
> 両議院の議員は、法律の定める場合を除いては、国会の会期中逮捕されず、会期前に逮捕された議員は、その議院の要求があれば、会期中これを釈放しなければならない。

国会議員が罪を犯して捕まってしまったら、全国民の代表として活動できません。そこで、**国会の会期中は逮捕されませんし、会期前に逮捕された議員も、所属議院**（衆議院議員なら衆議院）**が要求すれば**、捜査当局は**釈放しなければなりません**。これは、特に政府に批判的な野党の議員にとっては強力な防衛手段になります（逮捕が不当に政治利用されない）。また、例えば法案の発案者である国会議員がいないと議院での論戦が始まりませんので、**議院での審議権を確保する**という意味もあります。

条文の「会期中」とは、**常会・臨時会・特別会のすべて**の会期中を指します。また、**参議院の緊急集会**も、国会の代行ですから**含まれます**。ただ、**国会が閉会中**でも活動する**継続審議中の委員会**1) はこれに含まれません。

では、国会議員は会期中一切逮捕されないかというとそうではありません。**院外での現行犯**（例国会議員が薬物所持の現行犯で逮捕）と**所属議院の許諾**がある場合は逮捕されます。「現行犯」なら罪を犯したことが明らかなので、政治的な不当な逮捕の危険性が極めて少なく、所属議院の許諾があれば、議院の審議権を侵さないからです。これらは憲法上明記されておらず、条文の「**法律の定める場合**を除いては」を受けて**国会法に規定**があります。

では、**院内での現行犯**（例国会議員が本会議場で乱闘した）の場合はどうでしょうか。議院の運営は、その自主性を尊重し（次節で学びます）、議長が院内の警察権を持っています。ですから、**議長の命令がないと、たとえ現行犯でも逮捕されま**

第7章 国会

せん。

ここでいう「逮捕」とは、犯罪捜査としての逮捕に限られません。不当に政治利用されないことが趣旨ですから、**警察官が行う保護措置**（例泥酔者を保護するために行う身柄拘束）も含まれます。ただ、**起訴は可能**です。起訴は必ずしも身柄拘束を伴わないからです（在宅起訴）。

1）少人数の国会議員で組織され、**本会議での審議に先立って法律案などの議案の内容を専門的に検討する場**。国会の機関なので**閉会中は原則として活動しません**が、例外的に、前会期中に成立しなかった法律案などを本会議で**継続審議扱い**にした場合は、**閉会中も活動します**。

3 免責特権（51条）

憲法51条
両議院の議員は、議院で行つた演説、討論又は表決について、院外で責任を問はれない。

国会は、議論を戦わせる場です。最後は多数決で意思決定しますが、そこに至るまで、十分な議論がし尽くされなければなりません。その際、「こんな発言をすると名誉棄損で訴えられるかも」といった不安があるようでは、議員が発言を控えてしまいます。そこで、**議員は議院で行った演説、討論、表決について院外で責任を問われない**のです。表決についても責任を問われないので、選挙公約違反も許されます（前節で学びました）。

ここでの「責任」とは、一般人なら負うべき**法的責任**（例名誉毀損罪などの**刑事責任**、損害賠償などの**民事責任**）**を免れる**ということです。一方、政治家として負うべき**政治責任**（例所属政党からの除名、院内で懲罰の対象になる）**は免れません**。

これは国会議員だけの特権ですから、**国務大臣や地方議会議員には認められません**。ただ、国務大臣は国会議員でもあることが多いです。その場合、国務大臣としての発言には免責特権は認められませんが、**議員としての発言には認められます**。

また、免責の対象は、議院内で行った発言に限られません。例えば**地方公聴会**2）での発言等**議院の活動として国会議員が議院外で行った発言も含まれます**。

さらに、免責が及ぶのは**会期中の発言だけではありません**。**閉会中の委員会活動での発言**も免責の対象になります。**不逮捕特権が会期中に限られる**ことと比較しましょう。

では、国会議員の発言により名誉毀損された被害者は、何も責任追及できないのでしょうか。

2）国民の関心が高い重要な案件を国会で審議する過程で、識者や市民らを招き意見を聴く場。国会内で開く**中央公聴会**と地方に議員が出向く**地方公聴会**があります。

判例

最判平9.9.9

事案

- 国会議員が委員会において、ある精神病院の院長が女性患者にわいせつ行為をしているとの発言をしたところ、翌日院長が自殺した。その妻が**議員個人に対し民法上の損害賠償請求、国に対し国家賠償請求**した。

解説

- 国会議員には免責特権が認められているので、**個人的には責任を負わない**。その代わり、**公務員の不法行為として国が国家賠償責任を負う**。
- ただし、どのような発言についても国が責任を負うとなると、やはり国会議員は発言を控えてしまいかねない。
- そこで、**国が国家賠償責任を負う場合も、かなり限定的**である。

判旨

- 本件発言は、**国会議員としての職務を行うにつきなされたもの**であることは明らかである。
- とすれば、**議員個人は責任を負わない**。
- そして、国会議員の発言については**広範な裁量**に委ねられている。
- そこで、国の国家賠償法上の責任が肯定されるためには、当該国会議員がその**職務と関わりなく違法な目的をもって事実を摘示し**、あるいは**虚偽であることを知りながらあえてその事実を摘示する**など国会議員がその付与された**権限の趣旨に明らかに背いてこれを行使したものと認め得るような特別の事情**が必要である。
- 本件では、そのような事情はなく、**国家賠償請求は認められない**。

確認してみよう

① 憲法51条は「両議院の議員は、議院で行つた演説、討論又は表決について、院外で責任を問はれない。」と規定して、国会議員の免責特権を定めていることから、ある国会議員の議院での発言を理由として法的責任を問われることがないのはもちろんのこと、所属する政党や団体等から制裁や除名処分を受けることもない。裁判所2012

3 参照 ×

「所属する政党や団体等から制裁や除名処分を受けることもない」の部分が誤りです。免責されるのは、法的責任（民事責任、刑事責任）だけであり、**政治責任は免責されません。**

② 国会議員が国会で行った質疑等において個別の国民の名誉や信用を低下させる発言をし、それが国会議員に付与された権限の趣旨に明らかに背いたと認め得るような特別の事情があったとしても、国が国家賠償責任を負うことはない。裁判所2006

3 最判平9.9.9参照 ×

「国会議員に付与された権限の趣旨に明らかに背いたと認め得るような特別の事情があったとしても、国が国家賠償責任を負うことはない」の部分が誤りです。判例は、国会議員個人はいかなる場合にも責任は負わないが、**国は、上記のような特別の事情がある場合には賠償責任を負う**としています（最判平9.9.9）。

過去問にチャレンジ

問題1 ★ **日本国憲法に規定する国会議員の特権に関する記述として、妥当なのはどれか。**

区Ⅰ2010

❶ 国会議員は、議院で職務上行った演説、討論、表決について、院外において民事上の責任は問われるが、刑事上の責任は問われない。

❷ 国会議員は、国会の会期中においては、院外における現行犯罪であっても、当該議員の所属する議院の許諾がなければ逮捕されることはない。

❸ 国会議員の不逮捕特権は、衆議院の解散中に開催された参議院の緊急集会中における参議院議員には、認められていない。

❹ 国会議員の不逮捕特権は、国会が閉会中に開催される継続審議中の委員会の委員である国会議員には、認められている。

❺ 国会の会期前に逮捕された国会議員は、当該議員の所属する議院の要求があれば、会期中釈放される。

【解答・解説】

正解 ❺

国会議員の特権に関する基本的な知識で解答できるので、比較的易しい問題です。❶は免責される法的責任の意味、❷は例外的に逮捕される二つの場合の関係、❸は不逮捕特権が認められる時期、❹は免責特権との違いを意識しましょう。

❶ × 「民事上の責任は問われるが」の部分が誤りです。免責の対象には民事責任も含まれます。

❷ × 「院外における現行犯罪であっても、当該議員の所属する議院の許諾がなければ逮捕されることはない」の部分が誤りです。例外的に逮捕されるのは、**院外の現行犯か、または所属議院の許諾がある場合**であり、院外の現行犯であればそれだけで逮捕され、所属議院の許諾は不要です。

❸ × 「参議院の緊急集会中における参議院議員には認められていない」の部分が誤りです。**緊急集会中も「会期中」に含まれます**。

❹ × 「国会が閉会中に開催される継続審議中の委員会の委員である国会議員には、認められている」の部分が誤りです。不逮捕特権は**国会の会期中に限られ**、たとえ継続審議中の委員会の委員でも認められません。**免責特権は認められる**ことと比較しましょう。

❺ ○ **会期前には不逮捕特権は認められない**ので、逮捕されます。そして、会期が始まると当然に釈放されるのではなく、釈放には**所属議院の釈放要求が必要**です。

第7章 国会

問題2　日本国憲法に規定する議員の特権に関する記述として、判例、通説に照らして、妥当なのはどれか。

★★

区Ⅰ2019

❶　国会議員は、議院で職務上行った演説、討論又は表決については、院外で民事上や刑事上の責任を問われず、その責任には所属政党による除名といった制裁や有権者に対する政治責任も含まれる。

❷　国会議員の不逮捕特権は、国会の会期中にのみ認められるため、国会閉会中の委員会における継続審議や衆議院が解散されたときに開催される参議院の緊急集会には認められない。

❸　国会の会期前に逮捕された国会議員は、罪を犯したことが明白で、政治的な不当な逮捕の危険性が極めて少ないため、当該議員の所属する議院の要求があったとしても、会期中釈放されることは一切ない。

❹　最高裁判所の判例では、憲法上、国権の最高機関たる国会について、広範な議院自律権を認め、議員の発言について、いわゆる免責特権を与えており、その理をそのまま直ちに地方議会にあてはめ、地方議会議員の発言についても、国会と同様の免責特権を憲法上保障しているものと解すべきであるとした。

❺　最高裁判所の判例では、国会議員が国会で行った質疑について、個別の国民の名誉や信用を低下させる発言があったとしても、当然に国の損害賠償責任が生ずるには、当該国会議員がその付与された権限の趣旨に明らかに背いてこれを行使したものと認め得るような特別の事情を必要とするとした。

【解答・解説】 正解 ❺

国会議員の特権に関する基本的な知識と判例で解答できるので、標準的な問題です。❶は免責の内容、❷は不逮捕特権が認められる時期、❸は議院の審議権の保全の趣旨から考えること、❹は免責特権が認められる範囲、❺は被害者からの国家賠償請求がどういう場合に認められるかを意識しましょう。

❶ ×　「その責任には所属政党による除名といった制裁や有権者に対する政治責任も含まれる」の部分が誤りです。**免責されるのは法的責任のみ**で、所属政党による除名や有権者に対する政治責任（例次の選挙で落選する）は免れません。

❷ ×　「参議院の緊急集会には認められない」の部分が誤りです。**緊急集会中も「会期中」に含まれます。**

❸ ×　「会期中釈放されることは一切ない」の部分が誤りです。会期前に逮捕された議員も**所属議院の要求**があれば、会期中釈放されます。

❹ ×　「その理をそのまま直ちに地方議会にあてはめ、地方議会議員の発言についても、国会と同様の免責特権を憲法上保障している」の部分が誤りです。あくまで特権なので、憲法の明文の規定が必要で、**地方議会議員には明文の規定がなく、憲法上保障されていません。**

❺ ○　判例は、国会議員の発言につき国が賠償責任を負うには、本肢にあるような**特別の事情が必要**としています（最判平9.9.9）。

第7章 国会

問題3 ★★

国会議員の不逮捕特権及び免責特権に関する次の記述のうち、妥当なのはどれか。

国般2015

❶ 国会議員の不逮捕特権は、国会の会期中であっても、議院の許諾がある場合と、院内及び院外における現行犯罪の場合には、認められない。

❷ 国会議員に不逮捕特権が認められるのは国会の会期中に限られるが、参議院の緊急集会中は会期中と同様に取り扱われ、参議院の緊急集会が開催されている場合の参議院議員についても、不逮捕特権が認められる。

❸ 国会議員に免責特権が認められているのは、院内での言論の自由を確保し、国会の機能を十分に発揮させるためであるから、国会議員が所属する委員会の地方公聴会での発言など、国会議員が院外で行った発言には、免責特権は及ばない。

❹ 国会議員は、議院で行った演説、討論又は表決について、院外で責任を問われることはなく、院内においても、その責任を問われ、懲罰の対象とされることはない。

❺ 国会議員が国会の質疑、演説、討論等の中でした個別の国民の名誉又は信用を低下させる発言については、国会議員の裁量に属する正当な職務行為とはいえず、免責特権は及ばないことから、これによって当然に国家賠償法第１条第１項の規定にいう違法な行為があったものとして国の損害賠償責任が生ずるとするのが判例である。

【解答・解説】

正解 ❷

国会議員の特権に関する基本的な知識と判例で解答できるので、標準的な問題です。❶は院内と院外の区別、❷は不逮捕特権が認められる時期、❸は不逮捕特権が認められる範囲、❹は免責特権の対象、❺は国会議員個人の責任と国の責任との区別を意識しましょう。

❶ ×　「院内…における現行犯罪の場合には、認められない」の部分が誤りです。確かに**院外の現行犯には不逮捕特権は認められません**。しかし、**院内の場合、議員の逮捕には議長の命令が必要**であり、命令がなされない限り、たとえ現行犯でも逮捕されません。

❷ ○　**参議院の緊急集会中も不逮捕特権は認められます。**

❸ ×　「地方公聴会での発言など、国会議員が院外で行った発言には、免責特権は及ばない」の部分が誤りです。地方公聴会も**議院の活動の一環**として行われるため、国会議員の自由な発言を保障すべきだからです。

❹ ×　「懲罰の対象とされることはない」の部分が誤りです。議院の懲罰（次節で学びます）は**一般人が負うべき法的責任ではない**ので、免れません。

❺ ×　「個別の国民の名誉又は信用を低下させる発言については…免責特権は及ばないことから」の部分が誤りです。判例は、**国会議員としての職務を行うにつきなされた発言**であれば、**議員個人は責任を負わない**としています（最判平9.9.9）。

第7章 国会

3 議院の権能

学習のポイント

- **国会の権能との比較**がポイントです。意見が分かれた場合でも両院ですり合わせる必要はなく、それぞれの議院が単独で意思決定できます。
- 国政調査権に関しては学説問題が出題される可能性があります。学説によって調査できる範囲が異なりますので注意しましょう。

1 議院の自律権

> 憲法55条
> 　両議院は、各々その議員の資格に関する争訟を裁判する。但し、議員の議席を失はせるには、出席議員の３分の２以上の多数による議決を必要とする。
> 憲法58条
> ①　両議院は、各々その議長その他の役員を選任する。
> ②　両議院は、各々その会議その他の手続及び内部の規律に関する規則を定め、又、院内の秩序をみだした議員を懲罰することができる。但し、議員を除名するには、出席議員の３分の２以上の多数による議決を必要とする。

衆議院と参議院とで、表決のスタイルが違っていることをご存知でしょうか。原則として、参議院は押しボタン式であるのに対し、衆議院は起立式です。表決という一番重大なセレモニーの形式が両院で異なるのです。このように、それぞれの議院が、**内部組織や議会の運営方法につき**、他の議院や内閣・裁判所などから干渉されずに**自主的に決定できる権能**を**自律権**といいます。

(1)　内部組織に関する自律権

①　議員の資格争訟の裁判（55条）

国会議員になるには一定の資格が必要です。①**被選挙権があり**（日本国民であり、かつ一定の年齢要件を満たしている）、②**兼職が禁止されている職種**（例地方議会議員）**に就いていないこと**です。この資格の有無は、その議員の**所属議院が判断**します。

すでに当選した議員にその資格がなかった場合、資格なしとしてその**議席を失わせるには、出席議員の３分の２以上の多数による議決**が必要です。

② 役員選任権（58条1項）

それぞれの議院は、**議長その他の役員を選任**することができます。

③ 議員の逮捕の許諾および釈放要求権（50条）

議員が所属する議院が、逮捕の許諾をしたり釈放要求したりします。前節で学習しました。

(2) 議院の運営に関する自律権

① 議院規則制定権（58条2項）

それぞれの議院は、**会議の手続**（議事手続や質疑応答の方法）および**内部規律**（議員の懲罰事由）に関する規則を定めることができます。これは、議院という国会以外の機関（議院は国会の一部にすぎません）が独自に議院規則というルールを決めますので、**国会中心立法の原則の例外**といえます。

国会の運営に関する定めは、国会法にもあります。では、国会法と議院規則が矛盾した場合、どちらが優先するのでしょうか。通説は、**国会法が優先する**としています。なぜなら、国会法のほうが、両院の可決で成立するので、より慎重な意思決定ができるからです。

② 議員懲罰権（58条2項）

それぞれの議院は、**議院内の秩序を乱した議員**（例暴力行為を行ったり暴言を吐いた議員）を懲罰することができます。議院も一つの組織体である以上、効率的に運営するには秩序維持が必要だからです。ただし、懲罰の中でも最も重い**除名には、出席議員の３分の２以上の多数による議決が必要**です。

確認してみよう

1 両議院は、各々その議員の資格に関する争訟を裁判することができ、議員の議席を失わせるには、総議員の３分の２以上の多数による議決を必要とする。労基・財務2015

1 (1) ①参照 ×

「総議員の３分の２以上の多数による議決を必要とする」の部分が誤りです。確かに、過半数では足りませんが、「総議員」ではなく「**出席議員**」**の３分の２以上の多数による議決**で足ります。

2 国政調査権

> 憲法62条
> 両議院は、各々国政に関する調査を行ひ、これに関して、証人の出頭及び証言並びに記録の提出を要求することができる。

(1) 意 義

議院は、法律案や予算案を審議したり、政府を監視監督したりする権能を持っています。その権能を有効かつ適切に行使するためには、資料や証言等の情報が不可欠です。そこで、それぞれの**議院が、国政に関する調査を行い、証人の出頭・証言・記録の提出を求めることができる権能**、これを国政調査権といいます。

これには、正当な理由なく調査に応じない者を**罰したり**、証人が嘘をついた場合、**偽証罪の制裁を課すなどの強制力**があります。ただし、議院に**捜査権を与えるわけではありません**ので、**逮捕や捜索・押収はできません**。また、議院が**委員会に付託して調査権を行使**することもできます。

(2) 国政調査権の範囲と限界

では、議院はどんな調査ができるのでしょうか。これは、国政調査権の法的性質と関連します。

① 独立権能説

国会の「国権の最高機関性」(41条)を文字どおり捉えて、国政調査権は国会が**他の国家機関**(内閣や裁判所など)**をコントロールするための権限**であるとする立場があります(**独立権能説**)。この立場だと、本来議院が持っている法律案や予算案の審議とは関係なく、**広く調査ができる**ことになります。

② 補助的権能説

一方、**通説**は、国会の「国権の最高機関性」を単なる誉め言葉(政治的美称)にすぎないと捉え、国政調査権は、議院が**本来持っている権能を有効・適切に行使するために必要な情報収集手段にすぎない**と考えています(**補助的権能説**)。この立場だと、**議院が本来持っている権能とは無関係に調査することはできません**。また、**憲法原理**(三権分立、国民の人権保障)**に反する調査もできません**。そこで、具体的な調査の限界が問題となります。

(ア) 司法権との関係

裁判には強制力がありますので、法と証拠に基づき、公正中立に行われなければなりません。そのため、外部の影響を排除しなければならず(これを「司法権の独立」といい、第9章第2節で学びます)、議院は、裁判官の活動に**法律上のみならず事実上重大な影響を及ぼすような調査はできません**。例えば、**裁判内容に対する批判的な調査**は一切できません。これは、**判決確定後も同様**です。確かに判決確定後であれば、**確定した判決それ自体には影響しません**が、**類似の別の裁判に影響するおそれがある**からです。もっとも、例えば裁判所法を改正するための調査など、立法目的等**議院の本来の権能を行使するための調査は、裁判と並行して行うこともできます(並行調査)**。

(イ) 行政権との関係

もともと議院には、**行政を監視監督する権能**があります(次章で学習します)。そこで、**行政権に対しては広く調査が及びます**。ただし、公務員には職務上知り得た秘密を漏らしてはならない**守秘義務がありますので、秘密漏洩をそそのかすような調査はできません**。

また、検察官は国の行政機関である検察庁の職員ですが、起訴・不起訴の決定権は検察官が独占しているため、裁判官に準じる独立性が認められるべきです(これを検察官の**準司法的地位**といいます)。そこで、**起訴するかどうかの裁量に政治的圧力を加える調査や、捜査の続行に支障を来す調査はできません**。

(ウ) 調査対象者の人権との関係

対象者の人権(例黙秘権)**を侵害するような調査**はできません。

確認してみよう

① 国政調査権は、その行使に当たって、証人の出頭並びに記録の提出の要求のほか、住居侵入、捜索、押収も強制力を有する手段として認められている。区Ⅰ2017

2 (1) 参照 ×

「住居侵入、捜索、押収も強制力を有する手段として認められている」の部分が誤りです。国政調査権には強制力が認められているものの、住居侵入、捜索、押収といった**捜査権は認められていません**。

② 議院により証人として喚問された者は、思想の露顕を求めるような質問を受けた場合であっても、証言を拒むことはできない。裁判所2004

2 (2) ②参照 ×

「思想の露顕を求めるような質問を受けた場合であっても、証言を拒むことはできない」の部分が誤りです。**対象者の人権を侵害するような調査はできません。**

過去問にチャレンジ

問題1 ★ **日本国憲法に規定する議院の国政調査権に関する記述として、通説に照らして、妥当なのはどれか。**

区Ⅰ2005

❶ 国政調査権は、議院が保持する諸権能を実効的に行使するために認められた補助的権能ではなく、国会が国権の最高機関であることに基づき国権の発動を統制するための独立の権能である。

❷ 国政調査権の主体は両議院であるが、その調査の全部又は一部をそれぞれの常任委員会又は特別委員会に付託して行わせることができる。

❸ 国政調査権の行使に当たっては、証人の出頭及び証言並びに記録の提出の要求のほか、捜索・押収などの強制手段が認められている。

❹ 裁判所で係争中の事件の事実については、立法や行政監督の目的など裁判所と異なる目的であっても、議院が裁判所と並行して調査を行うことは認められない。

❺ 裁判所で係争された事件については、判決確定後であれば、議院が裁判内容の当否を調査し批判することや、その事件を再審理するような方法で調査することが認められている。

【解答・解説】

正解 ❷

議院の国政調査権に関する基本的な知識で解答できるので、比較的易しい問題です。❶は、問題文にあるように通説の立場で答えましょう。❷は調査権行使の場、❸は強制手段の方法、❹と❺は、司法権の独立との関係を意識して解きましょう。

❶ ×　「補助的権能ではなく、国会が国権の最高機関であることに基づき国権の発動を統制するための独立の権能である」の部分が誤りです。通説は、国政調査権の法的性質を**補助的権能**としています。

❷ ○　委員会は少人数の国会議員で構成され、議案の内容を専門的に検討する場なので、調査の場としてふさわしく、議院は**委員会に付託して調査**させることができます。

❸ ×　「捜索・押収などの強制手段が認められている」の部分が誤りです。国政調査権には強制力が認められているものの、**捜索・押収などの強制手段は認められていません**。

❹ ×　「議院が裁判所と並行して調査を行うことは認められない」の部分が誤りです。裁判内容に法律上・事実上の影響を及ぼさなければ、**裁判と同時並行で調査しても構いません**。

❺ ×　「判決確定後であれば、議院が裁判内容の当否を調査し批判することや、その事件を再審理するような方法で調査することが認められている」の部分が誤りです。裁判内容に対する調査は、**判決確定の前後を問わずできません**。

問題2
★★

日本国憲法に規定する議院の国政調査権に関する記述として、判例、通説に照らして、妥当なのはどれか。

区Ⅰ 2012

❶ 国政調査権の行使に当たっては、議院は証人の出頭及び証言並びに記録の提出を要求することができるが、強制力を有する捜索、押収などの手段によることは認められない。

❷ 国政調査権は、議院が保持する権能を実効的に行使するためのものであり、その主体は議院であるから、議院は、調査を常任委員会に付託して行わせることはできない。

❸ 裁判所で審理中の事件について、議院が裁判と並行して調査することは、裁判所と異なる目的であっても、司法権の独立を侵すこととなるので許されないが、判決が確定した事件については、調査することができる。

❹ 検察事務は、行政権の作用に属するが、検察権が裁判と密接に関連する準司法作用の性質を有することから、司法権に類似した独立性が認められなくてはならないので、国政調査権の対象となることはない。

❺ 国政調査権は、国会が国権の最高機関であることに基づく、国権を統括するための補助的な権能であるが、立法、予算審議、行政監督など、国政調査権の及ぶ範囲は、国政のほぼ全般にわたる。

【解答・解説】

正解 ❶

議院の国政調査権に関する基本的な知識が問われていますが、❹と❺が若干微妙なので、標準的な問題です。❺は、問題文にあるように通説の立場に立って解答しましょう。

❶ ○　国政調査権には強制力が認められているものの、**捜索・押収などの強制手段は認められていません。**

❷ ×　「議院は、調査を常任委員会に付託して行わせることはできない」の部分が誤りです。議院は、調査を**委員会に付託して行わせることができます。**

❸ ×　「裁判所と異なる目的であっても、司法権の独立を侵すこととなるので許されないが、判決が確定した事件については、調査することができる」の部分が誤りです。裁判所と**異なる目的**（例立法目的）であれば、司法権の独立を侵さないので裁判と**並行して調査することが許されます**。また、判決が**確定した事件**については、**調査することができません。**

❹ ×　「国政調査権の対象となることはない」の部分が誤りです。**検察事務も行政権の作用**であり、議院には**行政を監視監督する権能**があるので、**原則として調査の対象となります**。例外的に、起訴するかどうかの裁量に政治的圧力を加える調査や、捜査の続行に支障を来す調査ができないだけです。

❺ ×　「国会が国権の最高機関であることに基づく、国権を統括するための補助的な権能であるが」の部分が誤りです。国政調査権の法的性質を「補助的な権能」と捉える補助的権能説は通説ですが、この学説は国会が「国権の最高機関」であることを根拠とせず、国権を統括するための権能とはしていません。

問題3　**国会に関する次の記述のうち、妥当なのはどれか。**

★★

国税・労基2019

❶　予算及び条約の締結に必要な国会の承認は、先に衆議院で審議されなければならない。

❷　両議院は、院内の秩序を乱した議員を懲罰することができるが、選挙によって選ばれた議員の身分を剥奪することは許されないため、懲罰として議員を除名することはできない。

❸　参議院の緊急集会で採られた措置は、臨時のものであって、次の国会開会の後10日以内に衆議院の同意がない場合には、その効力を失う。

❹　国会が罷免の訴追を受けた裁判官を裁判するために設置する弾劾裁判所は、両議院の議員で組織されるのが原則であるが、法律で定めれば、その裁判員に両議院の議員以外の者を加えることができる。

❺　両議院の議員は、国会の会期中、院内若しくは院外における現行犯罪の場合又はその所属する議院の許諾がある場合を除き、逮捕されない。

【解答・解説】

正解 ❸

国会のテーマ全体を広く問う総合問題であり、難易度は標準的です。特に❷の議院の権能と❹の国会の権能、❺の国会議員の特権は主体が異なるので引っ掛からないようにしましょう。

❶ ×　「条約の締結に必要な国会の承認は、先に衆議院で審議されなければならない」の部分が誤りです。**条約承認権には衆議院の先議権はありません。**

❷ ×　「懲罰として議員を除名することはできない」の部分が誤りです。**出席議員の３分の２以上の多数による議決で除名することができます。**

❸ ○　参議院の緊急集会は国会の代行にすぎませんので、そこで採られた措置は、次の国会（**特別会**）開会の後、**10日以内に衆議院の同意**がないと、**将来的に無効**となります。

❹ ×　「法律で定めれば、その裁判員に両議院の議員以外の者を加えることができる」の部分が誤りです。憲法は「国会は、罷免の訴追を受けた裁判官を裁判するため、**両議院の議員で組織する弾劾裁判所を設ける**」（64条１項）と定めており、憲法上、弾劾裁判所裁判官は、国会議員のみで構成しなければなりません（第９章で学習します）。

❺ ×　「院内…における現行犯罪の場合又はその所属する議院の許諾がある場合を除き、逮捕されない」の部分が誤りです。院外の現行犯罪の場合は逮捕されますが、**院内では現行犯罪**でも、**議長の命令がない限り逮捕されません。**

問題4 国会に関する次の記述のうち、最も妥当なのはどれか。

★★

財務2015

❶ 両議院の議員は、院外における現行犯の場合を除いて、国会の会期中逮捕されることはなく、会期前に逮捕された議員は、所属する議院の要求があれば、会期中釈放される。

❷ 議会は原則として公開であるが、出席議員の３分の２以上の多数で議決したときは、秘密会を開くことができる。また、公開とは、傍聴の自由のみならず、報道の自由が認められることをいうと一般に解されている。

❸ 両議院は、各々その議員の資格に関する争訟を裁判することができ、議員の議席を失わせるには、総議員の３分の２以上の多数による議決を必要とする。

❹ 議会を構成する各議員は、選挙区ないし後援団体など特定の選挙母体の意思を国政に反映させることにより、全国民の代表者としての使命を果たすことができるのであるから、選挙母体である選挙区ないし後援団体等が求める個々の具体的な指示に法的に拘束される。

❺ 両議院による議院規則の制定、最高裁判所による規則の制定及び一の地方公共団体のみに適用される特別法の制定のための住民投票は、いずれも「国会中心立法の原則」の例外であると一般に解されている。

【解答・解説】

正解 ❷

国会のテーマ全体を広く問う総合問題であり、難易度は標準的です。❶は国会議員の特権、❷は国会の活動、❸は議院の自律権、❹・❺は国会の地位からの出題です。国会の問題は、本問のように分野をまたいで出題されることが多いので、全体を網羅するように学習しましょう。

❶ ×　「院外における現行犯の場合を除いて、国会の会期中逮捕されることはなく」の部分が誤りです。国会議員が例外的に逮捕される「法律の定める場合」(50条) とは、院外における現行犯だけではなく、**所属議院の許諾がある場合**も含まれます。

❷ ○　議会は**原則公開**されますが、**出席議員の３分の２以上の多数で議決すると、秘密会を開くことができます**(57条１項)。また、議会の公開とは、議事の内容を広く一般に知らしめることを意味し、誰もが自由に傍聴できるだけではなく、**報道機関の報道の自由も含まれる**と解されています。

❸ ×　「総議員の３分の２以上の多数による議決を必要とする」の部分が誤りです。議員の議席を失わせるには、**出席議員**の３分の２以上の多数の議決で足り (55条)、総議員の３分の２以上ではありません。

❹ ×　「選挙母体である選挙区ないし後援団体等が求める個々の具体的な指示に法的に拘束される」の部分が誤りです。国会議員は、**全国民の代表**であり (43条)、選挙区や後援団体の代表ではなく、その意思に**法的に拘束されません**。

❺ ×　「特別法の制定のための住民投票は…「国会中心立法の原則」の例外である」の部分が誤りです。地方自治特別法は、国会の議決後、**住民投票で過半数の同意を得なければ国会は制定できない**ので、**国会が立法する際、他の機関は参加できないという国会単独立法の原則の例外**です。

第8章

内閣

内閣の地位・組織・権能・活動
内閣総理大臣の地位・権能
衆議院の解散

1 内閣の地位・組織・権能・活動

学習のポイント

・日本の**議会と政府の関係は議院内閣制**です。アメリカに代表される**大統領制との比較がポイント**です。

・国会は、じっくり議論して意思決定するのに対し、内閣はその意思決定を迅速に実行することが求められます（**スピーディーな政策の遂行**）。ですから、指揮命令系統がしっかりしています。

1 内閣の地位（議院内閣制）

憲法66条
③　内閣は、行政権の行使について、国会に対し連帯して責任を負ふ。
憲法67条
①　内閣総理大臣は、国会議員の中から国会の議決で、これを指名する。この指名は、他のすべての案件に先立つて、これを行ふ。

(1)　議院内閣制とは

内閣のリーダーである内閣総理大臣を決めるのは、国会、特に衆議院でした。また、衆議院が内閣不信任案を可決すると、強制的に内閣を総辞職させることができます（前章で学習しました）。要するに、内閣を生かすも殺すも議院次第ということです。このように、**内閣の成立と存続が、国会**（特に衆議院）**の信任に基づくものでなくてはならないという制度**を**議院内閣制**といいます。このような制度が採られたのは、国会が作った法律を１日も早く実行に移してもらいたいからです。また、行政活動には、税金の徴収など国民の人権を侵害するものもあるので、国民が国会議員の選挙をとおして行政活動をコントロールすることで、不当な人権侵害がなされないようにする意味もあります。

議院内閣制では、**議会と政府は協力関係にあります**。まず、人事交流が盛んです。**総理大臣は現職の国会議員**でなければならず、総理大臣をサポートする**その他の国務大臣も過半数は現職の国会議員**でなければなりません。また、**内閣には法案提出権があり、国会が制定した法律の誠実な執行義務があります**。逆に、協力関係が破綻した場合には、それぞれ相手方を辞めさせることができます（学習済みの衆議院による内閣不信任決議や後述する内閣による衆議院の解散)。まさに**議会と政府は運命共同体**といえるのです。

これに対し、アメリカなどに代表される**大統領制**1)では、権力分立を徹底し、議会と政府は協力関係にありません。大統領も大統領をサポートする長官も現職の議員であってはなりませんし、政府に法案提出権や予算提出権すらありません。また、大統領は拒否権を発動して議会が制定した法律の執行を拒むことすらできます。議会と大統領はまさに独立独歩なのです。そのため、議会に大統領の不信任決議権はありませんし、大統領にも議会解散権はありません。

1) 議会と政府を完全に分離し、政府の長(大統領)を国民が選ぶ制度。

(2) 議院内閣制の現われ

内閣総理大臣は、**国会議員の中から国会の議決**で選ばれ(67条1項)、**国務大臣の過半数は、国会議員の中から**選ばれます(68条1項)。また、内閣は行政権の行使について、**国会に対して連帯して責任を負います**(66条3項)。なぜなら、内閣は**合議体でなおかつ大臣の全員一致で意思決定**するからです(意思決定の方法については後に学びます)。その最も重い責任が、**衆議院の内閣不信任決議**です。これにより、遅かれ早かれ**内閣は総辞職しなければなりません**。

また、各議院は、**個別の国務大臣に対する不信任決議も可能**です。ただ、その大臣を法的に**辞職に追い込むことはできない**ことに注意しましょう。

◆不信任決議

主体	対象	効果
衆議院	内閣	内閣総辞職
	個別の大臣	辞職させられない
参議院	内閣	辞職させられない
	個別の大臣	辞職させられない

さらに、国会と内閣は協力関係にありますので、**国務大臣は国会へ出席する権利も義務**もあります。

補足

内閣は行政権の行使について、国会に対して連帯して責任を負いますが、個別の国務大臣が所管する事項について、**単独で責任を負うことが否定されるわけではありません**。国務大臣に対する不信任決議が可能であるのは、この現われです。

2 内閣の組織

憲法65条

行政権は、内閣に属する。

憲法66条

① 内閣は、法律の定めるところにより、その首長たる内閣総理大臣及びその他の国務大臣でこれを組織する。

② 内閣総理大臣その他の国務大臣は、文民でなければならない。

憲法67条

① 内閣総理大臣は、国会議員の中から国会の議決で、これを指名する。この指名は、他のすべての案件に先立つて、これを行ふ。

憲法68条

① 内閣総理大臣は、国務大臣を任命する。但し、その過半数は、国会議員の中から選ばれなければならない。

(1) 内閣の構成

内閣は、**内閣総理大臣**と**その他の国務大臣**で構成されます。**国務大臣の人数は原則14人で、3人を限度に増員が可能**です。また、**特命担当大臣**2)の制度もあります。

内閣総理大臣とその他の国務大臣は、すべて文民でなければなりません。かつての**軍部大臣現役武官制**を廃止し、**軍に対する民主的コントロール**を可能とするためです3)。

2) 時の政権の目玉政策など**既存の省庁に属さない行政事務**を担当する大臣。安倍政権における例として女性活躍担当大臣、経済再生担当大臣などが挙げられます。

3) 文民とは軍人でない者であり、軍部大臣現役武官制とは明治憲法下で採用されていた**軍部大臣の就任資格を現役の軍人に限る制度**。軍部が大臣を出さない限り内閣は成立しないので、軍部の発言力が強まり、無謀な戦争につながりました。

(2) 国務大臣

国務大臣とは**内閣の構成員たる地位**を指し、**閣議に参加し**、**政策を決定**します。さらに、内閣府や国土交通省など**国の行政機関の長として行政事務を担当**する**行政大臣職**4) も務めます。つまり、国務大臣と行政大臣は**一人二役**なのです。そのほうが、国務大臣として自ら政策の決定に関わった以上、責任を持って行政大臣として官僚たちの陣頭指揮を執り、政策を実行していけるからです。

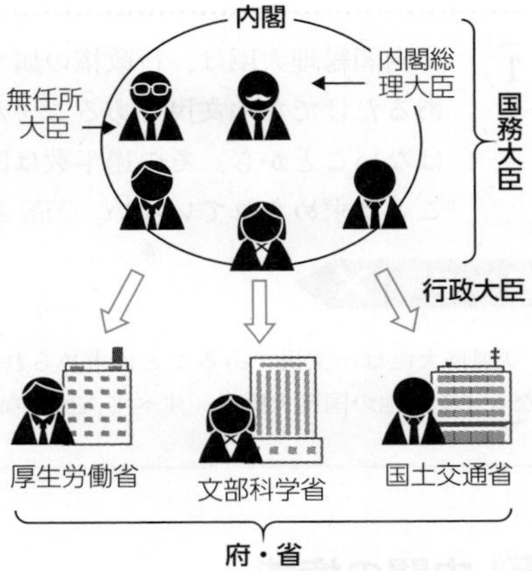

ただ、行政大臣職がない国務大臣、つまり政策の決定にのみ参加し、その実行には関わらない無任所大臣の制度もあります。行政大臣職があると、ついつい自ら担当する省の利益を優先してしまいがちなので、大所高所から物申す存在が必要だからです。

> 4) 内閣府の長としての内閣総理大臣や国の行政機関である各省の長として行政事務を分担管理する各府・省大臣のこと。

(3) 内閣の成立

内閣総理大臣は、国会議員の中から国会の議決で指名され、天皇が任命します。その総理大臣をサポートする**国務大臣**は、内閣総理大臣自身が任命し、天皇が認証します。総理大臣がリーダーシップを発揮しやすいようにするためです。ただし、その**過半数**は、議院内閣制の現われから**国会議員**でなければなりません。

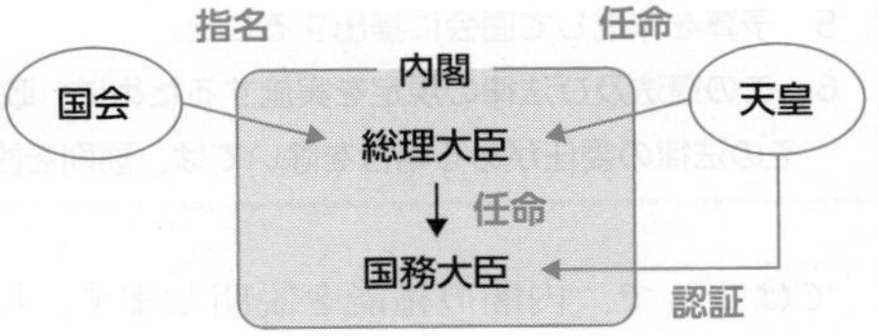

> **補足**
> 天皇には政治権力がないので、任命と認証は単なるセレモニーにすぎず、決定するという意味はありません。さらに、それらを行うにも内閣の助言と承認が必要です。

確認してみよう

① 内閣総理大臣は、行政権の属する内閣の首長であることから、国会議員であるだけでなく文民であることが求められるが、国務大臣は、内閣の首長ではないことから、その過半数は国会議員でなければならないが、文民であることは求められていない。国般2016

2 (1) 参照 ×

「国務大臣は…文民であることは求められていない」の部分が誤りです。内閣総理大臣のみならずその他の国務大臣は、すべて文民でなければなりません。

3 内閣の権能

憲法73条

内閣は、他の一般行政事務の外、左の事務を行ふ。

1 法律を誠実に執行し、国務を総理すること。
2 外交関係を処理すること。
3 条約を締結すること。但し、事前に、時宜によつては事後に、国会の承認を経ることを必要とする。
4 法律の定める基準に従ひ、官吏に関する事務を掌理すること。
5 予算を作成して国会に提出すること。
6 この憲法及び法律の規定を実施するために、政令を制定すること。但し、政令には、特にその法律の委任がある場合を除いては、罰則を設けることができない。

ではここで、内閣の権能を説明します。「内閣」という合議体の権能なので、後に説明する**閣議決定に基づき行使**されます。

(1) 法律の誠実な執行（73条1号）

議院内閣制から、内閣は国会が制定した**法律を誠実に執行**しなければなりません。アメリカ大統領のように拒否権はないので、制定された法律が憲法に違反するようなものだと内閣が判断しても、執行すべきことは変わりません。

⑵ 官吏に関する事務の掌理（73条4号）

内閣は、**内閣や府・省庁で働く官吏**（公務員）を取りまとめることができます。ちなみに、この「官吏」には、**国会職員や裁判所職員は含まれません**。含めてしまうと、職員をとおして内閣が国会（立法）や裁判所（司法）をコントロールできてしまうからです。

⑶ 政令制定権（73条6号）

例えば、生活保護基準や環境保護基準など専門技術的な事柄については、国会議員の手に負えません。そこで、厚生労働大臣や環境大臣などの行政機関の長が、国会に代わって**命令**[5)]を制定することができます。命令の中でも、**閣議で決定され内閣（政府）が制定するものを政令**といい、**命令の中で最も強い効力**を持ちます。

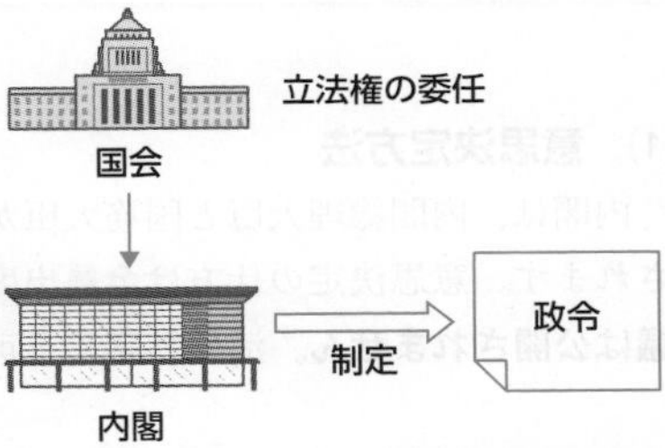

ただし、その制定には**国会（法律）による立法権の委任が必要**です（**委任命令**）。本来、国会のみがルールを制定すべしという国会の唯一の立法機関性に反しないようにするためです。とりわけ、**国民の権利を制限したり義務を課したりする法規範**（例環境保護基準など**罰則を伴うもの**）は、本来国会が制定すべきものなので、包括的な白紙委任は認められず**個別的・具体的な委任**（有害物質の特定や違反者に対する罰則の上限等対象を絞って委任すること）が必要です。

5) 行政機関が制定するルール。

確認してみよう

① 内閣は、法律を誠実に執行し、また、憲法を尊重し擁護すべき義務を負っていることから、最高裁判所が違憲と判断しなくとも、憲法上の疑義を理由に法律の執行を拒否することができると一般に解されている。国般2015

3 ⑴ 参照 ×

「最高裁判所が違憲と判断しなくとも、憲法上の疑義を理由に法律の執行を拒否することができる」の部分が誤りです。内閣は誠実に法律を執行する義務を負っており、それはたとえ自ら違憲と判断した場合も同様で、法律の執行を拒否することはできません。

4 内閣の活動

憲法69条
内閣は，衆議院で不信任の決議案を可決し，又は信任の決議案を否決したときは，10日以内に衆議院が解散されない限り，総辞職をしなければならない。
第70条　内閣の総辞職 (2)
内閣総理大臣が欠けたとき，又は衆議院議員総選挙の後に初めて国会の召集があつたときは，内閣は，総辞職をしなければならない。
第71条
前２条の場合には，内閣は，あらたに内閣総理大臣が任命されるまで引き続きその職務を行ふ。

(1)　意思決定方法

内閣は、内閣総理大臣と国務大臣からなる合議体であり、その意思は**閣議**で決定されます。意思決定の仕方は**全員出席、全員一致によることが慣例**です。また、**閣議は公開されません**。活発な議論を可能とするためです。

(2)　内閣の総辞職

内閣は、その存続が適当でないと考えたときは、いつでも**自発的に総辞職**（全員が辞めること）**することができます**。また、総辞職しなければならない場合も定められています。では、内閣は、どのような場合に**総辞職しなければならない**のでしょうか。

①　内閣総理大臣が欠けたとき

まず、**内閣総理大臣が欠けたとき**に総辞職しなければなりません（70条）。例えば、内閣総理大臣が死亡、失踪、亡命したとき、また、資格争訟の裁判によって国会議員の地位を失ったときが挙げられます。国会が指名したのは総理大臣だけなので、その総理大臣が欠けた以上、総理大臣に任命された他の国務大臣は存続しようがないからです。

②　総選挙後の国会召集時

次に、**衆議院議員総選挙後、初の国会**（解散総選挙なら特別会、任期満了に伴う総選挙なら臨時会）**召集時**に総辞職しなければなりません（70条）。なぜなら、総理大臣を指名したのは**実質的に衆議院**なので、選挙でその構成員が交代した以上、総理大臣は辞職すべきだからです。ちなみに、参議院の通常選挙後の初の国会（臨時会）召集時には総辞職する必要はありません。

◆ 選挙後の内閣総辞職の要否

衆議院議員総選挙後の	臨時会	必要
	特別会	
参議院通常選挙後の臨時会		不要

③　不信任決議可決後、衆議院が解散されないとき

最後に、**衆議院の内閣不信任決議が可決された場合で、10日以内に衆議院が解散されないときは**、内閣は総辞職しなければなりません（69条、第3節で学習します）。

内閣は、総辞職後も次の総理大臣が任命されるまでは引き続き職務を行います。行政の空白を作らないようにするためです。これを**職務執行内閣**といいます（71条）。

確認してみよう

① 内閣総理大臣が欠けたときや、衆議院議員総選挙又は参議院議員通常選挙の後に初めて国会の召集があったときは、内閣は、総辞職しなければならない。財務2017

4 (2) ②参照 ×

「参議院議員通常選挙の後に初めて国会の召集があったときは、内閣は、総辞職しなければならない」の部分が誤りです。参議院議員通常選挙後の初の国会召集時には、**内閣は総辞職する必要はありません。**

過去問にチャレンジ

問題1 ★★★ **次の憲法上の規定内容のうち、他の4つと明らかに異なる制度に関するものはどれか。**

裁判所2003

❶ 内閣は、行政権の行使について、国会に対し連帯して責任を負う。

❷ 内閣総理大臣は、国会議員の中から国会の議決で、これを指名する。

❸ 衆議院と参議院とが、内閣総理大臣について異なった指名の議決をした場合に、法律の定めるところにより、両議院の協議会を開いても意見が一致しないとき、又は衆議院が指名の議決をした後、国会休会中の期間を除いて10日以内に、参議院が、指名の議決をしないときは、衆議院の議決を国会の議決とする。

❹ 内閣総理大臣は、国務大臣を任命する。但し、その過半数は、国会議員の中から選ばれなければならない。

❺ 内閣は、衆議院で不信任の決議案を可決し、又は信任の決議案を否決したときは、10日以内に衆議院が解散されない限り、総辞職をしなければならない。

【解答・解説】

正解 ❸

議院内閣制を具体化した条文に関する問題で、一見何を問われているかわかりにくいので、やや難問といえます。議院内閣制とは、**国会と内閣が協力して国政に当たる**ということと、**内閣が行政権の行使につき国会に対して責任を負う**ということですので、それに関連する条文かどうかを確認していきましょう。

❶ ×　この規定は**議院内閣制の現われ**です。

❷ ×　国会議員が政府の長になることで、国会と内閣の協力関係が促進するので、この規定は**議院内閣制の現われ**です。

❸ ○　この規定は**衆議院の優越**に関するものであり、議院内閣制とは無関係です。

❹ ×　国務大臣の過半数が国会議員の中から選ばれることで、国会と内閣の協力関係が促進するので、この規定は**議院内閣制の現われ**です。

❺ ×　衆議院の内閣不信任決議がなされると、内閣は遅かれ早かれ総辞職しなければなりません。これは、内閣が行政権の行使につき国会に対して負う最も重い責任であり、この規定は**議院内閣制の現われ**です。

問題２ ★ **内閣及び内閣総理大臣に関する次のＡ～Ｃの記述の正誤の組合せとして、最も適当なのはどれか。**

裁判所2013

A 内閣は、憲法73条１号により法律を誠実に執行する義務を負うが、他方、憲法99条により憲法尊重擁護義務をも負うので、内閣が違憲と解する法律が国会で成立した場合には、一時的であれば、その執行を停止することができる。

B 憲法66条３項は、内閣は行政権の行使について国会に対して連帯して責任を負う旨規定しているが、個々の国務大臣がその所管事項について単独で責任を負うことが否定されているわけではない。

C 憲法70条は、内閣総理大臣が欠けたときは内閣は総辞職しなければならないと規定しているところ、「内閣総理大臣が欠けたとき」とは、死亡、失踪、亡命などがこれに含まれるが、国会議員の地位を失った場合は含まれない。

	A	B	C
❶	正	正	正
❷	正	誤	正
❸	誤	誤	正
❹	誤	正	誤
❺	誤	誤	誤

【解答・解説】

正解 ❹

内閣に関する基本的な知識で解答できます。Cは若干微妙な判断を求められますが、AとBは容易で、組合せを使えば答えは出せます。易しい問題です。

A ×　「内閣が違憲と解する法律が国会で成立した場合には、一時的であれば、その執行を停止することができる」の部分が誤りです。内閣は**法律を誠実に執行する義務**を負っており（73条1号)、たとえ内閣が違憲と判断しても、その執行を停止することはできません。

B ○　内閣は行政権の行使について、**国会に対して連帯して責任を負います**(66条3項)。しかし、**個別の大臣に対する不信任決議**も可能ですので、**個々の大臣が単独で責任を負うことが否定されているわけではありません。**

C ×　「国会議員の地位を失った場合は含まれない」の部分が誤りです。内閣総理大臣は、**国会議員の中**から国会の議決で指名されます。そして、議院内閣制の意義から、国会議員であることは、**選任の要件**のみならず**在職の要件でもある**と解されています。ですから、**内閣総理大臣が国会議員の地位を失った場合は、「内閣総理大臣が欠けたとき」といえます**。ただし、衆議院の解散で国会議員の地位を失った場合は、憲法71条が、新たに内閣総理大臣が任命されるまで内閣の存続を認めていますので（**職務執行内閣**)、例外的に内閣総理大臣の地位を失いません。

2 内閣総理大臣の地位・権能

学習のポイント

・現在の内閣総理大臣は、明治憲法時代と異なり強力なリーダーである**首長としての地位**が認められています。

・**内閣の権能と内閣総理大臣の権能**の違いを混同しないようにしましょう。

1 内閣総理大臣の地位

明治憲法では**天皇が政治権力を掌握**しており、**国務大臣はそれぞれ個別に天皇をサポート**していたので、内閣総理大臣は、同輩中の**首席**1)にすぎませんでした。これに対し、現在の内閣総理大臣は**首長**1)**たる地位**が認められ、その権限が強化されました。なぜなら、内閣は、**スピーディーな政策の実行**を責務としていますので、指揮命令系統がしっかりしていなければならず、さらに、内閣の一体性を図ることで、**国会に対する連帯責任が強化**されるからです。

1) **首席**とは、**組織の代表者**という意味しかなく、**強力なリーダーシップは発揮できない者**のこと。これに対し、**首長**とは、**組織を統括する権限を持つ者**のこと。

2 内閣総理大臣の権能

(1) 国務大臣の任免権

憲法68条

① 内閣総理大臣は、国務大臣を任命する。但し、その過半数は、国会議員の中から選ばれなければならない。

② 内閣総理大臣は、任意に国務大臣を罷免することができる。

内閣総理大臣は、閣議にかけずに**任意に国務大臣を任命したり罷免したりできます**。これは、首長たる地位の現われです。国務大臣の人事権をとおして、内閣全体を統括するのです。ちなみに、この**任命・罷免**には、**天皇の認証が必要**です。

(2) 内閣の代表権

憲法65条
　行政権は、内閣に属する。
憲法72条
　内閣総理大臣は、内閣を代表して議案を国会に提出し、一般国務及び外交関係について国会に報告し、並びに行政各部を指揮監督する。
内閣法６条
　内閣総理大臣は、閣議にかけて決定した方針に基づいて、行政各部を指揮監督する。

内閣総理大臣には、明治憲法時代と同じ**首席（内閣の代表者）としての地位**もあります。そこで、**内閣を代表**して法律案や予算案などの**議案を国会に提出**したり、**国政全般や外交関係について国会に報告**したりします。

さらに、内閣総理大臣は**行政各部を指揮監督できます**。例えば、感染症対策費として補正予算を組むように財務省に指示できます。ですが、こちらは、国務大臣の任免権とは異なり、**閣議にかけて決定した方針に基づく必要**があります（内閣法6条）。なぜなら、**行政権自体は内閣**に属するからです（65条）。

ここで、内閣総理大臣が収賄罪に問われた戦後最大の汚職事件といわれるロッキード事件を紹介します。公務員の仕事は税金を財源とし、かつ国民のために行われるため公正中立なものでなければなりません。そこで、業者などから金銭をもらいその便宜を図る行為は、収賄罪となります（刑法197条）。ただ、その成立には公務員が「**職務に関し**」賄賂を受け取ることが必要です。そこで、内閣総理大臣が運輸大臣（当時）に対して、航空会社が特定のメーカーから航空機を購入するよう勧める働きかけをしたことが、「職務に関し」といえるかが問題となりました。なぜなら内閣総理大臣は、**運輸大臣に働きかけることにつき閣議決定していなかった**からです。

判例　最大判平7.2.22: **ロッキード事件**

事案

- 内閣総理大臣が運輸大臣に対し、全日空にロッキード社製の航空機の購入を勧奨するよう働きかけたことの見返りとして、ロッキード社から5億円を受け取った。

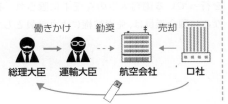

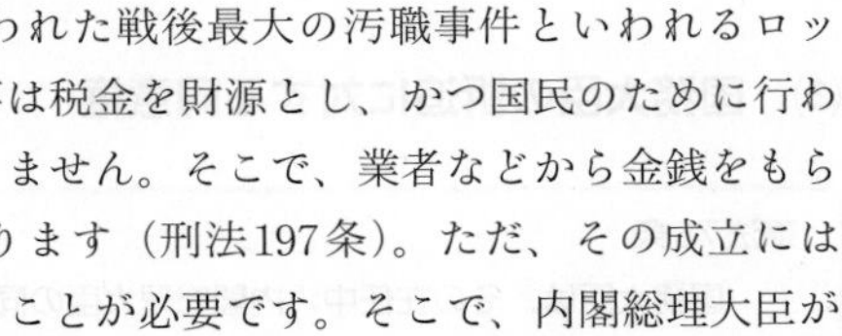

解説

- 内閣総理大臣には、憲法上、**首長として内閣を統括し行政各部を指揮監督する権限**がある。
- また、**行政は臨機応変に、それもスピード感をもって行われなければならないため**、閣議決定に基づく指揮監督しかできないとなると、政策が後手に回ることになる。
- そこで、**閣議決定なしでも行政各部に対し、指導、助言等の指示を与えることができる。**

判旨

- **内閣総理大臣**は、憲法上、内閣の首長として、国務大臣の任免権、内閣を代表して行政各部を指揮監督する権限を有するなど、**内閣を統率し行政各部を統轄調整する地位**にある。
- その内閣総理大臣の地位および権限に照らすと、**閣議にかけて決定した方針が存在しない場合においても、流動的で多様な行政需要に遅滞なく対応するため、少なくとも内閣の明示の意思に反しない限り、行政各部に対し、随時、その所掌事務について一定の方向で処理するよう指導、助言等の指示を与える権限を有する。**
- したがって、内閣総理大臣は、運輸大臣に対して民間航空会社の機種選定に対する行政指導を行うよう働きかけることについて、**職務権限を有する**(収賄罪成立)。

(3) 国務大臣の訴追に対する同意権

憲法75条
　国務大臣は、その在任中、内閣総理大臣の同意がなければ、訴追されない。但し、これがため、訴追の権利は、害されない。

たとえ国務大臣が罪を犯しても、**内閣総理大臣が同意**しなければ、**訴追**(逮捕や起訴)**されません**。なぜなら、閣議は全員出席が要件ですので、国務大臣が逮捕・起訴されてしまうと、閣議が開けなくなるからです。これは、内閣の活動を守るための制度であって国務大臣個人を守るのが目的ではないので、**国務大臣に免責特権を与えるものではありません**。ですから、訴追されないのは内閣の一員として職務を行っている**国務大臣の在任中に限られ**、**在任中は公訴時効**2) **が停止します**(ちなみに国会議員は、免責特権により議員としての発言の責任は一生問われません。)。

◆国会議員と国務大臣の比較

	逮捕		起訴
	原則	例外	
国会議員	国会会期中は逮捕されない	院外の現行犯または議院の許諾があれば逮捕される	起訴される（在宅起訴）
国務大臣	大臣在任中は逮捕されない	—	大臣在任中は起訴されない

2）犯罪が行われたときから一定期間経過すると、検察官が起訴できなくなる制度。

⑷ 法律・政令への連署

憲法74条
　法律及び政令には、すべて主任の国務大臣が署名し、内閣総理大臣が連署することを必要とする。

内閣には、法律を誠実に執行する義務があります。そこで、法律や政令が完成すると、執行責任を明確にするため、主任の**国務大臣が署名**します。さらにその横に、**内閣総理大臣**が内閣の代表として署名します（**連署**）。この署名や連署は、**大臣の義務**です。また、国会は単独で法律を作ることができるので（**国会単独立法の原則**）、たとえ署名や連署がなくても、**法律の効力は否定されません**。

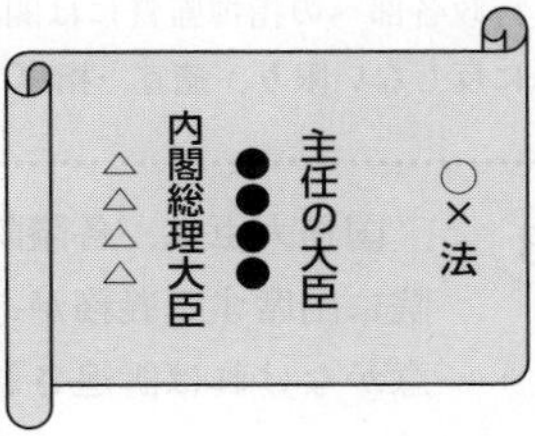

確認してみよう

1 内閣総理大臣は、国務大臣を罷免する場合には、これを閣議にかけなければならない。国般2016

2 (1) 参照 ×

「これを閣議にかけなければならない」の部分が誤りです。内閣総理大臣は、国務大臣を**任意に罷免**できます。

2 内閣総理大臣は、閣議にかけて決定した方針が存在しない場合においても、少なくとも内閣の明示の意思に反しない限り、行政各部に対し、随時その所掌事務について一定の方向で処理するよう指導、助言等の指示を与える権限を有するとするのが判例である。国税・労基・財務2013

2 (2) 最大判平7.2.22：ロッキード事件参照 ○

行政各部への指揮監督には閣議決定が必要ですが（内閣法６条）、判例は、内閣の明示の意思に反しない限り、適宜、指導、助言等の指示を与えることはできるとしています。

3 国務大臣は、各議院から答弁又は説明のため出席を求められたときは、議院に出席する義務があることから、国会の会期中に限り、内閣総理大臣の同意がなければ訴追されない。国般2016

2 (3) 参照 ×

「国会の会期中に限り、内閣総理大臣の同意がなければ訴追されない」の部分が誤りです。内閣総理大臣の同意がなければ訴追されないのは、国会の会期中ではなく**国務大臣の在任中**です。**国会議員の不逮捕特権（国会の会期中に限られる）**と混同しないようにしましょう。

第8章
内閣

過去問にチャレンジ

問題1 ★

日本国憲法に規定する内閣又は内閣総理大臣に関する記述として、通説に照らして、妥当なのはどれか。

区Ⅰ 2018

❶ 内閣は、法律の定めるところにより、その首長たる内閣総理大臣及びその他の国務大臣で組織され、内閣総理大臣は文民でなければならないが、その他の国務大臣は文民である必要はない。

❷ 内閣は、内閣総理大臣が欠けたとき、又は衆議院議員総選挙の後に初めて国会の召集があったときは、総辞職をしなければならず、あらたに内閣総理大臣が任命されるまで引き続きその職務を行うことは許されない。

❸ 内閣は、日本国憲法及び法律の規定を実施するために、政令を制定することができ、特にその法律の委任がない場合においても、政令に罰則を設けることができる。

❹ 内閣総理大臣は、内閣がその職権を行うにあたり、国務大臣全体の会議である閣議を主宰し、その閣議の議決方式は、明治憲法下の慣例とは異なり、多数決で足り、全員一致である必要はない。

❺ 内閣総理大臣は、内閣の首長として、国務大臣の任免権のほか、内閣を代表して議案を国会に提出し、一般国務及び外交関係について国会に報告し、並びに行政各部を指揮監督する権限を有する。

【解答・解説】

正解 ❺

内閣と内閣総理大臣の権能の基本的な知識で解答できる、比較的易しい問題です。❶〜❹は、前節のテーマである内閣の権能からの出題です。❶は文民でなければならない大臣の範囲、❷は内閣総辞職後の内閣の活動の可否、❸は政令に罰則を設ける際の法律の委任の要否、❹は閣議の議決方法、❺は内閣総理大臣の地位・権能について出題しています。

❶ ×　「その他の国務大臣は文民である必要はない」の部分が誤りです。国務大臣も**すべて文民**でなければなりません。

❷ ×　「あらたに内閣総理大臣が任命されるまで引き続きその職務を行うことは許されない」の部分が誤りです。行政の空白が生じないように、総辞職後**新たに内閣総理大臣が任命されるまで**、引き続き職務を行います（**職務執行内閣**）。

❸ ×　「特にその法律の委任がない場合においても、政令に罰則を設けることができる」の部分が誤りです。**政令で罰則を設けるには、法律による委任が必要**です。

❹ ×　「多数決で足り、全員一致である必要はない」の部分が誤りです。閣議の議決方式は、**大臣の全員出席、全員一致によることが慣例**です。

❺ ○　内閣総理大臣は、内閣の**首長として**国務大臣の任免権を有するほか、内閣の**代表者として**議案提出権や行政監督権を有しています。

問題2 日本国憲法に規定する内閣又は内閣総理大臣に関する記述として、通説に照らして、妥当なのはどれか。

★★

区Ⅰ 2016

❶ 内閣は、内閣総理大臣及びその他の国務大臣で組織される合議体であり、国務大臣は内閣の構成員であると同時に、各省の長として行政事務を分担管理する主任の大臣でなければならず、無任所の大臣を置くことは認められていない。

❷ 内閣は、行政権の行使について、国会に対し連帯して責任を負うため、内閣を組織する国務大臣は一体となって行動しなければならず、特定の国務大臣が、個人的理由に基づき、個別責任を負うことは憲法上否定されている。

❸ 内閣は、衆議院で不信任の決議案を可決したときは、10日以内に衆議院が解散されない限り、総辞職をしなければならないが、死亡により内閣総理大臣が欠けたときは、総辞職をする必要はない。

❹ 内閣総理大臣は、国務大臣を任命するとともに、また、任意に国務大臣を罷免することができ、国務大臣の任免権は内閣総理大臣の専権に属するが、この国務大臣の任免には天皇の認証を必要とする。

❺ 内閣総理大臣は、法律及び法令に主任の国務大臣の署名とともに連署することが必要であるため、内閣総理大臣の連署を欠いた法律及び政令については、その効力が否定される。

【解答・解説】

正解 ❹

内閣全体に関わる問題で標準的な問題です。❶は内閣の構成員（国務大臣）と各機関の長（行政大臣）との関係、❷は国務大臣個人への責任追及の可否、❸は内閣が総辞職する場合、❹・❺は内閣総理大臣の権限について出題しています。

❶ ×　「無任所の大臣を置くことは認められていない」の部分が誤りです。行政大臣職のない国務大臣である、**無任所大臣**を置くことが認められています。

❷ ×　「特定の国務大臣が、個人的理由に基づき、個別責任を負うことは憲法上否定されている」の部分が誤りです。衆議院の内閣不信任決議など、内閣は行政権の行使について国会に対して連帯して責任を負うのが原則ですが、各議院は、**個別の国務大臣に対する不信任決議も可能**です。

❸ ×　「死亡により内閣総理大臣が欠けたときは、総辞職をする必要はない」の部分が誤りです。国会が指名したのは内閣総理大臣だけであり、死亡により**内閣総理大臣が欠けたとき**は、内閣総理大臣に任命された他の国務大臣は存続しようがないので、**総辞職する必要**があります。

❹ ○　内閣総理大臣が行う**国務大臣の任命にも罷免にも天皇の認証が必要**です。

❺ ×　「内閣総理大臣の連署を欠いた法律及び政令については、その効力が否定される」の部分が誤りです。国会単独立法の原則から、たとえ**内閣総理大臣の連署がなくても、法律・政令の効力は否定されません**。

問題3　**内閣に関する記述として最も妥当なものはどれか。**

★★

裁判所2019

❶ 内閣総理大臣は、必ず国会議員の中から指名されなければならないが、国務大臣については、国会議員以外の者を任命することができ、全ての国務大臣を国会議員以外の者から任命することも可能である。

❷ 衆議院が内閣不信任を決議した場合において、内閣がこれに対抗して衆議院の解散に踏み切り、その後の総選挙で内閣を支持する与党が過半数の議席を獲得した場合には、内閣は総辞職する必要はない。

❸ 衆議院において個別の国務大臣に対する不信任決議がされた場合、当該国務大臣はその地位を失う。

❹ 憲法第65条が「行政権は、内閣に属する。」と定め、内閣において行政全般に統括権を持つことを要求していることからすれば、全ての行政は、内閣による直接の指揮監督を受けなければならない。

❺ 内閣総理大臣は、閣議にかけることなく、国務大臣を罷免することができる。

【解答・解説】

正解 ❺

内閣全体に関わる問題で標準的な問題です。一つひとつ丁寧に読み、特に❶・❷・❸は引っ掛かりやすいので注意が必要です。❹は、独立行政委員会という非常にマイナーなテーマですので、知らなくてよいです。正解の❺は、とても基本的な知識です。

❶ ×　「全ての国務大臣を国会議員以外の者から任命することも可能である」の部分が誤りです。確かに、内閣総理大臣と異なり、国務大臣は国会議員以外の者を任命することもできますが、議院内閣制の観点から、その**過半数**は国会議員の中から任命しなければなりません。

❷ ×　「内閣は総辞職する必要はない」の部分が誤りです。たとえ解散後の総選挙で内閣を支持する与党が過半数の議席を獲得し、**解散前の総理大臣と同一人が首相指名される予定**でも、特別会召集時に内閣はいったん総辞職し、改めて首相指名を待って組閣しなければなりません（70条）。

❸ ×　「当該国務大臣はその地位を失う」の部分が誤りです。個別の大臣に対する不信任決議は、内閣全体に対するものと異なり、強制的に辞職させる効力を持ちません。

❹ ×　「全ての行政は、内閣による直接の指揮監督を受けなければならない」の部分が誤りです。例えば、警察組織を監視する国家公安委員会など政治的中立性を確保する必要がある行政活動は、内閣から独立した機関が行政権を行使します。これを**独立行政委員会**といいます。したがって、すべての行政が、内閣による直接の指揮監督を受けなければならないわけではありません。

❺ ○　内閣総理大臣が強力なリーダーシップを発揮できるように、国務大臣の罷免は内閣総理大臣が独断で行えるとされており、**閣議にかける必要はありません**（68条２項）。

問題4 ★★ 内閣に関するア〜オの記述のうち、妥当なもののみを全て挙げているのはどれか。

国税・労基・財務2015

ア 明治憲法においては、内閣についての規定がなく、また内閣総理大臣は同輩中の首席にすぎなかった。一方、日本国憲法においては、内閣に行政権の主体としての地位を認めており、また内閣総理大臣に首長としての地位と権能を与え、内閣総理大臣は任意に国務大臣を罷免することができる。

イ 内閣は、行政権の行使について、国会に対し連帯して責任を負うが、特定の国務大臣が個別に責任を負うことは憲法上否定されていない。

ウ 内閣は、自発的に総辞職することは許されないが、衆議院で不信任の決議案を可決し、又は信任の決議案を否決し、10日以内に衆議院が解散されない場合、内閣総理大臣が欠けた場合及び衆議院議員総選挙の後に初めて国会の召集があった場合には、必ず総辞職しなければならない。

エ 日本国憲法においては、議院内閣制を採用している旨の明文はないものの、内閣の連帯責任の原則（第66条第３項）、内閣不信任決議権（第69条）及び内閣総理大臣による行政各部の指揮監督権（第72条）の規定はいずれも、日本国憲法が議院内閣制を採用している根拠であると一般に解されている。

オ 内閣総理大臣その他の国務大臣は、国会議員の中から選ばれなければならず、かつ、その過半数は衆議院議員でなければならない。

❶ ア、イ
❷ ア、ウ
❸ イ、エ
❹ ウ、エ
❺ エ、オ

【解答・解説】

正解 ❶

内閣全体に関わる問題で標準的な問題です。若干**エ**は難しいですが、消去法で答えを導くことができます。

ア ○　明治憲法下では、**天皇が政治権力を掌握**しており、**国務大臣はそれぞれ個別に天皇をサポート**していましたので、**内閣**は存在こそしていましたが、**明治憲法に規定はありませんでした**。また、内閣総理大臣は、同輩中の**首席**にすぎず、現在の総理大臣のように**首長たる地位**は認められていませんでした。

イ ○　内閣は、行政権の行使について国会に対し**連帯して責任を負うのが原則**ですが、**個別の大臣に対する不信任決議も可能**です。しかし、内閣全体に対するものと異なり、その大臣を**辞職に追い込むことはできません**。

ウ ×　「自発的に総辞職することは許されないが」の部分が誤りです。内閣は、**自発的に総辞職することができます**。

エ ×　「内閣総理大臣による行政各部の指揮監督権（第72条）の規定は…日本国憲法が議院内閣制を採用している根拠である」の部分が誤りです。内閣総理大臣の指揮監督権は、スピーディーな政策の実行を可能にする手段であり、国会と内閣が協力して国政に当たることや、内閣が行政権の行使につき国会に対して責任を負うことを内容とする**議院内閣制とは無関係**です。

オ ×　「過半数は衆議院議員でなければならない」の部分が誤りです。国務大臣の過半数は「**国会議員**」の中から選ばれれば足り（68条１項）、「**衆議院議員**」に限定しているわけではありません。

3 衆議院の解散

学習のポイント

・このテーマからは、判例の代わりに学説が出題されています。通説である7条3号説を中心に整理しましょう。

1 衆議院の解散の意義

衆議院の解散とは、**任期満了前**に、**衆議院議員全員の身分を失わせる**制度です。解散権は内閣に属するので、他と同様閣議により決定する必要があります。その意義は2点あり、1点目は、**衆議院の内閣不信任決議に対する対抗手段**です（三権分立の現われ）。**衆議院の内閣不信任決議には、内閣を強制的に総辞職させる効果があります**ので、それとのバランスを調整するためです1)。

2点目は、解散後に総選挙が行われますので、例えば、先の選挙で争点とならなかった重大問題が生じ、内閣が責任を持って政策決定できない場合などに、**選挙をとおして主権者国民の意思を問うことができるというものです**。

1）ちなみに、参議院の内閣不信任決議には内閣を強制的に総辞職させる効果はありませんので、参議院には解散制度はありません。

確認してみよう

① 衆議院が解散された場合であっても、衆議院議員は、次の国会が召集されるまで、議員としての身分を失わない。区Ⅰ2006

1 参照 ×

「衆議院議員は、次の国会が召集されるまで、議員としての身分を失わない」の部分が誤りです。衆議院の解散により、衆議院議員は**任期満了前にその身分を失います**。ちなみに、国務大臣は、次の国会で内閣総理大臣が任命されるまで、**大臣としての身分を失わない**ことと比較しましょう。

2 解散権の所在と根拠

憲法69条

内閣は、衆議院で不信任の決議案を可決し、又は信任の決議案を否決したときは、10日以内に衆議院が解散されない限り、総辞職をしなければならない。

憲法7条

天皇は、内閣の助言と承認により、国民のために、左の国事に関する行為を行ふ。

3 衆議院を解散すること。

憲法上、**解散される場合を明記**しているのはこの**69条だけ**です。69条は、**衆議院が内閣不信任決議をした場合、10日以内に衆議院が解散されない**と**内閣は総辞職**しなければならないと定めています。

では、衆議院が解散されるのは、69条に明記された、衆議院が内閣不信任決議をした場合に限られるのでしょうか。**通説は、限られないとしています（69条非限定説）**。確かに、先述の解散の意義の1点目からは、内閣の対抗手段として衆議院が内閣不信任決議をした場合に限って解散できるとしてもよいでしょう。しかし、解散の意義は主に2点目にあります。迅速に主権者国民の意思を問うには、衆議院の内閣不信任決議を待たずに衆議院の解散を認めるべきだからです。

そこで次に、69条に限定しない立場の**解散の法的根拠**が問題となります。**通説は、天皇の国事行為2) を定めた7条3号を根拠**にしています。この条文は、「内閣の助言と承認」という言葉から、一見、天皇が内閣のアドバイスを受けて衆議院の解散を決定しているようにも読めます。しかし、それでは、天皇に政治権力を持たせないという**象徴天皇制と矛盾**してしまいます。そこで**通説**は、7条3号は**天皇が解散を宣言**するという意味にとどめ、**内閣が「助言と承認」を通じて実質的に解散を決定している**と考えています。そして、7条3号には、69条と異なり解散の前提条件として衆議院の内閣不信任決議がありません。ですので、**69条の場合に限定せず、解散できることになります**。ただ、この立場でも、無制限に解散できるわけではないことに注意してください。解散制度の趣旨から、例えば、前回の選挙の際に直接の争点とならなかった重大問題が生じ、**主権者国民の意思を問う必要がある場合**に限られます。

69条非限定説の中にも、国会は国民の代表機関・国権の最高機関であることから、国民の意思を問うべく自ら解散決議で解散できるという立場（**自律解散権説**）もあります。しかし、議員の多数決で解散を決めてしまうというこの立場は、本来議員は対等なはずなのに、多数派議員が少数派議員の地位を失わせることができてしまい、妥当ではありません。ちなみに、判例には、解散の法的根拠を明言したものはありません。

◆ **衆議院の解散権の法的根拠**

69条限定説	衆議院による不信任決議がなされた場合にのみ、内閣は衆議院を解散できる
69条非限定説	7条3号説（**通説**）
	自律解散権説
判例	法的根拠を明言したものはなし

2）天皇が国家機関として行う行為。天皇の非政治化の要請から、常に内閣の助言と承認が必要。

確認してみよう

① 衆議院の解散は、内閣の助言と承認によって天皇が行う国事行為であり、解散を実質的に決定する権限は天皇にある。区Ⅰ2006

2 参照 ×

「解散を実質的に決定する権限は天皇にある」の部分が誤りです。解散の実質的決定権は内閣にあります。

3 解散の効果

憲法54条

① 衆議院が解散されたときは、解散の日から40日以内に、衆議院議員の総選挙を行ひ、その選挙の日から30日以内に、国会を召集しなければならない。

② 衆議院が解散されたときは、参議院は、同時に閉会となる。但し、内閣は、国に緊急の必要があるときは、参議院の緊急集会を求めることができる。

憲法70条

内閣総理大臣が欠けたとき、又は衆議院議員総選挙の後に初めて国会の召集があつたときは、内閣は、総辞職をしなければならない。

衆議院が解散されると、**参議院は同時に閉会**となり（両院同時活動の原則）、**国会の会期は終了**します（54条２項）。また、**解散から40日以内に衆議院の総選挙**が行われ、**選挙の日から30日以内に特別会が召集**されます（54条１項）。そして、このときに**内閣は総辞職**します。ですから、**衆議院が内閣不信任決議**をした場合、**遅かれ早かれ内閣は総辞職**することになります。

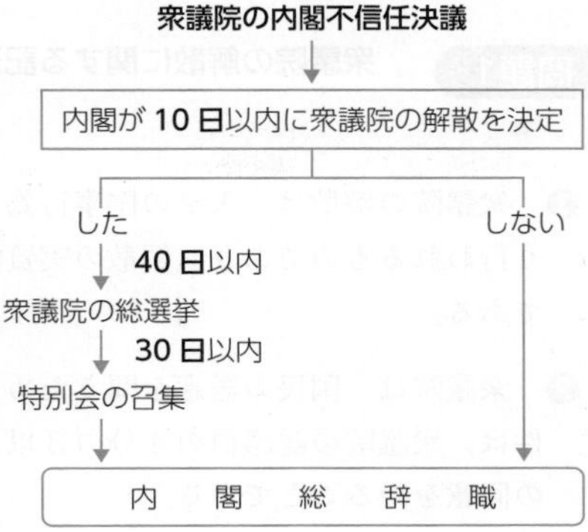

ヒント

衆議院の内閣不信任決議から10日以内に内閣が解散を決定せず総辞職するのが「早い」場合、解散を決定して総選挙、特別会の召集時（40日＋30日＝70日以内）に総辞職するのが「遅い」場合に当たります。

確認してみよう

① 衆議院が解散されたときは、解散の日から40日以内に、衆議院議員の総選挙を行い、選挙の日から30日以内に、国会の臨時会を召集しなければならない。区Ⅰ2006

3 参照 ×

「国会の臨時会を召集しなければならない」の部分が誤りです。解散後の総選挙の日から30日以内に召集されなければならないのは**特別会**です。

過去問にチャレンジ

問題1 衆議院の解散に関する記述として、妥当なのはどれか。

★

都Ⅰ2003

❶ 衆議院の解散は、天皇の国事行為であるが、それは内閣の助言と承認により行われるものであり、解散の実質的決定権は、内閣にあるとするのが通説である。

❷ 衆議院は、国民の総意を問うために自律的解散をすることができ、その要件は、衆議院の総議員の４分の３以上の者が出席し、その５分の４以上の者の同意を得ることである。

❸ 国会の会期中に衆議院が解散されると、会期は終了となるが、参議院は審議中の案件がある場合には、同時に閉会する必要はない。

❹ 衆議院が解散されている間に、国に緊急の必要が生じたときは、参議院は自ら緊急集会を開くことができ、緊急集会でとられた措置は、国会の正式な議決を経たものとして効力をもつ。

❺ 最高裁判所は、苫米地事件で、衆議院の解散が行われるのは、衆議院で内閣の不信任の決議案を可決し又は信任の決議案を否決した場合に限定されないと判示した。

【解答・解説】

正解 ❶

衆議院の解散の基本について出題している比較的易しい問題です。❶と❷は解散権の根拠に関する学説、❸は両院同時活動の原則、❹は前章で学習した参議院の緊急集会が問われており、❺は通説の立場で答えると間違えるので、注意が必要です。

❶ ○　衆議院の解散権の所在について、**通説は7条3号を根拠**としています。そして、**内閣が助言と承認を通じて実質的に決定している**と解しています。

❷ ×　全体的に誤りです。衆議院が自ら解散できるというのは自律解散権説と呼ばれる立場の説明ですが、この立場は多数決による解散を認めており、記述にあるような厳しい要件を課してはいません。なお、自律解散権説は通説ではない点にも気をつけましょう。

❸ ×　「同時に閉会する必要はない」の部分が誤りです。両院同時活動の原則から、衆議院が解散すると参議院は同時に閉会する必要があります（54条2項）。

❹ ×　全体的に誤りです。緊急集会は、国会そのものではなく国会の代行にすぎないので、次の国会開会後10日以内に、衆議院の同意を得る必要があります。**同意が得られない場合**、緊急集会で採られた措置はその時点から**失効**します（54条3項）。

❺ ×　「最高裁判所は…衆議院の解散が行われるのは、衆議院で内閣の不信任の決議案を可決し又は信任の決議案を否決した場合に限定されないと判示した」の部分が誤りです。このように解しているのは**通説**で、**判例**（最大判昭35.6.8：苫米地事件）は、**衆議院の解散を統治行為と位置づけ、司法審査しませんでした**（第9章第1節で学習します）。

問題2 ★★

衆議院の解散に関するア〜オの記述のうち、妥当なもののみを全て挙げているのはどれか。

国般2017

ア　衆議院解散の実質的決定権者及びその根拠について、最高裁判所は、天皇の国事行為の一つとして衆議院の解散を規定する憲法第７条第３号により、内閣に実質的な解散決定権が存すると解すべきであるとしている。

イ　憲法第69条の場合を除き、衆議院が解散される場合を明示した規定はなく、内閣が衆議院を解散することができるのは、衆議院と参議院とで与野党の議席数が逆転した場合及び議員の任期満了時期が近づいている場合に限られると一般に解されている。

ウ　衆議院の自律的解散については、憲法上これを認める明文の規定はないが、国会は国権の最高機関であり、自ら国民の意思を問うのが民主制にかなうと考えられることから、衆議院は自らの解散決議により解散することができると一般に解されている。

エ　内閣は、衆議院で内閣不信任決議案が可決された場合において、10日以内に衆議院が解散されたときは、総辞職をする必要はないが、衆議院議員総選挙が行われた後、初めて国会の召集があったときは、総辞職をしなければならない。

オ　衆議院が解散されたときは、参議院は同時に閉会となる。ただし、国に緊急の必要があるときは、参議院は、内閣又は一定数以上の参議院議員からの求めにより、緊急集会を開くことができる。

❶　ア
❷　エ
❸　ア、エ
❹　イ、ウ
❺　エ、オ

【解答・解説】

正解 ❷

選択肢は組合せですが、**ア**を通説の立場で答えると間違え、❷か❸かで迷うため、標準的な問題です。**ア**は判例の立場を正確に知っておかなければなりません。

ア ×　「最高裁判所は、天皇の国事行為の一つとして衆議院の解散を規定する憲法第７条第３号により、内閣に実質的な解散決定権が存すると解すべきであるとしている」の部分が誤りです。判例は、解散権の法的根拠につき明言していません。

イ ×　「衆議院と参議院とで与野党の議席数が逆転した場合及び議員の任期満了時期が近づいている場合に限られると一般に解されている」の部分が誤りです。通説（69条非限定説）は、解散できる場合をこのような場合に限定していません。

ウ ×　「衆議院は自らの解散決議により解散することができると一般に解されている」の部分が誤りです。「一般に解されている」とあるので、**通説の立場で考えるべき**ですが、通説は、自律解散を認めていません。

エ ○　内閣不信任決議案が可決された場合は、10日以内に衆議院が解散されたときは、**その時点では内閣は総辞職する必要はありません**が、衆議院議員総選挙後、初めての国会召集時に、総辞職しなければなりません（憲法70条）。

オ ×　「一定数以上の参議院議員からの求めにより、緊急集会を開くことができる」の部分が誤りです。緊急集会は**常に内閣が求め**(54条２項ただし書)、参議院議員から求めることはできません。**臨時会**（参議院議員から召集を要求できる）と混同しないようにしましょう。

問題3　内閣総理大臣に関する次の記述のうち妥当なのはどれか。

★★

地中2017

❶ 内閣総理大臣は、内閣を代表して議案を国会に提出し、一般国務及び外交関係について国会に報告しなければならない。

❷ 内閣の首長たる内閣総理大臣は、答弁を求められた場合には議院に出席しなければならないが、国務大臣にはこのような出席義務はない。

❸ 内閣総理大臣は国務大臣の訴追に対する同意権を有しており、同意が得られなければ、国務大臣が職を退いた後でも訴追することができない。

❹ 行政権は、内閣ではなく内閣総理大臣に属するので、内閣総理大臣は自らが主任の大臣でない場合も法令に連署する必要がある。

❺ 衆議院の解散を決定する権限は内閣総理大臣に属するので、解散に反対する国務大臣がいても、内閣総理大臣は単独で、天皇に衆議院を解散するよう助言と承認をすることができる。

【解答・解説】

正解 ❶

内閣総理大臣の権限に関する基本的な知識で解答できる問題ですが、議員と大臣の違い（❸）や内閣総理大臣と内閣の権限との引っ掛け（❹・❺）があり、標準的な問題です。❷は議院内閣制の現われ、❸は国会議員の免責特権との違い、❹は行政権の帰属主体、❺は衆議院の解散権の所在について出題しています。

❶ ○　**72条の条文**をそのまま出題しており、妥当な記述です。

❷ ×　「国務大臣にはこのような出席義務はない」の部分が誤りです。国会と内閣は協力関係にあるので、内閣総理大臣だけでなく国務大臣にも、国会に**出席する権利・義務の両方**があります。

❸ ×　「同意が得られなければ、国務大臣が職を退いた後でも訴追することができない」の部分が誤りです。内閣総理大臣の同意権は内閣の活動を守るのが目的なので、内閣総理大臣の同意がなければ**訴追されないのは、あくまで内閣の構成員である国務大臣である間だけ**です。国務大臣職を退いた後は、内閣総理大臣の同意なく訴追されます。

❹ ×　「行政権は、内閣ではなく内閣総理大臣に属するので」の部分が誤りです。行政権は内閣総理大臣ではなく、**内閣という合議体**に属します（憲法65条）。

❺ ×　「衆議院の解散を決定する権限は内閣総理大臣に属する」の部分が誤りです。衆議院の解散権は内閣総理大臣ではなく**内閣**に属するので、内閣総理大臣が単独で決定することはできず**閣議決定が必要**で、解散に反対する国務大臣がいた場合は、天皇に助言と承認はできません。

第9章

裁判所

司法権の意義・限界
司法権の独立・裁判所の組織
裁判の公開
違憲審査制度

1 司法権の意義・限界

学習のポイント

- 数多ある人間社会のトラブルのうち、どのようなトラブルを裁判所が解決できるのかを学びましょう。
- そもそも**裁判できるかどうか**の問題（**裁判の可否：法律上の争訟の有無**）と**裁判所が判断するのが相応しいかどうか**の問題（**裁判の適否：司法権の限界の問題**）を分けて押さえましょう。

憲法76条
① すべて司法権は、最高裁判所及び法律の定めるところにより設置する下級裁判所に属する。
裁判所法３条
① 裁判所は、日本国憲法に特別の定のある場合を除いて一切の法律上の争訟を裁判し、その他法律において特に定める権限を有する。

1 司法権の意義

裁判とは、人間社会におけるトラブルを解決するため、裁判所が下す強制力のある判断です。例えば、交通事故の被害者が治療代を払うよう加害者を訴え、裁判所が加害者に支払いを命じ、それでも払わない場合は強制的に払わせることでトラブルを解決します（民事裁判）。その裁判を行うところを裁判所といい、裁判所は**司法権を行使**します（76条１項）。

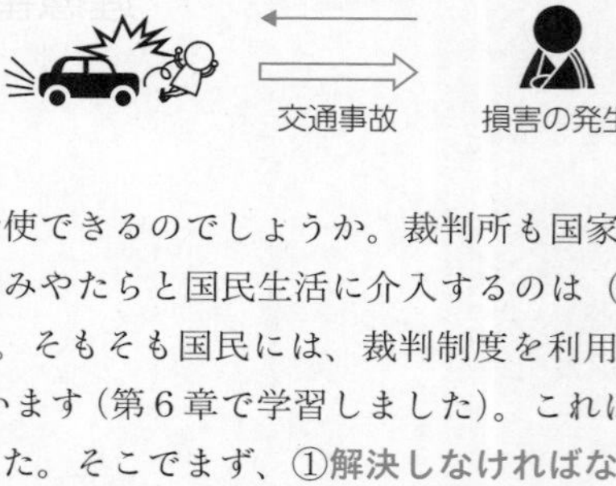

では、裁判所はどんなときに司法権を行使できるのでしょうか。裁判所も国家権力であり、裁判には強制力があるので、むやみやたらと国民生活に介入するのは（例 夫婦喧嘩の裁定）、かえって人権侵害です。そもそも国民には、裁判制度を利用する権利（**裁判を受ける権利**）が保障されています（第６章で学習しました）。これは、**トラブルを解決する手段としての人権**でした。そこでまず、①**解決しなければならないトラブル（具体的な権利・義務や法律関係の存否に関する争い）が起きていなければなりません**。夫婦喧嘩は日常の些細なことで起こりますが、権利や義務など

といった法律関係に関わるようなことはたいていありません。ですから、この要件を満たしません。

そして、裁判所は、法律を使ってトラブルを解決するところです。そこで次に、**②法律を適用することにより終局的に解決できる（決着がつく）トラブルでなければなりません**。したがって、司法権とは、**具体的な事件が起きたときに、当事者からの争訟**1) **の提起をきっかけとして、法を適用して解決する国家作用**といえます。この、①②の要件を満たしている争訟を、**法律上の争訟**といいます。

これらの要件を満たしているかどうか争いとなった判例を紹介します。

1）訴えを起こして争うこと。

判例　最大判昭27.10.8：警察予備隊違憲訴訟

事案

- ある国会議員が、**警察予備隊**2) **の設置・維持が憲法９条**3) **に違反する**として、いきなり最高裁判所に提訴した。

解説

- 司法権を行使するには、**すでに具体的な争訟事件が起きている**ことが必要だとした。
- **違憲審査も、具体的事件を離れては行えない**とした（後出）。
- 原告は、警察予備隊の存在が憲法に違反することの認定を求めているだけなので、**具体的な権利・義務や法律関係の存否に関する**（①の要件に当たる）**争いがそもそも起きておらず、司法審査できない**とした。

判旨

- 裁判所が現行の制度上与えられているのは**司法権を行う権限**であり、**司法権が発動するためには具体的な争訟事件が提起**されることを必要とする。
- 現行制度のもとでは、**特定の者の具体的な法律関係につき紛争の存する場合においてのみ**裁判所にその判断を求めることができるのであり、**裁判所がこのような具体的事件を離れて抽象的に法律命令等の合憲性を判断する権限を有するとの見解**には、憲法上および法令上何等の根拠も存しない。
- したがって、本訴訟は不適法であって、**かかる訴訟については最高裁判所のみならずいかなる下級裁判所も裁判権を有しない**。

2）**自衛隊の前身**。旧日本軍解体後、朝鮮戦争が始まったことをきっかけに日本の警察力の強化を目的として設けられた機関。

3）１項で戦争の放棄、２項でそのための**戦力の不保持**を謳っています。

次は、①具体的な権利・義務や法律関係の存否に関する争いは起きているものの、**②法律を適用することで終局的に解決できるトラブルとはいえない**とされた事件です。

判例　最判昭56.4.7：**板まんだら事件**

事案

- ある教団の信者が、本尊が本物だと思って寄付したところ、**信者いわく偽物**であるとして、**教団に寄付金の返還を求めた。**

解説

- 本尊が偽物の場合、信者は教団に寄付金の返還請求ができるので、法律上の争訟のうち、**①具体的な権利義務や法律関係の存否に関する争いが起きていること**の要件は満たしている。
- しかし、**前提問題**である板まんだらが本物かどうかについて評価するための**法律が存在しない。**
- したがって、**②法律を適用することにより終局的に解決できること**の要件を満たさないので、司法審査できないとされた。

判旨

- 本件訴訟は、**具体的な権利義務ないし法律関係に関する紛争の形式**を採っている。
- しかし、**信仰の対象の価値または宗教上の教義に関する判断は、訴訟の帰趨を左右する必要不可欠なものである。**
- とすれば、**法令の適用により終局的な解決の不可能なもの**といえ、司法審査できない。

確認してみよう

① 裁判所がその固有の権限に基づいて審判することのできる対象は、当事者間の具体的な権利義務ないし法律関係の存否に関する紛争であって、かつ、それが法令の適用により終局的に解決することができるものに限られ、具体的な権利義務ないし法律関係に関する紛争であっても、法令の適用により終局的に解決するのに適しないものは、裁判所の審査判断の対象とならない。国般2011

1 最判昭56.4.7：板まんだら事件参照　○

①具体的な権利義務や法律関係の存否に関する争いが起きていることに加え、②法律を適用することにより終局的に解決できることが必要です。

2 司法権の限界

たとえ法律上の争訟の要件を満たしていたとしても、**裁判所が立場上あるいは能力面から審査すべきではない場合**があります。例えば、国家の安全保障に関わることや生活保護基準の是非などは、高度に政治的な内容を含んでいたり専門技術的な判断が求められたりすることから、裁判所はできる限り判断を控え、**国民を直接代表する国会や内閣などの政治部門の判断を尊重すべき**です。なぜなら、**裁判官は国民から選挙で選ばれるわけではないので、国防問題などにつき責任を取れる立場にないし、国民の生活実態についての資料収集能力が乏しいので、生活保護基準などにつき妥当な判断ができない**からです。これを、裁判所が判断すべきではないことから、**司法権の限界**といいます。

ここで、前項で学んだそもそも**裁判できるかどうか**（裁判の可否：法律上の争訟）の問題と、**裁判所が裁判すべきかどうか**（裁判の適否：司法権の限界）の問題の関係を押さえておきましょう。以下の図にあるように、司法権の限界は、**法律上の争訟の要件を満たした後の問題**となります。

◆法律上の争訟と司法権の限界の関係

法律上の争訟の要件（裁判の可否）
- なし（裁判不可）
- あり　→　裁判すべきか（**裁判の適否**）
  - 適
  - 不適　→　**司法権の限界**
    - 明文上の限界
    - 解釈上の限界

そして、司法権の限界の問題は、**憲法に明文の規定がある明文上の限界**と、明文の規定はないものの、制度趣旨などから**解釈によって導かれる解釈上の限界**に分かれます。

(1) 明文上の限界

> 憲法55条
> 　両議院は、各々その議員の資格に関する争訟を裁判する。但し、議員の議席を失はせるには、出席議員の３分の２以上の多数による議決を必要とする。
> 憲法64条
> ① 国会は、罷免の訴追を受けた裁判官を裁判するため、両議院の議員で組織する弾劾裁判所を設ける。

これは、**憲法上、裁判所以外の機関が「裁判する」**と明記されているものです。例えば、**「両議院」が行う議員の資格争訟の裁判**（55条）や**国会が設置する「弾劾裁判所」が行う裁判官の弾劾裁判**（64条１項）です（前者は第７章で扱いました）。仮に、資格争訟裁判で資格をはく奪された国会議員が裁判所に救済を求めてきても、裁判所は裁判してはいけません。そうしないと、**議院の自主的な判断を損ねてしまう**からです。

⑵ 解釈上の限界

> 憲法58条
> ② 両議院は、各々その会議その他の手続及び内部の規律に関する規則を定め、又、院内の秩序をみだした議員を懲罰することができる。但し、議員を除名するには、出席議員の３分の２以上の多数による議決を必要とする。

こちらは、憲法に明文の規定はないものの、**解釈で導かれる限界**です。

① 国会または議院の自律権事項

例えば、**議院の議員に対する懲罰**（58条２項）や**議事手続の是非**について、裁判所は審査できません。なぜなら、**議院の自主性を尊重するため**です。先ほどの資格争訟の裁判と趣旨は一緒ですが、こちらは、憲法上「裁判する」と明記されていないため、あくまで**解釈上の限界**に位置づけられます。

判例　最大判昭37.3.7：**警察法改正無効事件**

事案

- 警察法の改正が、国会の２日間の延長期間中に成立した。**改正法の成立手続には問題がなかったが、その前の会期の延長決議が議場混乱のままなされたため、その議事手続について、延長決議の無効**（延長決議が無効になれば、会期が延長できず法案が廃案になるため）を求めて野党議員が提訴した。

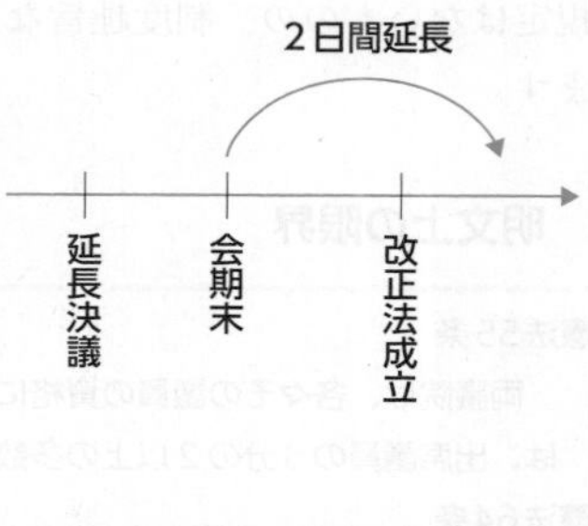

解説

- **議院の議事手続の是非については、議会の運営についての議院の自主性を尊重し、裁判所は、一切審査しない**とした。

判旨

- 新警察法は、**両院において議決を経た**ものとされ**適法な手続**によって公布されている。
- そうであれば、裁判所は**両院の自主性を尊重**すべく、同法制定の議事手続に関する所論のような事実を審理してその有効無効を判断すべきでない。

② 自由裁量行為（行政裁量・立法裁量）

憲法は**三権分立制**を採用しており（41条、65条、76条１項）、それぞれの権力を担当する機関の判断は尊重されなければなりません。特に**専門技術的、政策的判断を必要とする場合**、例えば、どのような生活保護基準を設けるかは、福祉の専門であり、国民の生活実態について詳しい**厚生労働大臣**（当時は厚生大臣）**の裁量に任せるべき**です（最大判昭42.5.24：**朝日訴訟**）。また、いついかなる法律を作るかも、国民の代表機関であり唯一の立法機関（41条）である**国会の裁量に任せるべき**です（最大判昭57.7.7：**堀木訴訟**）。そこで、裁判所は、**各機関の裁量的判断をできる限り尊重**し、裁量権の逸脱・濫用といえない限り司法審査できません。

保護基準の設定について**厚生労働大臣の行政裁量**を認めたのが、第５章で学んだ**朝日訴訟**です。

判例

最大判昭42.5.24：**朝日訴訟**

判旨

- **憲法25条１項**は、すべて国民が健康で文化的な最低限度の生活を営み得るように国政を運営すべきことを**国の責務として宣言**したにとどまるので（**プログラム規定**）、**憲法25条１項を具体化する生活保護法の委任を受け**、厚生大臣がどのような生活保護基準を設けるかは、その合目的的な裁量（自由裁量）に任されている。
- ただし、現実の生活条件を無視して著しく低い基準を設定するなど憲法および生活保護法の趣旨・目的に反し、法律によって与えられた裁量権の逸脱・濫用といえる場合には、違法な行為として司法審査の対象となる。

法律上児童扶養手当と障害福祉年金を併給させるかどうかについて、**国会の立法裁量**を認めたのが、こちらも第５章で学んだ**堀木訴訟**です。

判例　最大判昭57.7.7：**堀木訴訟**

判旨

- 児童扶養手当も障害福祉年金も、いずれも**プログラム規定である生存権（憲法25条）を具体化したものなので、憲法25条の規定の趣旨に応えて具体的にどのような立法措置を講じるかは、**立法府の広い裁量に委ねられており、**それが著しく合理性を**欠き明らかに裁量権の逸脱・濫用と見ざるを得ないような場合を除き、**裁判所が審査判断するのに適しない事柄**である。

③　統治行為

例えば、衆議院の解散や日米安保条約の合憲性など、**国家の統治の基本に関わる高度に政治性のある行為**を統治行為といいます。その是非は、国民に政治責任を負う政府・国会等の**政治部門の判断**、最終的には、選挙の争点にすることで**主権者国民の判断**に委ねられるべきです。

判例では、衆議院の解散と日米安保条約の合憲性につき司法審査できるかが問題となりました。

判例　最大判昭35.6.8：**苫米地（とまべち）事件**

事案

- 内閣による**衆議院の抜き打ち解散**により衆議院議員の職を失った苫米地氏が、**任期満了までの職の確認と歳費の支給**を訴えて争った。

解説

- 苫米地氏は任期満了までの職の確認と歳費の支給を訴えていることから、①**具体的な権利義務や法律関係の存否に関する争い**となっており、さらに、衆議院の解散には法的根拠があるので、②**法律を適用することにより終局的に解決できること**との**法律上の争訟の要件**はともに満たしている。
- しかし衆議院の解散は、その後の選挙の結果次第では政局を左右することにもなりかねない**高度に政治性のある国家行為**といえる。
- そこで、その是非については、国会や内閣などの政治部門の判断、最終的には国民の政治判断に任せるべきで、**裁判所の審査権は一切及ばない**とした。

判旨

- **直接国家統治の基本に関する高度に政治性のある行為**は、たとえそれが**法律上の争訟**となり、これに対する**判断が法律上可能**であっても、**裁判所の審査権の外**にある。

- そして、その判断は、主権者たる国民に対して政治責任を負うところの**政府・国会等の政治部門の判断**に任され、最終的には**国民の政治判断**に委ねられている。
- したがって、**裁判所の審査権は一切及ばない**。

判例

最大判昭34.12.16：**砂川事件**

事案

- デモ隊が米軍基地に突入し、**日米安全保障条約**4) **に基づく行政協定により起訴**された。安保条約が違憲無効となれば、行政協定も無効となり起訴されなくなることから、**日米安保条約の合憲性**が問題となった。

解説

- 日米安保条約は、国の安全保障に関わることで、**直接国家統治の基本に関する高度に政治性のある行為**といえ、**原則として司法審査できない**とした。
- しかし、**明らかに憲法違反といえる場合**は、裁判所の人権救済機能から**例外的に司法審査の余地**を認めた。この点は、**苫米地事件と異なる点である**。

判旨

- 安保条約は、主権国としての**我が国の存立の基礎**に極めて重大な関係を持つ**高度の政治性**を有するので、その内容が違憲かどうかの判断は、その条約を締結した内閣およびこれを承認した国会の**高度の政治的ないし自由裁量的判断と表裏をなす**点が少なくない。
- それゆえ、違憲か否かの法的判断は、**司法裁判所の審査には原則としてなじまない性質**のものである。
- したがって、**一見極めて明白に違憲無効と認められない限り**、**裁判所の司法審査権の範囲外**であり、第一次的には条約締結権を有する内閣および条約承認権を有する国会の判断に従うべきであり、終局的には、主権を有する**国民の政治的批判**に委ねられるべきものである。

4) 日本の安全保障のため、アメリカ軍を日本国内に駐留させることなどを定めた日米間の条約。

同じ統治行為に位置づけられる**衆議院の解散が、一切司法審査できない**こととの違いを理解しましょう。

④ 部分社会の法理

大学や宗教団体など**独自のルールを持つ団体の内部紛争**は、**その自主性を尊重し、司法審査できません**。これを部分社会の法理といいます。裁判所は、**一般市民社会のルール**である**法律に基づき権力を背景に紛争を解決**していきます。ですから、純粋な団体内部のトラブル（例大学の単位認定）にとどまる場合は、その自主的解決に任せ、裁判所は干渉すべきではありません。ただ、裁判所の人権救済機能から、**一般市民としての権利に関わってくるような場合には**（例大学の退学処分）、**司法審査の対象となります**。では、どのようなトラブルが団体内部のトラブルにとどまり、どのようなトラブルが一般市民社会に通じるトラブルといえるのでしょうか。

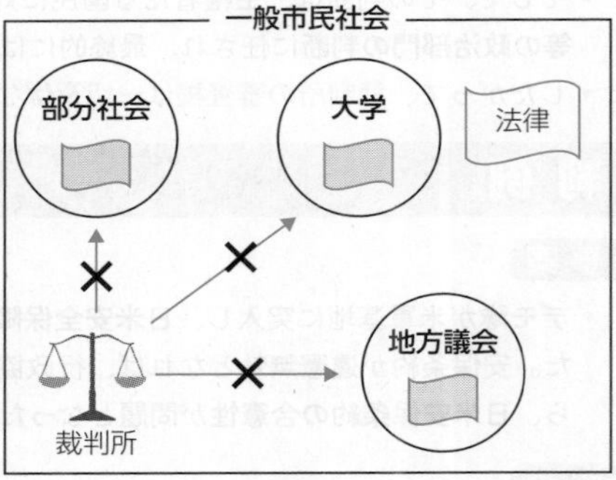

判例　最大判昭35.10.19：村議会議員出席停止事件

事案

- 村議会の議員に対する３日間の**出席停止処分**の違法性を、その議員が争った。

解説

- **出席停止処分**は、停止期間が過ぎれば議会に出席できるという処分であり、かつ、地方議会の秩序維持のため必要な処分といえるので、部分社会内部のトラブルといえ司法審査できない。
- 他方、**除名処分**は、議員としての身分を失わせ、議会という部分社会からいわば追放してしまうため、一般市民社会に通じるトラブルといえ、司法審査の対象となる。
- このように、**出席停止処分か除名処分かで区別**される。

判旨

- 地方議会の議員に対する**出席停止**の懲罰決議は、**内部規律の問題**として**司法審査の対象にならない**。
- しかし、**除名処分は議員の身分の喪失に関する重大事項**で、単なる内部規律の問題にとどまらないので、**司法審査の対象となる**。

判例　最判昭52.3.15：**富山大学事件**

事案

- 国立大学の**単位不認定と専攻科修了の不認定**を学生が争った。

解説

- 大学は、**国公立・私立問わず**大学の自治が保障されているので、一般市民社会とは異なる特殊な部分社会を形成している。
- そして、**単位の認定**は、学生がその科目を十分に学べたかどうかという**純粋に学術上の判断**なので、**純然たる大学内部の問題として、司法審査の対象とはならない。**
- 他方、**国立大学の専攻科修了の不認定**は**行政処分**5) であり、修了不認定によって**国立大学という公の施設の利用権を失わせる効果がある。**
- とすれば、**一般市民としての権利の侵害が疑われる**ので、**司法審査の対象**となる。
- このように、**単位の不認定か専攻科修了の不認定かで区別**される。

判旨

- **単位の授与行為**は、学生が当該授業科目を履修し試験に合格したことを確認する教育上の措置であるから、国公立であると私立であるとを問わず、特段の事情がない限り、純然たる大学内部の問題として大学の自主的、自律的な判断に委ねられ、司法審査の対象とはならない。
- 他方、**国公立大学は公の研究機関として一般市民の利用に供されたもの**であり、学生は**一般市民として国公立大学を利用する権利**を有する。
- とすれば、専攻科修了の不認定は、学生に対して**国公立大学の利用を拒否するもの**であり、一般市民として有する公の施設の利用権が侵害されるので、司法審査の対象となる。

5）**国や自治体の行政機関**が、**国民の権利や義務に関わる判断**をすること。**取消訴訟の対象**となります（詳しくは行政法で学びます）。

判例　最判昭63.12.20：**共産党袴田事件**

事案

- 共産党幹部の袴田氏が、共産党の政策を批判したことで**政党から除名処分**を受け、さらに**党の家屋からの立ち退き**を求められたので、除名処分の無効を争った。

解説

- 政党の除名処分は、**一般市民法秩序と直接関係しない限り、原則として司法審査の対象にはならない。**

- 本件では、袴田氏は政党から除名されただけでなく、**党の家屋からの立ち退きを求められている**ので、**一般市民としての権利利益を侵害されたといえ**、**除名処分が例外的に司法審査の対象になる**。
- しかし政党は、民主国家において、民意を統合し国政に反映するという**重要な役割を担っている**ので、政党の判断に**裁判所はなるべく干渉しないことが好ましい**。
- そこで、除名処分が司法審査の対象になる場合であっても、**全面的に審査の対象となるわけではなく**、審査の対象は**除名処分が適正な手続に則ってなされたかどうかの点に限られる**（他の事例と比べて**裁判所が審査できる範囲が手続面に限定されていて、内容面には及ばないのが特徴**）。

判旨

- 政党は民主国家において、国政への民意の反映・統合という重要な役割を担っているので、**高度の自主性と自律性を与えて**自主的に組織運営をなしうる自由を保障しなければならない。
- そこで、その自主性を尊重すべく、**政党の処分が一般市民法秩序と直接の関係を有しない内部的な問題にとどまる限り、裁判所の審査権は及ばない**。
- 他方、**政党の処分が一般市民としての権利利益を侵害**する場合であっても、**全面的に審査の対象となるわけではなく**、処分の当否は、当該政党の規範に照らし**適正な手続に則ってされたか否か**により決すべきであり、**審理もその点に限られる**。
- 本件手続には何らの違法性もないので、**除名処分は有効**。

◆司法権の限界

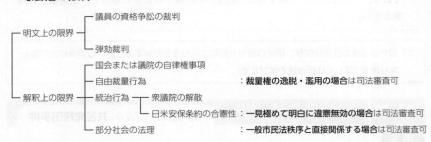

- 明文上の限界
  - 議員の資格争訟の裁判
  - 弾劾裁判
- 解釈上の限界
  - 国会または議院の自律権事項
  - 自由裁量行為：**裁量権の逸脱・濫用の場合**は司法審査可
  - 統治行為
    - 衆議院の解散
    - 日米安保条約の合憲性：**一見極めて明白に違憲無効の場合**は司法審査可
  - 部分社会の法理：**一般市民法秩序と直接関係する場合**は司法審査可

確認してみよう

① 衆議院の解散は、直接国家統治の基本に関する高度に政治性のある国家行為であるが、それが法律上の争訟となり、これに対する有効無効の判断が法律上可能である場合には、かかる国家行為に対しても、裁判所の審査権が及ぶ。区Ⅰ2014

2 (2) ③最大判昭35.6.8：苫米地事件参照 ×

「法律上の争訟となり、これに対する有効無効の判断が法律上可能である場合には、かかる国家行為に対しても、裁判所の審査権が及ぶ」の部分が誤りです。判例は、**直接国家統治の基本に関する高度に政治性のある行為**は、たとえそれが法律上の争訟となり、これに対する判断が法律上可能であっても、**裁判所の審査権の外にある**としています。

② 政党が党員に対してした処分については、それが一般市民法秩序と直接の関係を有しない内部的な問題にとどまる限り、裁判所の審判権は及ばないが、当該処分が一般市民としての権利利益を侵害する場合には、裁判所の審判権が及び、その範囲も、当該処分が適正な手続にのっとってなされたか否かという点に限定されず、当該処分の内容にも常に及ぶとするのが判例である。国税・労基・財務2017

2 (2) ④最判昭63.12.20：共産党袴田事件参照 ×

「その範囲も、当該処分が適正な手続にのっとってなされたか否かという点に限定されず、当該処分の内容にも常に及ぶ」の部分が誤りです。判例は、政党の処分が一般市民としての権利利益を侵害する場合であっても、全面的に審査の対象となるわけではなく、**処分の当否は、当該政党の規範に照らし適正な手続に則ってされたか否かにより決すべきであり、審理もその点に限られる**としています。

過去問にチャレンジ

問題1 ★ **司法権の限界に関する記述として、判例、通説に照らして、妥当なのはどれか。**

区Ⅰ 2018

❶ 裁判所は一切の法律上の争訟を裁判するが、日本国憲法は、この唯一の例外として、国会議員によって行われる裁判官の弾劾裁判の規定について明文化している。

❷ 国会が行う立法については、立法機関としての自由裁量に委ねられているため、国会がその裁量権を著しく逸脱、濫用した場合にも、裁判所の審査権が及ぶことはない。

❸ 最高裁判所の判例では、衆議院の解散は、極めて政治性の高い国家統治の基本に関する行為であるが、それが法律上の争訟となり、これに対する有効無効の判断が法律上可能である場合は、裁判所の審査権に服するとした。

❹ 最高裁判所の判例では、自律的な法規範をもつ社会ないし団体にあっては、当該規範の実現を内部規律の問題として自治的措置に任せ、必ずしも、裁判にまつを適当としないものがあり、地方議会議員の出席停止処分は、権利行使の一時的制限に過ぎず、司法審査の対象とならないとした。

❺ 最高裁判所の判例では、大学の単位授与行為は、常に一般市民法秩序と直接の関係を有するものであり、純然たる大学内部の問題として大学の自主的、自律的な判断に委ねられるべきものではないため、裁判所の司法審査の対象になるとした。

【解答・解説】

正解 ❹

基本的な判例の知識で解けるので、比較的易しい問題です。❶は、何が明文上の限界かしっかり覚えておきましょう。❸は、同じ統治行為である日米安保条約の合憲性と異なり、衆議院の解散の場合は一切司法審査できないことに注意しましょう。❹は、除名処分との区別、❺は、専攻科修了の不認定との区別が必要です。

❶ ×　「唯一の例外として、国会議員によって行われる裁判官の弾劾裁判の規定について明文化している」の部分が誤りです。明文上の限界には、他に**議員の資格争訟の裁判**もあります（55条）。

❷ ×　「国会がその裁量権を著しく逸脱、濫用した場合にも、裁判所の審査権が及ぶことはない」の部分が誤りです。判例は、いついかなる法律を作るかについては立法府の裁量が尊重されるものの、立法府がその**裁量権を著しく逸脱、濫用した場合には裁判所の審査権が及ぶ**としています（最大判昭57.7.7：**堀木訴訟**）。

❸ ×　「それが法律上の争訟となり、これに対する有効無効の判断が法律上可能である場合は、裁判所の審査権に服する」の部分が誤りです。判例は、**衆議院の解散は一切司法審査できない**としています（最大判昭35.6.8：**苫米地事件**）。

❹ ○　判例は、地方議会議員に対する**出席停止処分は、司法審査できない**としています（最大判昭35.10.19：**村議会議員出席停止事件**）。

❺ ×　全体的に誤りです。判例は、単位授与行為は、**特段の事情がない限り、純然たる大学内部の問題**として大学の自主的、自律的な判断に委ねられ、**司法審査の対象とはならない**としています（最判昭52.3.15：**富山大学事件**）。

問題２ 司法権に関する次のア～オの記述のうち、適当なもののみを全て挙げているものはどれか（争いのあるときは、判例の見解による。）。

★

裁判所2017

ア 現行の制度の下において、裁判所は、特定の者の具体的な法律関係につき紛争の存する場合に限らず、具体的事件を離れて抽象的に法律命令等の合憲性を判断する権限を有する。

イ 大学は、一般市民社会とは異なる特殊な部分社会を形成しているから、大学における法律上の係争のすべてが当然に裁判所の司法審査の対象になるものではなく、一般市民法秩序と直接の関係を有しない内部的な問題は司法審査の対象から除かれるべきである。

ウ 村議会の行った村議会議員に対する出席停止処分は、一般市民法秩序と直接の関係を有するといえるから、司法裁判権に服する。

エ 憲法の三権分立の制度の下においては、司法権は無制限に行使することが許容され、また、そのことが期待されるから、衆議院の解散についても、法律上の争訟として、司法審査の対象となる。

オ 訴訟が、具体的な権利義務又は法律関係に関する紛争の形式をとるものであっても、信仰の対象の価値又は宗教上の教義に関する判断が請求の当否を決するについての前提問題として必要不可欠のものであり、それが紛争の核心となっている場合には、その訴訟は法律上の争訟に当たらない。

❶ ア、エ
❷ イ、ウ
❸ イ、オ
❹ ウ、エ
❺ ア、ウ

【解答・解説】

正解 ❸

基本的な判例の知識からの出題であり、なおかつ選択肢は組合せなので**比較的易しい問題**です。**ア**は、法律上の争訟に関連しますが、詳しくは後に学びますので、保留しましょう。**イ**が正しいとわかると、問題文に「適当なもののみを全て挙げているものはどれか」とありますので、**イ**を含んでいない❶・❹・❺は消去でき、❷か❸に絞られます。そして**ウ**が誤りなので、この時点で正解❸が導けます。

ア ×　「具体的事件を離れて抽象的に法律命令等の合憲性を判断する権限を有する」の部分が誤りです。**法令の違憲審査にも法律上の争訟の要件が必要**です（第４節で学習します）。

イ ○　「一般市民法秩序と直接の関係を有しない内部的な問題」とは、例えば単位の認定です。具体例として挙がっていませんが、**富山大学事件の事例を想起しましょう**。判例は**司法審査の対象から除かれる**としています（最判昭52.3.15）。

ウ ×　「出席停止処分は、一般市民法秩序と直接の関係を有するといえるから、司法裁判権に服する」の部分が誤りです。判例は、村議会の**出席停止処分は司法裁判権に服さない**としています（最大判昭35.10.19：**村議会議員出席停止事件**）。

エ ×　「衆議院の解散についても、法律上の争訟として、司法審査の対象となる」の部分が誤りです。判例は、**衆議院の解散は、一切司法審査の対象とならない**としています（最大判昭35.6.8：**苫米地事件**）。

オ ○　**法律上の争訟の有無**の問題です。判例は、たとえ具体的な権利義務または法律関係に関する紛争の形式を採るものであっても、**信仰の対象の価値または宗教上の教義に関する判断が、訴訟の帰趨を左右する必要不可欠なもの**である場合は、法律上の争訟に当たらず、司法審査できないとしています（最判昭56.4.7：**板まんだら事件**）。

問題3 司法権の限界に関する記述として、最高裁判所の判例に照らして、妥当なのはどれか。
★

区Ⅰ2012

❶ 裁判所は、法令の形式的審査権をもつので、両院において議決を経たものとされ適法な手続によって公布されている法について、法制定の議事手続に関する事実を審理してその有効無効を判断することができる。

❷ 衆議院の解散は、極めて政治性の高い国家統治の基本に関する行為であって、その法律上の有効無効を審査することは、衆議院の解散が訴訟の前提問題として主張されている場合においても、裁判所の審査権の外にある。

❸ 大学における授業科目の単位授与行為は、一般市民法秩序と直接の関係を有するので、大学が特殊な部分社会を形成しているとしても、当該行為は、大学内部の問題として大学の自主的、自律的な判断に委ねられるべきではなく、裁判所の司法審査の対象になる。

❹ 自律的な法規範をもつ社会ないしは団体にあっては、当該規範の実現を内部規律の問題として自治的措置に任せ、必ずしも、裁判にまつを適当としないものがあり、地方公共団体の議会の議員に対する除名処分はそれに該当し、その懲罰議決の適否は裁判権の外にある。

❺ 政党は、議会制民主主義を支える上で重要な存在であり、高度の自主性と自律性を与えて自主的に組織運営をなしうる自由を保障しなければならないので、政党が党員に対してした処分には、一般市民法秩序と直接の関係を有するか否かにかかわらず、裁判所の審判権が及ばない。

【解答・解説】

正解 ❷

基本的な判例の知識からの出題であり易しい問題です。司法権の限界の類型を一つひとつ丁寧に押さえるとともに、それぞれ例外的に司法審査できる場合があるかどうか（その判断基準）を押さえましょう。

❶ ×　「法制定の議事手続に関する事実を審理してその有効無効を判断することができる」の部分が誤りです。判例は、**法制定の議事手続に関する事実を審理して、法律の有効無効を判断すべきでない**としています（最大判昭37.3.7：**警察法改正無効事件**）。

❷ ○　判例は、**衆議院の解散は、一切司法審査の対象とならない**としています（最大判昭35.6.8：**苫米地事件**）。

❸ ×　全体的に誤りです。判例は、**単位授与行為は一般市民法秩序と直接の関係を有さず**、その行為は**大学内部の問題**として大学の自主的、自律的な判断に委ねられるべきで、**裁判所の司法審査の対象にならない**としています（最判昭52.3.15：**富山大学事件**）。

❹ ×　「地方公共団体の議会の議員に対する除名処分はそれに該当し、その懲罰議決の適否は裁判権の外にある」の部分が誤りです。判例は、**除名処分は議員の身分の喪失に関する重大事項**で、単なる内部規律の問題にとどまらないので、**司法審査の対象となる**としています（最大判昭35.10.19：**村議会議員出席停止事件**）。

❺ ×　「政党が党員に対してした処分には、一般市民法秩序と直接の関係を有するか否かにかかわらず、裁判所の審判権が及ばない」の部分が誤りです。判例は、国会議員が**所属政党から除名処分**を受けるだけではなく、さらに**党の家屋からの立ち退き**を求められたことから、**一般市民としての権利利益を侵害されたといえ、政党の処分が司法審査の対象になる**としています（最判昭63.12.20：**共産党袴田事件**）。

問題4 ★★

司法審査の対象に関するア～オの記述のうち、判例に照らし、妥当なもののみをすべて挙げているのはどれか。

国般2011

ア　裁判所がその固有の権限に基づいて審判することのできる対象は、当事者間の具体的な権利義務ないし法律関係の存否に関する紛争であって、かつ、それが法令の適用により終局的に解決することができるものに限られ、具体的な権利義務ないし法律関係に関する紛争であっても、法令の適用により終局的に解決するのに適しないものは、裁判所の審査判断の対象とならない。

イ　憲法第25条は福祉国家の理念に基づく国の責務を宣言したものであるところ、同条の規定の趣旨にこたえて具体的にどのような立法措置を講ずるかの選択決定は、立法府の広い裁量に委ねられており、それが著しく合理性を欠き明らかに裁量の逸脱・濫用と見ざるを得ないような場合を除き、裁判所の審査判断の対象とならない。

ウ　一切の法律上の争訟に対する司法権を認めている我が国の法治主義の下においては、現実に行われた衆議院の解散が、その依拠する憲法の条章の適用を誤ったために法律上無効であるかどうかといった問題を、単に高度に政治性を有するものであるという一事をもって司法審査の対象から除外することは適切ではなく、これに対する有効無効の判断が法律上可能である場合は、裁判所の審査判断の対象となる。

エ　自律的な法規範を有する特殊な部分社会における法律上の争訟は、それが一般市民法秩序と直接の関係を有しない内部的問題にとどまる限り、裁判所の審査判断の対象とならないが、地方公共団体の議会の議員に対する３日間の出席停止の懲罰決議は、地方自治法に根拠を有する処分であって、地方議会の自律的な法規範に基づく行為ということはできず、裁判所の審査判断の対象となる。

オ　大学における授業科目の単位授与行為は、学生が当該授業科目を履修し試験に合格したことを確認する教育上の措置であるが、必要な単位数の取得は卒業の要件をなすという点において、学生の重大な社会的身分にかかわり、一般市民法秩序と直接の関係を有するものであるから、純然たる大学内部の問題として大学の自主的、自律的な判断に委ねることはできず、裁判所の審査判断の対象となる。

❶ ア、イ
❷ ア、ウ
❸ イ、オ
❹ ウ、エ
❺ エ、オ

【解答・解説】

正解 ❶

問題文が長くキーワードを読み落としやすく、また、生存権の判例なども問われていますが、選択肢は組合せなので、標準的な問題です。**ア**が正しいとわかれば❶か❷に絞られます。問題文が長くても、キーワードを読み落とさないように丁寧に読みましょう。

ア ○　判例は、たとえ具体的な権利義務ないし法律関係に関する紛争であっても、**信仰の対象の価値または宗教上の教義に関する判断が、訴訟の帰趨を左右する必要不可欠なもの**である場合は、**法令の適用により終局的に解決するに適しないもの**として裁判所の司法審査の対象とならないとしています（最判昭56.4.7：**板まんだら事件**）。

イ ○　判例は、憲法25条は、すべて国民が健康で文化的な最低限度の生活を営み得るように国政を運営すべきことを**国の責務として宣言したにとどまり**、直接個々の国民に対して具体的権利を付与したものではないことから、この規定の趣旨に応えて具体的にどのような立法措置を講じるかは、**立法府の広い裁量**に委ねられていて、立法府がその**裁量権を著しく逸脱、濫用した場合を除き、裁判所の審査判断の対象とはならない**としています（最大判昭57.7.7：**堀木訴訟**）

ウ ×　全体的に誤りです。判例は、**衆議院の解散は、一切司法審査の対象とならない**としています（最大判昭35.6.8：**苫米地事件**）。

エ ×　「地方議会の自律的な法規範に基づく行為ということはできず、裁判所の審査判断の対象となる」の部分が誤りです。判例は、村議会の**出席停止処分は司法裁判権に服さない**としています（最大判昭35.10.19：**村議会議員出席停止事件**）。

オ ×　「一般市民法秩序と直接の関係を有するものであるから、純然たる大学内部の問題として大学の自主的、自律的な判断に委ねることはできず、裁判所の審査判断の対象となる」の部分が誤りです。判例は、**単位授与行為は一般市民法秩序と直接の関係を有さず、大学内部の問題**として大学の自主的、自律的な判断に委ねられるべきで、**裁判所の審査判断の対象とはならない**としています（最判昭52.3.15：**富山大学事件**）。

MEMO

2 司法権の独立・裁判所の組織

学習のポイント

・裁判には強制力があり、かつ人権救済の砦といわれます。そこで、**公平な裁判を実現**するには、裁判所は政治部門等の**外部の影響を受けない**ようにしなければなりません。その工夫を学んでください。

・国会や内閣などの**政治部門との比較**がポイントです。

1 司法権の独立

国民の権利や社会の秩序が守られるためには、法と証拠に基づき、公平な裁判が行われなければなりません。そのためには、**裁判所**が他の国家機関から不当な影響を受けないことが必要です（**裁判所全体の独立**）。さらに、実際に裁判を担当するのは一人ひとりの裁判官です。そこで、裁判所内部でも事件を担当する裁判官が、他の裁判官の指図を受けないことが必要です（**個々の裁判官の独立**）。

補足

裁判官は黒い服（法服）を着ていますよね。黒はどんな色にも染まらないので、公正中立の証なのです。

(1) 裁判所全体の独立

憲法80条

① 下級裁判所の裁判官は、最高裁判所の指名した者の名簿によつて、内閣でこれを任命する。その裁判官は、任期を10年とし、再任されることができる。但し、法律の定める年齢に達した時には退官する。

憲法77条

① 最高裁判所は、訴訟に関する手続、弁護士、裁判所の内部規律及び司法事務処理に関する事項について、規則を定める権限を有する。

② 検察官は、最高裁判所の定める規則に従はなければならない。

憲法78条

裁判官は、裁判により、心身の故障のために職務を執ることができないと決定された場合を除いては、公の弾劾によらなければ罷免されない。裁判官の懲戒処分は、行政機関がこれを行ふことはできない。

①　最高裁判所による下級裁判所裁判官の指名権（80条）

下級裁判所とは、最高裁判所以外の裁判所です（地方裁判所や高等裁判所など）。その裁判官は、**最高裁判所が作成した指名名簿の中から内閣が任命**するものとされており、名簿に書かれていない人を任命することはできません。つまり、下級裁判所の人事権は実質的に最高裁判所が握っていて、外部の影響を受けにくいのです。

②　最高裁判所の規則制定権（77条）

最高裁判所は、**訴訟に関する手続や裁判所の内部規律に関する規則**を制定することができます。裁判所の独立を確保するためと専門性の要請からです。国会が規則を制定することはできませんので、**国会中心立法の原則の例外**といえます。ただ、訴訟法等の法律と規則が矛盾した場合は、**法律が優先**します。法律のほうが民主的な手続によって制定されるからです。

③　裁判官の懲戒処分（78条後段）

裁判官も、例えば遅刻や無断欠勤を繰り返すなど**裁判所内の秩序を乱した場合は、懲戒処分**1)**を受けます**。ですが、**行政機関や立法機関はこれを科すことができず、裁判所内部でしか科せません**。これも、**裁判所全体の独立の現われ**です。

1）公務員が職員として果たすべき**義務や規律に違反**した場合に科せられる**制裁処分**。一般の公務員には、最も重い懲戒処分として免職処分がありますが、裁判官は、その身分保障から免職処分はありません。罷免されるのは、後述の**裁判と国民審査による方法のみです**。

⑵　個々の裁判官の独立

憲法76条

③　すべて裁判官は、その良心に従ひ独立してその職権を行ひ、この憲法及び法律にのみ拘束される。

憲法78条

裁判官は、裁判により、心身の故障のために職務を執ることができないと決定された場合を除いては、公の弾劾によらなければ罷免されない。裁判官の懲戒処分は、行政機関がこれを行ふことはできない。

憲法79条

②　最高裁判所の裁判官の任命は、その任命後初めて行はれる衆議院議員総選挙の際国民の審査に付し、その後10年を経過した後初めて行はれる衆議院議員総選挙の際更に審査に付し、その後も同様とする。

第9章 裁判所

③　前項の場合において、投票者の多数が裁判官の罷免を可とするときは、その裁判官は、罷免される。
⑥　最高裁判所の裁判官は、すべて定期に相当額の報酬を受ける。この報酬は、在任中、これを減額することができない。
憲法80条
②　下級裁判所の裁判官は、すべて定期に相当額の報酬を受ける。この報酬は、在任中、これを減額することができない。

① 裁判官の職権行使の独立（76条）

すべての裁判官は、憲法・法律以外の何ものにも拘束されず、**自己の良心に従って職権を行使**できます（76条３項）。

では、この「良心」とは、人権としての思想・良心の自由（19条）と同じ意味でしょうか。

19条は個人の主義主張や価値観（**主観的良心**）を意味しましたが、通説は、こちらは裁判官としての職業倫理（客観的良心）と解しています。裁判官の個人的な価値観で裁判内容が左右されたら、法の下の平等に反するからです。例えば、個人的に死刑制度反対の立場を採る裁判官が、自己の価値観で死刑判決を一切下さない、といったことは許されず、場合によっては心を鬼にして死刑判決を下すべきです。

②　裁判官の罷免事由の限定（78条・79条）

裁判官を罷免する方法として、**裁判と国民投票（国民審査）**があります。そのうち、**裁判による罷免事由は非常に限定的**です。**司法府内部で行われる分限裁判**の場合、**心身の故障**（心の病や体の病で仕事ができない場合）**に限られます**。また、国会が設置する**弾劾裁判所**[2)] **の裁判**による場合は、**①職務上の義務に違反し、職務を著しく怠ったときと、②職務の内外を問わず裁判官としての威信を著しく失うべき非行があったときに限られます**。どちらも裁判手続によらなければならず、いわゆる**懲戒処分として罷免されることはありません**。

国民投票による罷免は、**最高裁判所裁判官のみが対象**です。その目的は、裁判に対する民主的コントロールです。**任命後初めて行われる衆議院議員総選挙で審査に付され、その後、10年を経過した後に初めて行われる衆議院議員総選挙の際に、さらに審査に付されます**。ですから、全員が毎回審査を受けるわけではありませんし、参議院議員の通常選挙では審査は行われません。その性質は、**リコール制**です。リコール制とは、**公職にある者を国民投票で罷免する制度**です。投票用紙にすでに裁判官名が印刷されていて、罷免したい裁判官に×を付けて投票し、投票者の過半数が×を付けた場合に罷免されます。

投票用紙にすでに複数の裁判官名が印刷されているので、１名の裁判官についてのみ罷免を可とする投票をしたくても、その他の裁判官について**棄権ができず**、その他の裁判官は**罷免を可としない投票として扱われます**。これが、**投票者の思想・良心の自由を侵害しないか**が問題となりましたが、**判例は思想・良心の自由を侵害しない（合憲）**としました（最判昭38.9.5）。なぜなら、国民審査の法的性質はリコール制なので、**罷免したいかそれ以外か**が判明すればよく、その他の裁判官については少なくとも罷免したいとは思っていないので、罷免を可としないとの扱いをしても、投票者の思想・良心の自由には反しないからです。

◆裁判官の罷免の方法

裁判による罷免	司法府内部の裁判（分限裁判）
	国会が設置する弾劾裁判所の裁判
投票による罷免	国民審査（最高裁判所裁判官のみが対象）

2）裁判官を罷免するために国会に設けられる裁判所。衆参両議院の議員の各７名の裁判員で構成されます。

③　裁判官の報酬

国会議員と異なり、**在任中はたとえ病気で休職中でも減額されることはありません**。これも裁判官の独立の現われで、減額されることを恐れ裁判内容に影響が出てしまう危険性があるからです。国会議員の歳費は生活保障を目的としていたため、減額されることがあったことと比較してください。

◆司法権の独立

分類	具体化
裁判所全体の独立	最高裁による下級裁判所裁判官の指名権
	規則制定権
	裁判官の懲戒処分（立法・行政機関はなし得ない）
個々の裁判官の独立	裁判官の職権行使の独立
	裁判官の身分保障（罷免事由の限定・報酬の保障）

確認してみよう

① 最高裁判所裁判官の国民審査は解職の制度であるから、積極的に罷免を可とするものがそうでないものより多数であるか否かを知ろうとするものであり、積極的に罷免を可とする意思が表示されていない投票は罷免を可とするものではないとの効果を発生させても、何ら当該投票を行った者の意思に反する効果を発生させるものではなく、思想及び良心の自由を制限するものではないとするのが判例である。国般2014

1 (2) ②参照 ○

判例は、国民審査は**解職の制度（リコール制）**と捉えています（最判昭38.90.5）。したがって、**積極的に罷免を可とするかそれ以外か**がわかればよく、積極的に罷免を可とする意思が表示されていなければ、罷免を可としないとの効果を発生させても、投票者の意思に反しません。

2 裁判所の組織

憲法6条
② 天皇は、内閣の指名に基いて、最高裁判所の長たる裁判官を任命する。
憲法79条
① 最高裁判所は、その長たる裁判官及び法律の定める員数のその他の裁判官でこれを構成し、その長たる裁判官以外の裁判官は、内閣でこれを任命する。
⑤ 最高裁判所の裁判官は、法律の定める年齢に達した時に退官する。
憲法80条
① 下級裁判所の裁判官は、最高裁判所の指名した者の名簿によつて、内閣でこれを任命する。その裁判官は、任期を10年とし、再任されることができる。但し、法律の定める年齢に達した時には退官する。
憲法76条
② 特別裁判所は、これを設置することができない。行政機関は、終審として裁判を行ふことができない。

(1) 最高裁判所裁判官

長官1名とその他の裁判官14名で構成されます。最高裁判所裁判官には**任期はありません**。ただ、一定年齢（現行法上70歳）に達した場合には退官します。

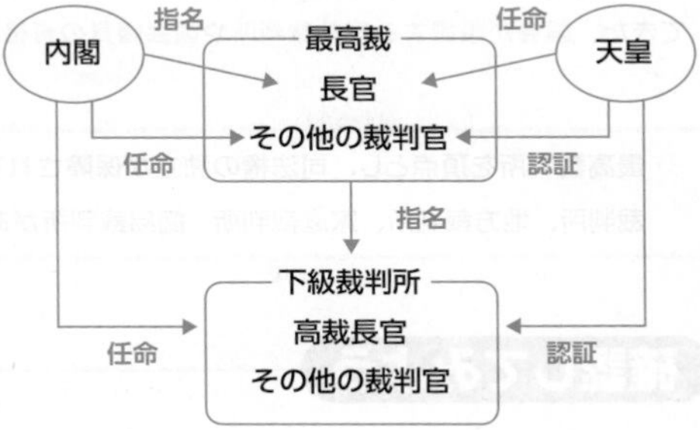

長官は、内閣の指名に基づき天皇が任命します。**その他の裁判官**は、内閣が任命し天皇が認証することとなっており、長官が任命しません。内閣総理大臣がその他の国務大臣を任命する内閣と異なります。これは、指揮命令系統をしっかりさせ、スピーディーな活動が期待される内閣と違って、裁判官の独立の要請が働くからです。

(2) 下級裁判所裁判官

下級裁判所とは、最高裁判所以外の裁判所（高等裁判所、地方裁判所など）を指します。その裁判官は、最高裁判所の作成した指名名簿の中から内閣が任命します。任期が10年で再任されることができますが、再任するかどうかは指名（最高裁判所）・任命権者（内閣）の自由裁量です。

こちらも**一定年齢（現行法上65歳）に達した場合に退官**します。

(3) 特別裁判所の禁止（76条2項）

特別裁判所とは、最高裁判所を頂点とする**通常裁判所**[3)]**の系列の外**（特別裁判所の裁判に不服があっても**通常裁判所に上訴できません**）に独立して設置される裁判所です。国民には、司法権の独立が保障されている通常裁判所において裁判を受ける権利が保障されていますので、特別裁判所の設置は原則として禁止されています。ですが、**憲法自身が認めている特別裁判所**がありますので、注意が必要です。

また、行政機関は専門技術的な紛争については裁判できますが（例海難事故の際の国土交通省の海難審判所の審判）、あくまで前審としてであり終審としては裁判できません。なぜなら、国民には司法権の独立が保障されている通常裁判所において裁判を受ける権利が保障されているからです。

補足

憲法自身が認めている特別裁判所としては、前節の司法権の明文上の限界を学習する際に出てきた、国会が設置する弾劾裁判所や国会議員の資格争訟裁判が挙げられます。

3）最高裁判所を頂点とし、司法権の独立が保障されている裁判所をいい、最高裁判所、高等裁判所、地方裁判所、家庭裁判所、簡易裁判所があります。

確認してみよう

① 下級裁判所の裁判官は、司法権の独立の観点から最高裁判所が任命することとされている。また、任命された裁判官の任期は10年とされているが、心身の故障に基づく職務不能の場合のほか、成績不良など不適格であることが客観的に明白である場合でない限り、再任されるのが原則である。国般2005

2 (2) 参照 ×

「最高裁判所が任命することとされている」の部分と「再任されるのが原則である」の部分が誤りです。下級裁判所裁判官は、**最高裁判所が指名し内閣が任命**します。また、再任するかどうかは指名・任命権者の**自由裁量**に属しますので、再任されるのが原則ではありません（80条1項本文）。

② 憲法第76条の例外として、裁判官の弾劾裁判を国会の設ける裁判官弾劾裁判所で行うことや、国会議員の資格争訟についての裁判を各議院で行うことが認められており、これらの裁判に対して、更に司法裁判所へ出訴することは認められない。国般2015

2 (3) 参照 ○

国会議員の資格争訟裁判（55条）や裁判官の弾劾裁判（78条）は、**憲法自身が認めている特別裁判所であり、それらの判断を尊重するため、さらに司法裁判所へ出訴することは認められません。**

3 裁判員制度

裁判員制度とは、殺人等特に**重大な刑事事件の第一審のみ**において、一般人の中から無作為に選ばれた**6名の裁判員**と**3名の職業裁判官**がともに裁判所を構成し、共同して**有罪・無罪の決定と量刑**を行う制度です。裁判に庶民感覚を反映すべく、導入された制度です。

裁判員制度は憲法上の制度ではなく**裁判員法という法律上の制度**ですので、その合憲性が問題となります。

判例　最大判平23.11.16

事案

- 裁判員裁判で有罪判決を受けた者が、裁判員制度は、**刑事被告人の公平な裁判所の裁判を受ける権利**（37条）、**国民の苦役からの自由**（18条）**に違反**するとして争った。

解説

- 被告人が、一般人は感情的になりやすく**被告人の公平な裁判を受ける権利**（32条・37条）**を害し**、また、裁判員は原則辞退できず、その職務は長期の拘束や有罪判決の重圧等苦痛を伴うものなので、裁判員に**意に反する苦役**（18条）**を課すもので違憲だ**と主張した。
- 憲法79条1項は、**文言上最高裁判所は裁判官だけで構成**するとしており、裁判員裁判は許されないが、憲法80条1項は、下級裁判所**裁判官の選任手続**を定めるだけで、裁判官だけで構成するとは書かれておらず、裁判員裁判を否定していない。
- **刑事裁判の諸原則**（例自白法則、補強法則）**が確保**されていれば、裁判員裁判でも公平な裁判が十分期待できる。
- 裁判員法は**裁判員が辞退できる場合を広く認めている**ので、18条にも違反しない。

判旨

- 憲法は、最高裁判所と異なり、**下級裁判所については国民の司法参加を禁じていない。**
- さらに、裁判員制度は、公平な「裁判所」における法と証拠に基づく**適正な裁判が行われることが制度的に十分保障**されているうえ、**憲法が定める刑事裁判の諸原則を確保するうえでの支障はない**といえるため、憲法32条、37条1項に違反しない。
- また、裁判員法が**裁判員の辞退に関し柔軟な制度を設けている**ことから、18条にも違反しない。

過去問にチャレンジ

問題1 ★ 日本国憲法に規定する裁判官に関する記述として、通説に照らして、妥当なのはどれか。

区Ⅰ2017

❶ 最高裁判所の長たる裁判官以外の裁判官は、内閣が任命し、天皇がこれを認証するが、下級裁判所の裁判官は、最高裁判所の指名した者の名簿によって、天皇が任命する。

❷ 最高裁判所の裁判官の任命は、任命後に初めて行われる衆議院議員総選挙又は参議院議員通常選挙の際、国民の審査に付し、その後10年を経過後に初めて行われる衆議院議員総選挙又は参議院議員通常選挙の際、更に審査に付する。

❸ 最高裁判所の裁判官は、任期は定められていないが、法律の定める年齢に達した時に退官し、下級裁判所の裁判官は、任期を10年とし、再任されることができるが、法律の定める年齢に達した時には退官する。

❹ 裁判官に、職務上の義務に違反し、若しくは職務を怠り、又は品位を辱める行状があったとき、行政機関が懲戒処分を行うことはできないが、立法機関である国会は懲戒処分を行うことができる。

❺ 裁判官は、国会の両議院の議員で組織する弾劾裁判所による裁判により、回復の困難な心身の故障のために職務を執ることができないと決定された場合には、罷免される。

【解答・解説】

正解 ❸

基本的な条文の知識で解答できるので、比較的易しい問題です。❶・❷はよくある引っ掛け問題です。❹は司法権の独立から理解しましょう。❺も引っ掛け問題です。分限裁判の罷免事由と弾劾裁判の罷免事由をしっかり分けて覚えましょう。

❶ ×　「天皇が任命する」の部分が誤りです。**内閣が任命**します（79条1項）。

❷ ×　「又は参議院議員通常選挙の際」の部分（2か所）が誤りです。最高裁判所裁判官の国民審査は、**衆議院議員総選挙の際**にしか行われません（79条2項）。

❸ ○　最高裁判所と下級裁判所の裁判官の違い（**任期の有無**）を押さえましょう（80条1項）。

❹ ×　「国会は懲戒処分を行うことができる」の部分が誤りです。裁判官の懲戒処分は、裁判所の独立の要請から、**裁判所内部**でしか科すことはできません。

❺ ×　「弾劾裁判所による裁判により、回復の困難な心身の故障のために職務を執ることができないと決定された場合には、罷免される」の部分が誤りです。心身の故障で罷免されるのは、裁判所内部で行われる**分限裁判**においてです。

問題2 ★ 日本国憲法に規定する裁判官に関する記述として、通説に照らして、妥当なのはどれか。

区Ⅰ2013

❶ 最高裁判所の長たる裁判官は、内閣の指名に基づいて天皇が任命し、下級裁判所の裁判官は、内閣の指名した者の名簿によって、最高裁判所が任命する。

❷ 裁判官は、分限裁判により、回復の困難な心身の故障のために職務を執ることができないと決定された場合は、罷免される。

❸ 裁判官は、定期に相当額の報酬を受けると定められているが、行政機関は、懲戒処分として、その報酬を減額することができる。

❹ 憲法は、すべて裁判官はその良心に従い独立してその職権を行うことを定めているが、ここでいう裁判官の良心とは、裁判官としての客観的な良心をいうのではなく、裁判官個人の主観的な良心をいう。

❺ 憲法は、下級裁判所の裁判官については、法律の定める年齢に達したときに退官することを規定しているが、最高裁判所の裁判官については、国民の審査に付されるため、法律の定める年齢に達した時に退官することを規定していない。

【解答・解説】

正解 ❷

基本的な条文の知識で解答できるので比較的易しい問題です。❶はよくある引っ掛け問題です。❺は任期の有無と異なり、下級裁判所裁判官と最高裁判所裁判官とで同じ点（定年の有無）です。

❶ ×　「内閣の指名した者の名簿によって、最高裁判所が任命する」の部分が誤りです。内閣と裁判所が逆で、**最高裁判所が指名**した者の名簿によって、**内閣が任命**します（80条１項）。

❷ ○　**分限裁判**の罷免事由は**心身の故障**という客観的に明らかなものに限られます。

❸ ×　「行政機関は、懲戒処分として、その報酬を減額することができる」の部分が誤りです。司法権の独立の要請から、そもそも**行政機関は裁判官に対する懲戒処分ができません**（78条）。

❹ ×　「裁判官個人の主観的な良心をいう」の部分が誤りです。正しくは、**裁判官としての客観的な良心**です。

❺ ×　「法律の定める年齢に達した時に退官することを規定していない」の部分が誤りです。最高裁判所裁判官も公務員である以上、定年があります（79条５項）。

問題3 ★

裁判所に関する次のア～エの記述のうち、妥当なもののみを全て挙げているものはどれか（争いのあるときは、判例の見解による。）。

裁判所2019

ア　憲法第77条第１項において、最高裁判所は、訴訟に関する手続、弁護士、裁判所の内部規律及び司法事務処理に関する事項について規則を定める権限を有するものと定められているから、これらの事項について法律で定めることはできない。

イ　最高裁判所の長たる裁判官は、国会の指名に基づいて天皇が任命し、長たる裁判官以外の裁判官は、国会でこれを任命する。

ウ　最高裁判所裁判官の国民審査制度の実質はいわゆる解職の制度とみることができるから、白票を罷免を可としない票に数えても思想良心の自由に反しない。

エ　裁判官は、回復の困難な心身の故障のために職務を執ることができないと裁判された場合には、公の弾劾によらずに罷免することができる。

❶　ア、イ
❷　ア、エ
❸　イ、ウ
❹　イ、エ
❺　ウ、エ

【解答・解説】

正解 ❺

イは基本的な条文知識を出題しており、それが間違いとわかると消去法で選択肢は❷か❺かに絞られるので、**比較的易しい問題**です。さらに**ウ**が正しいとわかれば正答に至ることができます。

ア ×　「これらの事項について法律で定めることはできない」の部分が誤りです。国会は「唯一の立法機関」(41条) であり、通説は「立法」の意味を**一般的・抽象的法規範**と解していますので、最高裁判所の規則制定事項についても法律で定めることができます。現に刑事・民事訴訟法や裁判所法が存在します。

イ ×　「国会の指名」と「国会でこれを任命」の部分が誤りです。最高裁判所の長たる裁判官は、**内閣が指名**します（6条)。長たる裁判官以外の裁判官は、**内閣が任命**します（79条1項)。

ウ ○　判例は、**白票を罷免を可としない投票として扱うことも合憲**としました（最判昭38.9.5)。

エ ○　心身の故障のため職務を執ることができない場合は、**分限裁判により罷免されます**ので、公の弾劾（弾劾裁判）によらずに罷免することができます。

3 裁判の公開

学習のポイント

・裁判には強制力があります。そこで、裁判が公正に行われるように、主権者国民が監視できなければなりません。そのために裁判は公開されています。
・例外的に非公開にできる場合と、さらにその例外として常に公開しなければならない場合があります。

憲法82条
① 裁判の対審及び判決は、公開法廷でこれを行ふ。
② 裁判所が、裁判官の全員一致で、公の秩序又は善良の風俗を害する虞があると決した場合には、対審は、公開しないでこれを行ふことができる。但し、政治犯罪、出版に関する犯罪又はこの憲法第三章で保障する国民の権利が問題となつてゐる事件の対審は、常にこれを公開しなければならない。

1 裁判の公開の原則（82条1項）

裁判が公開されていることは、第2章で表現の自由を学習した際、北海タイムス事件（最大決昭33.2.17）やレペタ法廷メモ事件（最大判平元.3.8）で触れました。なぜ公開されているかというと、密室での裁判では裁判官が職権を乱用して被告人の人権を侵害するおそれがあるので、法廷を公開し一般人（傍聴人）に見守らせ被告人の人権侵害を予防するためです。さらに、主権者国民が裁判が公正に行われていることを監視するためです。そして公開されるのは、当事者が裁判官の面前で口頭でそれぞれの主張を述べる**対審**と、裁判所がその判断を言い渡す**判決**です。

では、公開が必要な「裁判」とは何でしょうか。

判例は、**権利義務の存否自体に争いがある訴訟事件に限られる**としています（最大決昭35.7.6）。権利義務の存否こそ最も公正に判断されなければならないからです。ですので、**非訟**（ひしょう）**事件**1) は非公開でも構いません。

1）権利義務の**存在自体には争いはなく**その具体的な**実現方法につき争いがある**場合に、裁判所が**非公開で審理**する事件。例えば、家事事件手続法の夫婦の同居（同居の時期や場所、態様等の具体的内容を定める）に関する審判。**プライバシー保護**のため非公開とされます。

2 裁判の公開の例外（82条2項）

①裁判官の全員一致で、かつ、②公の秩序または善良の風俗を害すると決定した場合、**対審だけ非公開**にできます。例えば、証拠調べとして、公開の場で再生するのがはばかられるようなビデオ画像を再生する場合です。ちなみに**判決**は、裁判長が判決文を読み上げるだけですので、公序良俗を害することはなく、**常に公開**されます。

ただし、政治犯罪（例クーデター）や出版に関する犯罪、憲法第３章（人権の章）で保障する国民の権利が問題となっている事件は、対審も常に公開されます（82条２項但書）。なぜなら、それらは国民の重大関心事であり、クーデターなどでは政府が首謀者を闇に葬る可能性があり、特に国民の監視下に置くべきだからです。

ここで、性犯罪の被害者の証人尋問に当たり裁判所が用いた**ビデオリンク方式や遮蔽措置の合憲性**が問題となります。

判例　最判平17.4.14

事案

- 強姦事件の被害者が証人尋問を受けるに当たり、証人の希望により**別室からビデオ映像をとおして行う**こととなり、加えて証人の希望により**傍聴人、被告人からモニターを遮蔽して行われた。**

解説

- 刑事訴訟法157条の3、157条の4のビデオリンク方式・遮蔽措置は、証人のプライバシーを保護し、証人が発言しやすいように配慮されたものである。
- しかし、被告人にとっては、証人が別室にいてプレッシャーをかけられず、モニターで遮蔽されていて表情もわからないので、**証人審問権**（37条2項）**の侵害**だと主張した。
- さらに、傍聴席からも遮蔽されるため、**裁判の公開の原則に反する**とも主張した。

判旨

- 証人尋問の際、ビデオリンク方式や遮蔽措置が採られていても、審理が公開されていることには変わりないので、憲法82条に反しない。
- さらに、被告人は、**証人の供述を聞き尋問することはでき**、また、**弁護人による供述態度の観察はできる**のであるから被告人の証人審問権は侵害されていない（合憲）。

確認してみよう

① 裁判所が、裁判官の全員一致で、公の秩序又は善良の風俗を害するおそれがあると決定した場合には、対審及び判決は、公開しないでこれを行うことができる。ただし、憲法第３章で保障する国民の権利が問題となっている事件の判決は、常にこれを公開しなければならない。国税・労基・財務2017

2 参照 ×

「判決は、公開しないでこれを行うことができる」の部分が誤りです。**判決は常に公開**されます（82条２項）。

② 刑事裁判における証人尋問において、刑事訴訟法の規定に基づいて、被告人から証人の状態を認識できなくする遮蔽措置がとられ、あるいは、同一構内の別の場所に証人を在席させ、映像と音声の送受信により相手の状態を相互に認識しながら通話する方法で尋問を行うビデオリンク方式によることとされ、さらにはビデオリンク方式によった上で遮蔽措置がとられても、憲法37条２項前段に違反するものではないとするのが判例である。国般2012

2 最判平17.4.14参照 ○

ビデオリンク方式による遮蔽措置は、37条２項に規定する**証人審問権の侵害には当たらない**とするのが判例です（最判平17.4.14）。

第9章
裁判所

過去問にチャレンジ

問題1 ★　**裁判の公開に関する次のア～ウの記述の正誤の組合せとして最も適当なものはどれか（争いのあるときは、判例の見解による。）。**

裁判所2018

ア　憲法第82条第１項は、裁判の対審及び判決は、公開法廷で行うという裁判の公開原則を定めているが、裁判所が、裁判官の全員一致で、公の秩序又は善良な風俗を害するおそれがあると判断した場合には、いかなる場合でも、公開原則の例外が認められる。

イ　家事事件手続法に基づく夫婦同居の審判は、夫婦同居の義務等の実体的権利義務自体を確定する趣旨のものではないとしても、これら実体的権利義務の存することを前提として、同居の時期、場所、態様等について具体的内容を定め、また必要に応じてこれに基づき給付を命ずる処分であると解されるから、これを公開しないことは憲法第82条第１項に違反する。

ウ　裁判の公開が制度として保障されていることに伴い、各人は裁判を傍聴することができるが、それは、各人が裁判所に対して傍聴することを権利として要求できることを認めたものではなく、傍聴人に対して法廷においてメモをとることを権利として保障しているものでもない。

	ア	イ	ウ
❶	正	正	正
❷	正	誤	正
❸	正	誤	誤
❹	誤	誤	正
❺	誤	正	誤

【解答・解説】

正解 ❹

イの記述は非訟事件の具体例であることに思い到りにくいですが、**ア**が間違っていて**ウ**が正しいとわかれば答えが出るので、比較的易しい問題です。選択肢は組合せですので消去法を使って解きましょう。

ア ×　「いかなる場合でも、公開原則の例外が認められる」の部分が誤りです。**政治犯罪や出版に関する犯罪、憲法第３章で保障する国民の権利が問題となっている事件**の場合は、**対審も常に公開**されます（82条２項但書）。

イ ×　「これを公開しないことは憲法第82条第１項に違反する」の部分が誤りです。家事事件手続法の夫婦の同居の審判は**非訟事件**であり、非公開としても憲法82条１項に違反しません。

ウ ○　判例は、裁判の公開は**制度的保障**にすぎず、**傍聴人に傍聴することを権利として認めたわけではない**ので、傍聴の一環として行う**メモを取ることも権利として保障していません**。（最大判平元.3.8：**レペタ法廷メモ事件**）。

問題２ ★★ **裁判の公開と傍聴の自由に関する次の記述のうち、最も適当なものはどれか（争いのあるときは、判例の見解による。）。**

裁判所2014

❶ 憲法82条１項の趣旨は、裁判を一般に公開して裁判が公正に行われることを制度として保障し、ひいては裁判に対する国民の信頼を確保しようとすることにあるから、憲法82条１項は、各人が裁判所に対して傍聴することを権利として要求できることを認めたものと解される。

❷ 傍聴人が法廷においてメモを取ることは、その見聞する裁判を認識、記憶するためにされるものである限り、尊重に値し、故なく妨げられてはならないものというべきであるから、憲法82条１項は、傍聴人に対して法廷においてメモを取ることを権利として保障しているものと解される。

❸ 新聞が真実を報道することは、憲法21条の表現の自由に属し、そのための取材活動も認められなければならないが、たとえ公判廷の状況を一般に報道するための取材活動であっても、その活動が公判廷における審判の秩序を乱し、被告人その他訴訟関係人の正当な利益を不当に害するようなものは許されない。

❹ 政治犯罪、出版に関する罪又は憲法第３章で保障する国民の権利が問題となっている事件の対審は、裁判所が、裁判官の全員一致で、公の秩序又は善良の風俗を害するおそれがあると決した場合には、公開しないでこれを行うことができる。

❺ 証人尋問が公判期日において行われる場合、ビデオリンク方式（同一構内の別の場所に証人を在席させ、映像と音声の送受信により相手の状態を相互に認識しながら通話することができる方法）によった上で傍聴人と証人との間で遮へい措置を採ったときには、審理が公開されているとは言えないから、憲法82条１項に違反する。

【解答・解説】

正解 ❸

裁判の公開に関連して人権の論点も併せて出題しており、標準的な問題です。❶・❷・❸は、表現の自由で学んだ判例です。この機会に復習しておきましょう。

❶ ×　「憲法82条１項は、各人が裁判所に対して傍聴することを権利として要求できることを認めたものと解される」の部分が誤りです。判例は、裁判所に対して**傍聴することを権利として認めていません**（最大判平元.3.8：**レペタ法廷メモ事件**）。

❷ ×　「憲法82条１項は、傍聴人に対して法廷においてメモを取ることを権利として保障しているものと解される」の部分が誤りです。判例は、法廷において、特段の事情のない限りメモを取ることは傍聴人の自由に任せるべきであるとしつつも、**メモを取ることを権利としては認めていません**（最大判平元.3.8：**レペタ法廷メモ事件**）。

❸ ○　「公判廷の状況を一般に報道するための取材活動」とは、例えば写真撮影やメモを取ることですが、判例は、それらが**被告人や証人の肖像権を侵害し、また、公判廷の秩序を乱すおそれ**がある場合は許されないとしています（最大決昭33.2.17：**北海タイムス事件**、最大判平元.3.8：**レペタ法廷メモ事件**）。

❹ ×　「裁判所が、裁判官の全員一致で、公の秩序又は善良の風俗を害するおそれがあると決した場合には、公開しないでこれを行うことができる」の部分が誤りです。**政治犯罪等は必ず公開しなければなりません**（82条２項但書）。

❺ ×　「審理が公開されているとは言えないから、憲法82条１項に違反する」の部分が誤りです。判例は、証人尋問でビデオリンク方式と遮蔽措置を併用した場合でも、審理は公開されているといえ、憲法37条２項前段に違反するものではないとしています。（最判平17.4.14）。

4 違憲審査制度

学習のポイント

・違憲審査権の法的性質は、どのような場合に違憲審査できるのかや違憲判決の効力につながってきます。

・学説問題が出題されます。それぞれの説をしっかり押さえておきましょう。

1 違憲審査制度の意義

憲法81条

最高裁判所は、一切の法律、命令、規則又は処分が憲法に適合するかしないかを決定する権限を有する終審裁判所である。

憲法98条

① この憲法は、国の最高法規であつて、その条規に反する法律、命令、詔勅及び国務に関するその他の行為の全部又は一部は、その効力を有しない。

憲法17条

何人も、公務員の不法行為により、損害を受けたときは、法律の定めるところにより、国又は公共団体に、その賠償を求めることができる。

国家賠償法1条

① 国又は公共団体の公権力の行使に当る公務員が、その職務を行うについて、故意又は過失によつて違法に他人に損害を加えたときは、国又は公共団体が、これを賠償する責に任ずる。

(1) 概要

国民の人権保障を謳う憲法は**国の最高法規**です（98条1項）。あらゆる権力は憲法に逆らえません（**法の支配**）。**この法の支配を支えるのが違憲審査制度**です。違憲審査制度とは、**裁判所が法律などの国家行為の憲法適合性を審査**し、**違憲と判断した法律などを無効**とする制度です。

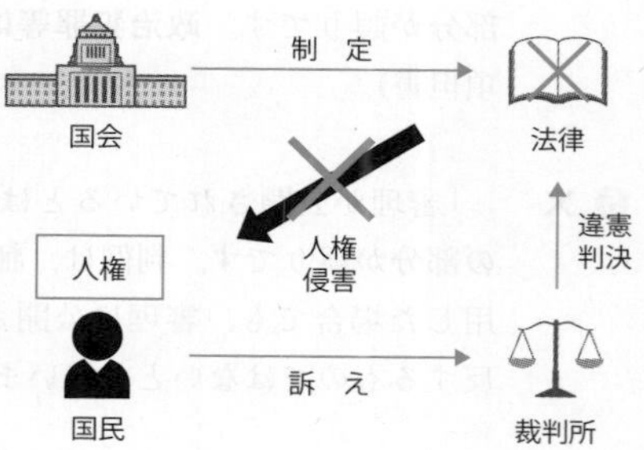

⑵ 学　説

では、どのような場合に裁判所は違憲審査できるのでしょうか。ここは学説が問われますので、２種類の説（**付随的審査制説**と**抽象的審査制説**）を押さえておきましょう。

① 付随的審査制説

付随的審査制説とは、**司法権を行使**する通常裁判所が具体的な事件を解決する際、事件の処理に必要な限度で違憲審査できるとする立場です。例えば、非嫡出子が嫡出子を相手取り、親の財産の相続分をめぐって争った事件（民事事件）が起きて初めて、非嫡出子の相続分を嫡出子の相続分の半分とする民法900条（当時）の合憲性が審査されます。そして、司法権の行使に付随して違憲審査できるとするこの立場では、違憲審査にも法律上の争訟の要件が必要になります。

② 抽象的審査制説

これに対し、抽象的審査制説とは、通常裁判所とは異なる特別な裁判所が、事件の解決とは関係なく法律等の違憲審査ができるとする立場です。例えば、国会が制定したばかりの法律も違憲審査できます。この立場では、違憲審査に法律上の争訟の要件は必要ありません。

③ 通説・判例

通説は、日本国憲法は付随的審査制説を採用していると解しています。なぜなら、現行憲法の違憲審査制度は付随的審査制説を採用しているアメリカの判例法理の影響を受けて制定されましたし、抽象的審査制説を採用している国の憲法には（例ドイツ憲法）、「司法」の章とは別に「憲法訴訟」の章が存在しますが、日本国憲法にはそのような章はなく、むしろ第６章「司法」の章の中に違憲審査制度の条文が存在しているからです。判例も、先述した**警察予備隊違憲訴訟**で、**違憲審査も具体的事件を離れてはできない**とし、付随的審査制説に立つことを明らかにしました（最大判昭27.10.8）。

⑶ 違憲審査の主体

では、**どの裁判所**が違憲審査できるのでしょうか。

判例は、最高裁判所だけでなく下級裁判所も主体となるとしています（最大判昭25.2.1）。そのほうが、第一審から違憲審査ができるので広く人権救済できるからです。また、81条は違憲審査権の主体として「最高裁判所は…**終審**裁判所である」としており、あくまで最後（終審）の違憲審査権を持っているのが最高裁判所だとしか言及しておらず、下級裁判所の違憲審査を否定していないからです。

確認してみよう

① 現行の制度の下において、裁判所は、特定の者の具体的な法律関係につき紛争の存する場合に限らず、具体的事件を離れて抽象的に法律命令等の合憲性を判断する権限を有する。裁判所2017

1 (2) ③ 参照 ×

「具体的事件を離れて抽象的に法律命令等の合憲性を判断する権限を有する」の部分が誤りです。判例は、**付随的審査制説**に立っています（最大判昭27.10.8：**警察予備隊違憲訴訟**）。

2 違憲審査の対象

では、いかなる国家や自治体の行為が違憲審査の対象となるのでしょうか。

条文には「一切の法律、命令、規則、又は処分」（81条）とありますが、**判例や条例、条約も対象**になります。すなわち、**あらゆる国家や自治体の活動が違憲審査の対象**です。なぜなら、それらはすべて人権侵害のおそれがあるからです。

では、**立法不作為**1) が違憲審査の対象になるのでしょうか。81条は「法律、命令」等の**国家・自治体の作為**1) を想定しています。また、作為による人権侵害は、それを違憲と判断し無効にすることで国民の権利を直ちに救済できますが、不作為を違憲と認定したところで、必ずしも人権救済にはつながりません。例えば、海外在住の日本人が投票できるような法整備をしないこと（立法不作為）により国民の選挙権が侵害されている場合、裁判所がその不作為を違憲と断じたところで、国会が立法しなければ結局在外国民は投票できるようにはなりません。ですが、**違憲審査の対象になるというのが判例**です（最判昭60.11.21）。なぜなら、立法不作為によっても人権は侵害されますし、**国家賠償請求**（17条）という形であれば、賠償金をもらうという限度ではありますが人権を救済できるからです。

ただし、国会は「唯一の立法機関」（41条）であり、いついかなる法律を作るかは**国会の広い裁量**に委ねられているため、立法不作為が**明らかに憲法違反といえるのに国会があえて立法しない場合のように、ごくごく例外的な場合でなければ、国家賠償請求は認められないとするのが判例です。**

1）不作為とは、期待された行為をあえてしないこと。国会が作るべき法律を作らないことを立法不作為といいます。また、作為とは、積極的な行為や挙動のこと。81条の「法律、命令」は、国会が制定した法律や行政機関が制定した命令などの作為を想定しています。

判例　最判昭60.11.21：**在宅投票制度廃止事件**

事案

- 公職選挙法の改正により、それまで行われていた**在宅投票制度が廃止**され、その後も**復活されることはなかった（不作為）**。Xはそれにより数回の選挙に際し投票できず、精神的損害を被ったとして、**国家賠償請求**した。

解説

- 在宅投票制度は悪用され、選挙人の知らない間に他人や親族によって勝手に投票がなされていたりするなどの多数の選挙違反がなされ、廃止された経緯がある。
- 国会議員は国家公務員なので、その立法不作為が**違法**（国家賠償法１条）といえれば、国家賠償請求できる。
- ただ、国会議員には免責特権があり（51条）、**国民全体に対して政治責任を負う**にとどまり、**個別の国民に対して法的責任は負わない**。また、選挙制度は国会が法律で決めるので（47条）、**いかなる選挙制度を作るかは国会の広い裁量**に任されている。そこで、**よほどの事情がない限り、国家賠償法上「違法」とはいえない。**
- 本訴え提起後、最高裁判決が出るまでの間に、国会が法改正し、郵便による不在者投票制度が復活した。

判旨

- 国会議員の立法行為（**立法不作為**）は、立法の内容が憲法の一義的文言に違反しているにもかかわらず、国会があえて当該行為を行うというような、容易に想定しがたい例外的な場合でない限り、国家賠償法１条１項の規定の適用上、違法の評価を受けない。
- 憲法47条は「選挙区、投票の方法その他両議院の**議員の選挙に関する事項は、法律でこれを定める**」と規定し、投票の方法その他選挙に関する事項の具体的決定を立法府である**国会の裁量に任せている。**
- そうすると、在宅投票制度を廃止し復活しなかった本件立法行為については、**前示の例外的場合に当たると解すべき余地はなく、本件立法行為は国家賠償法１条１項の適用上違法の評価を受けるものではない。**

次も選挙権が立法不作為によって侵害された事例ですが、こちらは違法とされました。

判例

最大判平17.9.14：**在外日本人選挙権訴訟**

事案

- 国外に居住し国内の市町村の区域内に住所を有していない日本人が、選挙区制の選挙における選挙権行使を認めないことに対し、国家賠償請求した。

解説

- 投票制限の理由は、選挙情報が在外国民には届きにくいという点にあったが、通信手段が目覚ましく発達していることからすれば、その理由はいまや説得的ではない。
- 国会議員は国家公務員なので、その立法不作為が**違法**（国家賠償法１条）といえれば、国家賠償請求できる。
- ただ、いついかなる法律を作るかは国会の広い裁量に任されるため、その人権を保障するには**立法が必要不可欠**であるにもかかわらず、**かなりの長期間放置**された場合に限って、**違法**となる。

判旨

- 国会議員の立法行為（**立法不作為**）は、国民に憲法上保障されている権利行使の機会を保障するために立法措置を執ることが必要不可欠であり、それが明白であるにもかかわらず、国会が正当な理由なく長期にわたってこれを怠る場合などには、例外的に国家賠償法１条の違法の評価を受ける。
- そうすると、**10年以上の長きにわたって何らの措置も執られなかった本件では、国家賠償法上違法な立法不作為**といえる（**国家賠償請求可**）。

◆判例の比較

在宅投票制度の廃止	適法	投票制限に合理性あり（不正の温床）、裁判中復活
在外国民の投票制限	違法	投票制限に合理性なし（通信手段の発達）、長期間にわたり放置

確認してみよう

① 憲法は、国の最高法規であって、その条規に反する法律、命令、詔勅及び国務に関するその他の行為の全部又は一部は、その効力を有しないとしており、条約が除外されていることから、条約は憲法に優位する。区Ⅰ2015

2 参照 ×

「条約が除外されていることから、条約は憲法に優位する」の部分が誤りです。81条に列挙された対象には含まれないものの**条約も違憲審査の対象**であり（最大判昭34.12.16：**砂川事件**）、憲法に優位しません。

3 違憲判決の効果

裁判所が国家行為を違憲と判断した場合、その**国家行為は無効**となります（「その効力を有しない」：98条1項）。では、**誰との関係で無効**となるのでしょうか。

(1) 一般的効力説

人権保障を徹底すると、**全国民との関係で無効**とすべきです。この立場を**一般的効力説**といい、憲法の最高法規性（98条1項）を根拠としています。すなわち、違憲と判断された法律の規定は**一般的に無効となる**と考えるべきです。そうしないと、他の事件では有効とされ適用されてしまい、不公平だからです。

(2) 個別的効力説

ですが、**判例は、当該事件・当事者との関係でのみ無効**とし、**法律の規定自体は有効なまま**としています。この立場を**個別的効力説**といいます。なぜなら、**付随的審査制説**に立てば、そもそも事件の解決に必要だからこそ違憲審査するので、違憲判決の効果も**その事件の解決に必要な範囲で生じれば十分**であり、当該事件・当事者との関係でのみ無効とすべきだからです。また、法律の規定が一般的に無効となるとすると、裁判所に立法権を与えることになり（法律の廃止も立法作用）、**三権分立に違反**します。また、違憲判決が出ると、国会は法律を迅速に改廃しますし行政実務も法の適用を控えるので、**個別的効力説でも不都合がない**からです。

確認してみよう

1 最高裁判所によって、ある法律の規定が違憲と判断された場合、違憲とされた法律の規定は、当該事件に限らず、一般的に無効になるとするのが個別的効力説である。区Ⅰ2010

3 (1)、(2) 参照 ×

「違憲とされた法律の規定は、当該事件に限らず、一般的に無効になるとするのが個別的効力説である」の部分が誤りです。一般的に無効となるとするのは一般的効力説です。個別的効力説は、**当該事件に限って無効とする立場**です。

過去問にチャレンジ

問題1 ★　**日本国憲法に規定する違憲審査権に関する記述として、最高裁判所の判例に照らして、妥当なのはどれか。**

区Ｉ2003

❶ 裁判の効力は審級制により上級裁判所によって審査されるので、裁判所の判決は違憲審査の対象とならないとした。

❷ 違憲審査権は、国民の権利の保障及び憲法規範の一般的保障を行おうとするもので、裁判所は、いかなる場合であっても法律命令等の解釈に対し抽象的な判断を下すことができるとした。

❸ 立法の不作為に対する国家賠償請求が許されるのは、立法府が憲法の一義的な文言に違反して立法を怠ったような例外的な場合に限られないとした。

❹ 国が私人と対等の立場で締結する私法上の契約であっても、憲法は国の行為に対する規範的枠組みの設定であるので、その行為は直接的に違憲審査の対象となるとした。

❺ 最高裁判所は違憲審査権を有する終審裁判所であって、下級裁判所も違憲審査権を有するとした。

【解答・解説】 正解 ❺

基本的な判例に関する出題であり、問題文も短く比較的易しい問題です。❹は憲法の私人間効力の重要判例です。この機会に確認しておきましょう。

❶ × 「裁判所の判決は違憲審査の対象とならない」の部分が誤りです。判例は、**判決も違憲審査の対象**としています（最大判昭23.7.8）。

❷ × 「裁判所は、いかなる場合であっても法律命令等の解釈に対し抽象的な判断を下すことができるとした」の部分が誤りです。判例は、抽象的審査制説ではなく**付随的審査制説**に立っています（最大判昭27.10.8：**警察予備隊違憲訴訟**）。

❸ × 「立法府が憲法の一義的な文言に違反して立法を怠ったような例外的な場合に限られない」の部分が誤りです。判例は、立法不作為に対する国家賠償請求が許されるのは、**憲法の一義的文言に違反して国会があえて立法を怠ったというような容易に想定しがたい例外的な場合に限る**ことから、直接的に違憲審査の対象とはならないとしています（最判昭60.11.21）

❹ × 「その行為は直接的に違憲審査の対象となる」の部分が誤りです。判例は、**国の私法上の行為**（基地建設予定地として地主から土地を購入する売買契約）には**憲法は直接適用されない**ことから、直接的に違憲審査の対象とはならないとしています（最判平元.6.20：**百里基地訴訟**）。

❺ ○ 判例は、**下級裁判所も違憲審査権を有する**としています（最大判昭25.2.1）。

問題2 ★★ **最高裁判所による法令違憲の判決の効力に関する次のA、B各説についてのア～オの記述のうち、適当なもののみをすべて挙げているのはどれか。**

裁判所2011

A説 最高裁判所により違憲と判断された法律は、一般的に効力を失う。

B説 最高裁判所により違憲と判断された法律は、当該事件に限って適用が排除される。

ア A説は、憲法を国の最高法規とする憲法98条1項の規定を根拠とする。

イ A説は、法的安定性や予見性を著しく欠くことになると批判される。

ウ A説は、最高裁判所が違憲無効とした法律規定であっても、国会で改廃がされるまでは行政機関が引き続きこれを誠実に執行しなければならないという帰結になってしまうと批判される。

エ B説は、現行制度上、付随的違憲審査制が採られていることを根拠とする。

オ B説は、国会を唯一の立法機関とする憲法41条に反することになると批判される。

❶ ア、エ
❷ イ、ウ
❸ ア、ウ、オ
❹ ア、エ、オ
❺ イ、ウ、オ

【解答・解説】

正解 ❶

学説問題は知識だけでは解けませんので、標準的な難易度の問題です。A説は一般的効力説、B説は個別的効力説です。知識だけに頼らず、記述の方向性を探り、どちらの説に近いかを推測していきます。選択肢は組合せなので、わかりやすい記述を見つけ消去法で絞っていきましょう。

ア ○　憲法の最高法規性を強調すれば、憲法に違反する以上、一般的に無効とすべきと考えられます。

イ ×　これはB説（個別的効力説）に対する批判です。違憲無効判決の**効果が事件限定**となるため、**他の事件には当該法律が適用される余地を残します**。したがって、法的安定性や予見性を欠くことになります。A説（一般的効力説）では、法律の規定が**一般的に無効**となるため、**他の事件にも適用されず**、法的安定性や予見性が確保されます。

ウ ×　これもB説（個別的効力説）に対する批判です。B説では、判決の効果が事件限定となり**法律の規定は存続**するため、国会が改廃するまでは行政機関は誠実に執行する義務を負うことになります。

エ ○　B説（個別的効力説）は、違憲審査制度の法的性質を事件の解決に必要な限度で違憲審査すべきという付随的審査制と捉えることから、**違憲判決の効果も事件限定で構わない**としています。

オ ×　これはA説（一般的効力説）に対する批判です。違憲判決の対象となった立法の効力を一般的に無効とすると、**裁判所が国会の立法作用**（法律の廃止）**を担う**ことになってしまい、憲法が国会を唯一の立法機関としたこと（41条）に反すると批判されています。

問題3 ★★★ 日本国憲法に規定する違憲審査権に関する記述として、最高裁判所の判例に照らして、妥当なのはどれか。

区Ⅰ2019

❶ 警察予備隊の設置並びに維持に関する一切の行為の無効の確認について、現行の制度の下においては、特定の者の具体的な法律関係につき紛争の存しない場合においても裁判所にその判断を求めることができるのであり、裁判所が具体的事件を離れて抽象的に法律命令の合憲性を判断する権限を有するとの見解には、憲法上及び法令上根拠が存するとした。

❷ 安全保障条約のような、主権国としての我が国の存立の基礎に重大な関係を持つ高度の政治性を有するものが、違憲であるか否かの法的判断は、純司法的機能を使命とする司法裁判所の審査になじまない性質のものであるから、一見極めて明白に違憲無効であると認められるとしても、裁判所の司法審査権の範囲外にあるとした。

❸ 関税法の規定により第三者の所有物を没収する場合に、その没収に関してその所有者に対し、何ら告知、弁解、防御の機会を与えることなく、その所有権を奪うことは著しく不合理であって憲法の容認しないところであり、かかる没収の言渡しを受けた被告人は、たとえ第三者の所有物に関する場合でも被告人に対する付加刑である以上、没収の裁判の違憲を理由として上告しうるとした。

❹ 国会議員は、立法に関して、国民全体に対する関係で政治的責任を負うものであるから、国会議員の立法行為は、立法の内容が憲法の一義的な文言に違反しているにもかかわらず国会があえて立法を行うという容易に想定し難いような例外的な場合でない限り、国家賠償法の規定の運用上、違法の評価を受けるものといわなければならないとした。

❺ 在外国民の投票を可能にするための法律案が廃案となった後10年以上の長きにわたって何らの立法措置も執られなかったとしても、国民に憲法上保障されている権利が違法に侵害されていることが明白なわけではなく、著しい不作為とまではいえないから過失の存在を認定することはできず、違法な立法不作為を理由とする国家賠償請求は認められないとした。

【解答・解説】

正解 ❸

問題文が長く、他のテーマにまたがって出題されているため、やや難しい問題です。正解の❸は、第４章で学んだ判例ですが、マイナーな論点が問われているのでわかりにくいです。消去法で解きましょう。

❶ ×　「裁判所が具体的事件を離れて抽象的に法律命令の合憲性を判断する権限を有するとの見解には、憲法上及び法令上根拠が存するとした」の部分が誤りです。判例の立場である**付随的審査制説**は、違憲審査の際にも、**法律上の争訟の要件を満たす必要がある**というものです（最大判昭27.10.8：**警察予備隊違憲訴訟**）。

❷ ×　「一見極めて明白に違憲無効であると認められるとしても、裁判所の司法審査権の範囲外にあるとした」の部分が誤りです。判例は、このような場合には裁判所の司法審査を認めています（最大判昭34.12.16：**砂川事件**）。

❸ ○　第三者の貨物を没収する際、その第三者に告知聴聞の機会が与えられていなかったことから違憲とされましたが、貨物は第三者の所有物でしたので、そもそも被告人が**上告**できるかどうかが問題となりました。判例は、没収はあくまで**被告人に対する付加刑**として科されており、所有権は第三者にあるとしても**被告人の占有を奪う**ことにはなり、後に**第三者から賠償請求されるおそれもある**ことから、利害関係があるとして上告により救済を求めることができるとしました（最大判昭37.11.28：**第三者所有物没収事件**）。

❹ ×　「容易に想定し難いような例外的な場合でない限り…違法の評価を受けるもの」の部分が誤りです。判例は、「違法の評価を**受けないもの**」としています（最判昭60.11.21）。引っ掛け問題です。

❺ ×　「違法な立法不作為を理由とする国家賠償請求は認められないとした」の部分が誤りです。判例は、**国家賠償請求を認めました**（最大判平17.9.14）。在宅投票制度の廃止の判例（最判昭60.11.21）と比較しておきましょう。

第10章

財　政

財　政

1 財　政

学習のポイント

・国民から税金を徴収し、公的サービスとして国民に還元していく**政府の活動**を**財政**といいます。
・とはいえ、国民の権利・義務に直接関わるので、**国会**が収入面も支出面もチェックします。
・予算については**学説問題**が出題されます。**予算と法律の不一致の問題や修正の限界の有無の論点**につながっていきます。

1 財政民主主義

憲法83条
　国の財政を処理する権限は、国会の議決に基いて、これを行使しなければならない。

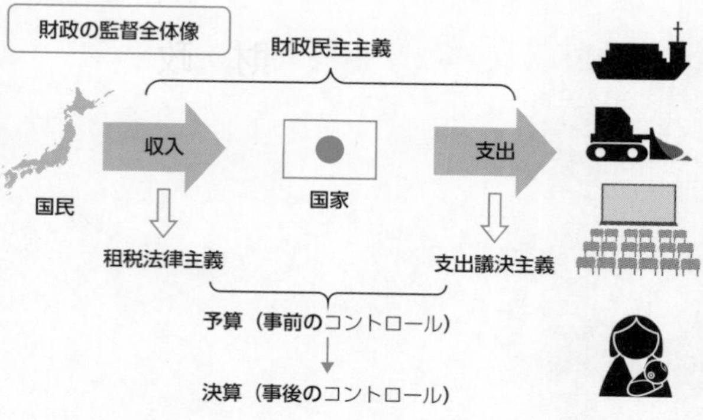

税金のことを「血税」と表現することがあります。血を搾り取られるような思いをして納めるのが税金だということです。また、そうやって集めた税金は公共工事や子育て支援など国民に還元されます。その使い道によって、国民生活がどのぐらい豊かになるかが変わってきますので、国民の代表である**国会が政府の財政活動を監視監督**しなければなりません。これを**財政民主主義**といいます。そして、**収入面での原則を租税法律主義**、**支出面での原則を支出議決主義**といいます。

2 租税法律主義（84条）

憲法84条
　あらたに租税を課し、又は現行の租税を変更するには、法律又は法律の定める条件によることを必要とする。

(1) 概　要

記憶に新しいところでは、2019年1月から、日本から出国するときに空港で1人1,000円の支払いが必要になりました。俗に出国税と呼ばれ、出入国管理や観光地の整備などに使われます。根拠法は、国際観光旅客法です。また、同年10月から消費税率が上がりました。根拠法は消費税法の一部を改正する法律です。このように、**新しい税を課したり現行の税を変更するには法律が必要**です。これを**租税法律主義**といいます。法律を根拠とすることは、納税義務者や課税標準を決める**課税要件**だけでなく、**税の賦課徴収手続**においても必要です。税金を課すだけでなくその徴収がさらなる人権侵害となるおそれがあるからです。

ここで、**通達**1)で税金を課すことが許されるかが問題となりました。

1）行政活動の統一化を図るため、**上級行政機関が下級行政機関に発する命令**。例えば、所得税法上の「必要経費」の扱いについて、具体的にどういったものを含むかを国税庁長官が各地の税務署に対して発すると、税務署職員はそれに従って必要経費に含まれるかどうかを判断していきます。

判例　最判昭33.3.28：**パチンコ球遊器事件**

事案

- 物品税法の課税対象である「遊戯具」にパチンコ球遊器は含まれない（非課税）との扱いが従来、税務当局によりなされていたが、**国税局長の通達**により**課税**されることになった。そこで、通達による課税は租税法律主義に反し無効であるとして、パチンコ業者が訴えた。

解説

- 根拠法である**物品税法はもともと存在**しており、課税対象である「遊戯具」にパチンコ台が含まれるとの**解釈の変更がなされただけ**で、根拠法なしで課税しているわけではない。
- パチンコ台を「遊戯具」に含むとの解釈も不合理ではないので、合憲とされた。

判旨

- 本件の課税がたまたま通達を機縁として行われたものであっても、通達の内容が法の正しい解釈に合致するものである以上、本件課税処分は法の根拠に基づく処分と解するに妨げがない。
- したがって、**本件課税は、憲法に違反しない**（合憲）。

(2) 「租税」の意義

では、「租税」とはそもそも何でしょうか。国または公共団体が**経費**（例道路の整備費や公務員の給料）**を調達**するため、**国民から強制的に徴収**する財貨です。ただし、国家の**独占事業**の料金（例高速道路通行料）や各種手数料（例免許手数料）なども、実質的には租税と同様に強制的に徴収されるので、**法律の根拠が必要**です。

では、**国民健康保険料**を払わせる場合に、**法律ないし条例の根拠は必要**でしょうか。

判例　最大判平18.3.1：**旭川国民健康保険事件**

事案

- 旭川市は国民健康保険条例で、保険料率は定額・定率で定めず、**市長が定める告示**[2]**に委任**していた。市長から保険料の賦課処分を受けたXが、**条例が保険料率を定めずに告示に委任することは憲法84条の租税法律主義に反する**として訴えた。

解説

- 国民健康保険料は、その支払いにより医療費負担が軽減されるという対価があることから**「租税」には当たらず、84条は直接には適用されない**とした。
- しかし、強制加入かつ強制徴収なので租税に類似しており、あくまで**84条の趣旨が及ぶ**とした。
- とすれば、本来は**法律や条例の根拠が必要なはず**であるが、保険料率は専門技術的な細目に関わる事項なので、市議会が条例で市長の合理的な選択に委ねても**84条の趣旨には反しない**とした。

判旨

- 保険料は健康保険の運用にのみ利用され、患者の医療費負担が軽減されるという**対価があること**から、**「租税」に当たらず**、84条が直接適用されることはない。
- しかし、国民健康保険は**強制加入**とされ、保険料が**強制徴収**され、**租税に類似する性質**を有するので、憲法84条の趣旨が及ぶ。
- そして、**賦課要件がどの程度明確に定められるべきか**は、**賦課徴収の強制の度合い**

のほか、社会保険としての国民健康保険の目的、特質等をも総合考慮して判断する必要がある。
- したがって、市長に対し、同基準に基づいて保険料率を決定し、決定した保険料率を告示の方式により公示することを委任したことは、憲法84条の趣旨に反しない。

2) 国や自治体が公報等である事項を公式に広く一般的に知らせること。

確認してみよう

① 憲法84条は、租税に係る法的安定性ないし予測可能性を確保することを求めており、そのためには課税要件を法定するのみで足りるから、税の賦課・徴収の手続については、法律で定める必要はない。財務2015

2 (1) 参照 ×

「税の賦課・徴収の手続については、法律で定める必要はない」の部分が誤りです。納税義務者や課税標準を決める課税要件だけでなく、税の賦課徴収手続も法律で定める必要があります。

3 支出議決主義 (85条)

憲法85条
国費を支出し、又は国が債務を負担するには、国会の議決に基くことを必要とする。
憲法89条
公金その他の公の財産は、宗教上の組織若しくは団体の使用、便益若しくは維持のため、又は公の支配に属しない慈善、教育若しくは博愛の事業に対し、これを支出し、又はその利用に供してはならない。

国費を支出（**現金の支払い**）し、**国が債務を負担**する（例国債3) の発行）には、**国会の議決が必要**です（85条）。国債を発行すると、いったんは国にお金が入ってきますが、国の借金ですからゆくゆくは支出につながります。あまりに多額の借金を抱えてしまうと国家財政が破綻してしまいますので、年度ごとに国債発行高につき国会の議決が必要となるのです。

また、公金は**宗教上の組織・団体や公の支配に属しない慈善、教育、博愛の事業**に対し、**支出してはなりません**（89条）。前半は政教分離、後半は税金の無駄遣い防止が趣旨です。

では、私立大学の**私学助成金制度**[4]は合憲でしょうか。大学には**大学の自治**が保障されていますので、「公の支配に属しない…教育…の事業」に当たり、憲法に違反するのではないでしょうか。しかし**通説は合憲**としています。なぜなら、少子化の現代、大学の維持・存続には助成金が必要ですし、税金の無駄遣い防止という趣旨からは、監督官庁（文部科学省）が助成後に会計状況の報告を求め、勧告する権限さえあれば、**「公の支配」が及んでいるといえるから**です。つまり、大学の自治が保障されているということと「公の支配」に属するということは矛盾しません。

3) 国が財政上の資金調達の手段として発行する債券。

4) 国や自治体が行う私立の教育施設設置者および在学者等に対する助成金。

確認してみよう

① 日本国憲法は、国費の支出は国会の議決に基づかなければならないと定めているが、国が債務を負担することについてはそのような定めをしていない。
国般2008

3 参照 ×

「国が債務を負担することについてはそのような定めをしていない」の部分が誤りです。国が債務を負担する場合も、**国会の議決が必要**です（85条）。

4 予　算

> 憲法86条
> 内閣は、毎会計年度の予算を作成し、国会に提出して、その審議を受け議決を経なければならない。
>
> 憲法87条
> ① 予見し難い予算の不足に充てるため、国会の議決に基いて予備費を設け、内閣の責任でこれを支出することができる。
> ② すべて予備費の支出については、内閣は、事後に国会の承諾を得なければならない。

(1) 予算の意義

予算とは、**一会計年度**（４月１日～翌年３月31日）における**国の財政行為の準則**です。**政府**が、予算に従って財政活動を行う義務を負います。

国の予算はその**用途**に応じて、**一般会計予算、特別会計予算、政府関係機関予算**の三つに分類されます。単に「予算」と称するときは「一般会計予算」を指すことが多く、この後の説明も、基本的には一般会計予算について行います。

◆予算の用途による分類

一般会計予算	国の**基本的経費をまかなう**予算 所得税や法人税などの税金や国債等を収入源とし、**国会で審議・議決して用途が決定**される予算
特別会計予算	**特定の収入**を**特定の支出**に充てる（決まった用途にしか使えない）予算 例東日本大震災復興特別会計は、復興特別所得税や復興債等を収入源とし、復興を進めるための予算
政府関係機関予算	特別の法律によって設立された法人で、**資本金が全額政府出資**の機関（日本政策金融公庫、国際協力銀行など）の予算

また、予算はその**成立時期**によって、**本予算（当初予算）、補正予算、暫定予算**の三つに分類されます。

◆予算の成立時期による分類

本予算（当初予算）	**一会計年度**における国の財政行為の基準となる予算
補正予算	当初の本予算どおりの執行が困難になったときに、**国会の議決を経て本予算の内容を変更**するように組まれた予算 例感染症対策費を捻出するため、他の項目の予算を削減する
暫定予算	本予算が**会計年度**（４月１日～翌年３月31日）**開始前に成立しない場合**に作成されるもの **本予算が成立すると役割を終え失効**する

予算案は、その専門技術性から、**内閣**（具体的には財務省が作成したものを内閣で閣議決定します）**しか作れません**。すべての予算は、**内閣が発案し、国会で審議・議決をして成立**させます。

(2) 予算の法的性質

① 学 説

ではここで、**予算の法的性質**を検討しましょう。これは、**予算と法律の不一致の問題が生じるかどうかや予算案の修正の限界という論点に影響**します。

予算を法律そのものとする立場があります（**予算法律説**）。予算も法律も国会が決めるからです。ですが、予算は政府を拘束するだけで一般国民を直接拘束しません。また、どちらも国会が決めるとはいっても、成立手続が異なります（特に衆議院の優越の程度に差があります）。また、法律は廃止しない限り年度を超えて存続しますが、予算は一会計年度に限って有効です。

そこで、**通説**は、**予算を国法の一形式**と捉えています（**予算法形式説**）。その他にも、予算案を作成するのは内閣ですし、予算を執行するのも内閣なので、**予算を行政活動**と捉える立場があります（**予算行政説**）。

② 予算と法律の不一致

では、**予算と法律が不一致**の場合どうすればよいのでしょうか。

不一致が生じる場合は二つあり、①**法律が成立したのにその執行に必要な予算が成立しなかった場合**と、②**予算が成立したのにそもそも法律が成立しなかった場合**があります。①の場合、**内閣**は法執行の財源を確保するために、**補正予算案を作成・提出し国会の議決を求めるか、後に触れる予備費を支出**することで対応していきます。②の場合、**内閣**は**法律案を作成・提出し、国会の議決を求めていきます**。ちなみに、**予算法律説**に立つと、**後法優位の原則**5) により常に後に成立したほうが優先するので、そもそも不一致は生じません。例えば、先に予算が成立し、後に法律が成立して内容が不一致の場合、先に成立した予算が無効になるので、後の法律しか残らず、不一致が直ちに解消されます。

5) 同じ事柄について、後から別の規定がある法律が制定された場合、**前法より現在の国会の意思に近い後法が優先する**との原則。

③ 国会による予算の修正の可否

では、内閣が作成した予算案を**国会で修正**することはできるのでしょうか。財政民主主義から、**増額修正・減額修正ともに可能**です。

では、修正に限界はあるのでしょうか。**減額修正には限界はありません。**なぜなら、国会は、予算案のある項目（例核兵器開発費）を全部否決することもできる以上、一部否決にすぎない減額修正には当然限界がないと考えられるからです。

他方、**増額については予算案の同一性を失わせるような大幅な修正はできません。**なぜなら、大幅な増額修正には新たな財源の確保が必要となり国民にさらなる負担をかけることにもなりかねませんし、予算の専門技術性から**予算案提出権を内閣に独占させた法の趣旨**からは、そのような修正を認めるべきではないからです。この点、**予算法律説**に立つと、国会は唯一の立法機関としていかなる法律も作れるのと同様にいかなる予算も組めるので、**増額修正にも限界はありません。**

◆ 予算の法的性質

予算法律説	予算を**法律そのもの**とする立場 ⇒予算と法律の不一致が生じない（後法優位の原則） ⇒減額修正・増額修正ともに限界なし
予算法形式説 （通説）	予算を**国法の一形式**であるとする説 ⇒予算と法律の不一致が生じる ⇒減額修正には限界がないが、増額修正には限界がある
予算行政説	予算を行政活動と捉える立場

(3) 予備費

例えば、予想外の感染症拡大で急な財政出動が必要になった場合など、**予見しがたい予算の不足に充てるため、国会の議決に基づいて設けられる使途が定められていない財源**を**予備費**といいます（87条）。**あらかじめ国会の議決で総額が決められ**（予算の中に計上しておきます）、その金額内では**内閣は自己の責任で自由に支出**できますが（87条１項）、**支出後、国会の承諾**を得なければなりません（87条２項）。ただし、承諾が得られなかった場合でも、**支出自体に影響はなく、内閣の政治責任が生ずるだけ**です。

確認してみよう

① 予算が法律と異なる特殊の法形式であるとする考え方は、衆議院に先議権があり、衆議院の再議決が認められていないなどの議決手続の点で法律とは異なった特別の手続がある点を根拠とするものであるが、この考え方によると、予算と法律との不一致の問題が生じ得る。裁判所2016

4 (2) ①、② 参照 ○

この記述は**予算法形式説**についてのものです。予算法形式説に立つと、予算と法律の不一致の問題が生じます。

5 決算の審査

憲法90条

① 国の収入支出の決算は、すべて毎年会計検査院がこれを検査し、内閣は、次の年度に、その検査報告とともに、これを国会に提出しなければならない。

決算とは、一会計年度における国の**収入支出の実績を示す計算書**のことです。政府が予算どおり財政活動をしたかどうかを会計年度後にチェックし、政府の責任を明らかにしていきます。毎年**会計検査院**6) **が検査**したうえで、**内閣**がその検査報告とともに**国会に提出**します。

国会の審査の結果は、内閣の政治責任を生じさせるだけで、**支出自体には影響はありません**。

6) **内閣から独立して存在**し、国・政府機関の決算、独立行政法人等の会計、国が財政援助する自治体の会計などの検査を行う**国家機関**。

過去問にチャレンジ

問題1 ★ **予算に関する次の記述のうち、妥当なのはどれか。**

国般2012

❶ 予算案には内閣が作成して国会に提出するもの及び議員の発議によるものがあるが、議員が予算案を発議するには、衆議院においては議員50人以上、参議院においては議員20人以上の賛成が必要となる。

❷ 国会は、内閣から提出された予算案の議決に際し、予算案の一部を排除削減する修正をすることはできるが、予算案の一部を増額修正することは一切できないと解されている。

❸ 予算について憲法は衆議院の優越を認めている。予算案が衆議院で可決され、参議院でこれと異なった議決がされた場合、衆議院で出席議員の３分の２以上の多数で再び可決されたときは、予算となる。

❹ 予見し難い予算の不足に充てるため、国会の議決に基づいて一定の金額をあらかじめ予備費として設け、内閣の責任において支出することができる。

❺ 予算が会計年度開始までに成立しなかった場合には、暫定予算によることになるが、暫定予算も会計年度開始までに成立しなかったときは、暫定予算が成立するまでの間、内閣は、当然に前年度の予算を執行することができると解されている。

【解答・解説】

正解 ❹

基本的な条文と通説の知識で解答でき、問題文も短く比較的易しい問題です。❸は、法律案の議決と混同しないようにしましょう。❺は、明治憲法下ではこのような制度がありました。過去何度か問われていますので、覚えておきましょう。

❶ ×　「議員の発議によるものがあるが」以降が誤りです。予算案は**内閣**のみが作成します(86条)。

❷ ×　「予算案の一部を増額修正することは一切できないと解されている」の部分が誤りです。通説は、増額修正もできるとしています。ただし、内閣の予算案作成権限を侵害することから大幅な修正はできません。

❸ ×　「衆議院で出席議員の３分の２以上の多数で再び可決されたときは、予算となる」の部分が誤りです。予算の成立については衆議院の強い優越が認められており、**両院の議決が異なり**、両院協議会を開いても意見が一致しないときは、**衆議院の議決が国会の議決とされ**、予算が成立します(60条２項)。

❹ ○　予備費に関する87条１項の内容です。

❺ ×　「暫定予算が成立するまでの間、内閣は、当然に前年度の予算を執行することができる」の部分が誤りです。明治憲法時代はこのような制度があり、年度内に予算が成立しないと、政府は前年度の予算を執行できました。ですが、これでは予算の成立が必要不可欠ではなくなり、国会の力を弱めてしまったので、**この制度は廃止され、暫定予算制度が導入**されました。ですから、もし暫定予算すら成立しなければ、政府は一切財政活動できません。

問題2　予算及び決算に関する次の記述のうち、妥当なのはどれか。

★

地上2017

❶ 憲法は、予算の作成・提出権を内閣に与えているものの、財政の基本原理として、財政民主主義を明記しているので、国会が予算を作成・提出することも認められる。

❷ 憲法は、予算に関する議決権を国会に与えているので、予算の作成・提出権が内閣に属していても、国会が予算を修正し、減額又は増額することは認められる。

❸ 憲法は、予算は会計年度ごとに作成されるものとしているので、長期的な事業の遂行のためであっても、年度をまたがる継続費を認めることはできない。

❹ 憲法は、予見し難い予算の不足を補うため、あらかじめ国会の議決に基づいて予備費を計上することを認めているので、予備費の支出について事後に国会の承諾を得る必要はない。

❺ 憲法は、決算が会計検査院による検査を経て、内閣により国会に提出されるものとしているので、決算の内容について国会が内閣の責任を追及することはできない。

【解答・解説】

正解 ❷

❸は財政学で学ぶ内容ですが、その他は基本的な条文と通説の知識で解答できるので、比較的易しい問題です。一つひとつ丁寧に読んで、ミスしないようにしましょう。

❶ ×　「国会が予算を作成・提出することも認められる」の部分が誤りです。予算案は**内閣**のみが作成できます（86条）。

❷ ○　通説は、財政民主主義から、国会による**減額・増額修正を認めています**。

❸ ×　「年度をまたがる継続費を認めることはできない」の部分が誤りです。継続費とは、例えば、ダムの建設など完成までに数年かかるものについて、経費の総額および年割額につきあらかじめ国会の議決を経れば、**会計年度ごとの議決を必要とせずに支出される経費**です。これも認められています。

❹ ×　「事後に国会の承諾を得る必要はない」の部分が誤りです。予備費の支出については、**内閣は自己の責任で自由に**行えますが（87条１項）、**支出後、国会の承諾**を得なければなりません（87条２項）。

❺ ×　「決算の内容について国会が内閣の責任を追及することはできない」の部分が誤りです。国会の審査の結果は**支出自体には影響はありません**が、国会が**内閣の政治責任**を追及することはできます。

問題3 ★★

財政に関するア～オの記述のうち、妥当なもののみを全て挙げているのはどれか。

財務2019

ア 行政権を担う内閣は、社会経済情勢の変化に対して迅速に対応することが求められることから、予見し難い予算の不足に充てるため、予備費を設けることができる。その場合、内閣は、予備費を支出するに当たり、事前に国会の承諾を得ることが憲法上義務付けられている。

イ 予算は内閣によって作成され、内閣のみが国会への予算提出権を有するため、国会は、予算の議決に際して、原案の減額修正はできるが、原案に新たな項を設けたり原案の増額修正を行ったりすることはできないと一般に解されている。

ウ 形式的には租税ではないとしても、一般国民に対して一方的・強制的に賦課徴収する金銭は、実質的には租税と同視できることから、市町村が行う国民健康保険の保険料には、その形式にかかわらず、租税法律主義について定めた憲法第84条の規定が直接適用されるとするのが判例である。

エ 法律上は課税できる物品であるにもかかわらず、実際上は非課税として取り扱われてきた物品に対する課税が、たまたま通達を機縁として行われたものであっても、通達の内容が法の正しい解釈に合致するものである以上、当該課税処分は法の根拠に基づく処分であるとするのが判例である。

オ 予算は一会計年度における国の財政行為の準則であり、会計年度が開始するまでに当該年度の予算が成立しない場合は、内閣は、一会計年度のうちの一定期間に係る暫定予算を作成し、国会に提出することができるが、暫定予算は当該年度の本予算が成立したときに失効する。

❶ ア、イ
❷ ア、オ
❸ イ、ウ
❹ ウ、エ
❺ エ、オ

【解答・解説】

正解 ⑤

財政全般からの出題で、標準的な問題です。**ウ**は判例の言い回しに注意してください。選択肢は組合せですので、消去法を使って絞り込みましょう。

ア ×　「事前に国会の承諾を得ることが憲法上義務付けられている」の部分が誤りです。予備費の支出については、内閣は、**事後に国会の承諾**を得ればよいとされています（87条２項）。

イ ×　「原案の増額修正を行ったりすることはできないと一般に解されている」の部分が誤りです。通説は、原案に新たな項を設けるような大幅な修正はできないものの、**増額修正自体を行うことはできる**としています。

ウ ×　「租税法律主義について定めた憲法第84条の規定が直接適用されるとするのが判例である」の部分が誤りです。判例は、保険料は対価があることから「租税」に当たらず、84条が直接適用されることはないとしています（最大判平18.3.1：**旭川国民健康保険事件**）。ただ、租税に類似する性質を有するので、**憲法84条の趣旨が及ぶ**としています。

エ ○　判例は、このように解しています（最判昭33.3.28：**パチンコ球遊器事件**）。

オ ○　暫定予算は本予算が成立するまでの間をつなぐものです。ですから、本予算が成立すると、失効します。

問題4 ★★ **予算及び決算に関するア～オの記述のうち、妥当なもののみを全て挙げているのはどれか。**

国般2014

ア 予算が様々な事情により新会計年度の開始までに成立しなかった場合は、暫定予算によることとなる。暫定予算は、本予算が成立するまで予算に空白を生じさせないための暫定的な措置にすぎないことから、内閣は、暫定予算を国会の議決を経ることなく支出することができ、同予算に基づき支出されたものは、後に成立した本予算に基づき支出されたものとみなされる。

イ 国の会計は、一般会計のほかに、特定の歳入をもって特定の歳出に充て一般の歳入歳出と区分して経理する必要がある場合に特別会計を設置することが認められており、この特別会計の予算については、毎会計年度国会の議決を経る必要がないなど一般会計の予算と異なる取扱いとすることが認められている。

ウ 予見し難い予算の不足に充てるため、国会の議決に基づいて設けられる予備費は、内閣の責任において支出することができるが、内閣は、その支出について、事後に国会の承諾を得なければならない。

エ 明治憲法においては、予算の議決権を有する国会は、内閣が提出した原案に対して廃案削減を行う減額修正のみならず、新たな款項を設けたりその金額を増額したりする増額修正も認められていたが、日本国憲法においては、予算発案権を内閣に専属せしめている趣旨から国会の増額修正は認められないと一般に解されている。

オ 内閣は、一会計年度における財務の実績を示す確定的計数を内容とする決算を毎年会計検査院に送付し、その検査を受けることとされ、その後、検査を経た決算を会計検査院の検査報告とともに国会へ提出することとされている。

1. ア、オ
2. ウ、エ
3. ウ、オ
4. ア、イ、エ
5. イ、ウ、オ

【解答・解説】

正解 ❸

主に基本的な条文と通説の知識で解答できる標準的な問題です。選択肢は組合せですので、消去法で絞り込みましょう。

ア ×　「内閣は、暫定予算を国会の議決を経ることなく支出することができ」の部分が誤りです。**暫定予算も予算である以上、国会の議決が必要**です（85条、86条）。

イ ×　「特別会計の予算については、毎会計年度国会の議決を経る必要がないなど一般会計の予算と異なる取扱いとすることが認められている」の部分が誤りです。**特別会計も予算の一つであり、国会の議決が必要**です。あらかじめ国会の議決を経れば、会計年度ごとの議決を必要とせずに支出されるのは、継続費です。

ウ ○　**87条1項・2項**に関する内容です。

エ ×　「国会の増額修正は認められないと一般に解されている」の部分が誤りです。通説は、財政民主主義の観点から、限界はあるものの国会による**増額修正を認めています**。

オ ○　**90条1項**に関する内容です。

第11章

地方自治

地方自治

1 地方自治

学習のポイント

・国との関係（地方分権:団体自治）、また、国との比較（国民主権vs住民自治）がポイントです。

・地方自治法の知識も問われていますので、押さえておきましょう。

1 地方自治一般

憲法92条

地方公共団体の組織及び運営に関する事項は、地方自治の本旨に基いて、法律でこれを定める。

憲法93条

① 地方公共団体には、法律の定めるところにより、その議事機関として議会を設置する。

② 地方公共団体の長、その議会の議員及び法律の定めるその他の吏員は、その地方公共団体の住民が直接これを選挙する。

(1) 意 義

地方公共団体（都道府県、市町村）は、そこに住む住民が快適に暮らせるよう、まちづくりやさまざまな行政サービス（例子育て支援、老人介護）を行っています。それについて、国がとやかく口出ししてはいけません。これを**地方自治**といいます。

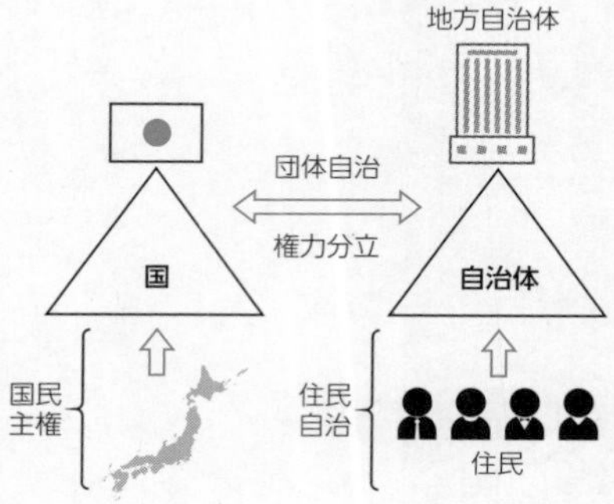

その意義（**地方自治の本旨**）は、①地方のことは地方に任せて**国はあまり干渉すべきではない**ということ（**団体自治：自由主義的意義**）と、②地方の政治はそこに住む**住民の意思に基づいて自主的に行うべきだ**ということ（**住民自治:民主主義的意義**）にあります。そのため、**国以上に住民の意思が反映されやすい統治構造**になっています。

例えば、憲法上、行政府の長を住民が直接選挙することになっています（93条２項）。また、憲法92条を受けて制定された地方自治法では、長や議員の解職請求や議会の解散請求（地方自治法76条・80条・81条）まで認められています。さらに、町村に限っては、議会すらおかず、有権者の総会で予算を決めたり条例を制定したりできる制度（町村総会＝直接民主制）もあります（地方自治法94条）。

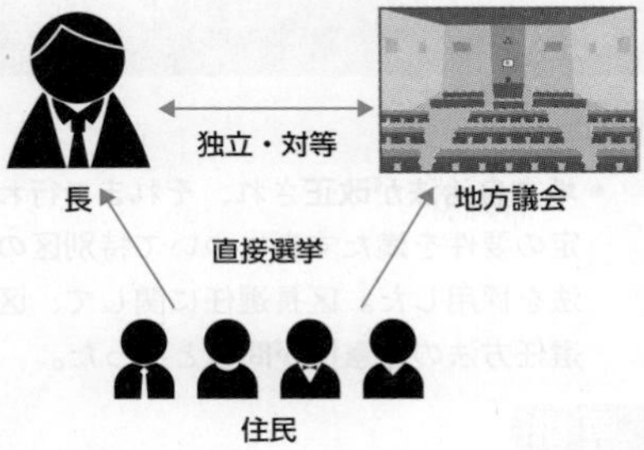

◆地方自治の本旨

	意義	内容
団体自治	自由主義	地方のことは地方公共団体に任せて、国は干渉すべきではない 例地方議会の設置（93条１項）
住民自治	民主主義	地方の政治はそこに住む住民の意思に基づいて自主的に行うべき 例長の住民の直接選挙（93条２項）、地方自治特別法の住民投票（95条）

(2) 法的性質

では、地方自治の法的性質は何でしょうか。通説は、**制度的保障**と捉えています。つまり、住民の人権が国家権力に侵害されないように、自治体がいわばシェルターのような役割を果たして住民の人権を守っているのです。ですから、**国家は、地方自治の本旨（団体自治、住民自治）を侵すことはできません。**

(3) 「地方公共団体」の意味

では、憲法上の「地方公共団体」とは何でしょうか。かつて、特別区（23区）の区長の公選制が廃止されたときに問題となりました。仮に特別区が憲法上の「地方公共団体」だとすると、区長公選制廃止は憲法93条２項違反となるからです。

第11章 地方自治

判例

最大判昭38.3.27

事案

- **地方自治法が改正**され、それまで行われていた**特別区の区長公選制が廃止**され、一定の要件を満たす者について特別区の議会が都知事の同意を得て選任するという方法を採用した。区長選任に関して、区議会議員の贈収賄事件が発生し、このような選任方法の合憲性が問題となった。

解説

- そもそも憲法が地方自治を保障した趣旨は、政治の民主化の一環として、住民の日常生活に密接な公共的事務は、そこに住む住民の手で住民の団体が自ら主体となって処理する政治形態を保障する点にある。
- とすれば、憲法上の「地方公共団体」とは、住民が経済的文化的に密接な共同生活を営み、共同体意識を持っているという社会的基盤が存在し、自主立法権、自主行政権、自主財政権など自治の基本的権能が与えられた地域団体でなければならないはずである。
- 特別区は都の条例により都が課すことができる税の一部を区税として課すことが認められているにすぎず、**都とは独立して税を課す場合にも都の同意が必要**であるなど**法律上自治権に重大な制約が加えられている。**
- したがって、特別区は憲法上の「地方公共団体」には当たらず、区長公選制廃止は合憲である。

判旨

- **憲法上の「地方公共団体」といい得るためには、単に法律で地方公共団体として取り扱われている**ということだけでは足らず、**事実上住民が経済的文化的に密接な共同生活を営み、共同体意識を持っているという社会的基盤が存在し、沿革的に見ても、また現実の行政のうえにおいても、相当程度の自主立法権、自主行政権、自主財政権等地方自治の基本的権能を付与された地域団体であることを要する。**
- この点、東京都の特別区は、地方団体としての長い歴史と伝統を有するものではあるが、いまだ**市町村のような完全な自治体としての地位を有していたことはなく、そうした機能を果たしたこともなかった。**
- したがって、地方自治法が**区長公選制を廃止**し、これに代えて、区長は特別区の議会の議員の選挙権を有する者で年齢25年以上の者の中から特別区の**議会が都知事の同意を得て選任するという方法を採用**したからといって、それは立法政策の問題にほかならず、**憲法93条2項に違反するということはできない**（合憲）。

ちなみに、特別区も**地方自治法上**は、「**特別地方公共団体**」として、自治権が認められています（地方自治法１条の３第３項）。

◆ **地方公共団体の種類**

普通地方公共団体	・都道府県 ・市町村	憲法上の地方公共団体
特別地方公共団体	・特別区 ・地方公共団体の組合 1) 等	**地方自治法上**の地方公共団体

1）2以上の地方公共団体が、**特定の事務**（ごみ処理、消防など）**を処理するために組織する団体**。

確認してみよう

① 憲法は、地方公共団体には、法律の定めるところにより、その議事機関として議会を設置すると規定しており、町村において、条例で議会を置かず、選挙権を有する者の総会を設けることは、この憲法の規定に違反する。区Ⅰ2017

1 (1) 参照 ×

「町村において、条例で議会を置かず、選挙権を有する者の総会を設けることは、この憲法の規定に違反する」の部分が誤りです。**地方自治法上、町村に限り町村総会を設けることができます。**

2 条　例

憲法94条
地方公共団体は、その財産を管理し、事務を処理し、及び行政を執行する権能を有し、法律の範囲内で条例を制定することができる。

(1) 条例とは

記憶に新しいところでは、東京都が受動喫煙防止条例を制定し、スモークフリーの理念を掲げるオリンピックの開催に備え、国が制定した健康増進法よりもさらに踏み込んだ規制を行ったことが話題になりました。このように、**地方公共団体が地域の実情に合わせて独自に制定するルール**を**条例**といいます。なお、ここでいう「条例」には、地方議会が制定するものだけでなく、**長や委員会**（例教育委員会）**が制定する規則**も含まれます。

(2) 条例制定権の限界

① 法律留保事項

> 憲法29条
> ② 財産権の内容は、公共の福祉に適合するやうに、法律でこれを定める。
> 憲法31条
> 何人も、法律の定める手続によらなければ、その生命もしくは自由を奪はれ、又はその他の刑罰を科せられない。
> 憲法84条
> あらたに租税を課し、又は現行の租税を変更するには、法律又は法律の定める条件によることを必要とする。

上記の条文を見ると、ルールを作る場合は**法律に基づくように憲法が明文で規定**しているのがわかります。では、条例で財産権を制限したり罰則を科したりすることができるでしょうか。

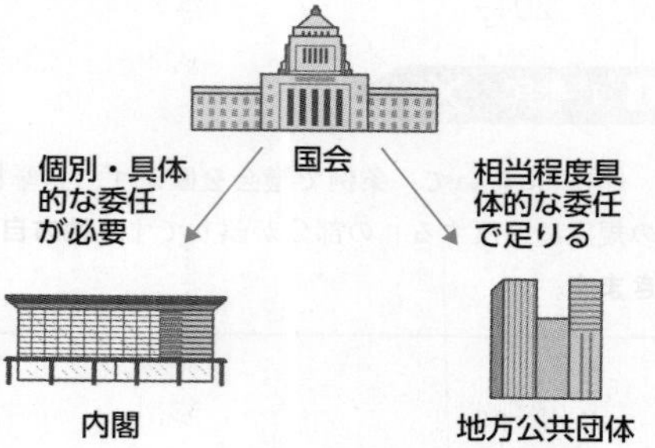

通説は、できるとしています。なぜなら、条例は地方議会の議決などによって成立するので、**法律と同じような民主的基盤**があるからです。

ただ、条例で**罰則**を定める場合は、人身の自由の制限という重大な人権侵害を伴うことから、罪刑法定主義（31条）の要請が特に強く及ぶので、**国会（法律）が罰則の制定を地方公共団体に特に委任した場合に限られます**。ただし、**委任の程度**として、通説は、政令の制定を内閣へ委任する場合と異なり、地方公共団体への委任は、**相当程度具体的で限定されていれば足りる**として、委任の程度に差を設けています。なぜなら、条例には民主的基盤があるからです。

◆条例制定権

	可否	法律の委任の要否	委任の程度
財産権の制限	可	不要	—
罰則	可	必要	相当程度具体的で、限定されていれば足りる
課税	可	不要	—

② 「法律の範囲内」(94条)

憲法は、地方公共団体に条例制定権を認めつつ、あくまで**「法律の範囲内」**(94条)**という限定**を設けています。先に紹介した東京都の受動喫煙防止条例は、国の健康増進法が店の面積次第では自由な喫煙を認めているのに対し、従業員が1人でもいる場合には原則喫煙禁止としており、法律よりも厳しく規制しています。このように、**法律よりも厳しい規制をする条例**を**上乗せ条例**といいます。また、**法律が規制していない事項について規制する条例**を**横出し条例**といいます。果たして、これらは「法律の範囲内」といえるのでしょうか。

判例は、条例が法律の範囲内かどうかは、形式的に両者の文言をただ比較するのではなく、それぞれの**趣旨**、**目的**、**内容**、**効果を比較して**、**両者の間に実質的に矛盾や抵触があるかどうかによって判断すべき**としています(最大判昭50.9.10:**徳島市公安条例事件**)。なぜなら、憲法が「法律の範囲内」という限定を設けた趣旨(法律により全国一律に規制すべき要請)と、条例制定権の趣旨(地方公共団体ごとの個別の規制を認める要請)との調和を図るためには、単に形式面だけで判断すべきではないからです。

判例 最大判昭50.9.10:徳島市公安条例事件

事案

- デモ行進に対して**道路交通法よりも厳しい規制をしている公安条例**が「法律の範囲内」(94条)といえるかどうかが問題となった。

解説

- 条例が**法律よりも厳しい内容**(**上乗せ条例**)であるというだけで「法律の範囲内」ではないとはいえない。
- 法律が全国的に一律の規制を施す趣旨である場合は、上乗せ条例は「法律の範囲内」とはいえないが、法律が**それぞれの地方公共団体の実情に合わせて個別の規制を認める趣旨**である場合は、「法律の範囲内」といえる。
- また、**法律で規制していない事項について**、**常に条例**(**横出し条例**)**で規制できる**わけではない。

- 法律で規制していないのが、いかなる規制をも施すことなく放置する趣旨である場合は、横出し条例は「法律の範囲内」ではない。
- 道路交通法の目的は交通秩序の維持、公安条例の目的は道路を含む地域全体の秩序維持にあり、後者は前者と**目的が異なり、かつ効果を害さない**ので、「法律の範囲内」として有効である。

判旨

- 条例が国の法令に違反するかどうかは、両者の対象事項と規定文言を対比するのみでなく、それぞれの**趣旨**、**目的**、**内容**、**効果を比較し**、**両者間に矛盾・抵触がある****かどうかによって判断**すべき。
- 例えば、条例で規制しているある事項について**国の法令で規制していない場合**でも、それが**いかなる規制をも施すことなく放置すべきものとする趣旨**である場合は、条例は国の法令に違反する。
- 逆に、**国の法令と条例が併存する場合**でも、後者が前者と**別の目的に基づき規律**する場合で、前者の**目的と効果を何ら阻害することがない**ときや、両者が**同一の目的に出た場合**であっても、国の法令が必ずしも**全国的に一律に同一内容の規制を施す趣旨ではなく、それぞれの地方公共団体において地方の実情に応じて別段の規制を施すことを容認する趣旨**であるときは、国の法令と条例との間には矛盾・抵触はない。
- 本件条例は、デモ行進が交通秩序のみならず**地域の平穏を乱すおそれすらあること**も考慮し、**道路を含む地域全体の平穏と秩序維持を目的**とする。
- したがって、本件条例は、道路交通法とは**目的が異なり**、かつ**道路交通法の目的と効果を害さない**ので、**法律の範囲内として有効である**。

確認してみよう

① 憲法第29条第2項は「財産権の内容は、公共の福祉に適合するやうに、法律でこれを定める」と規定しているところ、この「法律」には条例は含まれないため、法律の個別的な委任がある場合を除いて、条例で財産権を規制することはできないと一般に解されている。財務2016

2 (2) ①参照 ×

「法律の個別的な委任がある場合を除いて、条例で財産権を規制することはできないと一般に解されている」の部分が誤りです。条例で財産権を制限することはできますし、その際、罰則を定める場合と異なり、**法律の委任は必要ありません**。

② 条例制定権は、地方公共団体の自治権の当然の内容として認められるものであり、法律が、全国一律の均一的な規制を施す趣旨で規制している場合であっても、地方公共団体は、法律が規律の対象としていない事項について、法律と同一の目的で、地方の実情に応じた規制を施すことができるとするのが判例である。国般2011

2 (2) ② 最大判昭50.9.10：徳島市公安条例事件参照 ×

「法律が、全国一律の均一的な規制を施す趣旨で規制している場合であっても、地方公共団体は、法律が規律の対象としていない事項について、法律と同一の目的で、地方の実情に応じた規制を施すことができるとするのが判例である」の部分が誤りです。判例は、法律が全国一律の均一的な規制を施す趣旨であるならば、条例で地方の実情に応じた規制はできないとしています（最大判昭50.9.10：**徳島市公安条例事件**）。

3 地方自治特別法に対する住民投票

> 憲法95条
> 一の地方公共団体のみに適用される特別法は、法律の定めるところにより、その地方公共団体の住民の投票においてその過半数の同意を得なければ、国会は、これを制定することができない。

特定の地方公共団体にだけ適用される法律を**地方自治特別法**といいます。例えば、被爆地広島の復興を促進するために国有財産の無償譲渡を認める広島平和記念都市建設法などです。あくまでも法律であり、国会に制定権があるものの、特定の地方公共団体にだけ適用され、適用範囲が条例と類似しているので、住民の意思を反映するため、**住民投票で過半数の同意**を得なければ国会は制定できません（95条）。ですから、国会が立法する際、他の機関は参与できないという**国会単独立法の原則の例外**といえますし、さらに、住民が直接意思表示しますので、**直接民主制の現われ**です。

過去問にチャレンジ

問題1 **憲法に定める地方自治に関する記述として、妥当なのはどれか。**

★

都Ⅰ2008

❶ 地方公共団体の組織及び運営に関する事項は、地方自治の本旨に基づいて法律で定められ、地方自治の本旨のうち団体自治とは、地方自治が住民の意思に基づいて行われることをいう。

❷ 地方公共団体には、普通地方公共団体と特別地方公共団体とがあり、特別区の長は市町村の長と同様に住民の直接選挙で選ばれるため、特別区は普通地方公共団体である。

❸ 地方公共団体には、議事機関として議会の設置が義務付けられているため、地方公共団体は、議会を置かずに選挙権を有する者の総会を設けることはできない。

❹ 地方公共団体は、法律の範囲内で条例を制定することができるが、刑罰は法律の定める手続によらなければ科すことができないため、条例に罰則を設けることは一切できない。

❺ 一の地方公共団体のみに適用される特別法は、国会単独立法の原則の例外として、法律の定めるところにより、その地方公共団体の住民の投票においてその過半数の同意を得なければ制定できない。

【解答・解説】

正解 ❺

基本的な判例と条文の知識で解答できる比較的易しい問題です。❶は、地方自治の本旨の意味（団体自治が自由主義的意義で、住民自治が民主主義的意義）を混同しないようにしましょう。❷は、憲法上の地方公共団体と地方自治法上の地方公共団体の違いに注意が必要です。❺は、地方自治特別法（国会が制定する）と条例（地方議会が制定する）の違いを押さえておきましょう。

❶ ×　「団体自治とは、地方自治が住民の意思に基づいて行われることをいう」の部分が誤りです。団体自治とは、地方のことは地方に任せて**国はあまり干渉すべきではない**ということです。地方自治が住民の意思に基づいて行われることとは**住民自治のこと**です。

❷ ×　「特別区は普通地方公共団体である」の部分が誤りです。憲法上の地方公共団体は、判例によれば普通地方公共団体のみを指し、それは都道府県と市町村です（最大判昭38.3.27）。特別区は、地方自治法上「**特別地方公共団体**」とされています（地方自治法１条の３第３項）。

❸ ×　「議会を置かずに選挙権を有する者の総会を設けることはできない」の部分が誤りです。住民自治の現われとして、**地方自治法上、町村総会**が設けられています（地方自治法94条）。

❹ ×　「条例に罰則を設けることは一切できない」の部分が誤りです。判例は、法律の特別な委任があれば、条例に罰則を設けることができるとしています（最大判昭37.5.30）。

❺ ○　地方自治特別法は、**国会単独立法の原則の例外**として、**住民投票でその過半数の同意**が必要です（95条）。

問題2 日本国憲法に規定する地方自治に関する記述として、妥当なのはどれか。
★

区Ⅰ2010

❶ 地方公共団体の長、議会の議員は、その地方公共団体の住民が直接これを選挙するとしており、地方公共団体自らの意思と責任の下でなされるという団体自治の原則を具体化したものである。

❷ 地方公共団体は、法律の範囲内で条例を制定することができるため、地域の実情に応じて、法律の定める規制基準より厳しい基準を条例で定めることは、いかなる場合も認められない。

❸ 地方公共団体には、法律の定めるところにより、その議事機関として議会を設置するとしているが、町村においては、条例で、議会を置かず、選挙権を有する者の総会を設けることができる。

❹ 一の地方公共団体のみに適用される特別法は、法律の定めるところにより、その地方公共団体の住民の投票においてその過半数の同意を得なければ、国会はこれを制定することができず、現在まで特別法が成立した事例はない。

❺ 新たに租税を課し、又は現行の租税を変更するには、法律によることを必要とするが、ここでいう法律には条例が含まれないと解されるので、地方公共団体は条例で地方税を賦課徴収することはできない。

【解答・解説】

正解 ❸

基本的な判例や条文の知識で解答できるので、比較的易しい問題です。❷は「いかなる場合も認められない」という断定的な言い回しですので、容易に消去できます。❹は具体例まで覚えておく必要はなく、保留しておけばよいでしょう。

❶ × 「地方公共団体自らの意思と責任の下でなされるという団体自治の原則を具体化したものである」の部分が誤りです。長や議員を住民が直接選挙することは、住民の意思を政治に反映すべきとする**住民自治の具体化**です。

❷ × 「地域の実情に応じて、法律の定める規制基準より厳しい基準を条例で定めることは、いかなる場合も認められない」の部分が誤りです。判例は、いわゆる上乗せ条例も、条例と法令のそれぞれの**趣旨、目的、内容、効果を比較し、両者間に矛盾・抵触がなければ認められる**としています（最大判昭50.9.10：**徳島市公安条例事件**）。

❸ ○ 住民自治の現われとして、**地方自治法上、町村総会**が設けられています（地方自治法94条）。

❹ × 「現在まで特別法が成立した事例はない」の部分が誤りです。広島平和記念都市建設法などいくつかの事例があります。

❺ × 「ここでいう法律には条例が含まれないと解されるので、地方公共団体は条例で地方税を賦課徴収することはできない」の部分が誤りです。判例は、**地方公共団体が条例により課税することを認めています**（最判平25.3.21）。

問題3　条例に関する次の記述のうち、妥当なのはどれか。

★★★

国般2018

❶ 地方公共団体は、その区域内における当該地方公共団体の役務の提供等を受ける個人又は法人に対して国とは別途に課税権の主体となることまで憲法上予定されているものではないが、法律の範囲内で条例を制定することができるものとされていることなどに照らすと、地方公共団体が法律の範囲内で課税権を行使することは妨げられないとするのが判例である。

❷ 財産権の内容については、法律により統一的に規制しようとするのが憲法第29条第２項の趣旨であるから、条例による財産権の規制は、法律の個別具体的な委任がある場合を除き、許されないと一般に解されている。

❸ 憲法第31条は必ずしも刑罰が全て法律そのもので定められなければならないとするものではなく、法律の委任によってそれ以下の法令で定めることもできるが、条例によって刑罰を定める場合には、その委任は、政令への罰則の委任の場合と同程度に個別具体的なものでなければならないとするのが判例である。

❹ 憲法が各地方公共団体の条例制定権を認める以上、地域によって差別を生ずることは当然に予期されることであるから、かかる差別は憲法が自ら容認するところであり、したがって、地方公共団体が売春の取締りについて各別に条例を制定する結果、その取扱いに差別を生ずることがあっても、憲法第14条に違反しないとするのが判例である。

❺ ある事項について規律する国の法令が既にある場合、法令とは別の目的に基づいて、法令の定める規制よりも厳しい規制を条例で定めることができるが、法令と同一の目的に基づいて、法令の定める規制よりも厳しい規制を条例で定めることは、国の法令の趣旨にかかわらず、許されないとするのが判例である。

【解答・解説】

正解 ❹

❶がわかりにくいうえに、❷は委任の要否、❸は委任の程度を問われており引っ掛かりやすいので、やや難しい問題です。❶は後半が正しいことは容易にわかるのですが、「憲法上予定されている」かどうかについては保留しましょう。❷の条例による財産権の規制は、罰則とは異なりそもそも法律による委任は不要です。❸は政令（内閣）への委任とは、委任の程度に差があります。❹は14条（平等権）で学習した内容です。確認しておきましょう。

❶ ×　「国とは別途に課税権の主体となることまで憲法上予定されているものではないが」の部分が誤りです。判例は、「**地方公共団体は国とは別途に課税権の主体となることが憲法上予定されている**」としています（最判平25.3.21）。

❷ ×　「条例による財産権の規制は、法律の個別具体的な委任がある場合を除き、許されない」の部分が誤りです。通説は、条例による財産権の規制には、**法律による委任は不要**としています。

❸ ×　「政令への罰則の委任の場合と同程度に個別具体的なものでなければならない」の部分が誤りです。判例は、条例で罰則を設ける場合、法律の特別な委任が必要としつつ、委任の程度については、政令（内閣）への委任と異なり、**相当程度具体的で限定されていれば足りる**としています（最大判昭37.5.30）。

❹ ○　判例は、このように解しています（最大判昭33.10.15：**東京都売春等取締条例事件**）。第１章第４節で学習した内容です。

❺ ×　「法令の定める規制よりも厳しい規制を条例で定めることは、国の法令の趣旨にかかわらず、許されないとするのが判例である」の部分が誤りです。判例は、いわゆる上乗せ条例も、条例と法令のそれぞれの**趣旨、目的、内容、効果を比較し、両者間に矛盾・抵触がなければ認められる**としています（最大判昭50.9.10：**徳島市公安条例事件**）。

問題4　**地方自治に関する次の記述のうち、妥当なのはどれか。**

★★

財務2013

❶ 憲法第94条は、地方公共団体の権能として条例制定権を定めているが、同条にいう「条例」とは、民主的議決機関である地方公共団体の議会が制定する条例に限られ、実質的な意味においても長の制定する規則や各種委員会の制定する規則は含まれないと一般に解されている。

❷ 憲法第95条は、特定の地方公共団体のみに適用される特別法は、その地方公共団体の住民の投票においてその3分の2以上の同意を得なければ、国会は、これを制定することができないと定めているが、これは地方自治の本旨の一内容である団体自治のあらわれであると一般に解されている。

❸ 地方公共団体には、住民が直接選出した議員によって構成される議会が置かれるが、憲法は、国会については、国会が国権の最高機関であると定めているのに対し、地方公共団体の議会については、議会が自治権の最高機関である旨の定めを置いていない。

❹ 憲法上の地方公共団体といい得るためには、単に法律で地方公共団体として取り扱われているということだけでは足りず、事実上住民が経済的文化的に密接な共同生活を営み、共同体意識をもっているという社会的基盤が存在することが必要であるが、相当程度の自主立法権、自主行政権、自主財政権等地方自治の基本的権能を付与された地域団体である必要はないとするのが判例である。

❺ 国の法令が、特定の事項について規律を設けている場合には、地方公共団体が、当該事項につき同じ目的のために条例を制定し、法律と異なる内容の規制を施すことは、法律による明示的な委任のない限り許されないとするのが判例である。

【解答・解説】

正解 ❸

正解の❸はわかりにくいですが、他が比較的わかりやすいので、消去法で解ける標準的な問題といえます。❷は住民投票の要件を覚えておきましょう。

❶ ×　「長の制定する規則や各種委員会の制定する規則は含まれないと一般に解されている」の部分が誤りです。94条の「条例」には、地方議会が制定するものだけでなく、**長や委員会が制定する規則**も含まれます。

❷ ×　「地方公共団体の住民の投票においてその3分の2以上の同意を得なければ、国会は、これを制定することができない」の部分と「これは…団体自治のあらわれである」の部分が誤りです。地方自治特別法は、**住民投票で過半数の同意**を得れば、国会は制定できます（95条）。また、住民の意思を反映するために住民投票を要件とするので、**住民自治の現われ**です。

❸ ○　憲法上「国会は、国権の最高機関」である旨の規定がありますが（41条）、**地方議会については、そのような規定は存在しません**。

❹ ×　「相当程度の自主立法権、自主行政権、自主財政権等地方自治の基本的権能を付与された地域団体である必要はないとするのが判例である」の部分が誤りです。判例は、憲法上の「地方公共団体」というためには、住民が経済的文化的に密接な共同生活を営み、共同体意識を持っているという社会的基盤が存在することに加え、**自主立法権、自主行政権、自主財政権など自治の基本的権能が与えられた地域団体**でなければならないとしています（最大判昭38.3.27）。

❺ ×　「法律による明示的な委任のない限り許されないとするのが判例である」の部分が誤りです。憲法は、「地方公共団体は…**法律の範囲内で条例を制定することができる**」（94条）として、自治体独自の条例制定権を認めており、また判例は、法令と同じ目的のために条例を制定した場合でも、法令と条例の**それぞれの趣旨、目的、内容、効果を比較して、両者の間に実質的に矛盾や抵触がなければ、「法律の範囲内」といえる**としています（最大判昭50.9.10：**徳島市公安条例事件**）。

第12章

憲法改正

憲法改正

1 憲法改正

学習のポイント

・憲法も人間社会のルールにすぎません。ルールは使いやすいように改正できなければなりませんが、その手続は非常に厳格です。また、そもそも改正できない場合もあります。なぜなのか、しっかり理解しましょう。

1 改正手続

憲法96条

① この憲法の改正は、各議院の総議員の３分の２以上の賛成で、国会が、これを発議し、国民に提案してその承認を経なければならない。この承認には、特別の国民投票又は国会の定める選挙の際行はれる投票において、その過半数の賛成を必要とする。

② 憲法改正について前項の承認を経たときは、天皇は、国民の名で、この憲法と一体を成すものとして、直ちにこれを公布する。

憲法は、国家のあり方を示す**国の最高法規**です（98条１項）。ですから、**高度の安定性**が要求されます。しかし、時代や社会の変化に適合するように改正もしていかなければなりません。そこで、憲法は、改正手続を定めつつも、その**要件を厳格にする**ことで（このような憲法を**硬性憲法**といいます）、両要請の調和を図っています。

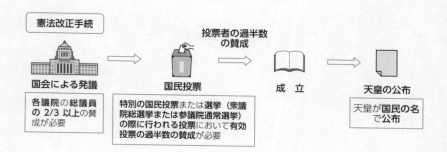

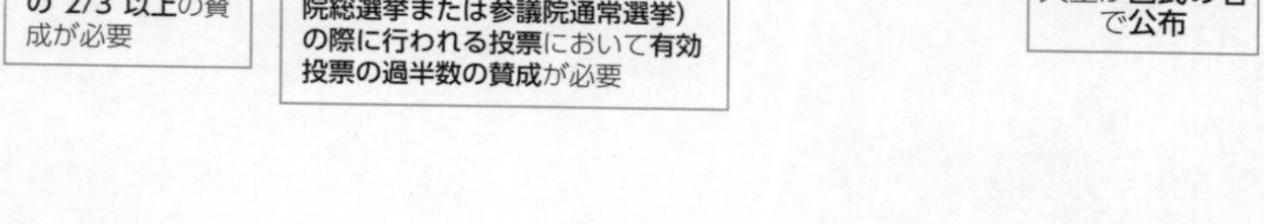

まず、**憲法改正案**は、**国会が作成し国民に提案**します。これを**憲法改正の発議**といいます。この手続が非常に厳格で、**各々の議院の総議員の３分の２以上の賛成**が必要です。さらに衆議院の優越はありません。

そして、**憲法の改正権者は国民**なので、次に**国民投票**にかけますが、投票は、**憲法改正のための特別の国民投票を実施して行うか、または、国会議員の選挙（衆議院の総選挙または参議院の通常選挙）の際に併せて行います。そこで、有効投票数の過半数が賛成**した場合は、憲法は改正されます。憲法が改正されると、天皇が**主権者である国民の名で公布**します。

確認してみよう

① 憲法の改正は、国民の承認によって成立するが、この承認は、特別の国民投票によって行われる必要があり、衆議院議員の総選挙又は参議院議員の通常選挙の際行われる投票によって行うことはできない。労基・財務2016

1 参照 ×

「衆議院議員の総選挙又は参議院議員の通常選挙の際行われる投票によって行うことはできない」の部分が誤りです。国会議員の選挙（衆議院の総選挙または参議院の通常選挙）の際に併せて行うこともできます（96条１項）。

2 憲法改正の限界

では、以上の厳格な手続を踏めば、いかなる内容の改正もできるのでしょうか。

通説は、国民主権主義、基本的人権尊重主義、平和主義など、現在の**憲法を生み出した価値観**である**根本規範に反する改正はできない**としています。なぜなら、それに反した場合は、憲法改正ではなく、もはや現憲法の廃止、そして新憲法の制定といえるからです。また、憲法96条の定める**憲法改正国民投票制を廃止することもできません**。なぜなら、国民の憲法改正権は、**主権者国民の憲法制定権力の具体化**ですので、憲法改正の国民投票制を廃止することは、**国民主権原理（1条）に反する**からです。

確認してみよう

① 憲法改正に関して、憲法改正権と憲法制定権力は同質であり、制定された憲法の枠には拘束されず、法は社会の変化に応じて変化すべきであり、憲法もその例外でないことから、法的な限界はないとするのが通説である。区Ⅰ2016

2 参照 ×

「法的な限界はないとするのが通説である」の部分が誤りです。通説は、**根本規範などに反する改正はできない**としています。

過去問にチャレンジ

問題1 ★★　**憲法改正に関する次のア～オの記述のうち、適当なもののみをすべて挙げているのはどれか。**

裁判所2011

ア　憲法を改正するのに必要な国会の発議は、各議院の出席議員の３分の２以上の賛成を必要とする。

イ　憲法を改正するのに必要な国民の承認は、特別の国民投票によって行わなければならず、国会議員の選挙の際に国民投票を行うことはできない。

ウ　憲法を改正するのに必要な国民の承認は、国民投票においてその過半数の賛成を必要とする。

エ　天皇は、日本国及び日本国民統合の象徴であるから、憲法改正について国民の承認が得られたときは天皇の名でこれを公布しなければならない。

オ　憲法の改正に限界がないという見解に立てば、憲法所定の改正手続に基づいて、憲法の基本原理を変更することも法的に認められる。

❶　ア、イ
❷　ア、オ
❸　イ、エ
❹　ウ、エ
❺　ウ、オ

【解答・解説】

正解 ❺

正解に絡む**オ**が少数説の知識に関するものですが、組合せで解きやすいので、標準的な問題です。**オ**は保留できればよいでしょう。**ア**と**イ**が明らかに誤りですので、❹と❺に絞られ、**エ**も明らかに誤りですので消去法で答えを導いてください。

ア ×　「各議院の出席議員の３分の２以上の賛成を必要とする」の部分が誤りです。憲法改正発議には、各議院の**総議員の３分の２以上**の賛成が必要です（96条１項）。

イ ×　「国会議員の選挙の際に国民投票を行うことはできない」の部分が誤りです。憲法改正国民投票は、特別の国民投票以外に**国会議員の選挙の際**に併せて行うこともできます（96条１項）。

ウ ○　憲法を改正するのに必要な国民の承認は、**有効投票数の過半数の賛成**です（96条１項）。

エ ×　「天皇の名でこれを公布しなければならない」の部分が誤りです。憲法が改正された場合、天皇は**国民の名で公布**します（96条２項）。

オ ○　憲法の改正に**限界がない**という見解に立てば、憲法の**基本原理を変更することも認められます**。

問題2 ★★★ **日本国憲法に規定する憲法改正に関するＡ～Ｄの記述のうち、通説に照らして、妥当なものを選んだ組合せはどれか。**

区Ⅰ2009

A 憲法改正手続を一般の法改正よりも厳格にすることで憲法保障を高めようとする憲法を硬性憲法といい、日本国憲法はこれに属する。

B 憲法改正の発議が成立するためには、各議院においてそれぞれ総議員の三分の二以上の賛成を必要とするため、審議の定足数については、憲法上は三分の二以上である。

C 憲法改正の発議に対する国民の承認には、特別の国民投票又は国会の定める選挙の際行われる投票において、有権者総数の過半数の賛成を必要とする。

D 憲法に規定する憲法改正の国民投票制は、国民の憲法制定権力を具体化したもので、これを廃止することは、国民主権の原理をゆるがすため認められない。

❶ A B
❷ A C
❸ A D
❹ B C
❺ B D

【解答・解説】

正解 ❸

Bは一見正しそうなので、選択肢が絞り切れず、やや難しい問題です。Aが正しくCが誤りであることは容易にわかりますので、❶と❸に絞られます。

A ○　一般の法改正は出席議員の過半数で行えますが（56条２項）、憲法の改正手続は非常に厳格です。そのような憲法を**硬性憲法**といいます。

B ×　「審議の定足数については、憲法上は三分の二以上である」の部分が誤りです。確かに、憲法改正の発議には総議員の３分の２以上の賛成が必要ですので、審議の定足数も最低限総議員の３分の２以上必要と考えられますが、憲法改正発議の定足数についての**憲法上の明文規定はありません。**

C ×　「有権者総数の過半数の賛成を必要とする」の部分が誤りです。通説は、**有効投票数の過半数の賛成が必要**としています。

D ○　通説は、憲法改正権は、**主権者国民の憲法制定権力の具体化**と捉えています。ですから、憲法改正の国民投票制を廃止することは、**国民主権原理**（１条）**に反し**、許されません。

索 引

判例索引

〈執筆〉富田 恒明（TAC公務員講座）

〈本文デザイン〉清原 一隆（KIYO DESIGN）

本書の内容は、小社より2020年11月に刊行された
「公務員試験 ゼロから合格 基本過去問題集 憲法」（ISBN：978-4-8132-9487-0）
と同一です。

公務員試験 ゼロから合格 基本過去問題集 憲法 新装版

2020年11月25日　初　版　第1刷発行
2024年4月1日　新装版　第1刷発行

編著者　TAC株式会社（公務員講座）
発行者　多田敏男
発行所　TAC株式会社　出版事業部（TAC出版）
〒101-8383
東京都千代田区神田三崎町3-2-18
電話　03(5276)9492（営業）
FAX　03(5276)9674
https://shuppan.tac-school.co.jp

組　版　朝日メディアインターナショナル株式会社
印　刷　株式会社　ワコー
製　本　株式会社　常川製本

ISBN 978-4-300-11106-2
N.D.C. 317

公務員講座のご案内

大卒レベルの公務員試験に強い！

2019年度 公務員試験

公務員講座生[※1]
最終合格者延べ人数[※2]

5,460名

地方公務員（大卒程度）		計2,672名
国家公務員（大卒程度）		計2,568名
国立大学法人等	大卒レベル試験	180名
独立行政法人	大卒レベル試験	9名
その他公務員		31名

※1 公務員講座生とは公務員試験対策講座において、目標年度に合格するために必要と考えられる、講義、演習、論文対策、面接対策等をパッケージ化したカリキュラムの受講生です。単科講座や公開模試のみの受講生は含まれておりません。
※2 同一の方が複数の試験種に合格している場合は、それぞれの試験種に最終合格者としてカウントしています。（実合格者数は3,081名です。）
＊2020年1月31日時点で、調査にご協力いただいた方の人数です。

1位 全国の公務員試験で合格者を輩出！

詳細は公務員講座（地方上級・国家一般職）パンフレットをご覧ください。

2019年度 国家総合職試験

公務員講座生[※1]
最終合格者数 206名[※2]

法律区分	81名	経済区分	43名
政治・国際区分	32名	教養区分	18名
院卒／行政区分	20名	その他区分	12名

※1 公務員講座生とは公務員試験対策講座において、目標年度に合格するために必要と考えられる、講義、演習、論文対策、面接対策等をパッケージ化したカリキュラムの受講生です。各種オプション講座や公開模試など、単科講座のみの受講生は含まれておりません。
※2 上記は2019年度目標の公務員講座生最終合格者のほか、2020年目標公務員講座生の最終合格者が17名含まれています。
＊ 上記は2020年1月31日時点で調査にご協力いただいた方の人数です。

2019年度 外務専門職試験

最終合格者総数48名のうち43名がWセミナー講座生[※1]です。

合格者占有率[※2] 89.6%

外交官を目指すなら、実績のWセミナー

※1 Wセミナー講座生とは、公務員試験対策講座において、目標年度に合格するために必要と考えられる、講義、演習、論文対策、面接対策等をパッケージ化したカリキュラムの受講生です。各種オプション講座や公開模試など、単科講座のみの受講生は含まれておりません。また、Wセミナー講座生はそのボリュームから他校の講座生と掛け持ちすることは困難です。
※2 合格者占有率は「Wセミナー講座生（※1）最終合格者数」を、「外務省専門職試験の最終合格者総数」で除して算出しています。また、算出した数字の小数点第二位以下を四捨五入して表記しています。
＊ 上記は2020年1月31日時点で調査にご協力いただいた方の人数です。

Wセミナーは TACのブランドです

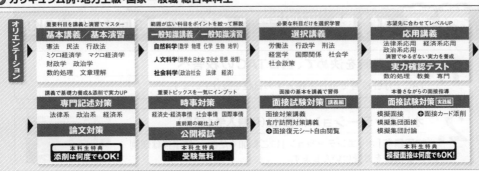

公務員講座のご案内

無料体験のご案内

3つの方法でTACの講義が体験できる！

教室で体験　迫力の生講義に出席

予約不要！　3回連続出席OK！

1. 校舎と日時を決めて、当日TACの校舎へ

TACでは各校舎で毎月体験入学の日程を設けています。

2. オリエンテーションに参加（体験入学1回目）

初回講義「オリエンテーション」にご参加ください。終了後は個別にご相談をお受けいたします。

3. 講義に出席（体験入学2・3回目）

引き続き、各科目の講義をご受講いただけます。参加者には講義で使用する教材をプレゼントいたします。

- 3回連続無料体験講義の日程はTACホームページと公務員パンフレットでご覧いただけます。
- 体験入学はお申込み予定の校舎に限らず、お好きな校舎でご利用いただけます。
- 4回目の講義前までに、ご入会手続きをしていただければ、カリキュラム通りに受講することができます。

※地方上級・国家一般職・警察官・消防官レベル以外の講座では、2回連続体験入学を実施しています。

ビデオで体験　校舎のビデオブースで体験視聴

TAC各校の個別ビデオブースで、講義を無料でご視聴いただけます。（要予約）

各校のビデオブースでお好きな講義を視聴できます。視聴前日までに視聴する校舎受付窓口にてご予約をお願い致します。

ビデオブース利用時間　※日曜日は④の時間帯はありません。

① 9：30 ～ 12：30	② 12：30 ～ 15：30
③ 15：30 ～ 18：30	④ 18：30 ～ 21：30

※受講可能な曜日・時間帯は一部校舎により異なります。
※年末年始・夏期休業・その他特別な休業以外は、通常平日・土日祝祭日にご覧いただけます。
※予約時にご希望日とご希望時間帯を合わせてお申込みください。
※基本講義の中からお好きな科目をご視聴いただけます。（視聴できる科目は時期により異なります）
※TAC提携校での体験視聴につきましては、提携校各校へお問合せください。

Webで体験　スマートフォン・パソコンで講義を体験視聴

TACホームページの「TAC動画チャンネル」で無料体験講義を配信しています。時期に応じて多彩な講義がご覧いただけます。

TACホームページ　https://www.tac-school.co.jp/

※体験講義は教室講義の一部を抜粋したものになります。

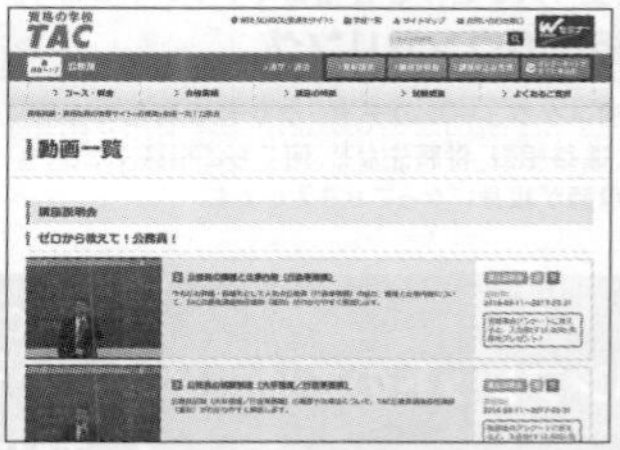

TAC出版では、資格の学校TAC各講座の定評ある執筆陣による資格試験の参考書をはじめ、資格取得者の開業法や仕事術、実務書、ビジネス書、一般書などを発行しています！

TAC出版の書籍

＊一部書籍は、早稲田経営出版のブランドにて刊行しております。

資格・検定試験の受験対策書籍

- 日商簿記検定
- 建設業経理士
- 全経簿記上級
- 税　理　士
- 公認会計士
- 社会保険労務士
- 中小企業診断士
- 証券アナリスト
- ファイナンシャルプランナー(FP)
- 証券外務員
- 貸金業務取扱主任者
- 不動産鑑定士
- 宅地建物取引士
- マンション管理士
- 管理業務主任者
- 司法書士
- 行政書士
- 司法試験
- 弁理士
- 公務員試験(大卒程度・高卒者)
- 情報処理試験
- 介護福祉士
- ケアマネジャー
- 社会福祉士　ほか

実務書・ビジネス書

- 会計実務、税法、税務、経理
- 総務、労務、人事
- ビジネススキル、マナー、就職、自己啓発
- 資格取得者の開業法、仕事術、営業術
- 翻訳書（T's BUSINESS DESIGN）

一般書・エンタメ書

- エッセイ、コラム
- スポーツ
- 旅行ガイド（おとな旅プレミアム）
- 翻訳小説（BLOOM COLLECTION）

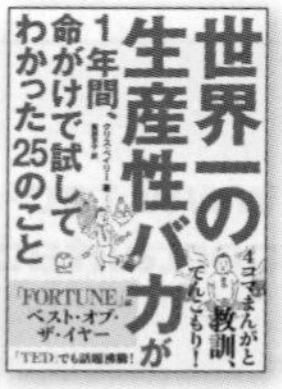

(2018年5月現在)

書籍のご購入は

1 全国の書店、大学生協、ネット書店で

2 TAC各校の書籍コーナーで

資格の学校TACの校舎は全国に展開!
校舎のご確認はホームページにて

資格の学校TAC ホームページ
https://www.tac-school.co.jp

3 TAC出版書籍販売サイトで

CYBER BOOK STORE TAC出版書籍販売サイト

TAC 出版 で 検索

24時間 ご注文 受付中

https://bookstore.tac-school.co.jp/

新刊情報をいち早くチェック!

たっぷり読める立ち読み機能

学習お役立ちの特設ページも充実!

TAC出版書籍販売サイト「サイバーブックストア」では、TAC出版および早稲田経営出版から刊行されている、すべての最新書籍をお取り扱いしています。
また、無料の会員登録をしていただくことで、会員様限定キャンペーンのほか、送料無料サービス、メールマガジン配信サービス、マイページのご利用など、うれしい特典がたくさん受けられます。

サイバーブックストア会員は、特典がいっぱい!(一部抜粋)

通常、1万円(税込)未満のご注文につきましては、送料・手数料として500円(全国一律・税込)頂戴しておりますが、1冊から無料となります。

専用の「マイページ」は、「購入履歴・配送状況の確認」のほか、「ほしいものリスト」や「マイフォルダ」など、便利な機能が満載です。

メールマガジンでは、キャンペーンやおすすめ書籍、新刊情報のほか、「電子ブック版TACNEWS(ダイジェスト版)」をお届けします。

書籍の発売を、販売開始当日にメールにてお知らせします。これなら買い忘れの心配もありません。

公務員試験対策書籍のご案内

TAC出版の公務員試験対策書籍は、独学用、およびスクール学習の副教材として、各商品を取り揃えています。学習の各段階に対応していますので、あなたのステップに応じて、合格に向けてご活用ください！

INPUT

『新・まるごと講義生中継』
A5判
TAC公務員講座講師
新谷 一郎 ほか

- ●TACのわかりやすい生講義を誌上で！
- ●初学者の科目導入に最適！
- ●豊富な図表で、理解度アップ！

- ・郷原豊茂の憲法
- ・新谷一郎の行政法

『まるごと講義生中継』
A5判
TAC公務員講座講師
渕元 哲 ほか

- ●TACのわかりやすい生講義を誌上で！
- ●初学者の科目導入に最適！

- ・郷原豊茂の刑法
- ・渕元哲の政治学
- ・渕元哲の行政学
- ・ミクロ経済学
- ・マクロ経済学
- ・関野喬のパターンでわかる数的推理
- ・関野喬のパターンでわかる判断整理
- ・関野喬のパターンでわかる空間把握・資料解釈

INPUT

『過去問攻略Vテキスト』
A5判
TAC公務員講座

- ●TACが総力をあげてまとめた公務員試験対策テキスト

全21点

- ・専門科目：15点
- ・教養科目：6点

要点まとめ

『一般知識出るとこチェック』
四六判

- ●知識のチェックや直前期の暗記に最適！
- ●豊富な図表とチェックテストでスピード学習！

- ・政治・経済
- ・思想・文学・芸術
- ・日本史・世界史
- ・地理
- ・数学・物理・化学
- ・生物・地学

判例対策

『ココで差がつく！必修判例』 A5判
TAC公務員講座

- ● 公務員試験によく出る憲法・行政法・民法の判例のうち、「基本＋α」の345選を収載！
- ●関連過去問入りなので、出題イメージが把握できる！
- ●頻出判例がひと目でわかる「出題傾向表」付き！

記述式対策

『公務員試験論文答案集 専門記述』 A5判
公務員試験研究会

- ● 公務員試験（地方上級ほか）の専門記述を攻略するための問題集
- ● 過去問と新作問題で出題が予想されるテーマを完全網羅！

- ・憲法〈第2版〉
- ・行政法

書籍の正誤についてのお問合わせ

万一誤りと疑われる箇所がございましたら、以下の方法にてご確認いただきますよう、お願いいたします。

なお、正誤のお問合わせ以外の書籍内容に関する解説・受験指導等は、**一切行っておりません。**
そのようなお問合わせにつきましては、お答えいたしかねますので、あらかじめご了承ください。

1 正誤表の確認方法

TAC出版書籍販売サイト「Cyber Book Store」の
トップページ内「正誤表」コーナーにて、正誤表をご確認ください。

CYBER BOOK STORE TAC出版書籍販売サイト

URL:https://bookstore.tac-school.co.jp/

2 正誤のお問合わせ方法

正誤表がない場合、あるいは該当箇所が掲載されていない場合は、書名、発行年月日、お客様のお名前、ご連絡先を明記の上、下記の方法でお問合わせください。
なお、回答までに1週間前後を要する場合もございます。あらかじめご了承ください。

文書にて問合わせる

▶郵送先　〒101-8383 東京都千代田区神田三崎町3-2-18
TAC株式会社 出版事業部 正誤問合わせ係

FAXにて問合わせる

▶FAX番号　**03-5276-9674**

e-mailにて問合わせる

▶お問合わせ先アドレス　**syuppan-h@tac-school.co.jp**

※お電話でのお問合わせは、お受けできません。また、土日祝日はお問合わせ対応をおこなっておりません。
※正誤のお問合わせ対応は、該当書籍の改訂版刊行月末日までといたします。

乱丁・落丁による交換は、該当書籍の改訂版刊行月末日までといたします。なお、書籍の在庫状況等により、お受けできない場合もございます。
また、各種本試験の実施の延期、中止を理由とした本書の返品はお受けいたしません。返金もいたしかねますので、あらかじめご了承くださいますようお願い申し上げます。

(2020年10月現在)